U0720106

中华正史经典

史记

二

〔汉〕司马迁 撰

〔南朝宋〕裴骃 集解

〔唐〕司马贞 索隐

〔唐〕张守节 正义

中华书局

史记卷十六

秦楚之际月表第四

【索隐】张晏曰："时天下未定，参错变易，不可以年记，故列其月。"今案：秦楚之际，扰攘僭篡，运数又促，故以月纪事名表也。

太史公读秦楚之际，曰：初作难，发于陈涉；虐戾灭秦，自项氏；拨乱诛暴，平定海内，卒践帝祚，成于汉家。五年之间，号令三嬗，①自生民以来，未始有受命若斯之亟②也。

①【集解】音善。【索隐】古"禅"字，音市战反。三嬗，谓陈涉、项氏、汉高祖也。

②【索隐】音己力反。亟训急也。

昔虞、夏之兴，积善累功数十年，德洽百姓，摄行政事，考之于天，①然后在位。汤、武之王，乃由契、后稷修仁行义十馀世，不期而会孟津八百诸侯，犹以为未可，其后乃放弑。②秦起襄公，章于文、缪、献、孝之后，稍以蚕食六国，百有馀载，至始皇乃能并冠带之伦。以德若彼，[3]用力如此，[4]盖一统若斯之难也。

①【集解】韦昭曰："谓舜受禅，在璇玑玉衡以齐七政。"

②【索隐】后乃放杀。杀音弑，谓汤放桀，武王讨纣也。

③【索隐】即契、后稷及秦襄公、文公、穆公也。

④【索隐】谓汤、武及始皇。

秦既称帝，患兵革不休，以有诸侯也，于是无尺土之封，堕坏名城，销锋镝，[1]钼豪桀，维万世[2]之安。然王迹之兴，起于闾巷，合从讨伐，轶于三代，鄉秦之禁，适足以资贤者[3]为驱除难耳。故愤发其所为天下雄，[4]安在无土不王。[5]此乃传之所谓大圣乎？[6]岂非天哉，岂非天哉！非大圣孰能当此受命而帝者乎？

①【集解】徐广曰："一作'鍉'。"　【索隐】镝音的。注"鍉"字亦音的。案：秦销锋镝，作金人十二，以弱天下之兵也。

②【索隐】维训度，谓计度令万代安也。

③【索隐】鄉秦之禁适足资贤者。鄉音向，许亮反。谓秦前时之禁兵及不封树诸侯，适足以资后之贤者，即高帝也。言驱除患难耳。

④【索隐】指汉高祖。

⑤【集解】白虎通曰："圣人无土不王，使舜不遭尧，当如夫子老于阙里也。"

⑥【索隐】言高祖起布衣，卒传之天位，实所谓大圣。

公元前 209

秦	二世元年 【集解】徐广曰:"壬辰。" 【正义】七月,陈涉起陈。八月,武臣起赵。九月,项梁起吴,田儋起齐,沛公初起,韩广起燕。十二月,魏咎起魏,陈王
楚	
项	
赵	
齐	
汉	
燕	
魏	
韩	

立之。二年六月，韩成起韩，项梁立之也。	七月
	楚隐王陈涉起兵入秦。【索隐】二月，葛婴立襄彊，涉之二月也。至戏，葛婴杀彊。五月，周文死。六月，陈涉死。然涉起凡六月，当二世元年十二月也。

八月
二 葛婴为涉徇九江，立襄彊为楚王。
武臣始至邯郸，自立为赵王，始。【索隐】凡四月，为李良所杀，当二世元年八月也。

九月　楚兵至戏。
三 周文兵至戏，败。而(陈)〔葛〕婴闻涉王，即杀彊。
项梁号武信君。【索隐】二世元年九月立，至二年九月，章邯杀梁于定陶。
二
齐王田儋始。儋，狄人。诸田宗强。从弟荣，荣弟横。【索隐】二世二年六月，章邯杀儋。儋立十月死。齐立田假。二世二年八月，田荣立儋子市为王。项羽又立市为胶东王，封田都为临淄王，安为济北王。田荣杀田市、田安，自立为王。羽击荣，平原人杀之。田横立荣子广为王也。
沛公初起。【索隐】凡十四月，怀王封沛公为武安侯，将砀郡兵。
韩广为赵略地至蓟，自立为燕王始。【索隐】二世三年十月，(破)〔使〕臧荼救赵，封荼为燕王，徙广封辽东王，后臧荼杀韩广。
魏王咎始。咎在陈，不得归国。【集解】徐广曰："魏咎、曹咎字皆作'咎'，音臼。"【索隐】四月，咎自陈归，立。二年六月，咎自杀。九月，弟豹自立，都平阳。后豹归汉，寻叛，韩信虏豹。

208 二年十月	十一月	十二月
四 诛葛婴。	五 周文死。	六 陈涉死。
二	三	四
三	四 李良杀武臣，张耳、陈馀走。	
二 儋之起，杀狄令自王。	三	四
二 击胡陵、方与，破秦监军。	三 杀泗水守。【集解】徐广曰："泗水属东海。"拔薛西。周市东略地丰沛间。	四 雍齿叛沛公，以丰降魏。沛公还攻丰，不能下。
二	三	四
二	三 齐、赵共立周市，市不肯，曰"必立魏咎"云。	四 咎自陈归，立。

端月　【索隐】二世二年正月也。秦讳正，故云端月也。	二月
楚王景驹始，秦嘉立之。【索隐】八月，项梁杀之。	二 嘉为上将军。
五 涉将召平矫拜项梁为楚柱国，急西击秦。	六 梁渡江，陈婴、黥布皆属。
赵王歇始，张耳、陈馀立之。【索隐】张耳、陈馀，项羽立为代王。后汉灭歇，立张耳也。	二
五 让景驹以擅自王不请我。	六 景驹使公孙庆让齐，诛庆。
五 沛公闻景驹王在留，往从，与击秦军砀西。【集解】徐广曰："一作'萧'。"	六 攻下砀，收得兵六千，与故凡九千人。
五	六
五 章邯已破涉，围咎临济。	六

三月	四月	五月
三	四	
七	八 梁击杀景驹、秦嘉,遂入薛,兵十馀万众。	九
三	四	五
七	八	九
七 攻拔下邑,遂击丰,丰不拔。闻项梁兵众,往请击丰。	八 沛公如薛见项梁,梁益沛公卒五千,击丰,拔之。雍齿奔魏。	九
七	八	九
七	八 临济急,周市如齐、楚请救。	九

六月 【索隐】二世二年六月也。
楚怀王始，都盱台，故怀王孙，梁立之。【索隐】故怀王之孙名心也。项梁之起，诸侯尊为义帝，项羽徙而杀之。
十 梁求楚怀王孙，得之民间，立为楚王。
六
十 儋救临济，章邯杀田儋。荣走东阿。
十 沛公如薛，共立楚怀王。
十
十 咎自杀，临济降秦。
韩王成始。【索隐】韩王成立，项羽更王之，不使就封，数月杀之，立郑昌为韩王，降汉。汉封韩信为王。

七月	八月
二 陈婴为柱国。	三
十一 天大雨，三月不见星。	十二 救东阿，破秦军，乘胜至定陶，项梁有骄色。
七	八
齐立田假为王，秦急围东阿。	楚救荣，得解归，逐田假，立儋子市为齐王，始。
十一 沛公与项羽北救东阿，破秦军濮阳，东屠城阳。	十二 沛公与项羽西略地，斩三川守李由于雍丘。
十一	十二
咎弟豹走东阿。	
二	三

九月	后九月 【集解】徐广曰:"应闰建酉。"
四 徙都彭城。	五 拜宋义为上将军。
十三 章邯破杀项梁于定陶,项羽恐,还军彭城。	怀王封项羽于鲁,为次将,属宋义,北救赵。
九	十 秦军围歇钜鹿,陈馀出(救)〔收〕兵。
二 田假走楚,楚趋齐救赵。田荣以假故,不肯,谓"楚杀假乃出兵。"项羽怒田荣。	三
十三 沛公闻项梁死,还军,从怀王,军于砀。	十四 怀王封沛公为武安侯,将砀郡兵西,约先至咸阳王之。
十三	十四
魏豹自立为魏王,都平阳,始。	二
四	五

三年十月	十一月
六	七 拜籍上将军。
二	三 羽矫杀宋义，将其兵渡河救钜鹿。
十一 章邯破邯郸，徙其民于河内。	十二
四 齐将田都叛荣，往助项羽救赵。	五
十五 攻破东郡尉及王离军于成武南。	十六
十五 使将臧荼救赵。	十六
三	四
六	七

十二月	端月	二月
八	九	十
四 大破秦军钜鹿下，诸侯将皆属项羽。	五 虏秦将王离。	六 攻破章邯，章邯军却。
十三 楚救至，秦围解。	十四 张耳怒陈馀，弃将印去。	十五
六 故齐王建孙田安下济北，从项羽救赵。	七	八
十七 （救赵）至栗得皇䜣、武蒲军。与秦军战，破之。	十八	十九 得彭越军昌邑，袭陈留。用郦食其策，军得积粟。
十七	十八	十九
五 豹救赵。	六	七
八	九	十

三月	四月	五月
十一	十二	二年一月
七	八 楚急攻章邯,章邯恐,使长史欣归秦请兵,赵高让之。	九 赵高欲诛欣,欣恐,亡走,告章邯谋叛秦。
十六	十七	十八
九	十	十一
二十 攻开封,破秦将杨熊,熊走荥阳,秦斩熊以徇。	二十一 攻颍阳,略韩地,北绝河津。	二十二
二十	二十一	二十二
八	九	十
十一	十二	十三

六月	七月
二	三
十 章邯与楚约降，未定，项羽许而击之。	十一 项羽与章邯期殷虚，章邯等已降，与盟，以邯为雍王。
十九	二十
十二	十三
二十三 攻南阳守齮，破之阳城郭东。 【集解】徐广曰："阳城在南阳。"	二十四 降下南阳，封其守齮。
二十三	二十四
十一	十二
十四	十五 申阳下河南，降楚。

八月　赵高杀二世。	九月　子婴为王。
四	五
十二 以秦降都尉翳、长史欣为上将，将秦降军。	十三
二十一 赵王歇留国。陈馀亡居南皮。	二十二
十四	十五
二十五 攻武关，破之。	二十六 攻下峣及蓝田。以留侯策，不战皆降。
二十五	二十六
十三	十四
十六	十七

十月　【集解】徐广曰："岁在乙未。"【索隐】高祖至霸上，称元年。徐广云岁在乙未。	十一月
六	七
十四 项羽将诸侯兵四十馀万，行略地，西至于河南。	十五 羽诈坑杀秦降卒二十万人于新安。
二十三 张耳从楚西入秦。	二十四
十六	十七
二十七 汉元年，秦王子婴降。沛公入破咸阳，平秦，还军霸上，待诸侯约。	二十八 沛公出令三章，秦民大悦。
二十七	二十八
十五 从项羽略地，遂入关。	十六
十八	十九

十二月
八 分楚为四。【索隐】西楚、衡山、临江、九江也。
十六 至关中，诛秦王子婴，屠烧咸阳。分天下，立诸侯。
二十五 分赵为代国。
十八 项羽怨荣，(杀之)分齐为三国。【索隐】临淄、济北、胶东。
二十九 与项羽有郄，见之戏下，讲解。羽倍约，分关中为四国。【索隐】汉、雍、塞、翟。
二十九 臧荼从入，分燕为二国。【索隐】燕、辽东也。
十七 分魏为殷国。
二十 分韩为河南国。

九　义帝元年诸侯尊怀王为义帝。【索隐】项羽徙之于郴，至十月，项籍使九江王布
十七　项籍自立为西楚霸王。
分为衡山。
分为临江。
分为九江。
二十六　更名为常山。
分为代。
十九　更名为临菑。
分为济北。
分为胶东。
正月　【索隐】高祖及十二诸侯受封之月，汉书异姓王表云一月，故应劭云："诸侯王始受封之月，
分关中为雍。
分关中为塞。
分关中为翟。
三十　燕
分为辽东。
十八　更为西魏
分为殷。
二十一　韩
分为河南。

杀义帝,汉王为举哀也。

十三王同时称一月。以非元正,故云一月。高祖十月至霸上改元,至此月汉四月。”分关中为汉。

秦楚之际月表第四

二　徙都江南郴。

西楚主伯，项籍始，为天下主命，立十八王。

王吴芮始，故番君。

王共敖始，故楚柱国。

王英布始，故楚将。

王张耳始，故楚将。【索隐】故赵相。

二十七　【索隐】赵歇前为赵王已二十六月，今徙王代之二月，故云二十七月。其胶东王市之前为齐王十九月，韩广、魏豹、韩成五人并先为王已经多月，故因旧月而数也。

王田都始，故齐将。

王田安始，故齐将。

二十　王田市始，故齐王。

二月　【索隐】应劭云："诸王始都国之月，十三王同时称二月。"汉王始，故沛公。

王章邯始，故秦将。

王司马欣始，故秦将。【索隐】故秦长史。

王董翳始，故秦将。【索隐】故秦都尉。

王臧荼始，故燕将。

三十一　王韩广始，故燕王。

十九　王魏豹始，故魏王。

王司马卬始，故赵将。

二十二　王韩成始，故韩将。【索隐】故韩王。

王申阳始，故楚将。

王赵歇始，故赵王。

三
二　都彭城。
二　都邦。
二　都江陵。
二　都六。
二　都襄国。
二十八　都代。
二　都临菑。
二　都博阳。
二十一　都即墨。
三月　都南郑。
二　都废丘。
二　都栎阳。
二　都高奴。
二　都蓟。
三十二　都無终。
二十　都平阳。【索隐】豹从汉又叛，韩信虏之。汉四年，周苛杀豹也。
二　都朝歌。
二十三　都阳翟。【索隐】姚氏云："韩成是项梁所立，不与十七国封。此云十八王，并项
二　都洛阳。

羽所命，不细区别。”又高纪云项羽与成至彭城，废为侯，又杀之。是不令就国，当以阳翟为都而不之国。

四	五	六
三　诸侯罢戏下兵,皆之国。	四	五
三	四	五
三	四	五
三	四	五
三	四	五
二十九	三十	三十一
三	四　田荣击都,都降楚。	齐王田荣始,故齐相。
三	四	五
二十二	二十三	二十四　田荣击杀市。
四月	五月	六月
三	四	五
三	四	五
三	四	五
三	四	五
三十三	三十四	三十五
二十一	二十二	二十三
三	四	五
二十四	二十五	二十六
三	四	五

七	八	九
六	七	八
六	七	八
六	七	八
六	七	八
六	七	八
三十二	三十三	三十四
二	三	四
六　田荣击杀安。	属齐。	
属齐。		
七月	八月	九月
六	七　邯守废丘,汉围之。	八
六	七　䜣降汉,国除。	属汉,为渭南、河上郡。
六	七　翳降汉,国除。	属汉,为上郡。
六	七	八
三十六	三十七　臧荼击广无终,灭之。	属燕。
二十四	二十五	二十六
六	七	八
二十七　项羽诛成。	韩王郑昌始,项羽立之。	二
六	七	八

十　项羽灭义帝。	
九	十
九	十
九	十
九	十
九　耳降汉。	
三十五　歇复王赵。	三十六
五	六
十月王至陕。【集解】徐广曰:"弘农陕县。"	十一月
九	十　汉拔我陇西。
九	十
二十七	二十八
九	十
三	韩王信始,汉立之。
九	属汉,为河南郡。

十一	十二
十一	十二
十一	十二
十一	十二
歇以陈馀为代王,(号)〔故〕成安君。	二
三十七	三十八
七	八　项籍击荣,走平原,平原民杀之。
十二月	正月
十一	十二　汉拔我北地。
十一	十二
二十九	三十
十一	十二
二	三

二年一月	二
二年一月	二
十三	十四
二年一月	二
三	四
三十九	四十
项籍立故齐王田假为齐王。	二　田荣弟横反城阳,击假,走楚,楚杀假。
二月	三月　王击殷。
二年一月	二
二年一月	二
三十一	三十二　降汉。(为废王)
十三	十四　降汉,卬废。
四	五

三　项羽以兵三万破汉兵五十六万。	四
三	四
十五	十六
三	四
五	六
四十一	四十二
齐王田广始。广，荣子，横立之。	二
四月　王伐楚至彭城，坏走。	五月　王走荥阳。
三	四
三	四
三十三　从汉伐楚。	三十四　豹归，叛汉。
为河内郡，属汉。	
六　从汉伐楚。	七

五	六
五	六
十七	十八
五	六
七	八
四十三	四十四
三	四
六月　王入关，立太子。复如荥阳。	七月
五　汉杀邯废丘。	属汉，为陇西、北地、中地郡。
五	六
三十五	三十六
八	九

七	八	九
七	八	九
十九	二十	二十一
七	八	九
九	十	十一
四十五	四十六	四十七
五	六	七
八月	九月	后九月 【集解】徐广曰:“应闰建巳。”
七	八	九
三十七	三十八 汉将信虏豹。	属汉,为河东、上党郡。
十	十一	十二

十	十一
十	十一
二十二	二十三
十	十一
十二　汉将韩信斩陈馀。	属汉，为太原郡。
四十八　汉灭歇。	属汉，为郡。
八	九
三年十月	十一月
十	十一
二年一月	二

十二	三年一月	二	三
十二	三年一月	二	三
二十四	二十五	二十六	二十七
十二　布身降汉，地属项籍。			
十	十一	十二	十三
十二月	正月	二月	三月
十二	三年一月	二	三
三	四	五	六

四	五	六	七
四	五	六	七
二十八	二十九	三十	三十一　王敖薨。
十四	十五	十六	十七
四月　楚围王荥阳。	五月	六月	七月　王出荥阳。【集解】徐广曰："项羽、高纪七
四	五	六	七
七	八	九	十

史记卷十六

	八	九
	八	九
	临江王骥【索隐】共敖之子，汉虏之，亦在四年十二月。始，敖子。	二
	十八	十九
月出荥阳。”	八月　周苛、枞公杀魏豹。	九月
	八	九
	十一	十二

203

十	十一　汉将韩信破杀龙且。	十二
十	十一	十二
三	四	五
	赵王张耳始,汉立之。	二
二十	二十一　汉将韩信击杀广。	属汉,为郡。
四年十月	十一月	十二月
十	十一	十二
三年一月	二	三

四年一月	二	三　汉御史周苛入楚,〔死〕。
四年一月	二	三
六	七	八
三	四	五
	齐王韩信始,汉立之。	二
正月	二月　立信王齐。	三月　周苛入楚。
四年一月	二	三
四	五	六

四	五	六
四	五	六
九	十	十一
六	七	八
三	四	五
四月　王出荥阳。豹死。【集解】徐广曰:"项羽纪曰王出成皋。"	五月	六月
四	五	六
七	八	九

七	八	九	十
七	八	九	十
十二	十三	十四	十五
淮南王英布始,汉立之。	二	三	四
九	十	十一	十二
六	七	八	九
七月　立布为淮南王。	八月	九月　太公、吕后归自楚。	五年十月
七	八	九	十
十	十一	十二	四年一月

十一	十二　诛籍。【索隐】汉诛项籍在四年十二月。
十一	十二
十六	十七　汉虏驩。
五	六
二年一月	二
十	十一
十一月	十二月
十一	十二
二	三

齐王韩信徙楚王。
十三　徙王长沙。
属汉，为南郡。
七　淮南国
三　赵国
十二　徙王楚，属汉，为四郡。
正月　【索隐】汉王更号皇帝，即位于定陶也。杀项籍，天下平，诸侯臣属汉。
五年一月　燕国
复置梁国。
四　韩王信徙王代，都马邑。
分临江为长沙国。

二	三	四	五
属淮南国。			
八	九	十	十一
四	五	六	七
二月　甲午,王更号,即皇帝位于定陶。	三月	四月	五月
二	三	四	五
梁王彭越始。	二	三	四
五	六	七	八
衡山王吴芮为长沙王。【索隐】吴芮始,改封也。	二	三	四

六	七	八
十二	二年一月	二
八	九　耳薨，谥景王。	赵王张敖(立)〔始〕，耳子。
六月　帝入关。	七月	八月　帝自将诛燕。
六	七	八
五	六	七
九	十	十一
五	六　薨，谥文王。	长沙成王臣始，芮子。

九　王得故项羽将钟离眛,斩之以闻。
三
二
九月
九　反汉,虏荼。【索隐】虏臧荼。汉书作四年九月,误也。
八
十二
二

十

四

三

后九月 【集解】徐广曰:“应闰建寅。”

燕王卢绾始,汉太尉。

九

五年一月

三

【索隐述赞】秦失其鹿，群雄竞逐。狐鸣楚祠，龙兴沛谷。武臣自王，魏豹必复。田儋据齐，英布居六。项王主命，义帝见戮。以月系年，道悠运速。汹汹天下，瞻乌谁屋？真人霸上，卒享天禄。

史记卷十七

汉兴以来诸侯王年表第五

【索隐】应劭云:“虽名为王,其实如古之诸侯。”

太史公曰:殷以前尚矣。周封五等:公,侯,伯,子,男。然封伯禽、康叔于鲁、卫,地各四百里,亲亲之义,褒有德也;太公于齐,兼五侯地,尊勤劳也。武王、成、康所封数百,而同姓五十五,① 地上不过百里,下三十里,以辅卫王室。管、蔡、康叔、曹、郑,或过或损。厉、幽之后,王室缺,侯伯强国兴焉,天子微,弗能正。非德不纯,形势弱也。②

①【索隐】案:汉书封国八百,同姓五十馀。顾氏据左传魏子谓成鱄云“武王克商,光有天下,兄弟之国十有五人,姬姓之国四十人”是也。

②【索隐】纯,善也,亦云纯一。言周王非德不纯一,形势弱也。

汉兴,序二等。①高祖末年,非刘氏而王者,若无功上所不置②而侯者,天下共诛之。高祖子弟同姓为王者九国,③唯独长沙异姓，而功臣侯者百有馀人。自雁门、太原以东至辽阳，④为燕、代国；常山以南，大行左转，度河、济，阿、甄以东薄海，为齐、赵国；自陈以西，南至九疑，东带江、淮、穀、泗，⑤薄会稽，为梁、楚、淮南、长沙国：皆外接于胡、越。而内地北距山以东尽诸侯地，大者或五六郡，连城数十，置百官宫观，僭于天子。汉独有三河、东郡、颍川、南阳，自江陵以西至蜀，北自云中至陇西，与内史⑥凡十五郡，而公主列侯颇食邑其中。何者？天下初定，骨肉同姓少，故广强庶孽，以镇抚四海，用承卫天子也。

①【集解】韦昭曰："汉封功臣，大者王，小者侯也。"

②【集解】徐广曰："一云'非有功上所置'。"

③【集解】徐广曰："齐、楚、荆、淮南、燕、赵、梁、代、淮阳。"【索隐】徐氏九国不数吴，盖以荆绝乃封吴故也。仍以淮阳为九。今案：下文所列有十国者，以长沙异姓，故言九国也。

④【集解】韦昭曰："辽东辽阳县。"

⑤【集解】徐广曰："穀水在沛。"

⑥【正义】京兆也。

汉定百年之间，亲属益疏，诸侯或骄奢，忕邪臣①计谋为淫乱，大者叛逆，小者不轨于法，以危其命，殒身亡国。天子观于上古，然后加惠，使诸侯得推恩分子弟②国邑，故齐分为七，③赵分为六，④梁分为五，⑤淮南分三，⑥及天子支庶子为王，王子支庶为侯，百有馀焉。吴楚时，前后诸侯或以適削地，⑦是以燕、代无北边郡，吴、淮南、长沙无南边郡，⑧齐、赵、梁、楚支郡名山陂海咸纳于汉。诸侯稍微，大国不过十馀城，小侯不过数十里，上足以奉贡职，下足以供养祭祀，以蕃辅京师。而汉郡八九十，形错诸侯间，犬牙相临，⑨秉其阨塞地利，强本干，弱枝叶之势，尊卑明而万事各得其所矣。

①【索隐】忕音誓。忕训习。言习于邪臣之谋计，故尔雅云“忕犹狃”也。狃亦训习。

②【索隐】案：武帝用主父偃言而下推恩之令也。

③【集解】徐广曰：“城阳、济北、济南、菑川、胶西、胶东，是分为七。”

④【集解】徐广曰：“河间、广川、中山、常山、清河。”

⑤【集解】徐广曰：“济阴、济川、济东、山阳也。”

⑥【集解】徐广曰：“庐江、衡山。”

⑦【索隐】適音宅。或作“过”。

⑧【集解】如淳曰：“长沙之南更置郡，燕、代以北更置缘边郡，其所有饶利兵马器械，三国皆失之也。”【正义】景帝时，汉境北至燕、代，燕、代之北未列为郡。吴、长沙之国，南至岭南；岭南、越未平，亦无南边郡。

⑨【索隐】错音七各反。错谓交错。相衔如犬牙，故云犬牙相制，言犬牙参差也。

臣迁谨记高祖以来至太初诸侯，谱其下益损之时，令后世得览。形势虽强，要之以仁义为本。

公元前206

高祖元年
楚 【索隐】高祖五年，封韩信。六年，王弟交也。
齐 【索隐】四年，封韩信。六年，封子肥。
荆 【索隐】六年，封刘贾。十一年，贾为英布所杀。其年立吴国，封兄子濞也。
淮南 【索隐】四年，封英布。十一年反，诛。立子长。
燕 【索隐】五年，封卢绾。十一年，亡入匈奴。十二年，立子建也。
赵 【索隐】四年，封张耳。其年薨。明年，子敖立。八年，废为宣平侯。九年，立子如意也。
梁 【索隐】五年，封彭越。十一年反，诛。十二年，立子恢。
淮阳 【索隐】十一年，封子友。后二年，为郡。高后元年，复为国，封惠帝子彊。
代 【索隐】二年，封韩王信。五年，降匈奴。十一年，立子恒也。
长沙 【索隐】五年，吴芮薨。六年，子成王臣立。

	205 二
楚	都彭城。
齐	都临菑。
荆	都吴。
淮南	都寿春。
燕	都蓟。
赵	都邯郸。
梁	都淮阳。
淮阳	都陈。
代	十一月，初王韩信元年。都马邑。【集解】徐广曰：本纪及表高祖起五年始徙信。故韩王孙。
长沙	

204	203	202
三	四	五
		齐王信徙为楚王元年。反,废。
	初王信元年。故相国。	二　徙楚。
	十月乙丑,初王(武王)英布元年。	二
		〔后〕九月壬子,初王卢绾元年。
	初王张耳元年。薨。	王敖元年。敖,耳子。
		初王彭越元年
二	三	四　降匈奴,国除为郡。
		二月乙未,初王文王吴芮元年。薨。

	201 六	200 七	199 八
楚	正月丙午,初王交元年。交,高祖弟。	二	三
齐	正月甲子,初王悼惠王肥元年。肥,高祖子。	二	三
荆	正月丙午,初王刘贾元年。	二	三
淮南	三	四	五
燕	二	三	四
赵	二	三	四　废。
梁	二	三	四
淮阳			
代			
长沙	成王臣元年	二	三

198	197
九	十
四　来朝。	五　来朝。
四　来朝。	五　来朝。
四	五　来朝。
六　来朝。	七　来朝。反,诛。
五	六　来朝。
初王隐王如意元年。如意,高祖子。	二
五　来朝。	六　来朝。反,诛。
	复置代,都中都。
四	五　来朝。

	196	195
	十一	十二
楚	六	七
齐	六	七
吴	六　为英布所杀,国除为郡。	更为吴国。十月
淮南	十二月庚午,厉王长元年。长,高祖子。	二
燕	七　【集解】徐广曰:"一云十月亡入于匈奴。"	(三)〔二〕月甲午,
赵	三	四　死。
梁	二月丙午,初王恢元年。恢,高祖子。	二
淮阳	三月丙寅,初王友元年。友,高祖子。(徙赵)	二
代	正月丙子,初王元年。	二
长沙	六	七

	194 孝惠元年
	八
	八
辛丑,初王濞元年。濞,高祖兄仲子,故沛侯。	二
	三
初王灵王建元年。建,高祖子。	二
	淮阳王徙于赵,名友,
	三
	为郡。
	三
	八

		193	192	191	190
		二	三	四	五
楚		九　来朝。	十	十一　来朝。	十二
齐		九　来朝。	十	十一　来朝。	十二
吴		三	四	五	六　来朝。
淮南		四	五	六　来朝。	七
燕		三	四	五	六　来朝。
赵	元年。是为幽王。	二	三	四　来朝。	五
梁		四	五	六	七
淮阳					
代		四	五	六	七
长沙		哀王回元年	二	三	四

189	188
六	七
十三	十四　来朝。
	初置鲁国。
十三　薨。	哀王襄元年
七	八　来朝。
八	九　来朝。
七	八　来朝。
六	七　来朝。
	初置常山国。
八	九　来朝。
	初置吕国。
	复置淮阳国。
八	九
五	六

	187 高后元年
楚	十五
鲁	四月　(元)〔初〕王张偃元年。偃,高后外孙,故赵王敖子。
齐	二
吴	九
淮南	十
燕	九
赵	八
常山	四月辛卯,哀王不疑元年。薨。
梁	十
吕	四月辛卯,吕王台元年。薨。
淮阳	四月辛卯,初王怀王强元年。强,惠帝子。
代	十
长沙	七

186

二
十六
二
三
十
十一
十
九
七月癸巳,初王义元年。(皇子)哀王弟。义,孝惠子,故襄城侯,〔后〕立为帝。
十一
十一月癸亥,王吕嘉元年。嘉,肃王子。
二
十一
恭王右元年

	185	184
	三	四
楚	十七	十八
鲁	三	四
齐	四　来朝。	五
吴	十一	十二
淮南	十二	十三
燕	十一	十二
赵	十	十一
常山	二	五月丙辰,初王朝元年。朝,惠帝子,故轵侯。
梁	十二	十三
吕	二	三
淮阳	三	四
代	十二	十三
长沙	二　来朝。	三

	183
	五
	十九
	五
	六
	十三
	十四　来朝。
	十三
	十二
【索隐】轵音章是反。轵县在河内。后文帝以封舅薄昭。	二
	十四
	四
	五　无嗣。
	十四
	四

	182
	六
楚	二十
鲁	六
齐	七
琅邪	初置琅邪国。
吴	十四
淮南	十五
燕	十四
赵	十三
常山	三
梁	十五
吕	嘉废。七月丙辰吕产元年。产，肃王弟，故洨侯。【索隐】洨音交。洨水
淮阳	初王武元年。武，孝惠帝子，故壶关侯。
代	十五
长沙	五

	181
	七
	二十一
	七
	八
	王泽元年。故营陵侯。【索隐】营陵,县名,属北海。
	十五
	十六
	十五　绝。
	(十四　楚吕产徙梁元年)
	四
	(十六)徙王赵,自杀。王吕产元年。
所出,县名,在沛。又音□也。	吕产徙王梁。(七)〔二〕月丁巳,王太元年。
	二
	十六
	六

		180
		八
楚		二十二
鲁		八
齐		九
琅邪		二
吴		十六
淮南		十七
燕		十月辛丑，初王吕通元
赵		初王吕禄元年。吕后兄
常山		五　非子，诛，国除为郡。
梁		二　有罪，诛，为郡。
吕	惠帝子。【索隐】吕太，故昌平侯。县名，属上谷也。	二
淮阳		三　武诛，国除。
代		十七
长沙		七

年。肃王子,故东平侯。九月诛,国除。【索隐】东平,县,属梁国。

子,胡陵侯。诛,国除。【索隐】胡陵,县名,属山阳也。

	179	178
	孝文(前)元年	二
楚	二十三	夷王郢元年
鲁	九　废为侯。	
齐	十　薨。	文王则元年
城阳	初置城阳郡。	二月乙卯,景王章
济北	初置济北。	二月乙卯,王兴居
琅邪	三　徙燕。	国除为郡。
吴	十七	十八
淮南	十八	十九
燕	十月庚戌,琅邪王泽徙燕元年。是为敬王。	二　薨。
赵	十月庚戌,赵王遂元年。幽王子。	二
河间	分为河间,都乐成。	二月乙卯,初王文
太原	初置太原,都晋阳。	二月乙卯,初王参
梁	复置梁国。	二月乙卯,初王怀
淮阳		
代	十八　为文帝。	二月乙卯,初王武
长沙	八	九

	177
	三
	二
	二
元年。章,悼惠王子,故朱虚侯。【索隐】朱虚,县名,属琅琊。	二
元年。兴居,悼惠王子,故东牟侯。【索隐】县名,属东莱。	为郡。
	十九　来朝。
	二十　来朝。
	康王嘉元年
	三
王辟强元年。辟强,赵幽王子。【索隐】辟音璧。	二
元年。参,文帝子。	二
王胜元年。胜,文帝子。	二
	复置淮阳国。
元年。武,文帝子。	二　徙淮阳。
	靖王著元年

	176	175
	四	五
楚	三	四薨。
齐	三	四
城阳	共王喜元年	二
吴	二十	二十一
淮南	二十一	二十二
燕	二	三
赵	四	五
河间	三	四
太原	三　更为代王。	
梁	三	四
淮阳	代王武徙淮阳三年。	四
代	三　太原王参更号为代王三年,实居太原,是为孝王。	四
长沙	二	三

174	173
六	七
王戊元年	二
五	六
三	四
二十二	二十三
二十三　王无道，迁蜀，死雍，为郡。	
四	五
六	七　来朝。
五	六
五	六　来朝。
五	六　来朝。
五	六　来朝。
四	五

	172	171	170	169
	八	九	十	十一
楚	三	四	五	六
齐	七　来朝。	八	九	十
城阳	五	六　来朝。	七	八　徙淮南。为郡,属齐。
吴	二十四	二十五	二十六	二十七
淮南				
燕	六　来朝。	七	八	九
赵	八	九	十	十一
河间	七　来朝。	八	九	十
梁	七	八	九	十　来朝。薨,无后。
淮阳	七	八　来朝。	九	十　来朝。徙梁。为郡。
代	七	八	九	十　来朝。
长沙	六	七	八　来朝。	九

168	167	166
十二	十三	十四
七	八　来朝。	九
十一　来朝。	十二	十三
二十八	二十九	三十
城阳王喜徙淮南元年	二	三
十	十一	十二　来朝。
十二　来朝。	十三	十四
十一　来朝。	十二	十三　薨。
十一　淮阳王武徙梁年,是为孝王。	十二	十三
十一	十二	十三
十	十一	十二

	165	164
	十五	十六
楚	十	十一
衡山	初置衡山。	四月丙寅，王勃元年。
齐	十四　薨。无后。	四月丙寅，孝王将闾
城阳	复置城阳国。	淮南王喜徙城阳十三
济北	复置济北国。	四月丙寅，初王志元
济南	分为济南国。	四月丙寅，初王辟光
菑川	分为菑川，都剧。	四月丙寅，初王贤元
胶西	分为胶西，都宛。【集解】徐广曰："乐安有宛县。"	四月丙寅，初王卬元
胶东	分为胶东，都即墨。	四月丙寅，初王雄渠
吴	三十一	三十二
淮南	四　徙城阳。	四月丙寅，王安元年。
燕	十三　来朝。	十四
赵	十五	十六
河间	哀王福元年。薨，无后，国除为郡。	
庐江	初置庐江国。	四月丙寅，王赐元年。
梁	十四　来朝。	十五
代	十四	十五
长沙	十三	十四

	163	162	161
	后元年	二	三
	十二	十三	十四
淮南厉王子，故安阳侯。	二	三	四
元年。齐悼惠王子，故阳虚侯。	二	三	四　来朝。
年。	十四	十五	十六
年。齐悼惠王，子故安都侯。	二	三	四　来朝。
元年。齐悼惠王子，故扐侯。	二	三	四　来朝。
年。齐悼惠王子，故武城侯。	二	三	四
年。齐悼惠王子，故平昌侯。	二	三	四
元年。齐悼惠王子，故白石侯。	二	三	四
	三十三	三十四	三十五
淮南厉王子，故阜陵侯。	二	三	四
	十五	十六	十七
	十七	十八	十九
淮南厉王子，故阳周侯。	二	三	四
	十六	十七	十八　来朝。
	十六	十七　薨。	恭王登元年
	十五	十六	十七

	160	159	158	157
	四	五	六	七
楚	十五	十六 来朝。	十七	十八
鲁				
衡山	五	六	七	八
齐	五	六	七	八
城阳	十七	十八 来朝。	十九	二十
济北	五 来朝。	六	七	八
济南	五	六 来朝。	七	八
菑川	五	六	七	八
胶西	五	六 来朝。	七	八
胶东	五	六	七	八
吴	三十六	三十七	三十八	三十九
淮南	五	六	七 来朝。	八
燕	十八 来朝。	十九	二十	二十一
赵	二十 来朝。	二十一	二十二	二十三
河间				
广川				
中山				
庐江	五	六	七	八
梁	十九	二十	二十一 来朝。	二十二
临江				
汝南				
淮阳				
代	二	三	四	五
长沙	十八	十九	二十 来朝。	二十一 来朝。薨，无后，国除。

156	155
孝景(前)元年	二
十九	二十　来朝。
	分楚复置鲁国。
九	十
九	十
二十一	二十二
九	十　来朝。
九	十
九	十
九	十
九	十
四十	四十一
九	十
二十二	二十三
二十四	二十五　来朝。
复置河间国。	三月甲寅,初王献王德元年。景帝子。
初置广川,都信都。	三月甲寅,王彭祖元年。景帝子。
	初置中山,都卢奴。
九	十
二十三	二十四　来朝。
初置临江,都江(都)〔陵。〕	三月甲寅,初王阏于元年。景帝子。【索隐】
初置汝南国。	三月甲寅,初王非元年。景帝子。
(初)〔复〕置淮阳国。	三月甲寅,初王馀元年。景帝子。
六	七
复置长沙国。	三月甲寅,定王发元年。景帝子。

		154
		三
楚		二十一　反，诛。
鲁		六月乙亥淮阳王徙鲁元年。是为恭王。
衡山		十一
齐		十一
城阳		二十三
济北		十一　徙菑川。
济南		十一　反，诛。为郡。
菑川		十一　反，诛。济北王志徙菑川十一年。是为懿王。
胶西		十一　反，诛。六月乙亥，于王端元年。景帝子。【索隐】谥法
胶东		十一　反，诛。
吴		四十二　反，诛。
淮南		十一
燕		二十四
赵		二十六　反，诛。为郡。
河间		二　来朝。
广川		二　来朝。
中山		六月乙亥，靖王胜元年。景帝子。
庐江		十一
梁		二十五　来朝。
临江	阏音遏。	二
汝南		二
淮阳		徙鲁。为郡。
代		八
长沙		二

153	
	四　四月己巳立太子
	文王礼元年。元王子，故平陆侯。
	二　来朝。
	十二　徙济北。庐江王赐徙衡山(王)元年。
	懿王寿元年
	二十四
	衡山王勃徙济北十二年。是为贞王。
	十二
能优其德曰于。	二
	四月己巳，初王元年。是为孝武帝。
	初置江都。六月乙亥，汝南王非为江都王元年。是为
	十二
	二十五
	三
	三
	二
	十二　徙衡山，国除为郡。
	二十六
	三　薨，无后，国除为郡。
	三　徙江都。
	九
	三

		五
楚		二
鲁		三
衡山		二
齐		二　来朝。
城阳		二十五
济北		十三　薨。
菑川		十三
胶西		三
胶东		二
江都	易王。【索隐】谥法好更故旧为易也。	二
淮南		十三　来朝。
燕		二十六　薨。
赵		广川王彭祖徙赵四年。是为敬肃王。
河间		四
广川		四　徙赵，国除为信都郡。
中山		三
梁		二十七
临江		
代		十
长沙		四

151	150
六	七　十一月乙丑太子废
三　来朝。薨。	安王道元年
四	五
三	四
三	四
二十六	二十七
武王胡元年	二
十四	十五
四	五
三	四　四月丁巳，为太子。
三	四
十四	十五
王定国元年	二
五	六
五	六
四	五　来朝。
二十八	二十九　来朝。
复置临江国。	十一月乙丑，初王闵王荣元年。景帝太子，废。
十一	十二
五　来朝。	六　来朝。

	149	148
	中元年	二
楚	二　来朝。	三
鲁	六　来朝。	七
衡山	五	六
齐	五	六
城阳	二十八	二十九　来朝。
济北	三	四
菑川	十六　来朝。	十七　来朝。
胶西	六　来朝。	七
胶东	复置胶东国。	四月乙巳，初王康王寄元年。景帝子。
江都	五	六
淮南	十六	十七
燕	三	四
赵	七	八　来朝。
河间	七	八　来朝。
广川	复置广川国。	四月乙巳，惠王越元年。景帝子。
中山	六	七
清河		初置清河，都(济)〔清〕阳。
梁	三十	三十一　来朝。
临江	二	三
代	十三	十四
长沙	七	八

147
三
四
八
七　来朝。
七
三十
五
十八
八
二
七
十八
五　来朝。
九
九
二
八
三月丁巳，哀王乘元年。景帝子。
三十二
四　坐侵庙壖垣为宫，自杀。国除为南郡。【索隐】壖音儒缘反。壖垣，庙境外
十五　来朝。
九

		146	145
		四	五
楚		五	六　来朝。
鲁		九	十
衡山		八	九
齐		八	九
城阳		三十一	三十二
济北		六	七
菑川		十九	二十
胶西		九	十
胶东		三	四　来朝。
江都		八	九
淮南		十九　来朝。	二十
燕		六	七
赵		十	十一
河间		十	十一
广川		三	四
中山		九　来朝。	十
清河		二	三
常山		复置常山国。	(三)〔四〕月丁巳,初王宪王舜元年。
梁		三十三	三十四
济川			分为济川国。
济东	之墟。壖,边也。		分为济东国。
山阳			分为山阳国。
济阴			分为济阴国。
代		十六	十七
长沙		十　来朝。	十一　来朝。

	144
	六
	七
	十一
	十
	十
	三十三　薨。
	八
	二十一
	十一
	五
	十
	二十一
	八
	十二
	十二
	五
	十一
	四
孝景子。	二
	三十五　来朝。薨。
	五月丙戌，初王明元年。梁孝王子。
	五月丙戌，初王彭离元年。梁孝王子。
	五月丙戌，初王定元年。梁孝王子。
	五月丙戌，初王不识元年。梁孝王子。
	十八
	十二

	143	142	141
	后元年	二	三
楚	八	九	十
鲁	十二	十三	十四
衡山	十一	十二	十三
齐	十一	十二　来朝。	十三
城阳	顷王延元年 【索隐】顷音倾。城阳王子。	二	三
济北	九	十　来朝。	十一
菑川	二十二　来朝。	二十三	二十四
胶西	十二	十三	十四
胶东	六	七	八　来朝。
江都	十一	十二	十三
淮南	二十二	二十三	二十四
燕	九　来朝。	十　来朝。	十一
赵	十三　来朝。	十四	十五
河间	十三　来朝。	十四	十五
广川	六	七	八
中山	十二	十三	十四
清河	五	六	七
常山	三	四	五
梁	恭王买元年。孝王子。	二	三
济川	二	三	四
济东	二	三	四
山阳	二	三	四
济阴	二　薨，无后，国除。		
代	十九	二十	二十一
长沙	十三	十四	十五

140	139	138
孝武建元元年	二	三
十一	十二　来朝。	十三
十五	十六　来朝。	十七
十四	十五	十六
十四	十五	十六
四	五	六
十二	十三	十四
二十五	二十六	二十七
十五	十六	十七
九	十	十一
十四	十五	十六
二十五	二十六　来朝。	二十七
十二	十三	十四
十六	十七	十八
十六	十七	十八
九	十	十一
十五	十六	十七　来朝。
八	九　来朝。	十
六	七	八
四	五	六
五	六	七　明杀中傅。废迁房陵。【集解】徐广曰："一作'太傅'。"
五	六	七
五	六	七
二十二	二十三	二十四　来朝。
十六	十七	十八　来朝。

	137	136
	四	五
楚	十四	十五
鲁	十八	十九
衡山	十七	十八
齐	十七	十八
城阳	七	八
济北	十五	十六
菑川	二十八	二十九
胶西	十八	十九
胶东	十二	十三
江都	十七　来朝。	十八
淮南	二十八	二十九
燕	十五	十六
赵	十九	二十
河间	十九	二十
广川	十二	缪王元年　【集解】徐广曰:"齐立四十五年,以征和元年乙
中山	十八	十九
清河	十一	十二　薨,无后,国除为郡。
常山	九　来朝。	十
梁	七　薨。	平王襄元年
济川	为郡。	
济东	八	九
山阳	八	九　薨,无后,国除为郡。
代	二十五	二十六
长沙	十九	二十

	六
	十六
	二十
	十九
	十九
	九
	十七
	三十
	二十　来朝。
	十四
	十九
	三十
	十七
	二十一　来朝。
	二十一
丑有罪病死，谥曰缪。”【索隐】广川惠王子。谥法名与实乖曰缪。	二
	二十
	十一
	二
	十
	二十七
	二十一

	134	133	132	131	130
	元光元年	二	三	四	五
楚	十七	十八　来朝。	十九　来朝。	二十	二十一
鲁	二十一	二十二	二十三	二十四	二十五
衡山	二十	二十一	二十二	二十三	二十四
齐	二十	二十一	二十二　卒。	厉王次昌元年	二
城阳	十　来朝。	十一	十二	十三	十四　来朝。
济北	十八	十九	二十	二十一	二十二
菑川	三十一	三十二	三十三	三十四	三十五　薨。
胶西	二十一	二十二	二十三	二十四	二十五
胶东	十五　来朝。	十六	十七	十八	十九
江都	二十	二十一	二十二	二十三	二十四
淮南	三十一	三十二	三十三	三十四	三十五
燕	十八　来朝。	十九	二十	二十一	二十二
赵	二十二	二十三	二十四	二十五	二十六
河间	二十二	二十三	二十四	二十五	二十六　来朝。
广川	三	四	五	六	七
中山	二十一	二十二　来朝。	二十三　来朝。	二十四	二十五
常山	十二	十三	十四	十五	十六
梁	三	四	五	六	七
济东	十一	十二	十三	十四　来朝。	十五
代	二十八	二十九	王义元年	二	三
长沙	二十二	二十三　来朝。	二十四　来朝。	二十五	二十六

129	128
六	元朔元年
二十二　薨。	襄王注元年
二十六　薨。	安王光元年
二十五	二十六
三	四
十五	十六
二十三	二十四　来朝。
靖王建元年	二
二十六	二十七
二十	二十一
二十五	二十六
三十六	三十七
二十三	二十四　坐禽兽行自杀。国除为郡。
二十七　来朝。	二十八
恭王不害元年	二
八	九
二十六	二十七
十七	十八
八	九
十六	十七
四	五
二十七	康王庸元年

	127	126	125
	二	三	四
楚	二	三	四　来朝。
鲁	二	三	四
衡山	二十七	二十八	二十九
齐	五　薨，无后，国除为郡。		
城阳	十七	十八	十九
济北	二十五	二十六	二十七
菑川	三	四	五
胶西	二十八　来朝。	二十九	三十
胶东	二十二	二十三	二十四
江都	王建元年	二	三
淮南	三十八	三十九	四十
赵	二十九	三十	三十一
河间	三	四　薨。	刚王堪元年
广川	十	十一	十二
中山	二十八	二十九　来朝。	三十
常山	十九	二十	二十一
梁	十　来朝。	十一	十二
济东	十八	十九	二十　来朝。
代	六	七	八
长沙	二	三	四

124	123	122
五	六	元狩元年
五	六	七
五	六	七
三十	三十一	三十二　反,自杀,国除。
二十	二十一　来朝。	二十二
二十八	二十九	三十
六	七	八
三十一	三十二	三十三
二十五　来朝。	二十六	二十七
四	五	六
四十一　安有罪,削国二县。	四十二	四十三　反,自杀。
三十二	三十三	三十四　来朝。
二	三	四
十三	十四　来朝。	十五
三十一	三十二	三十三
二十二　来朝。	二十三	二十四
十三	十四	十五
二十一	二十二	二十三
九	十	十一
五	六	七

121	
	二
楚	八
鲁	八　来朝。
齐	
城阳	二十三
济北	三十一
菑川	九
胶西	三十四
胶东	二十八
广陵	七　反,自杀,国除为广陵郡。
淮南	置六安国,以故陈为都。七月丙子。【集解】徐广曰:"一云壬子。"初王恭王
燕	
赵	三十五
河间	五
广川	十六
中山	三十四
常山	二十五
梁	十六
济东	二十四
代	十二　来朝。
长沙	八　来朝。

	120	119	118
	三	四	五
	九	十　来朝。	十一
	九	十	十一
			复置齐国。
	二十四	二十五	二十六　来朝。薨。
	三十二　来朝。	三十三	三十四
	十	十一	十二　来朝。
	三十五	三十六	三十七
	哀王贤元年	二	三
			更为广陵国。
庆元年。胶东王子。	二	三	四
			复置燕国。
	三十六	三十七	三十八
	六	七	八
	十七	十八	十九
	三十五　来朝。	三十六	三十七
	二十六	二十七	二十八
	十七	十八	十九
	二十五	二十六　来朝。	二十七
	十三	十四	十五
	九	十	十一

	117
	六
楚	十二
鲁	十二
齐	四月乙巳,初王怀王闳元年。武帝子。
城阳	敬王义元年
济北	三十五
菑川	十三
胶西	三十八
胶东	四
广陵	四月乙巳,初王胥元年。武帝子。
六安	五
燕	四月乙巳,初王剌王旦元年。武帝子。【索隐】谥法暴慢无亲曰剌。
赵	三十九
河间	九　来朝。
广川	二十
中山	三十八
常山	二十九　来朝。
梁	二十
济东	二十八
代	十六
长沙	十二

116	115
元鼎元年	二
十三	十四　薨。
十三	十四　来朝。
二	三
二	三
三十六	三十七
十四	十五
三十九	四十
五	六
二	三
六	七
二	三
四十	四十一
十	十一
二十一　来朝。	二十二
三十九	四十
三十	三十一
二十一	二十二
二十九　剽攻杀人，迁上庸，国为大河郡。	
十七	十八　来朝。
十三	十四

	114	113
	三	四
楚	节王纯元年	二
鲁	十五	十六
泗水	初置泗水,都郯。【集解】徐广曰:"泗水属东海。"	思王商元年 【集解】徐广
齐	四	五
城阳	四	五
济北	三十八	三十九
菑川	十六	十七
胶西	四十一	四十二
胶东	七	八
广陵	四	五
六安	八	九
燕	四	五
赵	四十二	四十三
河间	十二 薨。	顷王授元年
广川	二十三	二十四
中山	四十一 来朝。	四十二 薨。
清河	复置清河国。	二十 代王义徙清河年。
真定	三十二 薨,子为王。	更为真定国。顷王平
梁	二十三	二十四
代	十九 徙清河。为太原郡。	
长沙	十五 来朝。	十六

112	
	五
	三
	十七
曰:"一云勤王商元年。"商,常山宪王子。	二
	六
	六
	四十
	十八
	四十三
	九
	六
	十
	六
	四十四
	二
	二十五　来朝。
	哀王昌元年。即年薨。
是为刚王。	二十一
元年。常山宪王子。	二
	二十五
	十七

	111
	六
楚	四
鲁	十八
泗水	三
齐	七
城阳	七
济北	四十一　来朝。
菑川	十九
胶西	四十四
胶东	十
广陵	七
六安	十一　来朝。
燕	七
赵	四十五
河间	三
广川	二十六
中山	康王昆侈元年　【索隐】按：萧该云谥法好乐怠政曰康。汉书作"穅"。昆侈，名。
清河	二十二
真定	三
梁	二十六
长沙	十八

110	109
元封元年	二
五	六
十九	二十
四	五
八　薨，无后，国除为郡。	
八　来朝。	九　薨。
四十二	四十三
二十	顷王遗元年　【索隐】济南王辟光之孙也。
四十五	四十六
十一	十二
八	九
十二	十三
八	九
四十六	四十七
四	五
二十七	二十八
二	三
二十三	二十四
四　来朝。	五
二十七	二十八
十九	二十

	108	107	106
	三	四	五
楚	七	八	九
鲁	二十一　来朝。	二十二	二十三　朝泰山。
泗水	六	七	八
城阳	慧王武元年	二	三
济北	四十四	四十五	四十六　朝泰山。
菑川	二	三	四
胶西	四十七　薨，无后，国除。		
胶东	十三	十四	戴王通平元年
广陵	十	十一	十二
六安	十四	十五	十六
燕	十	十一	十二
赵	四十八	四十九	五十
河间	六	七	八
广川	二十九	三十	三十一
中山	四	五	六
清河	二十五　来朝。	二十六	二十七
真定	六	七	八
梁	二十九	三十	三十一
长沙	二十一	二十二	二十三

105	104	103
六	太初元年	二
十	十一	十二
二十四	二十五	二十六
九	十　薨。	哀王安世元年。即戴王贺元年。安世子。
四	五	六
四十七	四十八	四十九
五	六	七
二	三	四
十三	十四	十五
十七	十八　来朝。	十九
十三	十四	十五
五十一	五十二	五十三
九	十	十一
三十二	三十三	三十四
七	八	九　来朝。
二十八	二十九	三十
九　来朝。	十	十一
三十二	三十三	三十四
二十四	二十五	二十六

		102	101
		三	四
楚		十三	十四
鲁		二十七	二十八
泗水	【索隐】广川惠王子也。	二	三
城阳		七 （薨）	（荒王贺元年）
济北		五十	五十一
菑川		八	九
胶东		五	六
广陵		十六	十七
六安		二十	二十一
燕		十六	十七
赵		五十四	五十五
河间		十二	十三
广川		三十五	三十六
中山		十	十一
清河		三十一	三十二
真定		十二	十三
梁		三十五	三十六　来朝。
长沙		二十七	二十八　来朝。

徐广曰：孝武太始二年，广陵、中山、真定王来朝。孝宣本始元年，赵来朝。二年，广川来朝。四年，清河来朝。孝宣地节元年，梁来朝。二年，河间来朝。三年，济北分平原、太山二郡。

【索隐述赞】汉有天下，爰览兴亡。始誓河岳，言峻宠章。淮阴就楚，彭越封梁。荆燕懿戚，齐赵棣棠。犬牙相制，麟趾有光。降及文景，代有英王。鲁恭、梁孝，济北、城阳。仁贤足纪，忠烈斯彰。

史记卷十八

高祖功臣侯者年表第六

【正义】高祖初定天下,表明有功之臣而侯之,若萧、曹等。

太史公曰:古者人臣功有五品,以德立宗庙定社稷曰勋,以言曰劳,用力曰功,明其等曰伐,积日曰阅。封爵之誓曰:"使河如带,泰山若厉。①国以永宁,爰及苗裔。"始未尝不欲固其根本,而枝叶稍陵夷衰微也。

①【集解】应劭曰:"封爵之誓,国家欲使功臣传祚无穷。带,衣带也;厉,砥石也。河当何时如衣带,山当何时如厉石,言如带厉,国乃绝耳。"

余读高祖侯功臣,察其首封,所以失之者,曰:异哉所闻!书曰"协和万国",迁于夏商,或数千岁。盖周封八百,幽厉之后,见于春秋。尚书有唐虞之侯伯,历三代千有馀载,自全以蕃卫天子,岂非笃于仁义,奉上法哉?汉兴,功臣受封者百有馀人。①天下初定,故大城名都散亡,户口可得而数者十二三,②是以大侯不过万家,小者五六百户。后数世,民咸归乡里,户益息,萧、曹、绛、灌之属或至四万,小侯自倍,[3]富厚如之。子孙骄溢,忘其先,淫嬖。至太初百年之间,见侯五,[4]馀皆坐法陨命亡国,秏矣。罔亦少密焉,然皆身无兢兢于当世之禁云。

①【索隐】案:下文高祖功臣百三十七人;兼外戚及王子,凡一百四十三人。

②【索隐】言十分才二、三在耳。

③【索隐】倍其初封时户数也。

④【正义】谓平阳侯曹宗、曲周侯郦终根、阳阿侯齐仁、戴侯秘蒙、穀陵侯冯偃也。

居今之世,志古之道,所以自镜也,[1]未必尽同。帝王者各殊礼而异务,要以成功为统纪,岂可绲乎?观所以得尊宠及所以废辱,亦当世得失之林也,[2]何必旧闻?于是谨其终始,表其文,颇有所不尽本末;著其明,疑者阙之。后有君子,欲推而列之,得以览焉。

①【索隐】言居今之代,志识古之道,得以自镜当代之存亡也。

②【索隐】言观今人臣所以得尊宠者必由忠厚,被废辱者亦由骄淫,是言见在兴废亦当代得失之林也。

国名【正义】此国名匡左行一道，咸是诸侯所封国名也。
侯功
高祖十二
孝惠七
高后八
孝文二十三
孝景十六
建元至元封六年三十六，太初元年尽后元二年十八。
侯第 【索隐】姚氏曰："萧何第一，曹参二，张敖三，周勃四，樊哙五，郦商六，奚涓七，夏侯婴八，灌婴九，傅宽十，靳歙十一，王陵十二，陈武十三，王吸十四，薛欧十五，周昌十

六，丁复十七，蛊逢十八。史记与汉表同。而楚汉春秋则不同者，陆贾记事在高祖、惠帝时。汉书是后定功臣等列，及陈平受吕后命而定，或已改邑号，故人名亦别。且高祖初定

	平阳 【索隐】案:汉书地理志平阳县属河东。
	以中涓【集解】如淳曰:“谒主通书,谓出纳君命。石奋为谒中涓,受陈平谒是也。春秋传曰涓人畴,汉仪注,天子有中涓如黄门,皆中官也。”从起沛,至霸上,侯。以将军入汉,以左丞相出征齐、魏,以右丞相为平阳侯,
	七 六年十二月甲申,懿侯曹参元年。【索隐】懿,谥也。
	五 其二年为相国。 二 六年十月,靖侯窋元年。
	八
	十九 四 后四年,简侯奇元年。
	三 十三 四年,夷侯时【索隐】夷侯畤。音止,又音市。案:曹参系家作“时”,今表可作“畤”。案汉书卫青传平阳侯
	十 十六 元光五年,恭侯襄元年。 元鼎三年,今侯宗元年。
唯十八侯,吕后令陈平终竟以下列侯第录,凡一百四十三人也。”	二 【集解】汉书音义曰:“曹参位第二而表在首,以前后故。” 【索隐】汉书音义曰:“曹参位第二而表在首,萧何位第一而

万六百户。

曹寿尚阳信公主，即此人，当是字讹。元年。

表在十三者，以封先后故也。又案：封参在六年十二月，封何在六年正月，高祖十月因秦改元，故十二月在正月前也。"汉表具记位次，而亦依封前后录也。

信武 【索隐】案：地理志无信武县，当是后废故也。	清阳 【索隐】汉表"清河。"地理志清阳县属清河郡。
以中涓从起宛、朐，入汉，以骑都尉定三秦，击项羽，别定江陵，侯，五千三百户。以车骑将军攻黥布、陈豨。	以中涓从起丰，至霸上，为骑郎将，入汉，以将军击项羽功，侯，三千一百户。
七　六年十二月甲申，肃侯靳歙元年。【索隐】靳，姓也，音纪觐反；歙音摄，又音吸。	七　六年十二月甲申，定侯王吸元年。【索隐】楚汉春秋作"清阳侯王隆。"
七	七
五 三　六年，夷侯亭元年。	八
十八 后三年，侯亭坐事国人过律，夺侯，国除。	七　元年，哀侯彊元年。【索隐】彊，其良反。 十六　八年，孝侯伉元年。【索隐】伉，苦浪反。
	四 十二　五年，哀侯不害元年。
	七 元光二年，侯不害薨，无后，国除。
十一	十四

汝阴 【索隐】汝阴县属汝南。凡县名皆据地理志,不言者,从省文也。	阳陵 【索隐】阳陵县属冯翊。楚汉春秋作“阴陵”。
以令史从降沛,为太仆,常奉车,为滕公,竟定天下,入汉中,全孝惠、鲁元,侯,六千九百户。常为太仆。	以舍人从起横阳,至霸上,为(魏)〔骑〕将,入汉,定三秦,属淮阴,定齐,为齐丞相,侯,二千六百户。
七　六年十二月甲申,文侯夏侯婴元年。	七　六年十二月甲申,景侯傅宽元年。
七	五 二　六年,(随)顷侯靖元年。
八	八
八 七　九年,夷侯灶元年。 八　十六年,恭侯赐元年。	十四 九　十五年,恭侯则元年。
十六	三 十三　前四年,侯偃元年。
七　元光二年,侯颇元年。 十九　元鼎二年,侯颇坐尚公主,与父御婢奸罪自杀,国除。	十八 元狩元年,偃坐与淮南王谋反,国除。
八	十

广严 【索隐】晋书地道记，广县在东莞。严，谥也。下又云“壮”，班马二史并误也。	广平 【索隐】县名，属临淮。
以中涓从起沛，至霸上，为连敖，入汉，以骑将定燕、赵，得将军，侯，二千二百户。	以舍人从起丰，至霸上，为郎中，入汉，以将军击项羽、锺离眛功，侯，四千五百户。
七 六年十二月甲申，壮侯召欧元年。【索隐】欧，乌后反。	七 六年十二月甲申，敬侯薛欧元年。
七	七
八	八 元年，靖侯山元年。
十九 二年，戴侯胜元年。 十三 十一年，恭侯嘉元年。至后七年嘉薨，无后，国除。	十八 五 后三年，侯泽元年。
	八 中二年，有罪，绝。 平棘 五 中五年，复封节侯泽元年。
	十五 其十年，为丞相。 三 元朔四年，侯穰元年。元狩元年，穰受淮南王财物，称臣，在赦前，诏问谩罪，国除。
二十八	十五

博阳 【索隐】博阳县在汝南。	曲逆 【索隐】县名，属中山，章帝改曰蒲阴也。
以舍人从起砀，以刺客将，入汉，以都尉击项羽荥阳，绝甬道，击杀追卒功，侯。	以故楚都尉，汉王二年初从修武为都尉，迁为护军中尉；出六奇计，定天下，侯，五千户。
七　六年十二月甲申，壮侯陈濞元年。【索隐】楚汉春秋名渍。	七　六年十二月甲申，献侯陈平元年。
七	七　其五年，为左丞相。
八	八　其元年，徙为右丞相；后专为丞相，相孝文二年。
十八 五　后三年，侯始元年。	二 二　三年，恭侯买元年。 十九　五年，简侯悝元年。
四　前五年，侯始有罪，国除。 塞　二　中五年，复封始。【索隐】塞在桃林也。后元年，始有罪，国除。	四 十二　五年，侯何元年。
	十 元光五年，侯何坐略人妻，弃市，国除。
十九	四十七

堂邑 【索隐】县名，属临淮也。
以自定东阳，为将，属项梁，为楚柱国。四岁，项羽死，属汉，定豫章、浙江都浙自立为王壮息，侯，千八百户。复相楚元王十一年。【索隐】案：汉表作"定浙江都浙自立为王壮息，侯。玄孙融，以公主子改封隆虑。"音林庐也。
七　六年十二月甲申，安侯陈婴元年。
七
四 四　五年，恭侯禄元年。
二 二十一　三年，夷侯午元年。
十六
十一　元光六年，季须元年。 十三　元鼎元年，侯须坐母长公主卒，未除服奸，兄弟争财，当死，自杀。国除。
八十六

周吕 【索隐】应劭云:“周吕国也。”案:“周”及“吕”皆国名。济阴有吕都县。
以吕后兄初起以客从,入汉为侯。还定三秦,将兵先入砀。汉王之解彭城,往从之,复发兵佐高祖定天下,功侯。
三　六年正月丙戌,令武侯吕泽元年。【索隐】令武,谥也。一云“令,邑;武谥也”。又改封令,令,县名,在荥阳,出晋地道记。 四　九年,子台封郦侯元年。【索隐】郦音历。一作“鄜”,音敷,皆县名。
七

建成 【索隐】县名,属沛郡。

以吕后兄初起以客从,击三秦。汉王入汉,而释之还丰沛,奉卫吕宣王、太上皇。天下已平,封释之为建成侯。【索隐】吕宣王,吕公谥也。

七 六年正月丙戌,康侯释之元年。

二

五 三年,侯则元年。有罪。

胡陵 七 元年,五月丙寅,封则弟大中大夫吕禄元年。

(八)〔七〕年,禄为赵王,国除。追尊康侯为昭王。禄以赵王谋为不善,大臣诛禄,遂灭吕。

留 【索隐】韦昭云："留，今在彭城。"	射阳 【索隐】县名，属临淮。射，一作"贯"。
以厩将从起下邳，以韩申徒下韩国，言上张旗志，秦王恐，降，解上与项羽之郄，为汉王请汉中地，常计谋平天下，侯，万户。	兵初起，与诸侯共击秦，为楚左令尹，汉王与项羽有郄于鸿门，项伯缠解难，以破羽缠尝有功，封射阳侯。
七 六年正月丙午，文成侯张良【索隐】汉表"文平"。案：良传谥"文成"也。元年。	七 六年正月丙午，侯项缠元年。赐姓刘氏。【索隐】项伯也。
七	二 三年，侯缠卒。嗣子睢有罪，国除。
二 六 三年，不疑元年。	
四 五年，侯不疑坐与门大夫谋杀故楚内史，当死，赎为城旦，国除。	
六十二	

酂　【索隐】酂音赞，县名，在沛。刘氏云"以何子禄嗣，无后，国除；吕后封何夫人于南阳酂，"恐非也。
以客初起从入汉，为丞相，备守蜀及关中，给军食，佐上定诸侯，为法令，立宗庙，侯，八千户。
七　六年正月丙午，文终侯萧何元年。　元年，为丞相；九年，为相国。
二 五　三年，哀侯禄元年。
一 七　二年，懿侯同元年。同，禄弟。
筑阳　十九　元年，同有罪，封何小子延元年。【索隐】筑音逐，县名。 一　后四年，炀侯遗元年。 三　后五年，侯则元年。
一　有罪。 武阳　七　前二年，封炀侯弟幽侯嘉元年。 八　中二年，侯胜元年。
十　元朔二年，侯胜坐不敬，绝。 三　元狩三年，封何〔曾〕孙恭侯庆元年。 酂　三　元狩六年，侯寿成元年。 十　元封四年，寿成为太常，牺牲不如令，国除。
一

曲周 【索隐】县名,属广平。坚绍封。
以将军从起岐,攻长社以南,别定汉中及蜀,定三秦,击项羽,侯,四千八百户。
七　六年正月丙午,景侯郦商元年。
七
八
二十三　元年,侯寄元年。
九　有罪。 缪　七　中三年,封商他子靖侯坚元年。
九　元光四年,康侯遂元年。 五　元朔三年,侯宗元年。 十一　元鼎二年,侯终根元年。 二十八　后元二年,侯终根坐咒诅诛,国除。
六

绛 【索隐】县名,属河东。子亚夫为条侯。	舞阳 【索隐】县名,属颍川。
以中涓从起沛,至霸上,为侯。定三秦,食邑,为将军。入汉,定陇西,击项羽,守峣关,定泗水、东海。八千一百户。	以舍人起沛,从至霸上,为侯。入汉,定三秦,为将军,击项籍,再益封。从破燕,执韩信,侯,五千户。
七 六年正月丙午,武侯周勃元年。	七 六年正月丙午,武侯樊哙元年。 其七年,为将军、相国三月。
七	六 一 七年,侯伉元年。吕须子。
八 其四年为太尉。	八 坐吕氏诛,族。
十一 元年,为右丞相,三年,免。复为丞相。 六 十二年,侯胜之元年。 条 六 后二年,封勃子亚夫元年。	二十三 元年,封樊哙子荒侯市人元年。
十三 其三年,为太尉;七〔年〕,为丞相。有罪,国除。 平曲 三 后元年,封勃子恭侯坚元年。	六 七年,侯它广元年。 六 中(五)〔六〕 年,侯它广非市人子,国除。
十六 元朔五年,侯建德元年。 十二 元鼎五年,侯建德坐酎金,国除。	
四	五

颍阴 【索隐】县名，属颍川。
以中涓从起砀，至霸上，为昌文君。入汉，定三秦，食邑。以车骑将军属淮阴，定齐、淮南及下邑，杀项籍，侯，五千户。
七　六年正月丙午，懿侯灌婴元年。
七
八
四　其一，为太尉；三，为丞相。 十九　五年，平侯何元年。
九 七　中三年，侯彊元年。
六　有罪，绝。 九　元光二年，封婴孙贤为临汝侯。侯贤元年。 元朔五年，侯贤行赇罪，国除。
九

汾阴 【索隐】县名，属河东。	梁邹 【索隐】县名，属济南。
初起以职志击破秦，入汉，出关，以内史坚守敖仓，以御史大夫定诸侯，比清阳侯，二千八百户。【索隐】如淳云：“职志，官名，主幡旗。”	兵初起，以谒者从击破秦，入汉，以将军击定诸侯功，比博阳侯，二千八百户。
七 六年正月丙午，悼侯周昌元年。	七 六年正月丙午，孝侯武儒元年。【索隐】汉表儒作“虎”。
三 建平 四 四年，哀侯开方元年。	四 三 五年，侯最元年。
八	八
四 前五年，侯意元年。 十三 有罪，绝。	二十三
安阳 八 中二年，封昌孙左车。	十六
建元元年，有罪，国除。	六 元光元年，顷侯婴齐元年。 三 元光四年，侯山柎元年。【索隐】柎音夫也。 二十 元鼎五年，侯山柎坐酎金，国除。
十六	二十

成 【索隐】县名，属涿郡。
兵初起，以舍人从击秦，为都尉；入汉，定三秦。出关，以将军定诸侯功，比厌次侯，二千八百户。
七　六年正月丙午，敬侯董渫元年。【索隐】渫音息列反。子赤，封节氏侯。
七　元年，康侯赤元年。
八
二十三
六　有罪，绝。 节氏　五　中五年，复封康侯赤元年。【索隐】节氏，县名。
三　建元四年，恭侯(霸)〔罢〕军元年。 五　元光三年，侯朝元年。 十二　元狩三年，侯朝为济南太守，与成阳王女通，不敬，国除。
二十五

蓼 【索隐】县名,属六安。
以执盾前元年从起砀,以左司马入汉,为将军,三以都尉击项羽,属韩信,功侯。【索隐】即汉五年围羽垓下,淮阴侯将四十万自当之,孔将军居左,费将军居右是也。费将军即下费侯陈贺也。
七 六年正月丙午,侯孔藂元年。【索隐】姚氏案:孔子家语云"子武生子鱼及子文,文生冣,字子产。"说文以"冣"为"积聚"字,此作"藂",不同。
七
八
八 十五 九年,侯臧元年。
十六
十四 元朔三年,侯臧坐为太常,南陵桥坏,衣冠车不得度,国除。【索隐】案孔藂云"臧历位九卿,为御史大夫,辞曰:'臣经学,乞为太常典礼。臣家业与安国,纲纪古训。'武帝难违其意,遂拜太常典礼,赐如三公。臧子琳位至诸侯,琳子璜失侯爵。"此云臧国除,当是后更封其子也。
三十

费 【索隐】费音秘,一音扶未反。县名,属东海。	阳夏 【索隐】县名,属淮阴。
以舍人前元年从起砀,以左司马入汉,用都尉属韩信,击项羽有功,为将军,定会稽、浙江、湖阳,侯。	以特将将卒五百人,前元年从起宛、朐,至霸上,为侯,以游击将军别定代,已破臧荼,封豨为阳夏侯。【索隐】豨音虚纪反。
七 六年正月丙午,圉侯陈贺元年。【集解】徐广曰:"圉,或作'幽'。"	五 六年,正月丙午,侯陈豨元年。十年,八月,豨以赵相国将兵守代。汉使召豨,豨反,以其兵与王黄等略代,自立为(燕)〔王〕。汉杀豨灵丘。
七	
八	
二十三元年,共侯常元年。	
一 二年,侯偃元年。中二年,有罪,绝。 八 中六年,封贺子侯最元年。 巢 四 后三年,最薨,无后,国除。	

隆虑　【索隐】县名，属河内。音林闾。隆，避殇帝讳改也。	阳都　【索隐】汉志阙，晋书地道记属琅邪。
以卒从起砀，以连敖【索隐】徐广以连敖为典客官也。入汉，以长铍都尉【索隐】案：以长铍为官名。说文云“铍者，剑刀装也。”铍音敷皮反。汉表作“钲”，音丕也。击项羽，有功，侯。	以赵将从起邺，至霸上，为楼烦将，入汉，定三秦，别降翟王，属悼武王，杀龙且彭城，为大司马；破羽军叶，拜为将军，忠臣，侯，七千八百户。
七　六年正月丁未，哀侯周灶元年。【索隐】哀，汉表作“克”也。	七　六年正月戊申，敬侯丁复元年。【索隐】复音伏。
七	七
八	五 三　六年，趮侯甯元年。
十七 六　后二年，侯通元年。	九 十四　十年，侯安成元年。
七 中元年，侯通有罪，国除。	一 二年，侯安成有罪，国除。
三十四	十七

新阳 【索隐】汉表作"阳信。"县名,属汝南。	东武 【索隐】县名,属琅邪郡。
以汉五年用左令尹初从,功比堂邑侯,千户。	以户卫【集解】徐广曰:"一云'从'。"起薛,属悼武王,破秦军杠里,杨熊军曲遇,入汉为越【集解】徐广曰:"一作'城。'"将军,定三秦,以都尉坚守敖仓,为将军,破籍军,功侯,二千户。
七 六年正月壬子,胡侯吕清元年。	七 六年正月戊午,贞侯郭蒙元年。
三 四 四年,顷侯(世)〔臣〕元年。	七
八	五 三 六年,侯它元年。
六 二 七年,怀侯义元年。 十五 九年,惠侯它元年。	二十三
四 五 五年,恭侯善元年。 七 中三年,侯谭元年。	五 六年,侯它弃市,国除。
二十八 元鼎五年,侯谭坐酎金,国除。	
八十一	四十一

汁方　【集解】如淳曰："汁音什。邡音方。"【索隐】什邡。县名，属广汉。音十方。汁，又如字。	棘蒲【索隐】汉志阙。
以赵将前三年从定诸侯，侯，二千五百户，功比平定侯。齿故沛豪，有力，与上有郄，故晚从。	以将军前元年率将二千五百人起薛，别救东阿，至霸上，二岁十月入汉，击齐历下军田既，功侯。
七　六年三月戊子，肃侯雍齿元年。	七　六年三月丙申，刚侯陈武元年。
二 五　三年，荒侯巨元年。	七
八	八
二十三	十六 后元年，侯武薨。嗣子奇反，不得置后，国除。
二 十　三年，侯野元年。 四　中六年，终侯桓元年。	
二十八 元鼎五年，终侯桓坐酎金，国除。	
五十七	十三

都昌 【索隐】汉志阙。	武彊 【索隐】汉志阙。
以舍人前元年从起沛，以骑队(卒)〔率〕先降翟王，虏章邯，功侯。	以舍人从至霸上，以骑将入汉。还击项羽，属丞相甯，功侯，用将军击黥布，侯。
七 六年三月庚子，庄侯朱轸元年。	七 六年三月庚子，庄侯庄不识元年。
七	七
八 元年，刚侯率元年。	六 二 七年，简侯婴元年。
七 十六 八年，夷侯诎元年。	十七 六 后二年，侯青翟元年。
二 元年，恭侯偃元年。 五 三年，侯辟彊元年。 中元年，辟彊薨，无后，国除。	十六
	二十五 元鼎二年，侯青翟坐为丞相与长史朱买臣等逮御史大夫汤不直，国除。
二十三	三十三

贳 【索隐】县名，属钜鹿。贳音世，一音时夜反。

以越户将从破秦，入汉，定三秦，以都尉击项羽，千六百户，功比台侯。

二 六年三月庚子，齐侯吕元年。 【集解】徐广曰："吕，一作'台'。" 【索隐】齐侯吕博国。谥法："执心克庄曰齐。"

五 八年，恭侯方山元年。

七

八

二 元年，炀侯赤元年。

十二 十二年，康侯遗元年。

十六

十六 元朔五年，侯倩【索隐】青练反，又七净反也。元年。

八 元鼎元年，侯倩坐杀人弃市，国除。

三十六

海阳 【索隐】海阳，亦南越县。地理志阙。	南安 【索隐】县名，属犍为。建安亦有此县。
以越队将从破秦，入汉定三秦，以都尉击项羽，侯，千八百户。	以河南将军汉王三年降晋阳，以亚将破臧荼，侯，九百户。【索隐】亚将，汉表作"连将"也。
七 六年三月庚子，齐信侯摇毋馀【索隐】案：毋馀，东越之族也。元年。	七 六年三月庚子，庄侯宣虎元年。
二 五 三年，哀侯招攘元年。【索隐】汉表作"昭襄"也。	七
四 四 五年，康侯建元年。	八
二十三	八 十一 九年，共侯戎元年。 四 后四年，侯千秋元年。
三 四年，哀侯省元年。 十 中六年，侯省薨，无后，国除。	七 中元年，千秋坐伤人免。
三十七	六十三

肥如　【索隐】县名，属辽西。应劭云："肥子奔燕，燕封于此。肥，国也；如，往也：因以为县也。"
以魏太仆三年初从，以车骑都尉破龙且及彭城，侯，千户。
七　六年三月庚子，敬侯蔡寅元年。
七
八
二 十四　三年，庄侯成元年。 七　后元年，侯奴元年。
元年，侯奴薨，无后，国除。
六十六

曲城 【索隐】曲成县,汉志阙,表在涿郡。
以曲城户将卒三十七人初从起砀,至霸上,为执珪,为二队将,属悼武王,入汉,定三秦,以都尉破项羽军陈下,功侯,四千户。为将军,击燕、代,拔之。
七 六年三月庚子,圉侯蛊逢元年。【索隐】曲城圉侯蛊达。虫音如字。楚汉春秋云"夜侯虫达",盖改封也。夜县属东莱。又谥法:"威德强武曰圉。"子恭侯捷封垣,故位次曰"夜侯垣",亦误。
七
八
八 元年,侯捷元年。有罪,绝。 五 后三年,复封恭侯捷元年。
十三 有罪,绝。 垣 五 中五年,复封恭侯捷元年。
一 建元二年,侯皋柔元年。 二十五 元鼎三年,侯皋柔坐为汝南太守知民不用赤侧钱为赋,【索隐】不用赤侧为赋。案:时用赤侧钱,而汝南不以为赋也。国除。
十八

河阳 【索隐】县名,属河内。	淮阴 【索隐】县名,属临淮。
以卒前元年起砀从,以二队将入汉,击项羽,身得郎将处,功侯。以丞相定齐地。	兵初起,以卒从项梁,梁死属项羽为郎中,至咸阳,亡从入汉,为连敖典客,萧何言为大将军,别定魏、齐,为王,徙楚,坐擅发兵,废为淮阴侯。【索隐】典客,汉表作"粟客",盖字误。传作"治粟都尉",或先为连敖典客也。
七　六年三月庚子,庄侯陈涓元年。	五　六年四月,侯韩信元年。 十一年,信谋反关中,吕后诛信,夷三族,国除。
七	
八	
三　元年,侯信元年。 四年,侯信坐不偿人责过六月,夺侯,国除。	
二十九	

芒 【索隐】县名,属沛。
以门尉前元年初起砀,至霸上,为武定君,入汉,还定三秦,以都尉击项羽,侯。
三 六年,侯昭元年。【集解】徐广曰:"昭,一作'起',汉书年表云芒侯耏跖。"【索隐】耏跖音而只二音;耏,又音人才反。字林以多须发曰耏。耏,姓也,左传宋有耏班。九年,侯昭有罪,国除。
张 十一 孝景三年,昭以故芒侯将兵从太尉亚夫击吴楚有功,复侯。 三 后元年三月,侯申元年。
十七 元朔六年,侯申坐尚南宫公主【索隐】南宫公主,景帝女。初,南宫侯张坐尚之,有罪,后张侯耏申尚之也。不敬,国除。

故市 【索隐】县名，属河南。	柳丘 【索隐】县名，属渤海。
以执盾初起，入汉，为河上守，迁为假相，击项羽，侯，千户，功比平定侯。	以连敖从起薛，以二队将入汉，定三秦，以都尉破项籍军，为将军，侯，千户。
三　六年四月癸未，侯阎泽赤元年。 四　九年，夷侯毋害元年。	七　六年六月丁亥，齐侯戎赐元年。
七	七
八	四 四　五年，定侯安国元年。
十九 四　后四年，戴侯续元年。	二十三
四 十二　孝景五年，侯縠嗣。	三　四年，敬侯嘉成元年。 十　后元年，侯角嗣，有罪，国除。
二十八 元鼎五年，侯縠坐酎金，国除。	
五十五	二十六

魏其 【索隐】县名,属琅邪。	祁 【索隐】县名,属太原。
以舍人从沛,以郎中入汉,为周信侯,定三秦,迁为郎中骑将,破籍东城,侯,千户。	以执盾汉王三年初起从晋阳,以连敖击项籍,汉王败走,贺方将军击楚,追骑以故不得进。汉王顾谓贺:(祁)"子留彭城,(军)〔用〕执圭东击羽,急绝其近壁。"侯,千四百户。【集解】徐广曰:"战彭城,为尉败斩将。"又云:"汉王顾叹贺祁,战彭城斩将。"
七 六年六月丁亥,庄侯周定元年。	七 六年六月丁亥,穀侯缯贺元年。【索隐】谥法:"行见中外曰穀。"
七	七
四 四 五年,侯閒元年。	八
二十三	十一 十二 十二年,顷侯湖元年。
二 前三年,侯閒反,国除。	五 十一 六年,侯它元年。
	八 元光二年,侯它坐从射擅罢,不敬,国除。【集解】徐广曰:"射,一作'酎'。"
四十四	五十一

平 【索隐】县名，属河南。	鲁 【索隐】县名，属鲁国。
兵初起，以舍人从击秦，以郎中入汉，以将军定诸侯，守洛阳，功侯，比费侯贺，千三百户。	以舍人从起沛，至咸阳为郎中，入汉，以将军从定诸侯，侯，四千八百户，功比舞阳侯。死事，母代侯。【集解】徐广曰："汉书云鲁侯涓，涓死无子，封母疵。" 【索隐】涓无子，封(中)母侯疵也。
六　六年六月丁亥，悼侯沛嘉元年。 一　十二年，靖侯奴元年。	七　六年中，母侯疵元年。
七	七
八	四 五年，母侯疵薨，无后，国除。
十五 八　十六年，侯执元年。	
十一 中五年，侯执有罪，国除。	
三十二	七

故城 【索隐】汉表作“城父”，属沛郡。	任 【索隐】县名，属广平。
兵初起，以谒者从，入汉，以将军击诸侯，以右丞相备守淮阳功，比厌次侯，二千户。	以骑都尉汉五年从起东垣，击燕、代，属雍齿，有功，侯。为车骑将军。
七 六年中，庄侯尹恢元年。	七 六年，侯张越【索隐】任侯张(成)〔戉〕。汉表作“张越”。元年。
二 五 三年，侯开方元年。	七
二 三年，侯方夺侯，为关内侯。	二 三年，侯越坐匿死罪，免为庶人，国除。
二十六	

棘丘 【索隐】汉志棘丘地阙。	阿陵 【索隐】县名,属涿郡。
以执盾队史前元年从起砀,破秦,以治粟内史入汉,以上郡守击定西魏地,功侯。	以连敖前元年从起单父,以塞疏入汉。【集解】徐广曰:"一云'塞路',一云'以众入汉中。'" 【索隐】起单父塞路入汉,一云"塞疏",一云"以众疏入汉。"案:"塞路"字误为"疏"。小颜云"主遮塞要路也。"
七 六年,侯襄【索隐】襄,名也。史失姓及谥。元年。	七 六年七月庚寅,顷侯郭亭元年。
七	七
四 四年,侯襄夺侯,为士伍,国除。	八
	二 二十一 三年,惠侯欧元年。
	一八 前二年,侯胜客元年。有罪,绝。 南 四 中六年,靖侯延居元年。
	十一 元光六年,侯则元年。 十七 元鼎五年,侯则坐酎金,国除。
	二十七

昌武 【索隐】汉志昌武阙。	高苑 【索隐】高宛，县名，属千乘。
初起以舍人从，以郎中入汉，定三秦，以郎中将击诸侯，侯，九百八十户，比魏其侯。	初起以舍人从，入汉，定三秦，以中尉破籍，侯，千六百户，比斥丘侯。
七 六年七月庚寅，靖信侯单甯元年。【索隐】单甯音善佞。	七 六年七月戊戌，制侯丙倩元年。【索隐】倩音七净反。
五 二 六年，夷侯如意 元年。	七 元年，简侯得元年。
八	八
二十三	十五 八 十六年，孝侯武元年。
十 六 中四年，康侯贾成元年。	十六
十 元光五年，侯得元年。 四 元朔三年，侯得坐伤人二旬内死，弃市，国除。	二 建元元年，侯信元年。 建元三年，侯信坐出入属车间，夺侯，国除。
四十五	四十一

宣曲 【索隐】汉志阙。	绛阳 【索隐】汉志阙,汉表作"终陵"也。
以卒从起留,以骑将入汉,定三秦,破籍军荥阳,为郎骑〔将〕,破锺离眛军固陵,侯,六百七十户。	以越将从起留,入汉,定三秦,击臧荼,侯,七百四十户。从攻马邑及布。
七 六年七月戊戌,齐侯丁义元年。	七 六年七月戊戌,齐侯华无害元年。
七	七
八	八
十 十三 十一年,侯通元年。	三 十六 四年,恭侯勃齐元年。 四 后四年,侯禄元年。
四 有罪,除。 发娄 中五年,复封侯通元年。中六年,侯通有罪,国除。	三 (前)四年,侯禄坐出界,有罪,国除。
四十三	四十六

东茅 【索隐】汉志阙。一作“柔”也。	斥丘 【索隐】县名,属魏郡。
以舍人从〔起〕砀,至霸上,以二队入汉,定三秦,以都尉击项羽,破臧荼,侯。捕韩信,为将军,益邑千户。	以舍人从起丰,以左司马入汉,以亚将攻籍,克敌,为东郡都尉,击破籍武城,〔侯〕,为汉中尉,击布,为斥丘侯,【集解】徐广曰:“一云‘城武’。” 【索隐】破籍武城,初为武城侯;后击布,改封斥丘。千户。
七 六年八月丙辰,敬侯刘钊元年。	七 六年八月丙辰,懿侯唐厉元年。
七	七
八	八
二 三年,侯吉元年。 十三 十六年,侯吉夺爵,国除。	八 十三 九年,恭侯鼂元年。 二 后六年,侯贤元年。
	十六
	二十五 元鼎二年,侯尊元年。 三 元鼎五年,侯尊坐酎金,国除。
四十八	四十

台 【索隐】案:临淄郡有台乡县。	安国 【索隐】县名,属中山。
以舍人从起砀,用队率入汉,以都尉击籍,籍死,转击临江,属将军贾,功侯。以将军击燕。	以客从起丰,以厩将别定东郡、南阳,从至霸上。入汉,守丰。上东,因从战不利,奉孝惠、鲁元出(淮)〔睢〕水中,及坚守丰,(于)〔封〕雍侯,五千户。
七 六年八月甲子,定侯戴野元年。	七 六年八月甲子,武侯王陵元年。定侯安国。
七	七 其六年,为右丞相。
八	七 一 八年,哀侯忌元年。
三 二十 四年,侯才元年。	二十三 元年,终侯游元年。【集解】徐广曰:"游,一作'昭'。"
二 三年,侯才反,国除。	十六
	二十 建元元年三月,安侯辟方元年。 八 元狩三年,侯定元年。元鼎五年,侯定坐酎金,国除。
三十五	十二

乐成　【索隐】汉志阙。	辟阳　【索隐】县名，属信都。	安平　【索隐】县名，属涿郡。
以中涓骑从起砀中，为骑将，入汉，定三秦，侯。以都尉击籍，属灌婴，杀龙且，更为乐成侯，千户。	以舍人初起，侍吕后、孝惠沛三岁十月，吕后入楚，食其从一岁，侯。	以谒者汉王三年初从，定诸侯，有功（秋）〔秩〕，举萧何，功侯，二千户。
七　六年八月甲子，节侯丁礼元年。	七　六年八月甲子，幽侯审食其元年。	七　六年八月甲子，敬侯谔千秋元年。
七	七	二 五　孝惠三年，简侯嘉元年。
八	八	七 一　八年，顷侯应元年。
四 十八　五年，夷侯马从元年。 一　后七年，武侯客元年。	三 二十　四年，侯平元年。	十三 十　十四年，炀侯寄元年。
十六	二 三年，平坐反，国除。	十五 一　后三年，侯但元年。
二十五　元鼎二年，侯义元年。 三　元鼎五年，侯义坐言五利侯不道，弃市，国除。		十八 元狩元年，坐与淮南王女陵通，遗淮南书称臣尽力，弃市，国除。
四十二	五十九	六十一

蒯成 【索隐】汉志阙，晋书地道记属北地。案：緤封池阳，后定封蒯成。音苦坏反。小颜音普肯反。

以舍人从起沛，至霸上，侯。入汉，定三秦，食邑池阳。击项羽军荥阳，绝甬道，从出，度平阴，遇淮阴侯军襄国。楚汉约分鸿沟，以緤为信，战不利，不敢离上，侯，三千三百户。

七　六年八月甲子，尊侯周緤元年。

十二年十月乙未，定蒯成。

七

八

五

緤薨，子昌代。有罪，绝，国除。

郸　一　中元年，封緤子康侯应元年。【索隐】緤子绍封郸。案：汉志属沛郡，如淳引阚骃州志音多。

八　中二年，侯中居元年。【索隐】中音仲。

二十六

元鼎三年，居坐为太常有罪，国除。

二十一

北平 【索隐】县名，属中山。	高胡 【索隐】汉志阙。	厌次 【索隐】汉志阙；晋书地道记属平原，后乃属乐陵国也。
以客从起阳武，至霸上，为常山守，得陈馀，为代相，徙赵相，侯。为计相四岁，淮南相十四岁。千三百户。	以卒从起杠里，入汉，以都尉击籍，以都尉定燕，侯，千户。	以慎将前元年从起留，入汉，以都尉守广武，功侯。
七　六年八月丁丑，文侯张仓元年。	七　六年中，侯陈夫乞元年。	七　六年中，侯元顷元年。【集解】徐广曰："汉书作'爰类'。"
七	七	七
八	八	八
二十三　其四为丞相。【索隐】为计相也。五岁罢。	四　五年，殇侯程嗣。薨，无后，国除。	五　元年，侯贺元年。六年，侯贺谋反，国除。
五 八　六年，康侯奉元年。 三　后元年，侯预元年。		
四　建元五年，侯预坐临诸侯丧后，不敬，国除。		
六十五	八十二	二十四

平皋　【索隐】县名，属河内。	復阳　【索隐】县名，属南阳。復音伏。应劭云："在桐柏山下，復水之阳也。"
项它，汉六年以砀郡长初从，赐姓为刘氏；功比戴侯彭祖，五百八十户。	以卒从起薛，以将军入汉，以右司马击项籍，侯，千户。
六　七年十月癸亥，炀侯刘它元年。	六　七年十月甲子，刚侯陈胥元年。
四 三　五年，恭侯远元年。	七
八	八
二十三	十 十三　十一年，恭侯嘉元年。
十六　元年，节侯光元年。	五 十一　六年，康侯拾元年。
二十八　建元元年，侯胜元年。元鼎五年，侯胜坐酎金，国除。	十二　元朔元年，侯彊元年。 七　元狩二年，坐父拾非嘉子，国除。
百二十一	四十九

阳河 【索隐】县名，属上党。	朝阳 【索隐】县名，属南阳。
以中谒者从入汉，以郎中骑从定诸侯，侯，五百户，功比高胡侯。	以舍人从起薛，以连敖入汉，以都尉击项羽，后攻韩王信，侯，千户。
三　七年十月甲子，齐哀侯元年。【索隐】阳河齐侯卞䜣；汉表作"其石"。 三　十年，侯安国元年。	六　七年三月(丙)〔壬〕寅，齐侯华寄元年。
七	七
八	八　元年，文侯要元年。
二十三	十三 十　十四年，侯当元年。
十 六　中四年，侯午元年。中绝。	十六
二十七　元鼎四年，恭侯章元年。【索隐】埤音卑。 埤山　三　元封元年，侯仁元年。 二十　征和三年十月，仁与母坐祝诅，大逆无道，国除。	十三 元朔二年，侯当坐教人上书枉法罪，国除。
八十三	六十九

棘阳 【索隐】棘音纪力反,县名,属南阳。	涅阳 【索隐】县名,属南阳。	平棘 【索隐】县名,属常山。
以卒从起胡陵,入汉以郎将迎左丞相军以击(诸侯)〔项籍〕,侯,千户。	以骑士汉王二年从出关,以郎将击斩项羽,侯,千五百户,比杜衍侯。	以客从起亢父,斩章邯所署蜀守,用燕相侯,千户。
六 七年七月丙(辰)〔申〕,庄侯【索隐】壮侯。杜得臣元年。	六 七年中,庄侯【索隐】壮侯。案:五侯斩项籍,皆谥"壮"。汉表以为"庄",皆避讳改作"严",误也。吕胜元年。	六 七年中,懿侯执元年。【集解】徐广曰:"汉表作'林挚'。"
七	七	七
八	八	七 一 八年,侯辟彊元年。
五 十八 六年,质侯但元年。	四 五年,庄侯子成实非子,不当为侯,国除。	五 六年,侯辟彊有罪,〔为〕鬼薪,国除。
十六		
九 元光四年,怀侯武元年。 七 元朔五年,侯武薨,无后,国除。		
八十一	百四	六十四

羹颉	深泽 【索隐】县名,属中山。
以高祖兄子从军,击反韩王信,为郎中将。信母尝有罪高祖微时,太上怜之,故封为羹颉侯。	以赵将汉王三年降,属淮阴侯,定赵、齐、楚,以击平城,侯,七百户。
六　七年中,侯刘信元年。	五　八年十月癸丑,齐侯赵将夜元年。【索隐】汉表作"将夕"。
七	七
元年,信有罪,削爵一级,为关内侯。	一　夺,绝。三年复封,一年绝。
	四　十四年,复封将夜元年。 六　后二年,戴侯头元年。
	二 七　三年,侯循元年。罪,绝。 更　五　中五年,封头子夷侯胡元年。
	十六 元朔五年,夷侯胡薨,无后,国除。
	九十八

柏至 【索隐】汉志阙。

以骈怜从起昌邑，以说卫入汉，以中尉击籍，侯，千户。【集解】汉表师古："曰："二马曰骈怜，谓骈两骑为军翼也。说，读曰税。说卫谓军行止舍主为卫也。"【索隐】姚氏怜邻声相近，骈邻犹比邻也。说卫者，说，税也，税卫谓军行初税之时，主为卫也。

六 七年(七)〔十〕月戊辰，靖侯许温元年。【索隐】汉表作"许盎"。

七

一

二年，有罪，绝。

六 三年，复封温如故。

十四 元年，简侯禄元年。

九 十五年，哀侯昌元年。

十六

七 元光二年，共侯(如安)〔安如〕元年。

十三 元狩三年，侯福元年。

五 元鼎二年，侯福有罪，国除。

五十八

中水　【索隐】县名，属涿郡。应劭云："易、滱二水之中。"	杜衍　【索隐】县名，属南阳。
以郎中骑将汉王元年从起好畤，以司马击龙且，(后)〔复〕共斩项羽，侯，千五百户。	以郎中骑汉王三年从起下邳，属淮阴，从灌婴共斩项羽，侯，千七百户。
六　七年正月己酉，庄侯【索隐】壮侯。吕马童元年。	六　七年正月己酉。庄侯王翳元年。【索隐】汉表作"王翥"也。
七	七
八	五 三　六年，共侯福元年。
九 三　十年，夷侯假元年。 十一　十三年，共侯青肩元年。	四 七　五年，侯市臣元年。 十二　十二年，侯翕元年。
十六	十二　有罪，绝。 三　后元年，复封翳子彊侯郢人元年。【集解】徐广曰："彊，一作'景'。"
五　建元六年，靖侯德元年。 一　元光元年，侯宜成元成。 二十三　元鼎五年，宜成坐酎金，国除。	九　元光四年，侯定国元年。 十二　元狩四年，侯定国有罪，国除。
百一	百二

赤泉 【索隐】汉志阙。	栒 【索隐】县名，属扶风，音荀，故周文王封其子之邑。河东亦有郇城也。
以郎中骑汉王二年从起杜，属淮阴，后从灌婴共斩项羽，侯，千九百户。	以燕将军汉王四年从曹咎军，为燕相，告燕王荼反，侯，以燕相国定卢奴，千九百户。
六　七年正月己酉，庄侯杨喜元年。	五　八年十月丙辰，顷侯温疥元年。
七	七
元年，夺，绝。 七　二年，复封。	八
十一 十二　十二年，定侯殷元年。	五 十七　六年，文侯仁元年。 一　后七年，侯河元年。
三　四年，侯无害元年。 六　有罪，绝。 临汝　五　中五年，复封侯无害元年。	十 中四年，侯河有罪，国除。
七 元光二年，侯无害有罪，国除。	
百三	九十一

武原 【索隐】汉志阙。	磨 【索隐】磨，汉志阙，表作“历”。历县在信都。刘氏依字读，言天下地名多，既无定证，且依字是不决之词，地之与邑并无“磨”，误也。
汉七年，以梁将军初从击韩信、陈豨、黥布功，侯，二千八百户，功比高陵。	以赵卫将军汉王三年从起卢奴，击项羽敖仓下，为将军，攻臧荼有功，侯，千户。
五 八年十二月丁未，靖侯卫胠元年。【索隐】汉表胠作“胠”，音协，又音怯。	五 八年七月癸酉，简侯程黑元年。
三 四 四年，共侯寄元年。	七
八	二 六 三年，孝侯釐元年。
二十三	十六 七 后元年，侯灶元年。
三 四年，侯不害元年。 十三 后二年，不害坐葬过律，国除。	七 中元年，灶有罪，国除。
九十三	九十二

槖　【索隐】汉志槖县属山阳也。
高帝七年，为将军，从击代陈豨有功，侯，六百户。
五 八年十二月丁未，祇侯陈错元年。【索隐】汉表作"锴"，音楷。三仓云："九江人名铁曰'锴'。"
二 五　三年，怀侯婴元年。
八
六 十四　七年，共侯应元年。 三　后五年，侯安元年。
十六
十二　不得，千秋父。　【集解】徐广曰："千秋父以元朔元年立。" 七　元狩二年，侯千秋元年。 九　元鼎五年，侯千秋坐酎金，国除。
百二十四

宋子 【索隐】汉志宋子县属钜鹿也。

以汉三年以赵羽林将初从，击定诸侯，功比磨侯，五百四十户。

四 八年十二月丁卯，惠侯许瘛元年。【集解】瘛音充志反。【索隐】音尺制反。郭璞音胡计反。亦作"瘚"，字林音巨月反。

一 十二年，共侯不疑元年。

七

八

九

十四 十年，侯九元年。

八 中二年，侯九坐买塞外禁物罪，国除。

九十九

猗氏　【索隐】县名，属河东。	清　【索隐】县名，属东郡。
以舍人从起丰，入汉，以都尉击项羽，侯，二千四百户。	以弩将初起，从入汉，以都尉击项羽、代，侯，比彭侯，千户。
五　八年三月丙戌，敬侯陈遬元年。【索隐】遬音速。	五　八年三月丙戌，简侯空中元年。【集解】徐广曰："空，一作'窒'。"【索隐】清简侯空中同。空，一作"窒"，窒中，姓，见风俗通。
六 一　七年，靖侯交元年。	七　元年，顷侯圣元年。
八	八
二十三	七 十六　八年，康侯鲋元年。
二 三年，顷侯差元年。薨，无后，国除。	十六
	二十　元狩三年，恭侯石元年。 七　元鼎四年，侯生元年。 一　元鼎五年，生坐酎金，国除。
五十	七十一

彊 【索隐】汉志彊阙。	彭 【索隐】汉表属东海郡。
以客吏初起，从入汉，以都尉击项羽、代，侯，比彭侯，千户。	以卒从起薛，以弩将入汉，以都尉击项羽、代，侯，千户。
三 八年三月丙戌，简侯留胜元年。 二 十一年，戴侯章元年。	五 八年三月丙戌，简侯秦同元年。
七	七
八	八
十二 十三年，侯服元年。 二 十五年，侯服有罪，国除。	二 二十一 三年，戴侯执元年。
	二 三年，侯武元年。 十一 后元年，侯武有罪，国除。
七十二	七十

吴房 【索隐】县名，属汝南。	甯 【索隐】汉表甯阳属济南也。
以郎中骑将汉王元年从〔起〕下邽、击阳夏，以都尉斩项羽，有功，侯，七百户。	以舍人从起砀，入汉，以都尉击臧荼功，侯，千户。
五 八年三月辛(巳)〔卯〕，庄侯杨武元年。	五 八年四月辛(卯)〔酉〕，庄侯魏选元年。
七	七
八	八
十二 十一 十三年，侯去疾元年。	十五 八 十六年，恭侯连元年。
十四 后元年，去疾有罪，国除。	三 元年，侯指元年。 四年，侯指坐出国界，有罪，国除。
九十四	七十八

昌 【索隐】县名，属琅邪。	共 【索隐】县名，属河内。
以齐将汉王四年从淮阴侯起无盐，定齐，击籍及韩王信于代，侯，千户。	以齐将汉王四年从淮阴侯起临淄，击籍及韩王信于平城，有功，侯，千二百户。
五 八年六月戊申，圉侯卢卿元年。【索隐】汉表姓“旅”，旅即“卢”，古“旅弓”字亦然也。	五 八年六月壬子，庄侯卢罢师元年。
七	七
八	八
十四 九 十五年，侯通元年。	六 七年，惠侯党元年。 八 十五年，怀侯商元年。 五 后四年，侯商薨，无后，国除。
二 三年，侯通反，国除。	
百九	百十四

阏氏 【索隐】县名，属安定。	安丘 【索隐】安丘，县名，属北海也。
以代太尉汉王三年降，为雁门守，以特将平代反寇，侯，千户。【索隐】汉表太尉作“大与”。大与，爵名，音泰也。	以卒从起方与，属魏豹，二岁五月，以执铍入汉，以司马击籍，以将军定代，侯，三千户。
四 八年六月壬子，节侯冯解敢元年。 一 十二年，恭侯它元年。薨，无后，绝。	五 八年七月癸酉，懿侯张说【索隐】音悦。元年。
	七
	八
十四 二年，封恭侯遗腹子文侯遗元年。 八 十六年，恭侯胜之元年。	十二 十一 十三年，恭侯奴元年。
五 十一 前六年，侯平元年。	二 一 三年，敬侯执元年。 十三 四年，康侯䜣元年。
二十八 元鼎五年，侯平坐酎金，国除。	十八 元狩元年，侯指元年。 九 元鼎四年，侯指坐入上林谋盗鹿，国除。
百	六十七

合阳 【索隐】合阳属冯翊。	襄平 【索隐】县名，属临淮。
高祖兄。兵初起，侍太公守丰，天下已平，以六年正月立仲为代王。高祖八年，匈奴攻代，王弃国亡，废为合阳侯。	兵初起，纪成以将军从击破秦，入汉，定三秦，功(定平)〔比平定〕侯。战好畤，死事。子通袭成功，侯。
五　八年九月丙子，侯刘仲元年。【集解】徐广曰："一名'嘉'。" 【索隐】仲名嘉，高祖弟。	五　八年〔后〕九月丙午，侯纪通元年。
二　仲子濞，为吴王。 以子吴王故，尊仲谥为代顷侯。	七
	八
	二十三
	九 七　中三年，康侯相夫元年。
	十二　元朔元年，侯夷吾元年。 十九　元封元年，夷吾薨，无后，国除。

龙 【索隐】庐江有龙舒县,盖其地也。	繁 【索隐】地理志有繁阳。恐别有繁县,志阙。
以卒从,汉王元年起霸上,以谒者击籍,斩曹咎,侯,千户。	以赵骑将从,汉三年,从击诸侯,侯,比吴房侯,千五百户。
五 八年后九月己未,敬侯陈署元年。	四 九年十一月壬寅,庄侯彊瞻元年。【索隐】汉表作"平严侯张瞻",此作"强瞻"。
七	四 三 五年,康侯昫独元年。【集解】一云"侯悍"。
六 二 七年,侯坚元年。	八
十六 后元年,侯坚夺侯,国除。	二十三
	三 六 四年,侯寄元年。 七 中三年,侯安国元年。
	十八 元狩元年,安国为人所杀,国除。
八十四	九十五

陆梁 【索隐】陆量。如淳据始皇纪所谓“陆量地”。案今在江南也。	高京 【集解】徐广曰：“一作‘景’。”【索隐】汉志阙。
诏以为列侯，自置吏，受令长沙王。	周苛起兵，以内史从，击破秦，为御史大夫，入汉，围取诸侯，坚守荥阳，功比辟阳。苛以御史大夫死事。子成为后，袭侯。
三 九年三月丙辰，侯须毋元年。【索隐】汉表作“须无。” 一 十二年，共侯桑元年。	四 九年四月(丙)〔戊〕寅，侯周成元年。
七	七
八	八
十八 五 后三年，康侯庆忌元年。	二十 后五年，坐谋反，系死，国除，绝。
元年，侯冄元年。 十六	绳 中元年，封成孙应元年。 侯平嗣，不得元。
二十八 元鼎五年，侯冄坐酎金，国除。	元狩四年，平坐为太常不缮治园陵，不敬，国除。
百三十七	六十

离 【索隐】汉志阙。	义陵 【集解】徐广曰："一作'义阳'。"【索隐】义阳，在汝南。
失此侯始所起及所绝。【索隐】案：楚汉春秋亦阙。汉表成帝时光禄大夫滑堪日旁占验，曰"邓弱以长沙将兵侯"，是所起也。	以长沙柱国侯，千五百户。
九年四月戊寅，邓弱元年。	四　九年九月丙子，侯吴程元年。
	三 四　四年，侯种元年。
	六 七年，侯种薨，无后，国除。皆失谥。
	百三十四

宣平　【索隐】楚汉春秋"南宫侯张耳"，此作宣平侯敖。敖，耳子。陈平录第时，耳已薨故也。

兵初起，张耳诛秦，为相，合诸侯兵钜鹿，破秦定赵，为常山王。陈馀反，袭耳，弃国，与大臣归汉，汉定赵，为王。卒，子敖嗣。其臣贯高不善，废为侯。

四　九年四月，武侯张敖元年。

七

六

信平薨，子偃为鲁王，国除。【集解】徐广曰："改封信平。"

十五　元年，以故鲁王为南宫侯。

八　十六年，哀侯欧元年。

九

七　中三年，侯生元年。

七　罪，绝。

睢阳　十八　元光三年，封偃孙侯广元年。

十三　元鼎二年，侯昌元年。太初三年，侯昌为太常，乏祠，国除。

三

东阳 【索隐】县名，属临淮。	开封 【索隐】县名，属河南。
高祖六年，为中大夫，以河间守击陈豨力战功，侯，千三百户。	以右司马汉王五年初从，以中尉击燕，定代，侯，比共侯，二千户。
二　十一年十二月癸巳，武侯张相如元年。	一　十一年十二月丙辰，闵侯陶舍元年。 一　十二年，夷侯青元年。
七	七
八	八
十五 五　十六年，共侯殷元年。 三　后五年，戴侯安国元年。	二十三
三 十三　四年，哀侯彊元年。	九　景帝时，为丞相。 七　中三年，节侯偃元年。
建元元年，侯彊薨，无后，国除。	十　元光五年，侯睢元年。 十八　元鼎五年，侯睢坐酎金，国除。
百十八	百十五

沛　【索隐】县名，属沛郡。	慎阳　【索隐】慎阳，属汝南。如淳曰："音震。"阚骃云："合作'滇阳'，永平五年，失印更刻，遂误以'水'为'心'。续汉书作'滇阳'也。"
高祖兄合阳侯刘仲子，侯。	为淮阴舍人，告淮阴侯信反，侯，二千户。
一　十一年十二月癸巳，侯刘濞元年。 十二年十月辛丑，侯濞为吴王，国除。	二　十一年十二月甲寅，侯栾说元年。【索隐】汉表作"乐说"。
	七
	八
	二十二
	十二 四　中六年，靖侯愿之元年。
	二十二　建元元年，侯买之元年。 元狩五年，侯买之坐铸白金弃市，国除。
	百三十一

禾成　【索隐】汉志阙。	堂阳　【索隐】县名，属钜鹿。
以卒汉(二)〔五〕年初从，以郎中击代，斩陈豨，侯，千九百户。	以中涓从起沛，以郎入汉，以将军击籍，为惠侯。坐守荥阳降楚免，后复来，以郎击籍，为上党守，击豨，侯，八百户。
二　十一年正月己未，孝侯公孙耳元年。【索隐】汉表"耳"作"昔"。	二　十一年正月己未，哀侯孙赤元年。
七	七
八	八　元年，侯德元年。
四　五年，怀侯渐元年。 九　十四年，侯渐薨，无后，国除。	二十三
	十二 中六年，侯德有罪，国除。
百十七	七十七

祝阿 【索隐】县名，属平原。	长修 【索隐】县名，属河东。
以客从起蟁桑，以上队将入汉，以将军定魏太原，破井陉，属淮阴侯，以缻度军击籍及攻豨，侯，八百户。	以汉二年用御史初从出关，以内史击诸侯，功比须昌侯，以廷尉死事，千九百户。
二　十一年正月己未，孝侯高邑元年。	二　十一年正月丙辰，平侯杜恬元年。【集解】一云"杜恪"。【索隐】案位次曰"信平侯"。
七	二 五　三年，怀侯中元年。
八	八
四　五年，侯成元年。 十四　后三年，侯成坐事国人过律，国除。	四 十九　五年，侯喜元年。
	八　罪绝。 阳平　五　中五年，复封；侯相夫元年。
	三十三 元封四年，侯相夫坐为太常与乐令无可当郑舞人擅繇不如令，阑出函谷关，国除。
七十四	百八

江邑 【索隐】汉志阙。	营陵 【索隐】县名,属北海。
以汉五年为御史,用奇计徙御史大夫周昌为赵相而(伐)〔代之从击〕陈豨,功侯,六百户。	以〔汉〕三年为郎中,击项羽,以将军击陈豨,得王黄,为侯。与高祖疏属刘氏,世为卫尉。万二千户。
二 十一年正月辛未,侯赵尧元年。	二 十一年,侯刘泽元年。
七	七
元年,侯尧有罪,国除。	五 六年,侯泽为琅邪王,国除。
	八十八

土军 【索隐】包恺云:“地理志,西河有土军县。”	广阿 【索隐】县名,属钜鹿。
高祖六年为中地守,以廷尉击陈豨,侯,千二百户。就国,后为燕相。	以客从起沛,为御史,守丰二岁,击籍,为上党守,陈豨反,坚守,侯,千八百户。后迁御史大夫。
二　十一年二月丁亥,武侯宣义元年。【索隐】案位次曰“信成侯”也。	二　十一年二月丁亥,懿侯任敖元年。
五 二　六年,孝侯莫如元年。	七
八	八
二十三	二 一　三年,夷侯竟元年。 二十　四年,敬侯但元年。
二 十四　三年,康侯平元年。	十六
五　建元六年,侯生元年。 八　元朔二年,生坐与人妻奸罪,国除。	四　建元五年,侯越元年。 二十一　元鼎二年,侯越坐为太常庙酒酸,不敬,国除。
百一十二	八十九

须昌 【索隐】县名，属东郡。	临辕 【索隐】汉志阙。
以谒者汉王元年初起汉中，雍军塞陈，谒上，上计欲还，衍言从他道，道通，后为河间守，陈豨反，诛都尉相如，功侯，千四百户。	初起从为郎，以都尉守蕲城，以中尉侯，五百户。
二　十一年二月己酉，贞侯赵衍元年。	二　十一年二月乙酉，坚侯戚鳃元年。
七	四 三　五年，夷侯触龙元年。
八	八
十五 四　十六年，戴侯福元年。 四　后四年，侯不害元年。	二十三
四 五年，侯不害有罪，国除。	三 十三　四年，共侯忠元年。
	三　建元四年，侯贤元年。 二十五　元鼎五年，侯贤坐酎金，国除。
百七	百十六

汲 【索隐】汉表作“伋”。伋与汲并县名，属河内。	宁陵 【索隐】县名，属陈留。
高祖六年为太仆，击代豨，有功，侯，千二百户。为赵太傅。	以舍人从陈留，以郎入汉，破曹咎成皋，为上解随马，〔以〕都尉击陈豨，功侯，千户。
二 十一年二月己巳，终侯公上不害元年。【索隐】公上，姓；不害，名也。	二 十一年二月辛亥，夷侯吕臣元年。
一 六 二年，夷侯武元年。	七
八	八
十三 十 十四年，康侯通元年。	十 十三 十一年，戴侯射元年。
十六	三 四年，惠侯始元年。 一 五年，侯始薨，无后，国除。
一 九 建元二年，侯广德元年。 元光五年，广德坐妻精大逆罪，颇连广德，弃市，国除。	
百二十三	七十三

汾阳 【索隐】县名，属太原。
以郎中骑千人前二年从起阳夏，击项羽，以中尉破锺离眜，功侯。
二　十一年二月辛亥，侯靳彊元年。【索隐】壮侯靳彊。
七
二 六　三年，共侯解元年。
二十三
四 十二　五年，康侯胡元年。绝。
江邹　十九　元鼎五年，侯石元年。 太始四年五月丁卯，侯石坐为太常，行太仆事，治啬夫可年，益纵年，国除。
九十六

戴 【索隐】戴,地名,音再。应劭云:"章帝改曰考城,在故留县也。"

以卒从起沛,以卒开沛城门,为太公仆;以中〔厩〕令击豨,侯,千二百户。

二 十一年三月癸酉,敬侯彭祖元年。【索隐】戴敬侯秋彭祖,汉表作"秘",音辔;又韦昭音符蔑反。今检史记诸本并作"秋"。今见有姓秋氏。

七

二

六 三年,共侯悼元年。

七

十六 八年,夷侯安国元年。

十六

十六 元朔五年,侯安期元年。

十二 元鼎五年,侯蒙元年。

二十五 后元元年五月甲戌,坐祝诅,无道,国除。

百二十六

衍 【索隐】汉志阙。	平州 【索隐】汉志阙。晋书地道记属巴郡。
以汉二年为燕令，以都尉下楚九城，坚守燕，侯，九百户。	汉王四年，以燕相从击籍，还击荼，以故二千石将为列侯，千户。
二 十一年七月乙巳，简侯翟盱【索隐】况于反。元年。	二 十一年八月甲辰，共侯昭涉掉尾元年。【索隐】昭涉，姓；掉尾，名也。
七	七
三 二 四年，祇侯山元年。 三 六年，节侯嘉元年。	八
二十三	一 三 二年，戴侯福元年。 四 五年，怀侯它人元年。 十五 九年，孝侯马童元年。
十六	十四 二 后二年，侯昧元年。
二 建元三年，侯不疑元年。 十 元朔元年，不疑坐挟诏书论罪，国除。	三十三 元狩五年，侯昧坐行驰道中更呵驰去罪，国除。
百三十	百十一

中牟 【索隐】县名，属河南。	邔 【集解】汉书音义曰：“音巨已反。”【索隐】邔，县名，属南郡。汉书音义音其已反。周成杂字解诂云：“邔音跽。”
以卒从起沛，入汉以郎中击布，功侯，二千三百户。始高祖微时，有急，给高祖一马，故得侯。	以故群盗长〔为〕临江将，已而为汉击临江王及诸侯，破布，功侯，千户。
一 十二年十月乙未，共侯单父圣元年。【索隐】汉表作“单父左车。”	十二年十月戊戌，庄侯黄极中元年。
七	七
八	八
七 五 八年，敬侯缯元年。 十一 十三年，戴侯终根元年。	十一 九 十二年，庆侯荣盛元年。 三 后五年，共侯明元年。
十六	十六
十 元光五年，侯舜元年。 十八 元鼎五年，侯舜坐酎金，国除。	十六 元朔五年，侯遂元年。 八 元鼎元年，遂坐卖宅县官故贵，国除。
百二十五	百十三

博阳　【索隐】县名，属彭城。	阳义　【集解】徐广曰："一作'羡'。"【索隐】汉表"义"作"羡"也。阳羡，县属丹阳。
以卒从起丰，以队卒入汉，击籍成皋，有功，为将军，布反，定吴郡，侯，千四百户。	以荆令尹汉王五年初从，击锺离眛及陈公利幾，破之，徙为汉大夫，从至陈，取韩信，还为中尉，从击布，功侯，二千户。
一　十二年十(一)月辛丑，节侯周聚元年。	一　十二年十月壬寅，定侯灵常元年。
七	七
八	六 二　七年，共侯贺元年。
八 十五　九年，侯遬元年。	六　七年，哀侯胜元年。 六　十二年，侯胜薨，无后，国除。
十一 中五年，侯遬夺爵一级，国除。	
五十三	百十九

下相　【索隐】县名，属临淮。	德　【索隐】汉志阙；表在济南。
以客从起沛，用兵从击破齐田解军，以楚丞相坚守彭城，距布军，功侯，二千户。	以代顷王子侯。顷王，吴王濞父也；广，濞之弟也。
一　十二年十月(乙)〔己〕酉，庄侯冷耳元年。	一　十二年十一月庚辰，哀侯刘广元年。
七	七
八	二 六　三年，顷侯通元年。
二 二十一　三年侯慎元年。	二十三
二 三年三月，侯慎反，国除。	五 十一　六年，侯龁元年。
	二十七　元鼎四年，侯何元年。 一　元鼎五年，侯何坐酎金，国除。
八十五	百二十七

高陵 【索隐】高陵，县，志属琅邪也。	期思 【索隐】县名，属汝南。
以骑司马汉王元年从起废丘，以都尉破田横、龙且，追籍至东城，以将军击布，九百户。	淮南王布中大夫，有郄，上书告布反，侯，二千户。布尽杀其宗族。
一　十二年十(一)〔二〕月丁亥，围侯王周元年。【索隐】汉表作“王虞人”。	一　十二年十二月癸卯，康侯贲赫元年。【索隐】贲，姓。音肥，又如字。
七	七
二 六　三年，惠侯并弓元年。	八
十二 十一　十三年，侯行元年。	十三 十四年，赫薨，无后，国除。
二 三年，反，国除。	
九十二	百三十二

穀陵 【索隐】汉志阙。	戚 【索隐】汉志阙。晋地道记属东海。
以卒从，前二年起柘，击籍，定代，为将军，功侯。	以都尉汉二年初起栎阳，攻废丘，破之，因击项籍，别属(丞)韩信破齐军，攻臧荼，迁为将军，击信，侯，(合)千户。
一 十二年正月乙丑，定侯冯谿元年。【索隐】表也"冯豀"。	一 十二年十二月癸卯，圉侯季必元年。【索隐】案：灌婴传，重泉人；作"李"，误也。
七	七
八	八
六 十七 七年，共侯熊元年。	三 二十 四年，齐侯班元年。
二 二 三年，隐侯卬元年。 十二 五年，献侯解元年。	十六
三 建元四年，侯偃元年。	二 建元三年，侯信成元年。 二十 元狩五年，侯信成坐为太常，纵丞相侵神道壖，不敬，国除。
百五	九十

壮 【集解】徐广曰：“一作‘庄’。” 【索隐】徐广云一作“庄”。汉表作“严”。	成阳 【索隐】县名，属汝南。
以楚将汉王三年降，起临济，以郎中击籍、陈豨，功侯，六百户。	以魏郎汉王二年从起阳武，击籍，属魏豹，豹反，属相国彭越，以太原尉定代，侯，六百户。
一 十二年正月乙丑，敬侯许倩元年。【索隐】壮敬侯许猜。猜意偲。	一 十二年正月乙酉，定侯意【索隐】成阳定侯奚意。元年。
七	七
八	八
二十三	十 十三 十一年，侯信元年。
一 十五 二年，共侯恢元年。	十六
一 建元二年，殇侯则元年。 九 元光五年，侯广宗元年。 十五 元鼎元年，侯广宗坐酎金，国除。	建元元年，侯信罪鬼薪，国除。
百十二	百一十

桃 【索隐】县名,属信都。	高梁 【索隐】汉志阙。
以客从汉王二年从起定陶,以大谒者击布,侯,千户。为淮阴守。项氏亲也,赐姓。	食其,兵起以客从击破秦,以列侯入汉,还定诸侯,常使约和诸侯列卒兵聚,侯,功比平侯嘉;以死事,子疥袭食其功侯,九百户。
一 十二年(二)〔三〕月丁巳,安侯刘襄元年。	一 十二年三月丙寅,共侯郦疥元年。
七	七
一 夺,绝。 七 二年,复封襄。	八
九 十四 十年,哀侯舍元年。	二十三
十六景帝时,为丞相。	十六
十三 建元元年,厉侯申元年。 十五 元朔二年,侯自为元年。元鼎五年,侯自为坐酎金,国除。	八 元光三年,侯勃元年。 十 元狩元年,坐诈诏衡山王取金,当死,病死,国除。
百三十五	六十六

纪(信) 【索隐】汉志阙。	甘泉 【集解】徐广曰:“一作‘景。’”【索隐】案:志甘泉阙,疑甘泉是甘水。汉表作“景侯”也。
以中涓从起丰,以骑将入汉,以将军击籍,后攻卢绾,侯,七百户。	以车司马汉王元年初从起高陵,属刘贾,以都尉从军,侯。
一 十二年六月壬辰,匡侯陈仓元年。	一 十二年六月壬辰,侯王竞【索隐】壮侯王竟。元年。
七	六 一 七年,戴侯莫摇元年。
二 六 三年,夷侯开元年。	八
十七 六 后二年,(六月)侯阳元年。	十 十三 十一年,侯嫖【索隐】匹妙反。汉书作“嫖”,许孕反。说文:“嫖,悦也。”元年。
二 三年,阳反,国除。	九 十年,侯嫖有罪,国除。
八十	百六

煮枣 【索隐】徐广云："在宛句。"	张 【索隐】县名，属广平。
以越连敖从起丰，别以郎将入汉，击诸侯，以都尉侯，九百户。	以中涓骑从起丰，以郎将入汉，从击诸侯，七百户。
一　十二年六月壬辰，靖侯赤【索隐】煮枣端侯棘朱。汉表作"端侯革朱"，革音棘，亦作"朿"，误也。棘，姓，盖子成之后也。元年。	一　十二年六月壬辰，节侯毛泽元年。【索隐】毛泽之，亦作"释之"也。
七	七
八	八
一 二十二　二年，赤子康侯武元年。	十 二　十一年，夷侯庆元年。 十一　十三年，侯舜元年。
八　中二年，侯昌元年。 二　中四年，有罪，国除。	十二 中六年，侯舜有罪，国除。
七十五	七十九

鄢陵 【索隐】县名，属颍川。	菌 【集解】徐广曰："一作'卤'。" 【索隐】汉志阙。菌音求陨反。徐作"卤"，音鲁。又作"齿"。
以卒从起丰，入汉，以都尉击籍、荼，侯，七百户。	以中涓前元年从起单父，不入关，以击籍、布、燕王绾，得南阳，侯，二千七百户。
一　十二年中，庄侯朱濞元年。	一　十二年，(六月)庄侯张平元年。
七	七
三 五　四年，恭侯庆元年。	四 四　五年，侯胜元年。
六 七年，恭侯庆薨，无后，国除。	三 四年，侯胜有罪，国除。
五十二	四十八

【索隐述赞】圣贤影响，风云潜契。高祖膺箓，功臣命世。起沛入秦，凭谋仗计。纪勋书爵，河盟山誓。萧曹轻重，绛灌权势。咸就封国，或萌罪戾。仁贤者祀，昏虐者替。永监前修，良惭固蒂。

史记卷十九

惠景间侯者年表第七

太史公读列封至便侯，[①]曰：有以也夫！长沙王者，著令甲，称其忠焉。[②]昔高祖定天下，功臣非同姓疆土而王者八国。[③]至孝惠时，唯独长沙全，禅五世，[④]以无嗣绝，[⑤]竟无过，为藩守职，信矣。故其泽流枝庶，毋功而侯者数人。[⑥]及孝惠讫孝景间五十载，追修高祖时遗功臣，及从代来，吴楚之劳，诸侯子弟若肺腑，[⑦]外国归义，封者九十有馀。咸表始终，当世仁义成功之著者也。

①【索隐】便音鞭，县名也。吴浅所封。

②【集解】邓展曰："汉约，非刘氏不王。如芮王，故著令使特王。或曰以芮至忠，故著令也。"瓒曰："汉以芮忠，故特王之；以非制，故特著令。"

③【集解】异姓国八王者，吴芮、英布、张耳、臧荼、韩王信、彭越、卢绾、韩信也。【索隐】非同姓而王者八国，齐王韩信、韩王韩信、燕王卢绾、梁王彭越、赵王张耳、淮南王英布、临江王共敖、长沙王吴芮，凡八也。

④【索隐】禅者，传也。案：诸侯王表，芮国至五世而绝。

⑤【集解】徐广曰："孝文后七年，靖王薨，无嗣。"

⑥【索隐】案：此表芮子浅封便侯，传至玄孙；又封成王臣之子为沅陵侯，亦至曾孙。

⑦【索隐】柹府二音。柹，木札也；附，木皮也。以喻人主疏末之亲，如木札出于木，树皮附于树也。诗云"如涂涂附"，注云"附，木皮"也。

国名	便【索隐】汉志县名，属桂阳。音鞭。	轪【集解】音大。【索隐】轪音大，县名，在江夏也。
侯功	长沙王子，侯，二千户。	长沙相，侯，七百户。
孝惠七	七　元年九月，顷侯吴浅元年。	六　二年四月庚子，侯利仓元年。【索隐】汉书作“轪侯朱仓”，故长沙相。
高后八	八	二 六，三年，侯豨元年。
孝文二十三	二十二 一　后七年，恭侯信元年。	十五 八　十六年，侯彭祖元年。
孝景十六	五 十一　前六年，侯广志元年。	十六
建元至元封六年三十六	二十八　元鼎五年，侯千秋坐酎金，国除。	三十　元封元年，侯秩为东海太守，行过不请，擅发卒兵为卫，当斩，会赦，国除。
太初已后		

平都 【索隐】县名，属东海。	
以齐将，高祖三年降，定齐，侯，千户。	
三　五年六月乙亥，孝侯刘到元年。 【索隐】故齐将。已上孝惠时三人也。	
八	右孝惠时三
二 二十一　三年，侯成元年。	
十四 后二年，侯成有罪，国除。	

扶柳 【索隐】县名,属信都。	郊 【索隐】一作"洨",县名,属沛郡。
高后姊长姁子,侯。	吕后兄悼武王身佐高祖定天下,吕氏佐高祖治天下,天下大安,封武王少子产为郊侯。
七 元年四月庚寅,侯吕平元年。 八年,侯平坐吕氏事诛,国除。	五 元年四月辛卯,侯吕产元年。 六年七月壬辰,产为吕王,国除。 八年九月,产以吕王为汉相,谋为不善。大臣诛产,遂灭诸吕。

南宫　【索隐】县名，属信都。	梧　【索隐】县名，属彭城。
以父越人为高祖骑将，从军，以大中大夫侯。	以军匠从起郏，入汉，后为少府，作长乐、未央宫，筑长安城，先就，功侯，五百户。
七　元年四月，丙寅，侯张买元年。 八年，侯买坐吕氏事诛，国除。	六　元年四月乙酉，齐侯阳成延元年。 二　七年，敬侯去疾元年。
	二十三
	九 七　中三年，靖侯偃元年。
	八　元光三年，侯戎奴元年。 十四　元狩五年，侯戎奴坐谋杀季父弃市，国除。

平定　【索隐】汉志阙。或乡名。	博成　【索隐】汉志阙。
以卒从高祖起留，以家车吏入汉，以枭骑都尉击项籍，得楼烦将功，用齐丞相侯。一云项涓。	以悼武王郎中，兵初起，从高祖起丰，攻雍丘，击项籍，力战，奉卫悼武王出荥阳，功侯。
八　元年四月乙酉，敬侯齐受元年。	三　元年四月乙酉，敬侯冯无择元年。 四　四年，侯代元年。 八年，侯代坐吕氏事诛，国除。
一 四　二年，齐侯市人元年。 十八　六年，恭侯应元年。	
十六	
七　元光二年，康侯延居元年。 十八　元鼎二年，侯昌元年。 二　元鼎四年，侯昌有罪，国除。	

沛 【索隐】县名，属沛郡。	襄成 【索隐】县名，属颍川。	轵 【索隐】县名，属河内。
吕后兄康侯少子，侯，奉吕宣王寝园。	孝惠子，侯。	孝惠子，侯。
七 元年四月乙酉，侯吕种元年。 一 为不其侯。 八年，侯种坐吕氏事诛，国除。	一 元年四月辛卯，侯义元年。 二年，侯义为常山王，国除。	三 元年四月辛卯，侯朝元年。 四年，侯朝为常山王，国除。

壶关 【索隐】县名，属河内。	沅陵 【索隐】沅陵，县，近长沙，汉志属武陵。	上邳
孝惠子，侯。	长沙嗣成王子，侯。	楚元王子，侯。
四 元年四月辛卯，侯武元年。 五年，侯武为淮阳王，国除。	八 元年十一月壬申，顷侯吴阳元年。	七 二年五月丙申，侯刘郢客元年。
	十七 六 后二年，顷侯福元年。	一 二年，侯郢客为楚王，国除。
	十一 四 中五年，哀侯周元年。 后三年，侯周薨，无后，国除。	

朱虚 【索隐】县名，属琅邪。	昌平 【索隐】县名，属上谷。	赘其 【索隐】县名，属临淮。
齐悼惠王子，侯。	孝惠子，侯。【索隐】实吕氏也。	吕后昆弟子，用淮阳丞相侯。
七 二年五月丙申，侯刘章元年。	三 四年二月癸未，侯太元年。 七年，太为吕王，国除。	四 四年四月丙申，侯吕胜元年。 八年，侯胜坐吕氏事诛，国除。
一 二年，侯章为城阳王，国除。		

<table>
<tr><td>中邑　【索隐】汉志阙。</td><td>乐平　【索隐】汉志阙。</td><td>山都　【索隐】汉志阙。</td></tr>
<tr><td>以执矛从高祖入汉,以中尉破曹咎,用吕相侯,六百户。</td><td>以队卒从高祖起沛,属皇䜣,以郎击陈馀,用卫尉侯,六百户。</td><td>高祖五年为郎中柱下令,以卫将军击陈豨,用梁相侯。</td></tr>
<tr><td></td><td></td><td></td></tr>
<tr><td>五　四年四月丙申,(真)〔贞〕侯朱通元年。</td><td>二　四年四月丙申,简侯卫无择元年。
三　六年,恭侯胜元年。</td><td>五　四年四月丙申,贞侯王恬开元年。</td></tr>
<tr><td>十七
六　后二年,侯悼元年。</td><td>二十三</td><td>三
二十　四年,惠侯中黄元年。</td></tr>
<tr><td>十五
后三年,侯悼有罪,国除。</td><td>十五
一　后三年,侯侈元年。</td><td>三
十三　四年,敬侯触龙元年。</td></tr>
<tr><td></td><td>五
建元六年,侯侈坐以买田宅不法,又请求吏罪,国除。</td><td>二十二　元狩五年,侯当元年。
八　元封元年,侯当坐与奴阑入上林苑,国除。</td></tr>
<tr><td></td><td></td><td></td></tr>
</table>

松兹 【集解】徐广曰："松，一作'祝'。"【索隐】汉表作"祝"，县名，属庐江。	成陶 【集解】徐广曰："一作'阴'。"【索隐】汉表作"成阴"也，汉志阙。
兵初起，以舍人从起沛，以郎(吏)〔中〕入汉，还，得雍王邯家属功，用常山丞相侯。	以卒从高祖起单父，为吕氏舍人，度吕(氏)〔后〕淮之功，用河南守侯，五百户。
五　四年四月丙申，夷侯徐厉元年。	五　四年四月丙申，夷侯周信元年。
六 十七　七年，康侯悼元年。	十一　十二年，孝侯勃元年。 三　十五年，侯勃有罪，国除。
十二 四　中六年，侯偃元年。	
五 建元六年，侯偃有罪，国除。	

俞 【集解】如淳曰："音输。" 【索隐】俞音输。俞县属清河也。	滕 【索隐】胜侯。一作"滕"。刘氏云作"胜"，恐误。今案：滕县属沛郡，"胜"未闻。
以连敖从高祖破秦，入汉，以都尉定诸侯，功比朝阳侯。婴死，子它袭功，用太中大夫侯。	以舍人、郎中，十二岁，以都尉屯田霸上，用楚相侯。
四 四年四月丙申，侯吕它元年。【索隐】吕他，他音驰，吕婴子也。 八年，侯它坐吕氏事诛，国除。	四 四年四月丙申，侯吕更始元年。【索隐】更始，吕氏之族。 八年，侯更始坐吕氏事诛，国除。

醴陵 【索隐】县名，今在长沙。	吕成	东牟 【索隐】县名，属东莱。
以卒从，汉王二年初起栎阳，以卒吏击项籍，为河内都尉，〔用〕长沙相侯，六百户。	吕后昆弟子，侯。	齐悼惠王子，侯。
五 四年四月丙申，侯越元年。	四 四年四月丙申，侯吕忿元年。 八年，侯忿坐吕氏事诛，国除。	三 六年四月丁酉，侯刘兴居元年。
三 四年，侯越有罪，国除。		一 二年，侯兴居为济北王，国除。

锤 【集解】一作“钜”。【索隐】县名，属东莱。	信都 【索隐】县名，属信都。	乐昌
吕肃王子，侯。	以张敖、鲁元太后子侯。	以张敖、鲁元太后子侯。
二 六年四月丁酉，侯吕通【索隐】吕后兄子。元年。 八年，侯通为燕王，坐吕氏事，国除。	一 八年四月丁酉，侯张侈 【索隐】敖子，以鲁元公主封。元年。	一 八年四月丁酉，侯张受元年。
	元年，侯侈有罪，国除。	元年，侯受有罪，国除。

祝兹 【索隐】汉书作“琅邪”。	建陵 【索隐】汉表作“东海”。
吕后昆弟子，侯。	以大谒者侯，宦者，多奇计。
八年四月丁酉，侯吕荣元年。坐吕氏事诛，国除。	八年四月丁酉，侯张泽元年。【索隐】一名释。九月，夺侯，国除。

东平 【集解】徐广曰："一作'康'。" 【索隐】县名，在东平。	右高后时三十一
以燕王吕通弟侯。	
八年五月丙辰，侯吕庄元年。坐吕氏事诛，国除。	

阳信 【索隐】表在新野,志属勃海,恐有二县。	轵 【索隐】县名,属河内也。
高祖十二年为郎。以典客夺赵王吕禄印,关殿门拒吕产等入,共尊立孝文,侯,二千户。	高祖十年为郎,从军,十七岁为太中大夫,迎孝文代,用车骑将军迎太后,侯,万户。薄太后弟。
十四　元年三月辛丑,侯刘揭【索隐】阳信夷侯刘揭。元年。 九　十五年,侯中意元年。	十　元年四月乙巳,侯薄昭元年。 十三　十一年,易侯戎奴元年。
五 六年,侯中意有罪,国除。	十六
	一 建元二年,侯梁元年。

壮武 【索隐】县名，属胶东。	清都 【集解】徐广曰："一作'鄡'，音苦尧反。" 【索隐】清郭侯驷钧。齐封田婴为清郭君。汉表"邬侯驷钧"，邬，太原齐县。
以家吏从高祖起山东，以都尉从(之)〔守〕荥阳，食邑。以代中尉劝代王入，骖乘至代邸，王卒为帝，功侯，千四百户。	以齐哀王舅父侯。 【索隐】舅父即舅，犹姨曰姨母然也。
二十三 元年四月辛亥，侯宋昌元年。	五 元年四月辛未，侯驷钧元年。 前六年，钧有罪，国除。
十一 中四年，侯昌夺侯，国除。	

周阳 【索隐】县名，属上郡。	樊 【索隐】县名，属东平。
以淮南厉王舅父侯。	以睢阳令〔从〕高祖初起(从)阿，以韩家子还定北地，用常山相侯，千二百户。
五　元年四月辛未，侯赵兼元年。 前六年，兼有罪，国除。	十四　元年六月丙寅，侯蔡兼元年。 九　十五年，康侯客元年。【集解】徐广曰："客，一作'容'。"
	九 七　中三年，恭侯平元年。
	十三　元朔二年，侯辟方元年。 十四　元鼎四年，侯辟方有罪，国除。

管 【索隐】管,古国,今为县,属荥阳。	瓜丘 【索隐】斥丘。县,在魏郡。
齐悼惠王子,侯。	齐悼惠王子,侯。
二　四年五月甲寅,恭侯刘罢军元年。【索隐】共侯刘罢军。 十八　六年,侯戎奴元年。	十一　四年五月甲寅,侯刘宁国元年。 九　十五年,侯偃元年。
二 三年,侯戎奴反,国除。	二 三年,侯偃反,国除。

营 【索隐】表在济南。	杨虚
齐悼惠王子，侯。	齐悼惠王子，侯。
十　四年五月甲寅，平侯刘信都元年。 十　十四年，侯广元年。	十二　四年五月甲寅，恭侯刘将庐元年。【索隐】杨虚共侯刘将庐。汉书作“将闾”，齐悼惠王子，袭封，王子也。
二 三年，侯广反，国除。	

	朸 【集解】音力。 【索隐】扐。县名,属平原。音力。
	齐悼惠王子,侯。
十六年,侯将庐为齐王,有罪,国除。	十二 四年五月甲寅,侯刘辟光元年。 十六年,侯辟光为济南王,国除。

安都 【索隐】汉志阙。
齐悼惠王子，侯。
十二　四年五月甲寅，侯刘志元年。 十六年，侯志为济北王，国除。

平昌 【索隐】县名,属平原。	武城 【索隐】汉志阙。凡阙者,或乡名,或寻废,故志不载。
齐悼惠王子,侯。	齐悼惠王子,侯。
十二　四年五月甲寅,侯刘卬元年。 十六年,侯卬为胶西王,国除。	十二　四年五月甲寅,侯刘贤元年。 十六年,侯贤为菑川王,国除。

白石 【索隐】县名,属金城。	波陵 【索隐】汉志作“泝”,音泝。
齐悼惠王子,侯。	以阳陵君侯。
十二 四年五月甲寅,侯刘雄渠元年。 十六年,侯雄渠为胶东王,国除。	五 七年三月甲寅,康侯魏驷元年。 十二年,康侯魏驷薨,无后,国除。

南郞 【集解】徐广曰："一作'朝'。"【索隐】韦昭音贞，一音程。李彤云："河南有郞亭。"音赪。	阜陵 【索隐】县名，属九江。
以信平君侯。	以淮南厉王子侯。
一 七年三月丙寅，侯起元年。【索隐】起，名也，史失其姓。 孝文时坐后父故夺爵级，关内侯。	八 八年五月丙午，侯刘安元年。 十六年，安为淮南王，国除。

安阳 【索隐】安陵。县名，属冯翊，恐别有“安陵”。	阳周
以淮南厉王子侯。	以淮南厉王子侯。
八　八年五月丙午，侯勃元年。十六年，侯勃为衡山王，国除。	八　八年五月丙午，侯刘赐元年。十六年，侯赐为庐江王，国除。

东城 【索隐】县名，属九江。	犁 【索隐】县名，属东郡。	缾 【索隐】县名，属琅邪。缾音瓶。
以淮南厉王子侯。	以齐相召平子侯，千四百一十户。	以北地都尉孙卬，匈奴入北地，力战死事，子侯。
七 八年五月丙午，哀侯刘良元年。 十五年，侯良薨，无后，国除。	十一 十年四月癸丑，顷侯召奴元年。 三 后五年，侯泽元年。	十 十四年三月丁巳，侯孙单元年。
	十六	二 前三年，侯单谋反，国除。
	十六 元朔五年，侯延元年。 十九 元封六年，侯延坐不出持马，斩，国除。	

弓高 【索隐】汉表在营陵。	襄成 【索隐】襄城，志属颍川。
以匈奴相国降，故韩王信孽子，侯，千二百三十七户。	以匈奴相国降侯，故韩王信太子之子，侯，千四百三十二户。
八 十六年六月丙子，庄侯韩穨当元年。	七 十六年六月丙子，哀侯韩婴元年。 一 后七年，侯泽之元年。
十六 前元年，侯则元年。	十六
十六 元朔五年，侯则薨，无后，国除。	十五 元朔四年，侯泽之坐诈病不从，不敬，国除。

故安 【索隐】县名，属涿郡。	章武 【索隐】县名，属勃海。
孝文元年，举淮阳守从高祖入汉功侯，食邑五百户；用丞相侯，一千七百一十二户。	以孝文后弟侯，万一千八百六十九户。
五　后三年四月丁巳，节侯申屠嘉元年。	一　后七年六月乙卯，景侯窦广国元年。
二 十四　前三年，恭侯蔑元年。	六 十　前七年，恭侯完元年。
十九　元狩二年，清安侯臾元年。 五　元鼎元年，臾坐为九江太守有罪，国除。	八　元光三年，侯常坐元年。 十　元狩元年，侯常坐谋杀人未杀罪，国除。

南皮 【索隐】县名，属勃海。	
以孝文后兄窦长君子侯，六千四百六十户。	
	右孝文时二十九
一　后七年六月乙卯，侯窦彭祖元年。	
十六	
五　建元六年，夷侯良元年。 五　元光五年，侯桑林元年。 十八　元鼎五年，侯桑林坐酎金罪，国除。	

平陆 【索隐】县名,属西河。又有东平陆,在东平。	休
楚元王子,侯,三千二百六十七户。	楚元王子,侯。
二 元年四月乙巳,【集解】一云“乙卯”。侯刘礼元年。 三年,侯礼为楚王,国除。	二 元年四月乙巳,侯富元年。 三年,侯富以兄子戊为楚王反,富与家属至长安北阙自归,不能相教,上印绶。诏复王。后以平陆侯为楚王,更封富为红侯。

沈犹 【索隐】汉表在高苑。	红 【索隐】红，休，盖二乡名。王莽封刘歆为红休侯。一云红即虹县也。
楚元王子，侯，千三百八十户。	楚元王子，侯，千七百五十户。
十六 元年四月乙巳，夷侯刘秽元年。	四 三年四月乙巳，庄侯富元年。【索隐】红雅侯刘富，一云礼侯也，楚元王子。案王传，休侯富免后封红侯，此则并列，误也。汉表一书而已。 一 前七年，悼侯澄元年。 九 中元年，敬侯发元年。【集解】发，一作"嘉"。
四 建元五年，侯受元年。 十八 元狩五年，侯受坐故为宗正听谒不具宗室，不敬，国除。	十五 元朔四年，侯章元年。 一 元朔五年，侯章薨，无后，国除。

宛朐　【索隐】冤朐，县名，属济阴。	魏其　【索隐】县名，属琅邪。	棘乐
楚元王子，侯。	以大将军屯荥阳，捍吴楚七国，侯，三千三百五十户。	楚元王子，侯，户千二百一十三。
二　元年四月乙巳，侯刘埶元年。【索隐】萧该埶音艺。三年，侯埶反，国除。	十四　三年六月乙巳，侯窦婴元年。	十四　三年八月壬子，敬侯刘调元年。
	九　建元元年为丞相，二岁免。元光四年，侯婴坐争灌夫事上书称为先帝诏，矫制害，弃市，国除。	一　建元二年，恭侯应元年。十一　元朔元年，侯庆元年。十六　元鼎五年，侯庆坐酎金，国除。

俞 【索隐】俞音输，县名，属清河。	建陵
以将军吴楚反时击齐有功。布故彭越舍人，越反时布使齐，还已枭越，布祭哭之，当亨，出忠言，高祖舍之。黥布反，布为都尉，侯，户千八百。	以将军击吴楚功，用中尉侯，户一千三百一十。
六　六年四月丁卯，侯栾布元年。 中五年，侯布薨。	十一　六年四月丁卯，敬侯卫绾元年。
十　元狩六年，侯贲坐为太常庙牺牲不如令，有罪，国除。【集解】一云元朔二年，侯贲元年。	十　元光五年，侯信元年。 十八　元鼎五年，侯信坐酎金，国除。

建平 【索隐】县名,属沛郡。	平曲 【索隐】案:汉表在高城。
以将军击吴楚功,用江都相侯,户三千一百五十。	以将军击吴楚功,用陇西太守侯,户三千二百二十。
十一 六年四月丁卯,哀侯程嘉元年。	五 六年四月己巳,侯公孙昆【索隐】汉书作"浑"。邪元年。 中四年,侯昆邪有罪,国除。太仆贺父。
七 元光二年,节侯横元年。 一 元光三年,侯回元年。 一 元光四年,侯回薨,无后,国除。	

江阳 【索隐】县,在东海也。	遽 【索隐】案汉表,乡名,在常山。
以将军击吴楚功,用赵相侯,户二千五百四十一。	以赵相建德,王遂反,建德不听,死事,子侯,户千九百七十。
四 六年四月壬申,康侯苏嘉元年。【集解】徐广曰:"苏,一作'籍'。" 【索隐】汉表作"苏息。" 七 中三年,懿侯卢元年。【集解】徐广曰:"一作'哀侯'。"	六 中二年四月乙巳,侯横【索隐】史失其姓。元年。 后二年,侯横有罪,国除。
二 建元三年,侯明元年。 十六 元朔六年,侯雕元年。 十一 元鼎五年,侯雕坐酎金,国除。	

新市 【索隐】县名，属钜鹿。	商陵 【索隐】汉表在临淮。
以赵内史王慎，王遂反，慎不听，死事，子侯，户一千十四。	以楚太傅赵夷吾，王戊反，不听，死事，子侯，千四十五户。
五 中二年四月乙巳，侯王康元年。 三 后元年，殇侯始昌元年。	八 中二年四月乙巳，侯赵周元年。
九 元光四年，殇侯始昌为人所杀，国除。	二十九 元鼎五年，侯周坐为丞相知列侯酎金轻，下廷尉，自杀，国除。

山阳	安陵
以楚相张尚，王戊反，尚不听，死事，子侯，户千一百一十四。	以匈奴王降侯，户一千五百一十七。
八　中二年四月乙巳，侯张当居元年。	七　中三年十一月庚子，侯子军元年。
十六 元朔五年，侯当居坐为太常程博士弟子故不以实罪，国除。【集解】徐广曰："程，一作'泽'。"	五 建元六年，侯子军薨，无后，国除。

垣 【索隐】县名，属河东。	遒 【索隐】县名，属涿郡。音兹鸠反。
以匈奴王降侯。	以匈奴王降侯，户五千五百六十九。
三 中三年十二月丁丑，侯赐元年。 六年，赐死，不得及嗣。	中三年十二月丁丑，侯隆彊【索隐】遒侯李隆彊。元年。不得隆强嗣。
	后元年四月甲辰，侯则坐使巫齐少君祠祝诅，大逆无道，国除。【集解】徐广曰："汉书云武后二年。"

容成 【索隐】县名，属涿郡。	易 【索隐】县名，属涿郡。
以匈奴王降侯，七百户。	以匈奴王降侯。
七　中三年十二月丁丑，侯唯徐卢【索隐】容成侯唯徐庐。元年。	六　中三年十二月丁丑，侯仆黥元年。 后二年，侯仆黥薨，无嗣。
十四　建元元年，康侯绰元年。 二十二　元朔三年，侯光元年。	
十八　后二年，三月壬辰，侯光坐祠祝诅，国除。	

范阳 【索隐】县名，属涿郡。	翕 【索隐】汉表在内黄。
以匈奴王降侯，户千一百九十七。	以匈奴王降侯。
七　中三年十二月丁丑，端侯代【索隐】范阳靖侯代。元年。	七　中三年十二月丁丑，侯邯郸元年。
七　元光二年，怀侯德元年。 二　元光四年，侯德薨，无后，国除。	九 元光四年，侯邯郸坐行来不请长信，不敬，国除。

亚谷 【索隐】一作“恶父”，汉表在河内。	隆虑 【索隐】隆卢。音林闾。县名，属河内。
以匈奴东胡王降，故燕王卢绾子侯，千五百户。	以长公主嫖子侯，户四千一百二十六。
二 中五年四月丁巳，简侯它父【索隐】简侯他父。元年。 三 后元年，安侯种元年。	五 中五年五月丁丑，侯蟜元年。【集解】徐广曰：“案本纪乃前五年，非中五年。”
十一 建元元年，康侯偏元年。 二十五 元光六年，侯贺元年。	二十四 元鼎元年，侯蟜坐母长公主薨未除服，奸，禽兽行，当死，自杀，国除。
十五 征和二年七月辛巳，侯贺坐太子事，国除。	

乘氏 【索隐】县名，属济阴。	桓邑	盖 【索隐】汉表在勃海。
以梁孝王子侯。	以梁孝王子侯。	以孝景后兄侯，户二千八百九十。
中五年五月丁卯，侯买元年。 中六年，侯买嗣为梁王，国除。	一 中五年五月丁卯，侯明元年。 中六年，为济川王，国除。	五 中五年五月甲戌，靖侯王信元年。
		二十 元狩三年，侯偃元年。 八 元鼎五年，侯偃坐酎金，国除。

塞	武安 【索隐】县名,属魏郡。
以御史大夫前将(军)兵击吴楚功侯,户千四十六。	以孝景后同母弟侯,户八千二百一十四。
三　后元年八月,侯直不疑元年。	一　后三年三月,侯田蚡元年。
三　建元四年,侯相如元年。 十二　元朔四年,侯坚元年。 十三　元鼎五年,坚坐酎金,国除。	九　元光四年,侯梧元年。 五　元朔三年,侯梧坐衣襜褕入宫廷中,不敬,国除。

周阳 【索隐】县名,属上郡。	右孝景时三十(一)
以孝景后同母弟侯,户六千二十六。	
一　后三年三月,懿侯田胜元年。	
十一　元光六年,侯彭祖元年。 八　元狩二年,侯彭祖坐当归与章侯宅不与罪,国除。	

【索隐述赞】惠景之际,天下已平。诸吕构祸,吴楚连兵。条侯出讨,壮武奉迎。薄窦恩泽,张赵忠贞。本枝分荫,肺腑归诚。新市死事,建陵勋荣。咸开青社,俱受丹旌。旋窥甲令,吴便有声。

史记卷二十

建元以来侯者年表第八

【索隐】七十二国，太史公旧；馀四十五国，褚先生补也。

太史公曰：匈奴绝和亲，攻当路塞；闽越擅伐，东瓯请降。二夷交侵，当盛汉之隆，以此知功臣受封侔于祖考矣。何者？自诗书称三代"戎狄是膺，荆荼是征"，①齐桓越燕伐山戎，武灵王以区区赵服单于，秦缪用百里霸西戎，吴楚之君以诸侯役百越。况乃以中国一统，明天子在上，兼文武，席卷四海，内辑亿万之众，岂以晏然不为边境征伐哉！自是后，遂出师北讨强胡，南诛劲越，将卒以次封矣。

①【集解】毛诗传曰："膺，当也。"郑玄曰："徵，艾。"【索隐】荼音舒。徵音澄。

国名	翕【索隐】音吸。案:汉表在内黄也。	持装【索隐】汉表作"辕",在南阳也。
侯功	匈奴相降,侯。元朔二年,属车骑将军,击匈奴有功,益封。	匈奴都尉降,侯。
元光	三　四年七月壬午,侯赵信元年。	六年后九月丙寅,侯乐【索隐】音岳。元年。
元朔	五 六年,侯信为前将军击匈奴,遇单于兵,败,信降匈奴,国除。	六
元狩		六
元鼎		元年,侯乐死,无后,国除。
元封		
太初已后		

亲阳 【索隐】汉表在舞(阳)〔阴〕也。	若阳 【索隐】表在平氏也。
匈奴相降,侯。	匈奴相降,侯。
三 二年十月癸巳,侯月氏元年。 五年,侯月氏坐亡斩,国除。	三 二年十月癸巳,侯猛元年。 五年,侯猛坐亡斩,国除。

长平 【索隐】地理志县名，在汝南。	平陵 【索隐】表在武当。
以元朔二年再以车骑将军击匈奴，取朔方、河南功侯。元朔五年，以大将军击匈奴，破右贤王，益封三千户。	以都尉从车骑将军青击匈奴功侯。以元朔五年，用游击将军从大将军，益封。
五 二年三月丙辰，烈侯卫青元年。【集解】徐广曰："青以元封五年薨。"	五 二年三月丙辰，侯苏建元年。
六	六
六	六 六年，侯建为右将军，与翕侯信俱败，独身脱来归，当斩，赎，国除。
六	
太初元年，今侯伉元年。	

岸头 【索隐】表在皮氏。	平津 【索隐】表在高城。
以都尉从车骑将军青击匈奴功侯。元朔六年，从大将军，益封。	以丞相诏所褒侯。
五　二年六月壬辰，侯张次公元年。	四　(三)〔五〕年十一月乙丑，献侯公孙弘元年。
元年，次公坐与淮南王女奸，及受财物罪，国除。	二 四　三年，侯庆元年。
	六
	三 四年，侯庆坐为山阳太守有罪，国除。

涉安	昌武 【索隐】表在武阳。
以匈奴单于太子降侯。	以匈奴王降侯。以昌武侯从骠骑将军击左贤王功,益封。
一　三年四月丙子,侯於单【索隐】音丹。元年。 五月,卒,无后,国除。	三　四年(七)〔十〕月庚申,坚侯赵安稽元年。
	六
	六
	一 五　二年,侯充国元年。
	太初元年,侯充国薨,亡后,国除。

襄城 【索隐】汉表作“襄武侯乘龙”，不同也。案：韩婴亦封襄城侯，地理志襄城在颍川，襄武在陇西也。	南窌 【集解】徐广曰：“匹孝反。”【索隐】徐广曰：“匹孝反。”刘氏“普教反”。张揖“窌，空也”，纂文云“窌，虚大也。”
以匈奴相国降侯。	以骑将军从大将军青击匈奴得王功侯。太初二年，以丞相封为葛绎侯。
三　四年(七)〔十〕月庚申，侯无龙元年。【集解】一云“乘龙”。	二　五年四月丁未，侯公孙贺元年。
六	六
六	四 五年，贺坐酎金，国除，绝，(十)〔七〕岁。
六	
一　太初二年，无龙从浞野侯战死。 三　三年，侯病已元年。	十三　太初二年三月丁卯，封葛绎侯。征和二年，贺子敬声有罪，

茂陵中书云“南奅侯”，此本字也。卫青传作“窌”。说文以为从穴，音柳宥反；从大，音疋孝反。	合骑 【索隐】表在高城也。
	以护军都尉三从大将军击匈奴，至右贤王庭，得王功侯。元朔六年益封。
	二　五年四月丁未，侯公孙敖元年。
	一　二年，侯敖将兵击匈奴，与骠骑将军期，后，畏懦，当斩，赎为庶人，国除。
国除。	

乐安 【索隐】安乐表在昌，地理志昌县在琅邪也。	龙頟 【索隐】地理志县名，属平原。刘氏音额。崔浩音洛，又云“今河间有龙頟村，与弓高相近”。
以轻车将军再从大将军青击匈奴得王功侯。	以都尉从大将军青击匈奴得王功侯。元鼎六年，以横海将军击东越功，为案道侯。【索隐】汉表以龙頟、案道为二人封，非也。韦昭云案道属齐也。
二　五年四月丁未，侯李蔡元年。	二　五年四月丁未，侯韩说元年。
四 五年，侯蔡以丞相盗孝景园神道壖地罪，自杀，国除。	六
	四 五年，侯说坐酎金，国绝。二岁复侯。
	六　元年五月丁卯，案道侯说元年。
	十三 征和二年，子长代，有罪，绝。子曾

	随成 【索隐】表在千乘。
	以校尉三从大将军青击匈奴,攻农吾,先登石累,【索隐】累音垒,险阻地名。汉表作"亹",音门。得王功侯。
	二 五年四月乙卯,侯赵不虞元年。
	三 三年,侯不虞坐为定襄都尉,匈奴败太守,以闻非实,(坐)谩,【索隐】谓上闻天子状不实,为谩,而国除。谩音木干反。国除。
复封为龙额侯。	

从平 【索隐】表在乐昌邑。	涉轵 【索隐】汉表轵在西安，无“涉”字。地理志西安在齐郡。涉轵犹从骠然，皆当时意也，故上文有涉安侯。
以校尉三从大将军青击匈奴，至右贤王庭，数为雁行上石山先登功侯。	以校尉三从大将军击匈奴，至右贤王庭，得王，虏阏氏功侯。
二　五年四月乙卯，公孙戎奴元年。	二　五年四月丁未，侯李朔元年。
一 二年，侯戎奴坐为上郡太守发兵击匈奴，不以闻，谩，国除。	元年，侯朔有罪，国除。

宜春 【索隐】志县名，属汝南。豫章亦有之。	阴安 【索隐】志县名，属魏。
以父大将军青破右贤王功侯。	以父大将军青破右贤王功侯。
二 五年四月丁未，侯卫伉元年。	二 五年四月丁未，侯卫不疑元年。
六	六
元年，侯伉坐矫制不害，国除。	四 五年，侯不疑坐酎金，国除。

发干 【索隐】志县名，属东郡。	博望 【索隐】志县名，属南阳。
以父大将军青破右贤王功侯。	以校尉从大将军六年击匈奴，知水道，及前使绝域大夏功侯。
二 五年四月丁未，侯卫登元年。	一 六年三月甲辰，侯张骞元年。
六	一 二年，侯骞坐以将军击匈奴畏懦，当斩，赎，国除。
四 五年，侯登坐酎金，国除。	

冠军 【索隐】县名，属南阳。	众利 【索隐】众利，表在（阳城）〔城阳〕姑莫，后以封伊即轩也。
以嫖姚校尉再从大将军，六年从大将军击匈奴，斩相国功侯。元狩二年，以骠骑将军击匈奴，至祁连，益封；迎浑邪王，益封；击左右贤王，益封。	以上谷太守四从大将军，六年击匈奴，首虏千级以上功侯。
一　六年四月壬申，景桓侯霍去病元年。	一　六年五月壬辰，侯郝贤【索隐】郝音呼恶反，又音释。元年。
六	一 二年，侯贤坐为上谷太守入戍卒财物上计谩罪，国除。
六　元年，哀侯嬗元年。	
元年，哀侯嬗薨，无后，国除。【集解】徐广曰："嬗字子侯，为武帝奉车。登封泰山，暴病死。"	

潦　【索隐】表在舞阳。	宜冠　【索隐】冠音官。表在昌也。
以匈奴赵王降，侯。	以校尉从骠骑将军二年再出击匈奴功侯。故匈奴归义。
一　元年七月壬午，悼侯赵王煖訾【索隐】煖音况远反。訾，即移反。元年。二年，煖訾死，无后，国除。	二　二年正月乙亥，侯高不识元年。四年，不识击匈奴，战军功增首不以实，当斩，赎罪，国除。

烊渠 【索隐】乡名。案:表在鲁阳。烊,上下并音徽。
以校尉从骠骑将军二年再出击匈奴,得王功侯。以校尉从骠骑将军二年虏五王功,益封。故匈奴归义。
五 二年二月乙丑,忠侯仆多【索隐】汉表作"仆朋"。此云"仆多",与卫青传同。元年。
三 三 四年,侯电元年。
六
四

从骠 【索隐】以从骠骑得封，故曰从骠。后封浞野侯。	下麾 【索隐】表在猗氏。麾音抝。
以司马再从骠骑将军数深入匈奴，得两王子骑将功侯。以匈河将军元封三年击楼兰功，复侯。	以匈奴王降侯。
五　二年五月丁丑，侯赵破奴元年。	五　二年六月乙亥，侯呼毒尼元年。
四 五年，侯破奴坐酎金，国除。	四 二　五年，炀侯伊即轩元年。
浞野　四　三年，侯破奴元年。	六
一 二年，侯破奴以浚稽将军击匈奴，失军，为虏所得，国除。	四

漯阴 【索隐】表在平原。	煇渠 【索隐】韦昭云:"仆多所封则作'煇渠',应庀所封则作'浑渠'。二者皆乡名,在鲁阳。今并作'煇',误也。"案:汉表及传亦作"煇",孔文祥云"同是元狩中封,则一邑分封二人也。"其义为得。
以匈奴浑邪王将众十万降侯,万户。	以匈奴王降侯。
四　二年七月壬午,定侯浑邪元年。	四　三年七月壬午,悼侯扁訾元年。【索隐】汉表作"悼侯应庀"。庀读必二反。扁,必显反。訾,子移反。
六　元年。魏侯苏元年。【索隐】魏,谥;苏,名。谥法"克捷行军曰魏"也。	一 二年,侯扁訾死,无后,国除。
五 五年,魏侯苏薨,无后,国除。	

河綦 【索隐】表在济南郡。

以匈奴右王与浑邪降侯。

四 三年七月壬午，康侯乌犁元年。【索隐】汉书作“禽犁”。

二

四 三年，馀利鞮元年。

六

四

常乐 【索隐】表在济南。	符离 【索隐】县名，属沛郡。
以匈奴大当户与浑邪降侯。	以右北平太守从骠骑将军四年击右王，将重会期，【索隐】将重，将字上属。重者，再也。会期，言再赴期。将，去声。重，平声。首虏二千七百人功侯。
四　三年七月壬午，肥侯稠雕【索隐】汉书卫青传作"彫离"。元年。	三　四年六月丁卯，侯路博德元年。
六	六
六	六
二 太初三年，今侯广汉元年。	太初元年，侯路博德有罪，国除。

壮 【索隐】表在东平。	众利 【索隐】表、志阙。
以匈奴归义(匈奴)因淳王从骠骑将军四年击左王,以少破多,捕虏二千一百人功侯。	以匈奴归义楼剸王【索隐】剸音专。从骠骑将军四年击右王,手自剑合功侯。【索隐】手自剑,谓手刺其王而合战,封。
三　四年六月丁卯,侯復陆支元年。	三　四年六月丁卯,质侯伊即轩【索隐】轩,居言反。元年。
二 四　三年,今侯偃元年。	六
六	五 一　六年,今侯当时元年。
四	四

湘成　【索隐】表在阳城。	义阳　【索隐】表在平氏。	散　【索隐】表在阳城。
以匈奴符离王降侯。	以北地都尉从骠骑将军四年击左王，得王功侯。	以匈奴都尉降侯。
三　四年六月丁卯，侯敞屠洛元年。	三　四年六月丁卯，侯卫山元年。	三　四年六月丁卯，侯董荼吾【索隐】刘氏荼音大姑反，
四 五年，侯敞屠洛坐酎金，国除。	六	六
	六	六
	四	二 二　太初三年，今侯安汉

	臧马 【索隐】表在朱虚。
	以匈奴王降侯。
盖误耳。今以其人名余吾,余吾,匈奴水名也。元年。	一　四年六月丁卯,康侯延年元年。 五年,侯延年死,不得置后,国除。
元年。	

周子南君 【索隐】表在长社。	乐通 【索隐】韦昭云:“在临淮高平。”
以周后绍封。	以方术侯。
三　四年十一月丁卯,侯姬嘉元年。	一　四年四月乙巳,侯五利将军栾大元年。 五年,侯大有罪,斩,国除。
三 三　四年,君买元年。	
四	

瞭 【索隐】音辽。表在舞阳。	术阳 【索隐】述阳,表在下邳。
以匈奴归义王降侯。	以南越王兄越高昌侯。
一　四年六月丙午,侯次公元年。 五年,侯次公坐酎金,国除。	一　四年,侯建德元年。 五年,侯建德有罪,国除。

龙亢 【索隐】晋灼云“龙，阙。”左传“齐侯围龙”，龙，鲁邑。萧该云“广德所封土是龙，有‘亢’者误也。”	成安 【索隐】表在郏，志在陈留。
以校尉摎(世)乐击南越，死事，子侯。【索隐】摎，居虯反。	以校尉韩千秋击南越死事，子侯。
二 五年三月壬午，侯广德元年。	二 五年三月壬子，侯延年元年。
六 六年，侯广德有罪诛，国除。	六 六年，侯延年有罪，国除。

昆 【索隐】表在钜鹿。	骐 【索隐】志属河东，表在北屈。	梁期 【索隐】志属魏郡。
以属国大且渠击匈奴功侯。	以属国骑击匈奴，捕单于兄功侯。	以属国都尉五年间出击匈奴，得復累絺缦等功侯。
二 五年五月戊戌，(昆)侯渠復累【索隐】乐彦累，力委反。颜师古音力追反。元年。	二 五年(五)〔六〕月壬子，侯驹幾元年。【集解】一云“骑幾”。	二 五年七月辛巳，侯任破胡元年。
六	六	六
四	四	四

牧丘 【索隐】表在平原。	瞭 【索隐】表在下邳。初以封次公，又封毕取。	将梁 【索隐】表、志阙。
以丞相及先人万石积德谨行侯。	以南越将降侯。	以楼船将军击南越，椎锋却敌侯。
二　五年九月丁丑，恪侯石庆元年。	一　六年三月乙酉，侯毕取元年。	一　六年三月乙酉，侯杨仆元年。
六	六	三 四年，侯仆有罪，国除。
二 二　三年，侯德元年。	四	

安道 【索隐】表在南阳。	随桃 【索隐】表在南阳。	湘成 【索隐】表在堵阳。
以南越揭阳令闻汉兵至自定降侯。	以南越苍梧王闻汉兵至降侯。	以南越桂林监闻汉兵破番禺，谕瓯骆兵四十馀万降侯。
一　六年三月乙酉，侯揭阳令〔史〕定元年。	一　六年四月癸亥，侯赵光元年。	一　六年五月壬申，侯监居翁【索隐】监，官也；居，姓；翁，字。元年。
六	六	六
四	四	四

海常 【索隐】表在琅邪。	北石 【索隐】汉表作“外石”，在济南。
以伏波司马捕得南越王建德功侯。	以故东越衍侯佐繇王斩馀善功侯。
一 六年七月乙酉，庄侯苏弘元年。	
六	六 元年正月壬午，侯吴阳元年。
太初元年，侯弘死，无后，国除。	三 太初四年，今侯首元年。

下鄜 【索隐】汉表作“鄌”。	缭嫈 【索隐】缭音“缭绕”之“缭”。嫈，案字林音乙耕反。西南夷传音聊嫈。
以故瓯骆左将斩西于王功侯。	以故校尉从横海将军说击东越功侯。
六　元年四月丁酉，侯左将黄同元年。【索隐】西南夷传“瓯骆将左黄同”，则“左”是姓，恐误。汉表云“将黄同”，则“左将”是官不疑。	一　元年五月(乙)〔己〕卯，侯刘福元年。 二年，侯福有罪，国除。
四	

蘩兒 【索隐】韦昭云："在吴越界，今为乡也。"	开陵 【索隐】表在临淮。	临蔡 【索隐】表在河内。
以军卒斩东越徇北将军功侯。	以故东越建成侯与繇王共斩东越王馀善功侯。	以故南越郎闻汉兵破番禺，为伏波得南越相吕嘉功侯。
六　元年闰月癸卯，庄侯辕终古元年。【集解】徐广曰："闰四月也。"	六　元年闰月癸卯，侯建成元年。	六　元年闰月癸卯，侯孙都元年。
太初元年，终古死，无后，国除。		

东成 【索隐】表在九江。	无锡 【索隐】表在会稽。	涉都 【索隐】涉多。表在南阳。
以故东越繇王斩东越王馀善功侯，万户。	以东越将军汉兵至弃军降侯。	以父弃故南海守，汉兵至以城邑降，子侯。
六　元年闰月癸卯，侯居服元年。	六　元年，侯多军元年。	六　元年中，侯嘉元年。
		二　太初二年，侯嘉薨，无后，国除。

平州　【索隐】表在梁父。	荻苴　【索隐】音狄蛆。表在勃海。
以朝鲜将汉兵至降侯。	以朝鲜相汉兵至围之降侯。
一　三年四月丁卯，侯唊元年。【集解】如淳曰："唊音颊"。 四年，侯唊薨，无后，国除。	四　三年四月，侯朝鲜相韩阴元年。

澅清 【索隐】表在齐。澅音获，水名，在齐。又音乎卦反。	騠兹 【索隐】騠音啼。表在琅邪。
以朝鲜尼谿相使人杀其王右渠来降侯。	以小月氏若苴王【索隐】苴，子馀反。将众降侯。
四 三年六月丙辰，侯朝鲜尼谿相(侯)参元年。	三 四年十一月丁卯，侯稽谷姑【索隐】稽滑姑。元年。
	太初元年，侯稽谷姑薨，无后，国除。

浩 【索隐】表、志阙。	瓡讘 【集解】徐广曰:“在河东。瓡音胡。讘,之涉反。” 【索隐】县名。案:表在河东,志亦同。即狐字。
以故中郎将将兵捕得车师王功侯。	以小月氏王将众千骑降侯。
一　四年正月甲申,侯王恢元年。 四年四月,侯恢坐使酒泉矫制害,当死,赎,国除。封凡三月。	二　四年正月乙酉,侯扜者【索隐】扜音乌,亦音汙。元年。 一　六年,侯胜元年。
	四

幾 【索隐】音机。表在河东。	涅阳 【索隐】表在齐,志属南阳。
以朝鲜王子汉兵围朝鲜降侯。	以朝鲜相路人,汉兵至,首先降,道死,其子侯。
二 四年三月癸未,侯张路【索隐】韦昭云:"路,姑洛反。"归义元年。 六年,侯张路使朝鲜,谋反,死,国除。	三 四年三月壬寅,康侯子最元年。
	二 太初二年,侯最死,无后,国除。

右太史公本表	
当涂【索隐】表在九江。	魏不害,以圉守尉捕淮阳反者公孙勇等侯。
蒲【索隐】表在琅邪。	苏昌,以圉尉史捕淮阳反者公孙勇等侯。
潦阳【索隐】潦音辽。表在清河。	江德,以园厩啬夫共捕淮阳反者公孙勇等侯。
富民【索隐】表在蕲。	田千秋,家在长陵。以故高庙寝郎上书谏孝武曰:"子弄父兵,罪当笞。父子之怒,自古有之。蚩尤畔父,黄帝涉江。"上书至意,拜为大鸿胪。征和四年为丞相,封三千户。至昭帝时病死,子顺代立,为虎牙将军,击匈奴,不至质,诛死,国除。【集解】汉书音义曰:"质,所期处也。"
右孝武封国名	

后进好事儒者褚先生曰：太史公记事尽于孝武之事，故复修记孝昭以来功臣侯者，编于左方，令后好事者得览观成败长短绝世之適，得以自戒焉。当世之君子，行权合变，度时施宜，希世用事，以建功有土封侯，立名当世，岂不盛哉！观其持满守成之道，皆不谦让，骄蹇争权，喜扬声誉，知进不知退，终以杀身灭国。以三得之，①及身失之，不能传功于后世，令恩德流子孙，岂不悲哉！夫龙雒侯曾为前将军，世俗顺善，厚重谨信，不与政事，退让爱人。其先起于晋六卿之世。有土君国以来，为王侯，子孙相承不绝，历年经世，以至于今，凡百馀岁，岂可与功臣及身失之者同日而语之哉？悲夫，后世其诫之！

①【集解】以三得之者，即上所谓"行权合变，度时施宜，希世用事"也。

博陆	霍光，家在平阳。以兄骠骑将军故贵。前事武帝，觉捕得侍中谋反者马何罗等功侯，三千户。【集解】文颖曰："博，广；陆，平。取其嘉名，无此县也。食邑北海河东。"瓒曰："渔阳有博陆城也。"中辅幼主昭帝，为大将军。谨信，用事擅治，尊为大司马，益封邑万户。后事宣帝。历事三主，天下信向之，益封二万户。子禹代立，谋反，族灭，国除。
秺【集解】汉书音义曰："音妒。在济阴成武，今有亭矣。"	金翁叔名日䃅，以匈奴休屠王太子从浑邪王将众五万，降汉归义，侍中，事武帝，觉捕侍中谋反者马何罗等功侯，三千户。中事昭帝，谨厚，益封三千户。子弘代立，为奉车都尉，事宣帝。
安阳【索隐】表在荡阴，志属汝南。	上官桀，家在陇西。以善骑射从军。稍贵，事武帝，为左将军。觉捕斩侍中谋反者马何罗弟重合侯通功侯，三千户。中事昭帝，与大将军霍光争权，因以谋反，族灭，国除。

桑乐 【索隐】表在千乘。	上官安。以父桀为将军故贵,侍中,事昭帝。安女为昭帝夫人,立为皇后故侯,三千户。骄蹇,与大将军霍光争权,因以父子谋反,族灭,国除。
富平 【索隐】志属平原。	张安世,家在杜陵。以故御史大夫张汤子武帝时给事尚书,为尚书令。事昭帝,谨厚习事,为光禄勋右将军。辅政十三年,无適过,侯,三千户。及事宣帝,代霍光为大司马,用事,益封万六千户。子延寿代立,为太仆,侍中。
义阳 【索隐】表在平氏。	傅介子,家在北地。以从军为郎,为平乐监。昭帝时,刺杀外国王,天子下诏书曰:"平乐监傅介子使外国,杀楼兰王,以直报怨,不烦师,有功,其以邑千三百户封介子为义阳侯。"子厉代立,争财相告,有罪,国除。
商利 【索隐】表在徐郡。	王山,齐人也。故为丞相史,会骑将军上官安谋反,山说安与俱入丞相,斩安。山以军功为侯,三千户。上书愿治民,为代太守。为人所上书言,系狱当死,会赦,出为庶人,国除。
建平 【索隐】表在济阳。	杜延年。以故御史大夫杜周子给事大将军幕府,发觉谋反者骑将军上官安等罪,封为侯,邑二千七百户,拜为太仆。元年,出为西河太守。五凤三年,入为御史大夫。

弋阳 【索隐】志属汝南。	任宫。以故上林尉捕格谋反者左将军上官桀,杀之便门,封为侯,二千户。后为太常,及行卫尉事。节俭谨信,以寿终,传于子孙。
宜城 【索隐】表在济阴。	燕仓。以故大将军幕府军吏发谋反者骑将军上官安罪有功,封侯,邑二千户。为汝南太守,有能名。
宜春 【索隐】志属汝南。	王䜣,家在齐。本小吏佐史,稍迁至右辅都尉。武帝数幸扶风郡,䜣共置办,拜为右扶风。至孝昭时,代桑弘羊为御史大夫。元凤三年,代田千秋为丞相,封二千户。立二年,为人所上书言暴,自杀,不殊。子代立,为属国都尉。
安平 【索隐】表在汝南,志属涿郡。	杨敞,家在华阴。故给事大将军幕府,稍迁至大司农,为御史大夫。元凤六年,代王䜣为丞相,封二千户。立二年,病死。子贲代立,十三年病死。子翁君代立,为典属国。三岁,以季父惲故出恶言,系狱当死,得免,为庶人,国除。
右孝昭时所封国名	

阳平 【索隐】志属东郡。	蔡义，家在温。故师受韩诗，为博士，给事大将军幕府，为杜城门候。入侍中，授昭帝韩诗，为御史大夫。是时年八十，衰老，常两人扶持乃能行。然公卿大臣议，以为为人主师，当以为相。以元平元年代杨敞为丞相，封二千户。病死，绝无后，国除。
扶阳 【索隐】志属沛郡，表在萧。	韦贤，家在鲁。通诗、礼、尚书，为博士，授鲁大儒，入侍中，为昭帝师，迁为光禄大夫，大鸿胪，长信少府。以为人主师，本始三年代蔡义为丞相，封扶阳侯，千八百户。为丞相五岁，多恩，不习吏事，免相就第，病死。子玄成代立，为太常。坐祠庙骑，夺爵，为关内侯。
平陵 【索隐】表在武当。	范明友，家在陇西。以家世习外国事，使护西羌。事昭帝，拜为度辽将军，击乌桓功侯，二千户。取霍光女为妻。地节四年，与诸霍子禹等谋反，族灭，国除。
营平 【索隐】表在济南。	赵充国。以陇西骑士从军得官，侍中，事武帝。数将兵击匈奴有功，为护军都尉，侍中，事昭帝。昭帝崩，议立宣帝，决疑定策，以安宗庙功侯，封二千五百户。

阳成 【索隐】表在济阴,非也。且济阴有城阳县耳,而颍川汝南又各有阳城县,"城"字从"土",在"阳"之下,今此似误,不可分别也。	田延年。以军吏事昭帝;发觉上官桀谋反事,后留迟不得封,为大司农。本造废昌邑王议立宣帝,决疑定策,以安宗庙功侯,二千七百户。逢昭帝崩,方上事并急,因以盗都内钱三千万。【集解】汉书百官表曰:"司农属官有都内。"发觉,自杀,国除。
平丘 【索隐】志属陈留,表在肥城。	王迁,家在卫。【索隐】一作"衙",音牙。地理志衙县在冯翊。为尚书郎,习刀笔之文,侍中,事昭帝。帝崩,立宣帝,决疑定策,以安宗庙功侯,二千户。为光禄大夫,秩中二千石。坐受诸侯王金钱财,漏泄中事,诛死,国除。
乐成 【索隐】表在平氏,志属南阳。	霍山。山者,大将军光兄子也。光未死时上书曰:"臣兄骠骑将军去病从军有功,病死,赐谥景桓侯,绝无后,臣光愿以所封东武阳邑三千五百户分与山。"天子许之,拜山为侯。后坐谋反,族灭,国除。
冠军 【索隐】志属南阳。	霍云。以大将军兄骠骑将军適孙为侯。地节三年,天子下诏书曰:"骠骑将军去病击匈奴有功,封为冠军侯。薨卒,子侯代立,病死无后。春秋之义,善善及子孙,其以邑三千户封云为冠军侯。"后坐谋反,族灭,国除。

平恩 【索隐】志属魏郡。	许广汉，家昌邑。坐事下蚕室，独有一女，嫁之。宣帝未立时，素与广汉出入相通，卜相者言当大贵，以故广汉施恩甚厚。地节三年，封为侯，邑三千户。病死无后，国除。
昌水 【索隐】表在於陵。	田广明。故郎，为司马，稍迁至南郡都尉、淮阳太守、鸿胪、左冯翊。昭帝崩，议废昌邑王，立宣帝，决疑定策，以安宗庙。本始三年，封为侯，邑二千三百户。为御史大夫。后为祁连将军，击匈奴，军不至质，当死，自杀，国除。
高平 【索隐】志属临淮。	魏相，家在济阴。少学易，为府卒史，以贤良举为茂陵令，迁河南太守。坐贼杀不辜，系狱，当死，会赦，免为庶人。有诏守茂陵令，为杨州刺史，入为谏议大夫，复为河南太守，迁为大司农、御史大夫。地节三年，谮毁韦贤，代为丞相，封千五百户。病死，长子宾代立，坐祠庙失侯。
博望 【索隐】志属南阳。	许中翁。【集解】名舜。以平恩侯许广汉弟封为侯，邑二千户。亦故有私恩，为长乐卫尉。死，子延年代立。
乐平	许翁孙。以平恩侯许广汉少弟故为侯，封二千户。拜为强弩将军，击破西羌，还，更拜为大司马、光禄勋。亦故有私恩，故得封。嗜酒好色，以早病死。子汤代立。

将陵	史子回。【集解】名曾。以宣帝大母家封为侯，二千六百户，与平台侯昆弟行也。子回妻宜君，故成王孙，嫉妒，绞杀侍婢四十馀人，盗断妇人初产子臂膝以为媚道。为人所上书言，论弃市。子回以外家故，不失侯。
平台【索隐】志属常山。	史子叔。【集解】名玄。以宣帝大母家封为侯，二千五百户。卫太子时，史氏内一女于太子，嫁一女鲁王，今见鲁王亦史氏外孙也。外家有亲，以故贵，数得赏赐。
乐陵【索隐】志属临淮。平原亦有乐陵。	史子长。【集解】名高。以宣帝大母家贵，侍中，重厚忠信。以发觉霍氏谋反事，封三千五百户。
博成【索隐】表在临淮。	张章，父故颍川人，为长安亭长。失官，之北阙上书，寄宿霍氏第舍，卧马枥间，夜闻养马奴相与语，言诸霍氏子孙欲谋反状，因上书告反，为侯，封三千户。
都成【索隐】志属颍川。	金安上，先故匈奴。以发觉故大将军霍光子禹等谋反事有功，封侯，二千八百户。安上者，奉车都尉秺侯从群子。行谨善，退让以自持，欲传功德于子孙。

平通 【索隐】表在博阳。	杨恽,家在华阴,故丞相杨敞少子,任为郎。好士,自喜知人,居众人中常与人颜色,以故高昌侯董忠引与屏语,言霍氏谋反状,共发觉告反,侯,二千户,为光禄勋。到五凤四年,作为妖言,大逆罪腰斩,国除。
高昌 【索隐】志属千乘。	董忠,父故颍川阳翟人,以习书诣长安。忠有材力,能骑射,用短兵,给事期门。【集解】汉书东方朔传曰:"武帝微行,出与侍中常侍武骑及待诏陇西北地良家子能骑射者期诸殿门,故有'期门'之号。"与张章相习知,章告语忠霍禹谋反状,忠以语常侍骑郎杨恽,共发觉告反,侯,二千户。今为枭骑都尉,侍中。坐祠宗庙乘小车,夺百户。
爰戚	赵成。【索隐】汉表作"赵长平"。用发觉楚国事侯,二千三百户。地节元年,楚王与广陵王谋反,成发觉反状,天子推恩广德义,下诏书曰"无治广陵王",广陵不变更。后复坐祝诅灭国,自杀,国除。今帝复立子为广陵王。
酂	地节三年,天子下诏书曰:"朕闻汉之兴,相国萧何功第一,今绝无后,朕甚怜之,其以邑三千户封萧何玄孙建世为酂侯。"

平昌	王长君,【集解】名无故。家在赵国,常山广望邑人也。卫太子时,嫁太子家,为太子男史皇孙为配,生子男,绝不闻声问,行且四十馀岁,至今元康元年中,诏征,立以为侯,封五千户。宣帝舅父也。
乐昌【索隐】表在汝南。	王稚君,【集解】名武。家在赵国,常山广望邑人也。以宣帝舅父外家封为侯,邑五千户。平昌侯王长君弟也。
邛成【索隐】表在济阴。	王奉光,家在房陵。以女立为宣帝皇后,故封千五百户。言奉光初生时,夜见光其上,传闻者以为当贵云。后果以女故为侯。
安远【索隐】表在慎。	郑吉,家在会稽。以卒伍起从军为郎,使护将弛刑士田渠梨。会匈奴单于死,国乱,相攻,日逐王将众来降汉,先使语吉,吉将吏卒数百人往迎之。众颇有欲还者,斩杀其渠率,遂与俱入汉。以军功侯,二千户。
博阳【索隐】表在南顿。	邴吉,家在鲁。本以治狱为御史属,给事大将军幕府。常施旧恩宣帝,迁为御史大夫,封侯,二千户。神爵二年,代魏相为丞相。立五岁,病死。子翁孟代立,为将军,侍中。甘露元年,坐祠宗庙不乘大车而骑至庙门,有罪,夺爵,为关内侯。

建成【索隐】表在沛。	黄霸，家在阳夏，以役使徙云阳。以廉吏为河内守丞，迁为廷尉监，行丞相长史事。坐见知夏侯胜非诏书大不敬罪，久系狱三岁，从胜学尚书。会赦，以贤良举为扬州刺史，颍川太守。善化，男女异路，耕者让畔，赐黄金百斤，秩中二千石。居颍川，入为太子太傅，迁御史大夫。五凤三年，代邴吉为丞相。封千八百户。
西平【索隐】表在临淮。	于定国，家在东海。本以治狱给事为廷尉史，稍迁御史中丞。上书谏昌邑王，迁为光禄大夫，为廷尉。乃师受春秋，变道行化，谨厚爱人。迁为御史大夫，代黄霸为丞相。

右孝宣时所封

阳平【索隐】表在东郡。	王稚君，【集解】名杰。【索隐】汉表名禁。家在魏郡。故丞相史。女为太子妃。太子立为帝，女为皇后，故侯，千二百户。初元以来，方盛贵用事，游宦求官于京师者多得其力，未闻其有知略广宣于国家也。

【索隐述赞】孝武之代，天下多虞。南讨瓯越，北击单于。长平鞠旅，冠军前驱。术阳衔璧，临蔡破禺。博陆上宰，平津巨儒。金章且佩，紫绶行纡。昭帝已后，勋宠不殊。惜哉绝笔，褚氏补诸。

史记卷二十一

建元已来王子侯者年表第九

制诏御史:“诸侯王或欲推私恩分子弟邑者,令各条上,朕且临定其号名。”

太史公曰:盛哉,天子之德!一人有庆,天下赖之。

国名	兹【索隐】表、志阙。	安成【索隐】表在豫章。	宜春【索隐】表、志阙。
王子号	河间献王子。	长沙定王子。	长沙定王子。
元光	二　五年正月壬子，侯刘明元年。	一　六年七月乙巳，思侯刘苍元年。	一　六年七月乙巳，侯刘成元年。
元朔	二　三年，侯明坐谋反杀人，弃市，国除。【集解】徐广曰：“一作‘掠杀人，弃市。’”	六	六
元狩		六	六
元鼎		六　元年，今侯自当元年。	四　五年，侯成坐酎金，国除。
元封		六	
太初		四	

句容【索隐】表在会稽。	句陵【集解】徐广曰:"一作'容陵'。"【索隐】表、志阙。	杏山【索隐】表、志阙。	浮丘【索隐】表在沛。
长沙定王子。	长沙定王子。	楚安王子。	楚安王子。
一 六年七月乙巳,哀侯刘党元年。	一 六年七月乙巳,侯刘福元年。	一 六年后九月壬戌,侯刘成元年。	一 六年后九月壬戌,侯刘不审元年。
元年,哀侯党薨,无后,国除。	六	六	六
	六	六	四 二 五年,侯霸元年。
	四 五年,侯福坐酎金,国除。	四 五年,侯成坐酎金,国除。	四 五年,侯霸坐酎金,国除。

广戚　【索隐】表、志阙。	丹杨　【索隐】丹阳。表在芜湖。	盱台　【索隐】表、志阙。
鲁共王子。	江都易王子。	江都易王子。
六　元年十(一)月丁酉，节侯刘择元年。【集解】徐广曰："择，一作'将'。"	六　元年十二月甲辰，哀侯敢元年。	六　元年十二月甲辰，侯刘象之元年。【索隐】表作"蒙之"。
六　元年，侯始元年。	元狩元年，侯敢薨，无后，国除。	六
四 五年，侯始坐酎金，国除。		四 五年，侯象之坐酎金，国除。

湖孰 【索隐】表在丹阳。	秩阳 【索隐】表作“秣陵”。	睢陵 【索隐】表作“淮陵”。
江都易王子。	江都易王子。	江都易王子。
六　元年正月丁(亥)〔卯〕,顷侯刘胥元年。【索隐】表作“胥行”。	六　元年正月丁卯,终侯刘涟元年。【索隐】表名缠。	六　元年正月丁卯,侯刘定国元年。
六	六	六
四 二　五年,今侯圣元年。	三 四年,终侯涟薨,无后,国除。	四 五年,侯定国坐酎金,国除。
六		
四		

龙丘【索隐】表在琅邪。	张梁【索隐】表、志阙。	剧【索隐】表、志阙。	壤【索隐】表、志阙。
江都易王子。	江都易王子。	菑川懿王子。	菑川懿王子。
五　二年五月乙巳，侯刘代元年。	五　二年五月乙巳，哀侯刘仁元年。	五　二年五月乙巳，原侯刘错元年。	五　二年五月乙巳，夷侯刘高遂。【索隐】刘高。元年。
六	六	六	六
四 五年，侯代坐酎金，国除。	二 四　三年，今侯顺元年。	一 五　二年，孝侯广昌元年。	六　元年，今侯延元年。
	六	六	六
	四	四	四

平望 【索隐】表、志阙。	临原 【索隐】表作“临众”。	葛魁 【集解】徐广曰：“葛，一作‘莒’。”【索隐】表、志阙，或乡名。
菑川懿王子。	菑川懿王子。	菑川懿王子。
五　二年五月乙巳，夷侯刘赏元年。	五　二年五月乙巳，敬侯刘始昌元年。	五　二年五月乙巳，节侯刘宽元年。
二 四　三年，今侯楚人元年。	六	三 三　四年，(今)侯戚元年。
六	六	二 三年，侯戚坐杀人，弃市，国除。
六	六	
四	四	

益都 【索隐】表、志皆阙。	平酌 【索隐】汉表作"平的",志属北海。	剧魁 【索隐】志属北海。
菑川懿王子。	菑川懿王子。	菑川懿王子。
五　二年五月乙巳,侯刘胡元年。	五　二年五月乙巳,戴侯刘彊元年。	五　二年五月乙巳,夷侯刘墨元年。
六	六	六
六	六　元年,思侯中时元年。	六
六	六	三　元年,侯昭元年。 三　四年,侯德元年。
四	四	四

寿梁【索隐】表在寿乐。	平度【索隐】志属东莱。	宜成【索隐】表在平原。	临朐【索隐】表在东海。
菑川懿王子。	菑川懿王子。	菑川懿王子。	菑川懿王子。
五　二年五月乙巳，侯刘守元年。	五　二年五月乙巳，侯刘衍元年。	五　二年五月乙巳，康侯刘偃元年。	五　二年五月乙巳，哀侯刘奴元年。
六	六	六	六
四 五年，侯守坐酎金，国除。	六	六　元年，侯福元年。	六
	六	六	六
	四	元年，侯福坐杀弟，弃市，国除。	四

雷 【索隐】表在东海。	东莞 【索隐】志属琅邪。	辟 【索隐】表在东海。
城阳共王子。	城阳共王子。	城阳共王子。
五 二年五月甲戌,侯刘稀元年。	三 二年五月甲戌,侯刘吉元年。 五年,侯吉有痼疾,不朝,废,国除。	三 二年五月甲戌,节侯刘壮元年。 二 五年,侯朋元年。
六		六
五 五年,侯稀坐酎金,国除。		四 五年,侯朋坐酎金,国除。

尉文【索隐】表在南郡。	封斯【索隐】志属常山。	榆丘【索隐】表、志皆阙。	襄嚵【索隐】韦昭云："广平县。"嚵音仕咸反，又仕俭反。
赵敬肃王子。	赵敬肃王子。	赵敬肃王子。	赵敬肃王子。
五 二年六月甲午，节侯刘丙元年。	五 二年六月甲午，共侯刘胡阳元年。	五 二年六月甲午，侯刘寿福元年。	五 二年六月甲午，侯刘建元年。
六 元年，侯犊元年。	六	六	六
四 五年，侯犊坐酎金，国除。	六	四 五年，侯寿福坐酎金，国除。	四 五年，侯建坐酎金，国除。
	六		
	二 二 三年，今侯如意元年。		

邯会【索隐】志属魏郡。	朝【索隐】凡侯不言郡县，皆表、志阙。	东城【索隐】志属九江。	阴城【索隐】表、志阙。
赵敬肃王子。	赵敬肃王子。	赵敬肃王子。	赵敬肃王子。
五　二年六月甲午，侯刘仁元年。	五　二年六月甲午，侯刘义元年。	五　二年六月甲午，侯刘遗元年。	五　二年六月甲午，侯刘苍元年。
六	六	六	六
六	二 四　三年，今侯禄元年。	元年，侯遗有罪，国除。	六
六	六		元年，侯苍有罪，国除。
四	四		

广望 【索隐】志属涿郡。	将梁 【索隐】表在涿郡。	新馆 【索隐】表在涿郡。	新处 【索隐】表在涿郡。
中山靖王子。	中山靖王子。	中山靖王子。	中山靖王子。
五　二年六月甲午，侯刘安中元年。	五　二年六月甲午，侯刘朝平元年。	五　二年六月甲午，侯刘未央元年。	五　二年六月甲午，侯刘嘉元年。
六	六	六	六
六	四 五年，侯朝平坐酎金，国除。	四 五年，侯未央坐酎金，国除。	四 五年，侯嘉坐酎金，国除。
六			
四			

陉城 【索隐】表在涿郡，志属中山。	蒲领 【索隐】表在东海。	西熊 【索隐】表、志阙。	枣彊 【索隐】志属清河。
中山靖王子。	广川惠王子。	广川惠王子。	广川惠王子。
五　二年六月甲午，侯刘贞元年。	四　三年十月癸酉，侯刘嘉元年。	四　三年十月癸酉，侯刘明元年。	四　三年十月癸酉，侯刘晏元年。
六			
四 五年，侯贞坐酎金，国除。			

毕梁【索隐】表在魏郡。	房光【索隐】表在魏郡。	距阳【索隐】表、志皆阙。	蒌(安)【索隐】蒌音力俱反。汉表“蒌节侯”,无“安”字。节,谥也。
广川惠王子。	河间献王子。	河间献王子。	河间献王子。
四　三年十月癸酉,侯刘婴元年。	四　三年十月癸酉,侯刘殷元年。	四　三年十月癸酉,侯刘匄元年。	四　三年十月癸酉,侯刘邈元年。
六	六	四 二　五年,侯渡元年。	六
六	元年,侯殷有罪,国除。	四 五年,侯渡有罪,国除。	六
三 四年,侯婴有罪,国除。			六　元年,今侯婴元年。
			四

阿武 【索隐】表、志皆阙。	参户 【索隐】志属勃海。	州乡 【索隐】志属涿郡。	成平 【索隐】表在南皮。
河间献王子。	河间献王子。	河间献王子。	河间献王子。
四 三年十月癸酉，湣侯刘豫元年。	四 三年十月癸酉，侯刘勉元年。	四 三年十月癸酉，节侯刘禁元年。	四 三年十月癸酉，侯刘礼元年。
六	六	六	二 三年，侯礼有罪，国除。
六	六	六	
六	六	五 一 六年，今侯惠元年。	
二 二 三年，今侯宽元年。	四	四	

广　【索隐】表在勃海。	盖胥　【索隐】汉志在太山，表在魏郡。	陪安　【索隐】表在魏郡。
河间献王子。	河间献王子。	济北贞王子。
四　三年十月癸酉，侯刘顺元年。	四　三年十月癸酉，侯刘让元年。	四　三年十月癸酉，康侯刘不害元年。
六	六	六
四 五年，侯顺坐酎金，国除。	四 五年，侯让坐酎金，国除。	一　二年，哀侯秦客元年。 二　三年，侯秦客薨，无后，国除。

荣简 【索隐】徐广曰:“一作‘营简’。”【索隐】汉表作“营关”,在茌平。	周坚 【索隐】表、志皆阙。	安阳 【索隐】表在平原。
济北贞王子。	济北贞王子。	济北贞王子。
四 三年十月癸酉,侯刘骞元年。	四 三年十月癸酉,侯刘何元年。	四 三年十月癸酉,侯刘桀元年。
二 三年,侯骞有罪,国除。	四 二 五年,侯当时元年。	六
	四 五年,侯当时坐酎金,国除。	六
		六
		四

五樣 【索隐】表在泰山。	富 【索隐】表、志皆阙。	陪 【索隐】倍。表在平原。
济北贞王子。	济北贞王子。	济北贞王子。
四 三年十月癸酉，侯刘腄丘元年。【索隐】腄丘，旧作臒，音劬，刘氏音乌霍反。	四 三年十月癸酉，侯刘袭元年。	四 三年十月癸酉，缪侯刘明元年。
六	六	六
四 五年，侯腄丘坐酎金，国除。	六	二 三年，侯邑元年。 二 五年，侯邑坐酎金，国除。
	六	
	四	

蘩 【集解】徐广曰："一作'散'。"【索隐】蘩音缬。汉表作"萴"，在平原。今平原无萴县，此例非一，盖乡名也。	平 【索隐】志属河南。
济北贞王子。	济北贞王子。
四　三年十月癸酉，侯刘信元年。	四　三年十月癸酉，侯刘遂元年。
六	元年，侯遂有罪，国除。
四 五年，侯信坐酎金，国除。	

羽 【索隐】志属平原。	胡母 【索隐】表在泰山。	离石 【索隐】表在上党，志属西河。
济北贞王子。	济北贞王子。【索隐】自陪安侯不害已下十一人是济北贞王子，而汉表自安阳侯已下是济北式王子，同是元朔三年十月封，恐因此误也。	代共王子。
四　三年十月癸酉，侯刘成元年。	四　三年十月癸酉，侯刘楚元年。	四　三年正月壬戌，侯刘绾元年。
六	六	六
六	四 五年，侯楚坐酎金，国除。	六
六		六
四		四

邵 【索隐】表在山阳。	利昌 【索隐】昌利。志属齐郡。	蔺 【索隐】志属西河。	临河 【索隐】志属朔方。
代共王子。	代共王子。	代共王子。	代共王子。
四 三年正月壬戌，侯刘慎元年。	四 三年正月壬戌，侯刘嘉元年。	三年正月壬戌，侯刘憙元年。	三年正月壬戌，侯刘贤元年。
六	六		
六	六		
六	六		
四	四		

隰成【索隐】志属西河。	土军【索隐】志属西河。	皋狼【索隐】表在临淮。	千章【集解】徐广曰："一作'斥'。"【索隐】千章，表在平原。
代共王子。	代共王子。	代共王子。	代共王子。
三年正月壬戌，侯刘忠元年。	三年正月壬戌，侯刘郢客元年。	三年正月壬戌，侯刘迁元年。	三年正月壬戌，侯刘遇元年。
	侯郢客坐与人妻奸，弃市。		

博阳 【索隐】志属汝南。	宁阳 【索隐】表在济南。	瑕丘 【索隐】志属山阳。	公丘 【索隐】志属沛郡。
齐孝王子。	鲁共王子。	鲁共王子。	鲁共王子。
四 三年三月乙卯，康侯刘就元年。	四 三年三月乙卯，节侯刘恢元年。	四 三年三月乙卯，节侯刘贞元年。	四 三年三月乙卯，夷侯刘顺元年。
六	六	六	六
二 三年，侯终吉元年。 二 五年，侯终吉坐酎金，国除。	六	六	六
	六	六	六
	四	四	四

郁狼 【索隐】韦昭云:“属鲁。”志不载。狼音卢党反,又音郎。	西昌	陉城 【索隐】汉表作“陆地”为得。靖王子贞已封陉,二人不应重封。
鲁共王子。	鲁共王子。	中山靖王子。
四 三年三月乙卯,侯刘骑元年。	四 三年三月乙卯,侯刘敬元年。	四 三年三月癸酉,侯刘义元年。
六	六	六
四 五年,侯骑坐酎金,国除。	四 五年,侯敬坐酎金,国除。	四 五年,侯义坐酎金,国除。

邯平　【索隐】表在广平。	武始　【索隐】表在魏。	象氏　【索隐】韦昭云："在钜鹿。"
赵敬肃王子。【索隐】赵敬肃王子四人，以异年封，故别见于此。	赵敬肃王子。【索隐】后立为赵王。	赵敬肃王子。
四　三年四月庚辰，侯刘顺元年。	四　三年四月庚辰，侯刘昌元年。	四　三年四月庚辰，节侯刘贺元年。
六	六	六
四 五年，侯顺坐酎金，国除。	六	六
	六	二 四　三年，思侯安德元年。
	四	四

易 【索隐】一作“鄗”。志属涿郡,表在鄗。	洛陵 【索隐】表作“路陵”,在南阳。	攸舆 【索隐】案:今长沙有攸县,本名攸舆。汉表在南阳。
	长沙定王子。	长沙定王子。
四 三年四月庚辰,安侯刘平元年。	三 四年三月乙丑,侯刘章元年。	三 四年三月乙丑,侯刘则元年。
六	一 二年,侯章有罪,国除。	六
六		六
四 二 五年,今侯種元年。		六
四		元年,侯则篡死罪,弃市,国除。

荼陵　【索隐】表在桂阳，志属长沙。	建成　【索隐】表在豫章。	安众　【索隐】志属南阳。
长沙定王子。	长沙定王子。	长沙定王子。
三　四年三月乙丑，侯刘欣元年。	三　四年二月乙丑，侯刘拾元年。	三　四年三月乙丑，康侯刘丹元年。
六	五 六年，侯拾坐不朝，不敬，国除。	六
一 五　二年，哀侯阳元年。		六
六		五 一　六年，今侯山拊元年。【索隐】拊音跌。
元年，侯阳薨，无后，国除。		四

叶 【索隐】叶音摄。县名，属南阳。	利乡	有利 【索隐】表在东海。	东平 【索隐】表在东海。
长沙定王子。	城阳共王子。	城阳共王子。	城阳共王子。
三 四年三月乙丑，康侯刘嘉元年。	三 四年三月乙丑，康侯刘婴元年。	三 四年三月乙丑，侯刘钉元年。	三 四年三月乙丑，侯刘庆元年。
六	二 三年，侯婴有罪，国除。	元年，侯钉坐遗淮南书称臣，弃市，国除。	二 三年，侯庆坐与姊妹奸，有罪，国除。
四 五年，侯嘉坐酎金，国除。			

运平【索隐】表在东海。	山州【索隐】表、志阙。	海常【索隐】表在琅邪。	钧丘【索隐】汉表作“驺丘”。
城阳共王子。	城阳共王子。	城阳共王子。	城阳共王子。
三　四年三月乙丑，侯刘䜣元年。	三　四年三月乙丑，侯刘齿元年。	三　四年三月乙丑，侯刘福元年。	三　四年三月乙丑，侯刘宪元年。
六	六	六	三 三　四年，今侯执德元年。
四 五年，侯䜣坐酎金，国除。	四 五年，侯齿坐酎金，国除。	四 五年，侯福坐酎金，国除。	六
			六
			四

南城 【索隐】表、志阙。	广陵 【集解】徐广曰:"一作'阳'。"	庄原 【索隐】汉表作"杜原"。
城阳共王子。	城阳共王子。	城阳共王子。
三 四年三月乙丑,侯刘贞元年。	三 四年三月乙丑,常侯刘表元年。【索隐】虒侯表。晋灼曰:"虒音斯。"	三 四年三月乙丑,侯刘皋元年。
六	四 二 五年,侯成元年。	六
六	四 五年,侯成坐酎金,国除。	四 五年,侯皋坐酎金,国除。
六		
四		

临乐 【索隐】韦昭云:“县名,属勃海。	东野 【索隐】表、志阙。	高平 【索隐】表在平原。	广川
中山靖王子。	中山靖王子。	中山靖王子。	中山靖王子。
三 四年四月甲午,敦侯刘光元年。【索隐】谥法:“善行不怠曰敦。”	三 四年四月甲午,侯刘章元年。【索隐】戴侯章。	三 四年四月甲午,侯刘嘉元年。	三 四年四月甲午,侯刘颇元年。
六	六	六	六
六	六	四 五年,侯嘉坐酎金,国除。	四 五年,侯颇坐酎金,国除。
五 一 六年,今侯建元年。	六		
四	四		

千锺 【集解】徐广曰："一作'重'。" 【索隐】汉表作"重侯担"，在平原。地理志有重丘也。	披阳 【索隐】萧该披音皮，刘氏音皮彼反。志属千乘也。
河间献王子。	齐孝王子。
三　四年四月甲午，侯刘摇元年。【集解】一云"刘阴"。	三　四年四月乙卯，敬侯刘燕元年。
一 二年，侯阴不使人为秋请，有罪，国除。	六
	四 二　五年，今侯隅元年。
	六
	四

定【索隐】定，地名。	稻【索隐】志属琅邪。	山【索隐】表在勃海。
齐孝王子。	齐孝王子。	齐孝王子。
三　四年四月乙卯，敬侯刘越元年。【索隐】敫侯越。敫，谥也。说文云：“敫读如跃。”	三　四年四月乙卯，夷侯刘定元年。	三　四年四月乙卯，侯刘国元年。
六	六	六
三 三　四年，今侯德元年。	二 四　三年，今侯都阳元年。	六
六	六	六
四	四	四

繁安 【索隐】表、志阙。	柳 【索隐】表、志阙。	云 【索隐】志属琅邪。
齐孝王子。	齐孝王子。	齐孝王子。
三 四年四月乙卯，侯刘忠元年。【索隐】夷侯忠。	三 四年四月乙卯，康侯刘阳元年。	三 四年四月乙卯，夷侯刘信元年。
六	六	六
六	三 三 四年，侯罢师元年。	五 一 六年，今侯岁发元年。
六	四 二 五年，今侯自为元年。	六
三 一 四年，今侯寿元年。	四	四

牟平　【集解】徐广曰："一作'羊'。"　【索隐】志属东莱。	柴　【索隐】志属泰山。	柏阳　【索隐】汉表作"畅"，在中山。
齐孝王子。	齐孝王子。	赵敬肃王子。
三　四年四月乙卯，共侯刘渫元年。【索隐】渫音薛。	三　四年四月乙卯，原侯刘代元年。	二　五年十一月辛酉，侯刘终古元年。
二 四　三年，今侯奴元年。	六	六
六	六	六
六	六	六
四	四	四

鄗 【索隐】汉表作"鄗"，音霍。志属常山郡。	桑丘 【索隐】表在深泽。	高丘 【索隐】表、志阙。
赵敬肃王子。	中山靖王子。	中山靖王子。
二　五年十一月辛酉，侯刘延年元年。【索隐】安侯。	二　五年十一月辛酉，节侯刘洋元年。【索隐】汉表名将夜。	二　五年三月癸酉，哀侯刘破胡元年。
六	六	六
四 五年，侯延年坐酎金，国除。	三 三　四年，今侯德元年。	元年，侯破胡薨，无后，国除。
	六	
	四	

柳宿 【索隐】表在涿郡。	戎丘 【索隐】表、志阙。	樊舆 【索隐】表、志阙。	曲成 【索隐】表在涿郡。
中山靖王子。	中山靖王子。	中山靖王子。	中山靖王子。
二 五年三月癸酉，夷侯刘盖元年。	二 五年三月癸酉，侯刘让元年。	二 五年三月癸酉，节侯刘条元年。	二 五年三月癸酉，侯刘万岁元年。
二 四 三年，侯苏元年。	六	六	六
四 五年，侯苏坐酎金，国除。	四 五年，侯让坐酎金，国除。	六	四 五年，侯万岁坐酎金，国除。
		六	
		四	

安郭 【索隐】在涿郡。	安险 【索隐】志属中山。	安遥 【索隐】表作“安道”。	夫夷
中山靖王子。	中山靖王子。	中山靖王子。	长沙定王子。
二　五年三月癸酉，侯刘博元年。	二　五年三月癸酉，侯刘应元年。	二　五年三月癸酉，侯刘恢元年。	二　五年三月癸酉，敬侯刘义元年。
六	六	六	六
六	四　五年，侯应坐酎金，国除。	四　五年，侯恢坐酎金，国除。	四 六　五年，今侯禹元年。
六			六
四			四

春陵 【索隐】志属南阳。	都梁 【索隐】志属零陵。	洮阳 【索隐】志属零陵。洮音滔,又音道。
长沙定王子。	长沙定王子。	长沙定王子。
二 五年六月壬子,侯刘买元年。【索隐】节侯。	二 五年六月壬子,敬侯刘遂元年。	二 五年六月壬子,靖侯刘狗彘元年。【索隐】汉表名将燕。
六	六	五 六年,侯狗彘薨,无后,国除。
六	六 元年,今侯係元年。	
六	六	
四	四	

泉陵 【索隐】志属零陵。	终弋 【索隐】表在汝南。	麦 【索隐】表在琅邪。	钜合 【索隐】表在平原。
长沙定王子。	衡山王赐子。	城阳顷王子。	城阳顷王子。
二　五年六月壬子，节侯刘贤元年。	一　六年四月丁丑，侯刘广置元年。【索隐】广买。		
六	六	六　元年四月戊寅，侯刘昌元年。	六　元年四月戊寅，侯刘发元年。
六	四 五年，侯广置坐酎金，国除。	四 五年，侯刘昌坐酎金，国除。	四 五年，侯发坐酎金，国除。
六			
四			

昌 【索隐】志属琅邪。	蒉 【索隐】费侯，音秘，又扶谓反。表在琅邪。	雩殷 【索隐】雩康侯泽。志属琅邪。音呼、加二音。
城阳顷王子。	城阳顷王子。	城阳顷王子。
六 元年四月戊寅，侯刘差元年。【索隐】昌侯羌。	六 元年四月戊寅，侯刘方【索隐】万。元年。	六 元年四月戊寅，康侯刘泽元年。
四 五年，侯差坐酎金，国除。	四 五年，侯方坐酎金，国除。	六

石洛 【索隐】表在琅邪。	扶浸 【索隐】汉表作"挟术",在琅邪。浸音浸。
城阳顷王子。	城阳顷王子。
六　元年四月戊寅,侯刘敬元年。【索隐】石洛侯敢。	六　元年四月戊寅,侯刘昆吾元年。
六	六
六	六
四	四

挍 【索隐】音效。志阙。说者或以为琅邪被县，恐不然也。	朸 【索隐】音勒。朸县属平原。
城阳顷王子。	城阳顷王子。
六 元年四月戊寅，侯刘霸元年。【索隐】汉表名雲。城阳顷王子十九人，汉表二十人，有挟僖侯霸，疑此表脱。	六 元年四月戊寅，侯刘让元年。
六	六
六	六
四	四

父城 【集解】徐广曰："一作'六城'。"【索隐】志在辽西，表在东海。	庸 【索隐】表在琅邪。
城阳顷王子。	城阳顷王子。
六　元年四月戊寅，侯刘光元年。	六　元年四月戊寅，侯刘谭元年。【索隐】汉表名馀。
四 五年，侯光坐酎金，国除。	六
	六
	四

翟 【索隐】表在东海。	鱣 【索隐】表在襄贲。音肥。襄贲，县名。	彭 【索隐】表在东海。
城阳顷王子。	城阳顷王子。	城阳顷王子。
六 元年四月戊寅，侯刘寿元年。	六 元年四月戊寅，侯刘应元年。	六 元年四月戊寅，侯刘偃元年。【索隐】彭侯疆。
四 五年，寿坐酎金，国除。	四 五年，侯应坐酎金，国除。	四 五年，侯偃坐酎金，国除。

瓡 【集解】徐广曰:"一作'報'。" 【索隐】報侯。報,县名,志属北海,汉作"瓡"。節,谥也。韦昭以瓡为诸縈反。颜师古云"即'瓠'字也"。然此作"報",徐广云"又作'瓠'"也。
城阳顷王子。
六 元年四月戊寅,侯刘息元年。
六
六
四

虚水 【索隐】虚音墟。志属琅邪。	东淮 【索隐】表在东海。	栒 【索隐】栒音荀。表在东海。案志，栒在扶风，与“裥”别也。
城阳顷王子。	城阳顷王子。	城阳顷王子。
六 元年四月戊寅，侯刘禹元年。	六 元年四月戊寅，侯刘类元年。	六 元年四月戊寅，侯刘买元年。【索隐】裥侯贤。
六	四 五年，侯类坐酎金，国除。	四 五年，侯买坐酎金，国除。
六		
四		

涓 【索隐】淯。音育也。表在东海。淯水在南阳，南阳有淯阳县，疑表非也。	陆 【索隐】表在寿光。	广饶 【索隐】志属齐郡。
城阳顷王子。	菑川靖王子。	菑川靖王子。
六 元年四月戊寅，侯刘不疑元年。	六 元年四月戊寅，侯刘何元年。	六 元年十月辛卯，康侯刘国元年。
四 五年，侯不疑坐酎金，国除。	六	六
	六	六
	四	四

缾 【索隐】缾音萍。韦昭云："古缾邑。音蒲经反。"志属琅邪也。	俞闾	甘井 【索隐】表在钜鹿。
菑川靖王子。	菑川靖王子。	广川穆王子。
六 元年十月辛卯，侯刘成元年。【索隐】敬侯成。	六 元年十月辛卯，侯刘不害元年。【索隐】侯无害。	六 元年十月乙酉，侯刘元元年。
六	六	六
六	六	六
四	四	四

襄陵 【索隐】表在钜鹿，志属河东。	皋虞 【索隐】志属琅邪。	魏其 【索隐】志属琅邪。
广川穆王子。	胶东康王子。	胶东康王子。
六 元年十月乙酉，侯刘圣元年。		
六	三 元年五月丙午，侯刘建元年。 三 四年，今侯处元年。	六 元年五月丙午，畅侯刘昌元年。
六	六	六
四	四	四

祝兹 【索隐】案志，松兹在庐江，亦作“祝兹”。表在琅邪。刘氏云：“诸侯封名，史、汉表多有不同，不敢辄改。”今亦略检表、志同异，以备多识也。
胶东康王子。
四　元年，五月丙午，侯刘延元年。 五年，延坐弃印绶出国，不敬，国除。

【索隐述赞】汉氏之初，矫枉过正。欲大本枝，先封同姓。建元已后，藩翰克盛。主父上言，推恩下令。长沙济北，中山赵敬。分邑广封，振振在咏。扞城御侮，晔晔辉映。百足不僵，一人有庆。

史记卷二十二

汉兴以来将相名臣年表第十

	公元前206 高皇帝元年	205 二	204 三
大事记【索隐】谓诛伐、封建、薨、叛。	春，沛公为汉王，之南郑。秋，还定雍。	春，定塞、翟、魏、河南、韩、殷国。夏，伐项籍，至彭城。立太子。还据荥阳。	魏豹反。使韩信别定魏，伐赵。楚围我荥阳。
相位【索隐】置立丞相、太尉、三公也。	一 丞相萧何守汉中。	二 守关中。	三
将位【索隐】命将兴师。		一 太尉长安侯卢绾。	二
御史大夫位【索隐】亚相也。	御史大夫周苛守荥阳。		

203	202
四	五
使韩信别定齐及燕，太公自楚归，与楚界洪渠。	冬，破楚垓下，【索隐】垓音陔，堤名，在洨县。杀项籍。春，王践皇帝位定陶。【索隐】在济阴沇水之阳。 入都关中。【索隐】咸阳也。东函谷，南峣武，西散关，北萧关。在四关之中，故曰关中。用刘敬、张良计都之也。
四	五 罢太尉官。
三 周苛守荥阳，死。	四 后九月，绾为燕王。
御史大夫汾阴侯周昌。【索隐】汾阴，县，属河东。	

201	200	199
六	七	八
尊太公为太上皇。【索隐】名执嘉,一名瑞。刘仲为代王。立大市。更命咸阳曰长安。 【索隐】案:上卢绾已封长安侯者,盖当时别有长安君。	长乐宫成,自栎阳徙长安。伐匈奴,匈奴围我平城。	击韩信反虏于赵城。贯高作乱,明年觉,诛之。匈奴攻代王,代王弃国亡,废为郃阳侯。【索隐】郃音合。在冯翊,刘仲封也。
六 封为酂侯。【索隐】音嵯,此在沛郡。后代音赞,在南阳也。 张苍为计相。【索隐】计相,主天下书计及计吏。	七	八

198	197	196	195
九	十	十一	十二
未央宫成，置酒前殿，太上皇辇上坐，帝奉玉卮上寿，曰："始常以臣不如仲力，今臣功孰与仲多？"太上皇笑，殿上称万岁。徙齐田，楚昭、屈、景于关中。	太上皇崩。陈豨反代地。	诛淮阴、彭越。黥布反。	冬，击布。还过沛。夏，上崩，(置)〔葬〕长陵。
九 迁为相国。	十	十一	十二
		周勃为太尉。攻代。后官省。	
御史大夫昌为赵丞相。	御史大夫江邑侯赵尧。【索隐】江邑食侯赵尧。江邑，汉志阙。		

194	193	192	191
孝惠元年	二	三	四
赵隐王如意死。始作长安城西北方。除诸侯丞相为相。	楚元王、齐悼惠王来朝。 七月辛未，何薨。	初作长安城。蜀湔氐反，【索隐】湔音煎，氐音柢。蜀郡县名。击之。	三月甲子，赦，无所复作。
十三	十四 七月癸巳，齐相平阳侯曹参为相国。	二	三

190	189	188
五	六	七
为高祖立庙于沛城成，置歌儿一百二十人。 八月乙丑，参卒。	七月，齐悼惠王薨。立太仓、西市。(八月赦齐)	上崩。大臣用张辟彊计，吕氏权重，以吕台为吕王。立少帝。(己卯)〔九月辛巳〕，葬安陵。
四	一 十月(乙)〔己〕巳，安国侯王陵为右丞相。(十月己巳)曲逆侯陈平为左丞相。	二
	尧抵罪。	
	广阿侯任敖为御史大夫。【集解】徐广曰："汉书在高后元年。"	

187	186	185	184	183
高后元年	二	三	四	五
王孝惠诸子。置孝悌力田。	十二月，吕王台薨，子嘉代立为吕王。行八铢钱。		废少帝，更立常山王弘为帝。	八月，淮阳王薨，以其弟壶关侯武为淮阳王。令戍卒岁更。
三 十一月甲子，徙平为右丞相。辟阳侯审食其为左丞相。	四 平。 食其。 二	五 三	六 置太尉官。 四	七 五
			一 绛侯周勃为太尉。	二
	平阳侯曹窋为御史大夫。【集解】一本在六年。【索隐】窋，竹律反。			

182	181	180	179
六	七	八	孝文元年
以吕产为吕王。四月丁酉，赦天下。昼昏。	赵王幽死，以吕禄为赵王。梁王徙赵自杀。	七月，高后崩。九月，诛诸吕。后九月，代王至，践皇帝位。 后九月，食其免相。	除收孥相坐律。立太子。赐民爵。
八 六	九 七	十 七月辛巳，为帝太傅。九月(丙)〔壬〕戌，复为丞相。 八	十一 十一月辛巳，平徙为左丞相。太尉绛侯周勃为右丞相。
三	四	五 隆虑侯灶【集解】徐广曰："姓周。"为将军，击南越。	六 勃为相，颍阴侯灌婴为太尉。
		御史大夫苍。	

178	177
二	三
除诽谤律。皇子武为代王，参为太原王，(胜)〔揖〕为梁王。 十月，丞相平薨。	徙代王武【索隐】景帝子，后封梁。为淮阳王。上幸太原。济北王反。匈奴大入上郡。以地尽与太原，太原更号代。 十一月壬子，勃免相，之国。
一 十一月乙亥，绛侯勃复为丞相。	一 十二月乙亥，太尉颍阴侯灌婴为丞相。 罢太尉官。
一	二 棘蒲侯陈武为大将军，击济北。昌侯卢卿、共侯卢罢师、甯侯遬、深泽侯将夜【集解】徐广曰："遬姓魏，将夜姓赵。"皆为将军，属武祁侯贺，将兵屯荥阳。

176	175	174	173	172
四	五	六	七	八
十二月(乙)[己]巳，婴卒。	除钱律，民得铸钱。	废淮南王，迁严道，道死雍。【索隐】严道在蜀郡。雍在扶风。	四月丙子，初置南陵。	太仆汝阴侯滕公卒。【索隐】汝阴侯夏侯婴也。为滕令，故曰滕公。
一 正月甲午，御史大夫北平侯张苍为丞相。	二	三	四	五
安丘侯张说为将军，击胡，出代。				
关中侯申屠嘉为御史大夫。				

171	170	169	168	167
九	十	十一	十二	十三
温室钟自鸣。以芷阳乡为霸陵。 【索隐】芷音止，又音昌改反。地理志有芷阳县。名霸陵者，以霸水为名也。	诸侯王皆至长安。	上幸代。地动。	河决东郡金堤。徙淮阳王为梁王。	除肉刑及田租税律、戍卒令。
六	七	八	九	十
御史大夫敬。				

166	165	164	163	162
十四	十五	十六	后元年	二
匈奴大入萧关,发兵击之,及屯长安旁。	黄龙见成纪。上始郊见雍五帝。	上始〔郊〕见渭阳五帝。	新垣平诈言方士,觉,诛之。	匈奴和亲,地动。八月戊辰,苍免相。
十一	十二	十三	十四	十五 八月庚午,御史大夫申屠嘉为丞相,封故安侯。
成侯董赤、内史栾布、昌侯卢卿、隆虑侯灶、甯侯遬皆为将军,东阳侯张相如为大将军,皆击匈奴。中尉周舍、郎中令张武皆为将军,屯长安旁。				
				御史大夫青。

161	160	159	158
三	四	五	六
置谷口邑。		上幸雍。	匈奴三万人入上郡,二万人入云中。
二	三	四	五
			以中大夫令免为车骑将军,军飞狐;故楚相苏意为将军,军句注;【索隐】并如字。句,又音钩。将军张武屯北地;河内守周亚夫为将军,军细柳;宗正刘礼军霸上;祝兹侯徐厉军棘门:以备胡。数月,胡去,亦罢。

157	156	155
七	孝景元年	二
六月己亥，孝文皇帝崩。(其年)丁未，太子立。民出临三日，葬霸陵。	立孝文皇帝庙，郡国为太宗庙。	立皇子德为河间王，(阏)〔阏〕为临江王，馀为淮阳王，非为汝南王，彭祖为广川王，发为长沙王。四月中，孝文太后崩。 置卒。
六	七 置司徒官。	八 开封侯陶青为丞相。
中尉亚夫为车骑将军，郎中令张武为复土将军，【索隐】复音伏。属国捍【索隐】户幹反，亦作"悍"。徐广曰："姓徐，一名厉，即祝兹侯。"为将屯将军。詹事戎奴为车骑将军，侍太后。		
		御史大夫错。

154	153	152	151	150
三	四	五	六	七
吴楚七国反，发兵击，皆破之。皇子端为胶西王，胜为中山王。	立太子。	置阳陵邑。 丞相北平侯张苍卒。	徙广川王彭祖为赵王。	废太子荣为临江王。四月丁巳，胶东王立为太子。 青罢相。
二	三	四	五	六月乙巳，太尉条侯亚夫为丞相。 罢太尉官。
中尉条侯周亚夫【索隐】修侯周亚夫。修音条。渤海有修市县，一作“条”。为太尉，击吴楚；曲周侯郦寄为（大）将军，击赵；窦婴为大将军，屯荥阳；栾布为（大）将军，击齐。	二 太尉亚夫。	三	四	五 迁为丞相。
	御史大夫蚡。		御史大夫阳陵侯岑迈。	御史大夫舍。

149	148	147	146	145	144
中元年	二	三	四	五	六
	皇子越为广川王，寄为胶东王。	皇子乘为清河王。 亚夫免相。	临江王征，自杀，葬蓝田，燕数万为衔土置冢上。	皇子舜为常山王。	梁孝王武薨。分梁为五国，王诸子：子买为梁王，明为济川王，彭离为济东王，定为山阳王，不识为济阴王。
二	三	四 御史大夫桃侯刘舍为丞相。	二	三	四
		御史大夫绾。			

143	142	141	140
后元年	二	三	孝武建元元年【索隐】年之有号，始自武帝，自建元至后元凡十一号。
五月，地动。七月乙巳，日蚀。 舍免相。		正月甲子，孝景〔皇帝〕崩。二月丙子，太子立。	婴免相。
五 八月壬辰，御史大夫建陵侯卫绾为丞相。	二	三	四 魏其侯窦婴为丞相。 罢太尉。
	迈卒。 六月丁丑，御史大夫岑。		武安侯田蚡为太尉。
御史大夫不疑。			御史大夫抵。【集解】汉表云牛抵。

139	138	137	136
二	三	四	五
置茂陵。 婴免相。	东瓯王广武侯望率其众四万馀人来降，处庐江郡。		行三分钱。【集解】徐广曰："汉书云'半两'。四分曰两。"
二月乙未，太常柏至侯许昌为丞相。 罢太尉官。 蚡免太尉。	二	三	四
御史大夫赵绾。【索隐】代卫绾。		御史大夫青翟。【索隐】姓庄。	

135	134	133	132
六	元光元年	二	三
正月，闽越王反。孝景太后崩。【集解】徐广曰："景帝母窦氏。" 昌免相。		帝初之雍，郊见五畤。	五月丙子，(决河)〔河决〕于瓠子。
五 六月癸巳，武安侯田蚡为丞相。	二	三	四
青翟为太子太傅。		夏，御史大夫韩安国为护军将军，卫尉李广为骁骑将军，太仆公孙贺为轻车将军，大行王恢为将屯将军，太中大夫李息为材官将军，篡单于马邑，不合，诛恢。	
御史大夫安国。			

131	130	129	128
四	五	六	元朔元年
十二月丁亥，地动。 蚡卒。	十月，族灌夫家，弃魏其侯市。	南夷始置邮亭。	卫夫人立为皇后。
五 平棘侯薛泽为丞相。	二	三	四
		太中大夫卫青为车骑将军，出上谷；卫尉李广为骁骑将军，出雁门；大中大夫公孙敖为骑将军，出代；太仆公孙贺为轻车将军，出云中：皆击匈奴。	车骑将军青出雁门，击匈奴。卫尉韩安国为将屯将军，军代，明年，屯渔阳卒。
御史大夫欧。			

127	126	125	124
二	**三**	**四**	**五**
	匈奴(败)〔杀〕代太守友。【集解】徐广曰:“太守姓共,名友。”	匈奴入定襄、代、上郡。	匈奴(败)〔杀〕代都尉朱英。 泽免相。
五	**六**	**七**	**八** 十一月乙丑,御史大夫公孙弘为丞相,封平津侯。
春,车骑将军卫青出云中,至高阙,取河南地。			春,长平侯卫青为大将军,击右贤。卫尉苏建为游击将军,属青。左内史李沮【索隐】音子如反。为强弩将军,太仆贺为车骑将军,代相李蔡为轻车将军,岸头侯张次公为将军,大行息为将军:皆属大将军,击匈奴。
	御史大夫弘。		

123	122
六	元狩元年
	十月中，淮南王安、衡山王赐谋反，皆自杀，国除。
二	三
大将军青再出定襄击胡。合骑侯公孙敖为中将军，太仆贺为左将军，郎中令李广为后将军。翕侯赵信为前将军，败降匈奴。卫尉苏建为右将军，败身脱。左内史沮为强弩将军。皆属青。	
	御史大夫蔡。

121	120	119	118
二	**三**	**四**	**五**
匈奴入雁门、代郡。江都王建反。胶东王子庆立为六安王。 弘卒。	匈奴入右北平、定襄。		蔡坐侵园堧，【索隐】庙壖垣，而恋反。壖垣，外垣短墙也。自杀。
四 御史大夫乐安侯李蔡为丞相。	二	三	**四** 太子少傅武彊侯庄青翟为丞相。
冠军侯霍去病为骠骑将军，击胡，至祁连；合骑侯敖为将军，出北地；博望侯张骞郎中令李广为将军，出右北平。		大将军青出定襄，郎中令李广为前将军，太仆公孙贺为左将军，主爵赵食其为右将军，平阳侯曹襄为后将军：击单于。	
御史大夫汤。			

117	116	115	114	113
六	元鼎**元年**	**二**	**三**	**四**
四月乙巳，皇子闳为齐王，旦为燕王，胥为广陵王。		青翟有罪，自杀。		立常山宪王子平为真定王，商为泗水王。六月中，河东汾阴得宝鼎。
二	三	四 太子太傅高陵侯赵周为丞相。	二	三
		汤有罪，自杀。		
		御史大夫庆。		

112	111	110	109
五	六	元封元年	二
三月中，南越相嘉反，杀其王及汉使者。 八月，周坐酎金，自杀。	十二月，东越反。		
四 九月辛巳，御史大夫石庆为丞相，封牧丘侯。	二	三	四
卫尉路博德为伏波将军，出桂阳；主爵杨仆为楼船将军，出豫章：皆破南越。	故龙頟侯韩说为横海将军，出会稽；楼船将军杨仆出豫章；中尉王温舒出会稽：皆破东越。		秋，楼船将军杨仆、左将军荀彘出辽东，击朝鲜。
	御史大夫式。 【索隐】卜式也。	御史大夫宽。 【索隐】兒宽也。	

108	107	106	105	104	103	102	101
三	四	五	六	太初元年	二	三	四
				改历，以正月为岁首。【索隐】始用夏正也。	正月戊(申)〔寅〕，庆卒。		
五	六	七	八	九	十 三月丁卯，太仆公孙贺为丞相，封葛绎侯。	二	三
						御史大夫延广。	

100	99	98	97
天汉元年	二	三	四
四	五	六	七
			春,贰师将军李广利出朔方,至余吾水上;游击将军韩说出五原;因杅【索隐】音于。因杅,地名。将军公孙敖:皆击匈奴。
御史大夫卿。【索隐】王卿也。		御史大夫周。【索隐】杜周也。	

96
太始元年【集解】班固云:“司马迁记事讫于天汉。”自此已后,后人所续。 【索隐】裴骃以为自天汉已后,后人所续,即褚先生所补也。后史所记,又无异呼,故今不讨论也。
八

95	94	93	92	91	90	89
二	三	四	征和元年	二	三	四
			冬，贺坐为蛊死。	七月壬午，太子发兵，杀游击将军说、使者江充。	六月，刘屈氂因蛊斩。	
九	十	十一	十二	三月丁巳，涿郡太守刘屈氂为丞相，封彭城侯。	二	六月丁巳，大鸿胪田千秋为丞相，封富民侯。
					春，贰师将军李广利出朔方，以兵降胡。重合侯莽通出酒泉，御史大夫商丘成出河西，击匈奴。	
	御史大夫胜之。			御史大夫成。		

88	87	86	85	84	83
后元元年	二	孝昭始元元年	二	三	四
二	三	四 九月，日磾卒。	五	六	七
	二月己巳，光禄大夫霍光为大将军，博陆侯；都尉金日磾为车骑将军，秺侯；太仆安阳侯上官桀为大将军。				三月癸酉，卫尉王莽为左将军，骑都尉上官安为车骑将军。

82	81	80	79	78	77	76
五	六	元凤元年	二	三	四	五
					三月甲戌，千秋卒。	十二月庚戌，擿卒。
八	九	十	十一	十二	三月乙丑，御史大夫王擿为丞相，封富春侯。	二
		九月庚午，光禄勋张安世为右将军。		十二月庚寅，中郎将范明友为度辽将军，击乌丸。		
		御史大夫擿。			御史大夫杨敞。	

75	74	73
六	元平元年	孝宣本始元年
	敞卒。	
十一月乙丑，御史大夫杨敞为丞相，封安平侯。	九月戊戌，御史大夫蔡义为丞相，封阳平侯。	二
九月庚寅，卫尉平陵侯范明友为度辽将军，击乌丸。	四月甲申，光禄大夫龙额侯韩曾为前将军。五月丁酉，水衡都尉赵充国为后将军，右将军张安世为车骑将军。	
	御史大夫昌水侯田广明。	

72	71	70
二	三	四
	三月戊子，皇后崩。 六月乙丑，义薨。	十月乙卯，立霍后。
三	六月甲辰，长信少府韦贤为丞相，封扶阳侯。 田广明、田顺击胡还，皆自杀。充国夺将军印。	二
七月庚寅，御史大夫田广明为祁连将军，龙颔侯韩曾为后将军，营平侯赵充国为蒲类将军，度辽将军平陵侯范明友为云中太守，富民侯田顺为虎牙将军：皆击匈奴。		
	御史大夫魏相。	

69	68	67	66	65
地节元年	二	三	四	元康元年
		立太子。 五月甲申，贤老，赐金百斤。		
三	四 三月庚午，将军光卒。	六月壬辰，御史大夫魏相为丞相，封高平侯。	二 七月壬寅，禹腰斩。	三
	二月丁卯，侍中、中郎将霍禹为右将军。	七月，安世为大司马、卫将军。禹为大司马。		
		御史大夫邴吉。		

64	63	62	61	60	59
二	三	四	神爵元年	二	三
			上郊甘泉太畤、汾阴后土。	上郊雍五畤。祋祤出宝璧玉器。	三月，相卒。
四	五	六 八月丙寅，安世卒。	七	八	四月戊戌，御史大夫邴吉为丞相，封博阳侯。
			四月，乐成侯许延寿为强弩将军。后将军充国击羌。酒泉太守辛武贤为破羌将军。韩曾为大司马、车骑将军。		
					御史大夫望之。

58	57	56	55	54	53
四	五凤元年	二	三	四	甘露元年
			正月，吉卒。		
二	三	四 五月己丑，霸卒。	三月壬申，御史大夫黄霸为丞相，封建成侯。	二	三 三月丁未，延寿卒。
		五月，延寿为大司马、车骑将军。			
		御史大夫霸。	御史大夫延年。		

52	51	50	49	48
二	三	四	黄龙元年	孝元初元元年
赦殊死，赐高年及鳏寡孤独帛，女子牛酒。	三月己丑，霸薨。			
四	七月丁巳，御史大夫于定国为丞相，封西平侯。	二	三	四
			乐陵侯史子长为大司马、车骑将军。太子太傅萧望之为前将军。	
御史大夫定国。	太仆陈万年为御史大夫。			

47	46	45	44	43
二	三	四	五	永光元年
				十月戊寅，定国免。
五	六	七	八	九 七月，于永免，就第。
	十二月，执金吾冯奉世为右将军。		二月丁巳，平恩侯许嘉为左将军。	九月，卫尉平昌侯王接为大司马、车骑将军。 二月，广德免。
			中少府贡禹为御史大夫。十二月丁未，长信少府薛广德为御史大夫。	七月，太子太傅韦玄成为御史大夫。

42	41	40	39	38
二	三	四	五	建昭元年
三月壬戌朔，日蚀。				
二月丁酉，御史大夫韦玄成为丞相，封扶阳侯。丞相贤子。	二	三	四	五
七月，太常任千秋为奋武将军，击西羌；云中太守韩次君为建威将军，击羌。后不行。	右将军平恩侯许嘉为车骑将军，侍中、光禄大夫乐昌侯王商为右将军，右将军冯奉世为左将军。			
二月丁酉，右扶风郑弘为御史大夫。				

37	36	35	34	33	32
二	三	四	五	竟宁元年	孝成建始元年
	六月甲辰，玄成薨。				
六	七月癸亥，御史大夫匡衡为丞相，封乐安侯。	二	三	四	五
弘免。				六月己未，卫尉杨平侯王凤为大司马、大将军。延寿卒。	
光禄勋匡衡为御史大夫。	卫尉繁延寿为御史大夫。			三月丙寅，太子少傅张谭为御史大夫。	

31	30	29	28
二	三	四	河平元年
	十二月丁丑，衡免。		
六	七 八月癸丑，遣光禄勋诏嘉上印绶免，赐金二百斤。	三月甲申，右将军乐昌侯王商为右丞相。	二
	十月，右将军乐昌侯王商为光禄大夫、右将军，执金吾弋阳侯任千秋为右将军。 谭免。	任千秋为左将军，长乐卫尉史丹为右将军。 十月己亥，尹忠自刺杀。	
	廷尉尹忠为御史大夫。	少府张忠为御史大夫。	

27	26	25	24
二	三	四	阳朔元年
		四月壬寅，丞相商免。	
三	四	六月丙午，诸吏散骑光禄大夫张禹为丞相。	二
	十月辛卯，史丹为左将军，太仆平安侯王章为右将军。		

	年	大事记	相位	将位	御史大夫位
20	鸿嘉元年	三月，禹卒。	四月庚辰，薛宣为丞相。		
21	四		七月乙丑，右将军光禄勋平安侯王章卒。	闰月壬戌，永卒。	
22	三			九月甲子，御史大夫王音为车骑将军。	十月乙卯，光禄勋于永为御史大夫。
23	二		三	张忠卒。	六月，太仆王音为御史大夫。

【索隐述赞】高祖初起，啸命群雄。天下未定，王我汉中。三杰既得，六奇献功。章邯已破，萧何筑宫。周勃厚重，朱虚至忠。陈平作相，条侯总戎。丙魏立志，汤尧饰躬。天汉之后，表述非功。

史记卷二十三

礼书第一

【索隐】书者,五经六籍总名也。此之八书,记国家大体。班氏谓之志,志,记也。　【正义】天地位,日月明,四时序,阴阳和,风雨节,群品滋茂,万物宰制,君臣朝廷尊卑贵贱有序,咸谓之礼。五经六籍,咸谓之书。故曲礼云“道德仁义非礼不成,教训正俗非礼不备,分争辩讼非礼不决”云云。

太史公曰:洋洋①美德乎!宰制万物,役使群众,岂人力也哉?②余至大行礼官,③观三代损益,乃知缘人情而制礼,依人性而作仪,其所由来尚矣。

①【索隐】音羊。洋洋,美盛貌。邹诞生音翔。

②【正义】言天地宰制万物,役使群品,顺四时而动,咸有成功,岂藉人力营为哉,是美善盛大众多之德也。故孔子曰“四时行焉,百物生焉”。

③【索隐】大行,秦官,主礼仪。汉景帝改曰大鸿胪。鸿胪,掌九宾之仪也。

人道经纬万端，规矩无所不贯，诱进以仁义，束缚以刑罚，故德厚者位尊，禄重者宠荣，所以总一海内而整齐万民也。人体安驾乘，①为之金舆错衡以繁其饰；②目好五色，为之黼黻文章以表其能；耳乐钟磬，为之调谐八音以荡其心；口甘五味，为之庶羞酸咸以致其美；③情好珍善，为之琢磨圭璧以通其意。故大路越席，④皮弁布裳，⑤朱弦洞越，⑥大羹玄酒，⑦所以防其淫侈，救其雕敝。⑧是以君臣朝廷尊卑贵贱之序，下及黎庶车舆衣服宫室饮食嫁娶丧祭之分，事有宜适，物有节文。仲尼曰："禘自既灌而往者，吾不欲观之矣。"⑨

①【正义】时证反。

②【集解】周礼王之五路有金路。郑玄曰："以金饰诸末。"【索隐】错镂衡扼为文饰也。诗曰"约軧错衡"，毛传云"错衡，文衡也。"【正义】为，于伪反。错作"鍯"，七公反。

③【集解】周礼曰："羞用百有二十品。"郑玄曰："羞出于牲及禽兽，以备其滋味，谓之庶羞。"郑众曰："羞者，进也。"

④【集解】服虔曰："大路，祀天车也。越席，结括草以为席也。"王肃曰："不缘也。"【正义】按：括草，蒲草。越，户括反。

⑤【集解】周礼曰："王视朝则皮弁之服。"郑玄曰："皮弁之服，十五升白布衣，积素为裳也。"【正义】以鹿子皮为弁也。按：襞积素布而为裳也。

⑥【集解】郑玄曰："朱弦，练朱丝弦也。越，瑟底孔。"

⑦【集解】郑玄曰："大羹，肉湆不调以盐菜也。玄酒，水也。"

⑧【索隐】雕谓雕饰也。言雕饰是奢侈之弊也。

⑨【集解】孔安国曰："禘祫之礼，为序昭穆也，故毁庙之主及群庙之主皆合食于太祖。灌者，酌郁鬯，灌于太祖，以降神也。既灌之后，列尊卑，序昭穆。而鲁逆祀，跻僖公，乱昭穆，故不欲观之。"

周衰，礼废乐坏，大小相逾，管仲之家，兼备三归。①循法守正者见侮于世，奢溢僭差者谓之显荣。自子夏，门人之高弟也，②犹云"出见纷华盛丽而说，入闻夫子之道而乐，二者心战，未能自决"，而况中庸以下，渐渍于失教，被服于成俗乎？孔子曰"必也正名"，于卫所居不合。③仲尼没后，受业之徒沈湮而不举，或适齐、楚，或入河海，④岂不痛哉！

①【集解】包氏曰："三归，娶三姓女也。妇人谓嫁曰归。"

②【索隐】言子夏是孔子门人之中高弟者，谓才优而品第高也，故论语四科有"文学子游、子夏"是。

③【集解】论语曰："子路曰'卫君待子而为政，子将奚先'？子曰'必也正名乎'！"马融曰："正百事之名。"

④【正义】论语云大师挚适齐，亚饭干适楚，鼓方叔入于河，少师阳、击磬襄入于海。鲁哀公时，礼坏乐崩，人皆去也。

至秦有天下，悉内六国礼仪，采择其善，虽不合圣制，其尊君抑臣，朝廷济济，依古以来。①至于高祖，光有四海，叔孙通颇有所增益减损，大抵皆袭秦故。②自天子称号③下至佐僚及宫室官名，少所变改。孝文即位，有司议欲定仪礼，孝文好道家之学，以为繁礼饰貌，无益于治，躬化谓何耳，④故罢去之。孝景时，御史大夫晁错明于世务刑名，数干谏孝景曰："诸侯藩辅，臣子一例，古今之制也。今大国专治异政，不禀京师，恐不可传后。"孝景用其计，而六国畔逆，⑤以错首名，天子诛错以解难。⑥事在袁盎语中。是后官者养交安禄而已，莫敢复议。

①【正义】秦采择六国礼仪，尊君抑臣，朝廷济济，依古以来典法行之。

②【集解】应劭曰："抵，至也。"瓒曰："抵，归也。"【索隐】按：大抵犹大略也。臣瓒以抵训为归，则是大略大归，其义通也。

③【正义】称，尺证反。

④【正义】孝文本纪云上身衣弋绨，所幸慎夫人令衣不曳地，帏帐不得文绣，治霸陵皆以瓦器。是躬化节俭，谓何嫌耳，不须繁礼饰貌也。

⑤【正义】吴、楚、赵、菑川、济南、胶西为六国也。齐孝王狐疑城守，三国兵围齐，齐使路中大夫告天子，故不言七国也。

⑥【正义】上纪买反，下乃惮反。

今上即位，招致儒术之士，令共定仪，十余年不就。或言古者太平，万民和喜，瑞应辨至，①乃采风俗，定制作。上闻之，制诏御史曰："盖受命而王，各有所由兴，殊路而同归，谓因民而作，追俗为制也。议者咸称太古，百姓何望？汉亦一家之事，典法不传，谓子孙何？化隆者闳博，治浅者褊狭，可不勉与！"乃以太初之元改正朔，②易服色，封太山，定宗庙百官之仪，以为典常，垂之于后云。

①【正义】辨音遍。

②【集解】应劭曰："初用夏正，以正月为岁首，改年为太初。"

礼由人起。人生有欲，欲而不得则不能无忿，忿而无度量则争，①争则乱。先王恶其乱，故制礼义以养人之欲，给人之求，使欲不穷于物，物不屈于欲，②二者相待而长，是礼之所起也。故礼者养也。稻粱五味，所以养口也；椒兰芬茝，③所以养鼻也；钟鼓管弦，所以养耳也；刻镂文章，所以养目也；疏房床笫几席，所以养体也：④故礼者养也。

①【正义】音诤。

②【正义】屈，群物反。

③【索隐】音止，又昌改反。

④【集解】服虔曰："箦谓之笫。"【索隐】疏谓窗也。【正义】疏谓窗也。笫，侧里反。

君子既得其养，又好其辨也。所谓辨者，贵贱有等，长少有差，贫富轻重皆有称也。故天子大路越席，所以养体也；① 侧载臭茝，所以养鼻也；② 前有错衡，所以养目也；③ 和鸾之声，④ 步中武象，骤中韶濩，所以养耳也；⑤ 龙旗九斿，所以养信也；⑥ 寝兕⑦ 持虎，⑧ 鲛韅⑨ 弥龙，⑩ 所以养威也。故大路之马，必信至教顺，然后乘之，所以养安也。孰知夫(士)出死要节之所以养生也，⑪ 孰知夫轻费用之所以养财也，⑫ 孰知夫恭敬辞让之所以养安也，⑬ 孰知夫礼义文理之所以养情也。⑭

①【正义】谓蒲草为席，既洁且柔，洁可以祀神，柔可以养体也。

②【索隐】刘氏云："侧，特也。臭，香也。茝，香草也。言天子行，特得以香草自随也，其馀则否。"臭为香者，山海经云"臭如蘼芜"，易曰"其臭如兰"，是臭为草之香也。今以侧为边侧，载者置也，言天子之侧常置芳香于左右。

③【集解】诗云："约軝错衡。"毛传云："错衡，文衡也。"

④【集解】郑玄曰："和，鸾，皆铃也，所以为车行节也。韩诗内传曰鸾在衡，和在轼前，升车则马动，马动则鸾鸣，鸾鸣则和应。"服虔曰："鸾在镳，和在衡。续汉书舆服志曰鸾雀(立)〔在〕衡也。" 【正义】皇侃云："鸾，以金为鸾，悬铃其中，于衡上，以为迟疾之节，所以正威仪行舒疾也。"

⑤【集解】郑玄曰："武，武王乐也。象，武舞也。韶，舜乐也。濩，汤乐也。" 【正义】步犹缓。缓车则和鸾之音中于武象，骤车中于韶濩也。

⑥【集解】周礼曰："交龙为旗。" 【正义】斿音旒。

⑦【索隐】按：以兕牛皮为席。 【正义】兕音似。尔雅云兕似牛。

⑧【索隐】持虎者，以猛兽皮文饰倚较及伏轼，故云持虎。刘氏云"画之于旍竿及楯仗等"，以今所见为说也。

⑨【集解】徐广曰："鲛鱼皮可以饰服器，音交。韅者，当马腋之革，音呼见反。" 【索隐】以鲛鱼皮饰韅。韅，马腹带也。

⑩【集解】徐广曰："乘舆车金薄璆龙为舆倚较，文虎伏轼，龙首衔轭。"【索隐】弥亦音弭，谓金饰衡栀为龙。此皆王者服御崇饰，所以示威武，故云"所以养威"也。此文皆出大戴礼，盖是荀卿所说。刘氏云："薄犹饰也。璆然，龙貌。璆音虬。"

⑪【索隐】言人谁知夫志士推诚守死，要立名节，仍是养生安身之本，故下云"人苟生之为见，若者必死"，是解上意，言人苟以贪生之为见，不能见危致命，若者必死。若犹如也，言执心为见，如此者必刑戮及身，故云"必死"。下文皆放此也。【正义】夫音扶。要音腰。孰知犹审知也。出死犹处死也。审知志士推诚处死，要立名节，若曹沫、茅焦，所以养生命也。

⑫【正义】费音芳味反。轻犹薄。言审知鲜薄费用则能畜聚，所以养财货也。

⑬【正义】言审知恭敬辞让所以养体安身。

⑭【正义】言审知礼义文章道理所以养其情性。此四科，是儒者有礼义，故两得之也。

人苟生之为见，若者必死；①苟利之为见，若者必害；②怠惰之为安，若者必危；③情胜之为安，若者必灭。④故圣人一之于礼义，则两得之矣；一之于情性，则两失之矣。故儒者将使人两得之者也，墨者将使人两失之者也。⑤是儒墨之分。⑥

①【正义】苟，且；若，如此也。言平凡好生之人，且见操节之士，以礼义处死，养得其生有效，如此者必死也。

②【正义】言平凡好利之人，且见利义之士，以轻省费用，养得其财有效，如此者必害身也。

③【正义】惰，徒卧反。言平凡怠惰之人，且见有礼之士，以恭敬礼让，养得安乐有效，如此者必危亡也。

④【索隐】覆解上"礼义文理之所以养情也"。【正义】胜音叔证反。

言平凡好胜之人，且见利义之士，礼义文理，养得其情性有效，如此者必灭亡也。此四科，是墨者无礼义，故两失之也。

⑤【索隐】墨者不尚礼义而任俭啬，无仁恩，故使人两失之。易曰“悦以使人，人忘其死”是也。

⑥【正义】分，扶问反。分犹等也。若儒等者是治辨之极，强固之本，威行之道，功名之总，则天下归之矣。

治辨之极也，强固之本也，①威行之道也，②功名之总也。③王公由之，④所以一天下，臣诸侯也；弗由之，所以捐社稷也。故坚革利兵不足以为胜，⑤高城深池不足以为固，严令繁刑不足以为威。由其道则行，不由其道则废。楚人鲛革犀兕，所以为甲，坚如金石；宛之钜铁⑥施，钻如蜂虿，⑦轻利剽遬，⑧卒如熛风。⑨然而兵殆于垂涉，唐昧死焉；⑩庄跻起，楚分而为四⑪参。是岂无坚革利兵哉？⑫其所以统之者非其道故也。汝颍以为险，⑬江汉以为池，⑭阻之以邓林，⑮缘之以方城。⑯然而秦师至鄢郢，举若振槁。⑰是岂无固塞险阻哉？其所以统之者非其道故也。纣剖比干，囚箕子，为炮格，刑杀无辜，时臣下懔然，莫必其命。⑱然而周师至，而令不行乎下，不能用其民。是岂令不严，刑不陖哉？其所以统之者非其道故也。

①【索隐】自此已下，皆是儒分之功也。　【正义】固，坚固也。言国以礼义，四方钦仰，无有攻伐，故为强而且坚固之本也。

②【正义】以礼义导天下，天下伏而归之，故为威行之道也。

③【正义】以礼义率天下，天下咸遵之，故为功名之总。总，合也，聚也。

④【正义】言由礼义也。

⑤【索隐】覆上“功名之总也”。

⑥【集解】徐广曰：“大刚曰钜。”　【正义】宛城，今邓州南阳县城是也。音于元反。钜，刚铁也。

⑦【索隐】钻谓矛刃及矢镞也。

⑧【正义】上匹妙反，下音速。剽遬，疾也。

⑨【正义】卒，村忽反。熛，必遥反。熛风，疾也。

⑩【集解】许慎曰："垂涉，地名也。"

⑪【索隐】蹻音其略反，楚将之名。言其起兵乱后楚遂分为四。按汉志，滇王，庄蹻之后也。【正义】以"起"字为绝句。或曰楚庄王苗裔也。按：括地志云"师州、黎州在京西南五千六百七十里。战国楚威王时，庄蹻王滇，则为滇国之地"。楚昭王徙都鄀，（庄蹻王滇）楚襄王徙都陈，楚考烈王徙都寿春，咸被秦逼，乃四分也。然昭王虽在庄蹻之前，故荀卿兼言之也。

⑫【索隐】参者，验也。言验是，楚岂无利兵哉。【正义】参，七含反。言蹻、楚国岂无坚甲利兵哉，为其不由礼义，故众分也。

⑬【正义】括地志云："汝水源出汝州鲁山县西伏牛山，亦名猛山。汝水至豫州郾城县名濆水。尔雅云'河有澭，汝有濆'，亦汝之别名。颍水源出洛州嵩高县东南三十五里阳乾山，俗名颍山。地理志高陵山，汝出，东南至新蔡县入淮；阳乾山颍水出，东至下蔡入淮也。"

⑭【正义】江即岷江，从蜀入，楚在荆州南。汉江从汉中东南入江。四水为楚之险固也。

⑮【集解】山海经曰："夸父与日逐走，日入，渴，欲得饮，饮于渭河；不足，北饮大泽；未至，道渴而死。弃其杖，化为邓林。"骃谓邓林后遂为林名。【索隐】按：裴氏引山海经，以为夸父弃杖为邓林，其言北饮大泽，盖非在中国也。刘氏以为今襄州南凤林山是古邓祁侯之国，在楚之北境，故云阻以邓林也。

⑯【正义】括地志云："方城，房州竹山县东南四十一里。其山顶上平，四面险峻，山南有城，长十馀里，名为方城，即此山也。"

⑰【索隐】振，动也，击也。槁，干叶也。【正义】鄢音鄢。括地志云："故城在襄州安养县北三里，古鄢子之国，邓之南鄙也。又率道县南

九里有故鄀城，汉惠帝改曰宜城也。郢城，荆州江陵县东北六里，即吴公子光伐楚，楚平王恐，城郢者也。又楚武王始都郢，纪南故城是也，在江陵北十五里也。”

⑱【索隐】言无人必保其性命。

古者之兵，戈矛弓矢而已，然而敌国不待试而诎。①城郭不集，沟池不掘，②固塞不树，树变不张，然而国晏然不畏外而固者，无他故焉，明道而均分之，③时使而诚爱之，则下应之如景响。有不由命者，然后俟之以刑，则民知罪矣。④故刑一人而天下服。罪人不尤其上，知罪之在己也。是故刑罚省而威行如流，无他故焉，由其道故也。故由其道则行，不由其道则废。古者帝尧之治天下也，盖杀一人刑二人而天下治。传曰“威厉而不试，刑措而不用”。

①【集解】徐广曰：“试，一作‘诚’也。” 【正义】诎，丘勿反。试，用也。

②【正义】求勿反，又求厥反。

③【正义】分，扶问反。言明儒墨之分，使礼义均等，则下应之如影响耳。

④【正义】事君以礼义，民有不由礼义者，然后待之以刑，则民知罪伏刑矣。

天地者，生之本也；先祖者，类之本也；①君师者，治之本也。无天地恶生？②无先祖恶出？无君师恶治？三者偏亡，③则无安人。故礼，上事天，下事地，尊先祖而隆君师，是礼之三本也。

①【正义】类，种类也。

②【正义】恶音乌。

③【索隐】邹音遍。 【正义】偏，匹然反。

故王者天太祖，①诸侯不敢怀，②大夫士有常宗，③所以辨贵贱。贵贱治，得之本也。郊畴乎天子，④社至乎诸侯，⑤函⑥及士大夫，所以辨尊者事尊，卑者事卑，宜钜者钜，宜小者小。故有天下者事七世，有一国者事五世，有五乘之地者事三世，⑦有三乘之地者事二世，⑧有特牲而食者不得立宗庙，⑨所以辨积厚者流泽广，积薄者流泽狭也。

①【集解】毛诗叙曰："文武之功起于后稷，故推以配天焉。"

②【索隐】怀，思也。言诸侯不敢思以太祖配天而食也。又一解，王之子孙为诸侯，不思祀其父祖，故礼云"诸侯不敢祖天子"，盖与此同意。

③【集解】礼记曰："别子为祖，继别为宗。百世不迁者，谓别子之后也。"

④【索隐】畤，类也。天子类得郊天，馀并不合祭，今大戴礼作"郊止乎天子"是也。止或作"畤"，因误耳。

⑤【索隐】言天子已下至诸侯得立社。

⑥【集解】音含。　【索隐】啗音含。含谓包容。诸侯已下至士大夫得祭社，故礼云"大夫成群立社曰置社"，亦曰里社也。邹诞生音啗徒滥反，意义亦通，但不见古文，各以意为音耳。今按：大戴礼作"导及士大夫"，导亦通也。今此为"啗"者，当以导与蹈同，后"足"字失"止"，唯有"口"存，故使解者穿凿也。

⑦【集解】郑玄曰："古者方十里，其中六十四井出兵车一乘，此兵法之赋。"

⑧【集解】穀梁传曰："天子至于士皆有庙，天子七，诸侯五，大夫三，士二。始封之者必为其太祖。"

⑨【集解】礼记曰："庶人祭于寝。"

大飨上玄尊，俎上腥鱼，①先大羹，贵食饮之本也。大飨上玄尊而用薄酒，食先黍稷而饭稻粱，祭哜先大羹②而饱庶羞，贵本而亲用也。贵本之谓文，亲用之谓理，两者合而成文，以归太一，是谓大隆。③故尊之上玄尊也，④俎之上腥鱼也，豆之先大羹，一也。⑤利爵弗啐也，⑥成事俎弗尝也，⑦三侑之弗食也，⑧大昏之未废齐也，⑨大庙之未内尸也，始绝之未小敛，一也。⑩大路之素帱也，⑪郊之麻絻，⑫丧服之先散麻，一也。⑬三年哭之不反也，⑭清庙之歌⑮一倡而三叹，⑯县一钟尚拊膈，⑰朱弦而通越，一也。⑱

①【集解】郑玄曰："大飨，祫祭先王，以腥鱼为俎实，不臑孰之也。"

②【集解】郑玄曰："哜，至齿。"

③【索隐】贵本亲用，两者合而成文，以归太一。太一者，天地之本也。得礼之文理，是合于太一也。隆者，盛也，高也。得礼文理，归于太一，是礼之盛者也。

④【正义】皇侃云："玄酒，水也。上古未有酒，而始之祭但酌水用之，至晚世虽有酒，存古礼，尚用水代酒也。"

⑤【索隐】尊之上玄尊，俎之上生鱼，豆之先大羹，三者如一，皆是本，故云一也。

⑥【集解】郑玄曰："啐，入口也。"　【索隐】按：仪礼祭毕献，祝西面告成，是为利爵。祭初未行无算爵，故不啐入口也。

⑦【索隐】成事卒哭之祭，故记曰"卒哭曰成事"。既是卒哭之祭，始从吉祭，故受胙爵而不尝俎也。

⑧【索隐】礼，祭必立侑以劝尸食，至三饭而后止。每饭有侑一人，故有三侑。既是劝尸，故不相食也。

⑨【索隐】废齐，谓昏礼父亲醮子而迎之前，故曲礼云"斋戒以告鬼神"，是昏礼有齐也。

⑩【索隐】此五者皆礼之初始，质而未备，亦是贵本之义，故云一也。

⑪【集解】礼记曰："乘素车，贵其质也。"郑玄曰："素车，殷辂也。"　【索隐】帱音稠。谓车盖以素帷，亦质也。

⑫【集解】周礼曰："王祀昊天上帝，服大裘而冕。"论语曰："麻冕，礼也。"孔安国曰："冕，缁布冠。古者绩麻三十升布以为之。"　【正义】絻音免。亦作"冕"。

⑬【集解】仪礼士丧礼曰："始死，主人散带，垂之三尺。"礼记曰："大功已上散带也。"【索隐】大路已下，三事相似如一，故云一也。散麻取其质无文饰，亦贵本也。

⑭【集解】礼记曰："斩衰之哭，若往而不反。"

⑮【集解】郑玄曰："清庙谓作乐歌清庙。"

⑯【集解】郑玄曰："倡，发歌句者。三叹，三人从叹。"

⑰【集解】徐广曰："一作'搏膈'。"【索隐】县一钟尚拊隔。隔，悬钟格。拊音抚。〔拊〕隔，不击其钟而拊其格，不取其声，亦质也。邹氏隔音膊，盖依大戴礼也。而郑礼注云搏，拊柷敔也。

⑱【索隐】大瑟而练朱其弦，又通其下孔，使声浊且迟，上质而贵本，不取其声文。自"三年"已下四事，皆不取其声也。

凡礼始乎脱，①成乎文，②终乎税。③故至备，情文俱尽；④其次，情文代胜；⑤其下，复情以归太一。⑥天地以合，日月以明，四时以序，星辰以行，江河以流，万物以昌，好恶以节，喜怒以当。以为下则顺，以为上则明。⑦

①【索隐】脱犹疏略也。始，初也。言礼之初尚疏略也。

②【索隐】言礼成就有文饰。

③【集解】徐广曰："一作'悦'。"【索隐】音悦。言礼终卒和悦人情也。大戴礼作"终于隆"，隆谓盛也。

④【集解】徐广曰："古'情'字或假借作'请'，诸子中多有此比。"【正义】言情文俱尽，乃是礼之至备也。

⑤【索隐】音升，又尸证反。或文胜情，或情胜文，是情文更代相胜也。大戴礼作"迭兴"也。

⑥【索隐】言其次情文俱失，归心浑沌天地之初，复礼之本，是归太一也。

⑦【正义】自"天地"以下八事，大礼之备，情文俱尽，故用为下则顺，用为上则明也。

太史公曰：至矣哉！①立隆以为极，而天下莫之能益损也。本末相顺，②终始相应，③至文有以辨，④至察有以说。⑤天下从之者治，不从者乱；从之者安，不从者危。小人不能则也。⑥

①【索隐】已下亦是太史公取荀卿礼论之意，极言礼之损益，以结礼书之论也。

②【索隐】谓礼之盛，文理合以归太一，至礼之杀，复情以归太一。隆杀皆归太一者，是本末相顺也。

③【索隐】礼始于脱略，终于税，税亦杀也，杀与脱略，是始终相应也。【正义】应，乙陵反，当也。

④【索隐】言礼之至文，能辨尊卑贵贱，故云有以辨也。

⑤【索隐】言礼之至察，有以明隆杀损益，委曲情文，足以悦人心，故云有以说也。

⑥【正义】小人犹庶人也。则，法也。言天下士以上至于帝王，能从礼者则治安，不能从礼者则危乱，庶人据于事，不能法礼也。

礼之貌诚①深矣，坚白同异之察，入焉而弱。②其貌诚大矣，擅作典制褊陋之说，入焉而望。③其貌诚高矣，暴慢恣睢，④轻俗以为高之属，入焉而队。⑤故绳诚陈，⑥则不可欺以曲直；衡诚县，⑦则不可欺以轻重；规矩诚错，⑧则不可欺以方员；君子审礼，则不可欺以诈伪。⑨故绳者，直之至也；衡者，平之至也；规矩者，方员之至也；礼者，人道之极也。然而不法礼者不足礼，谓之无方之民；⑩法礼足礼，谓之有方之士。礼之中，能思索，⑪谓之能虑；能虑勿易，⑫谓之能固。能虑能固，加好之焉，圣矣。⑬天者，高之极也；地者，下之极也；日月者，明之极也；无穷者，广大之极也；圣人者，道之极也。⑭

①【索隐】有本作“恳诚”者，非也。

②【正义】言礼之貌信深厚矣，虽有邹子坚白同异之辨明察，入于礼义之中，自然懦弱败坏(之礼)也。

③【索隐】言擅作典制及褊陋之说。入焉，谓入礼则自嗛望知其失。【正义】言礼之貌信广大矣，虽有擅作典制褊陋之说，文辞入于礼义之中，自然成淫俗褊陋之言。

④【索隐】恣睢犹毁訾也。

⑤【索隐】言訾毁礼者自取队灭也。【正义】言礼之貌信尊高矣，虽有暴慢恣睢轻俗以为高之属，入于礼义之中，自然成坠落暴慢轻俗之人。

⑥【集解】郑玄曰："诚犹审也。陈，设也，谓弹画也。"

⑦【集解】郑玄曰："衡，称也。县谓锤也。"【正义】县音玄。

⑧【索隐】错，置也。规，车也。矩，曲尺也。【正义】错，七故反。

⑨【正义】诈伪谓坚白同异，擅作典制，暴戾恣睢自高也。故陈绳，曲直定；悬衡，轻重分；错规矩，方员□；审礼，诈伪自消灭矣。

⑩【集解】郑玄曰："方犹道也。"

⑪【索隐】索，求也。

⑫【正义】易谓轻易也。

⑬【正义】好，火到反。言人以得礼之中，又能思审索求其礼，谓之能思虑；又不轻易其礼，谓之能坚固。能虑，能固其礼，更加好之，乃圣人矣。

⑭【正义】道谓礼义也。言人有礼义，则为圣人，比于天地日月，广大之极也。

以财物为用，以贵贱为文，以多少为异，以隆杀为要。①文貌繁，情欲省，礼之隆也；文貌省，情欲繁，礼之杀也；文貌情欲相为内外表里，并行而杂，礼之中流也。②君子上致其隆，下尽其杀，而中处其中。③步骤驰骋广骛不外，④是以君子之性守宫庭也。⑤人域是域，士君子也。⑥外是，民也。⑦于是中焉，房皇周浃，曲(直)得其次序，圣人也。⑧故厚者，礼之积也；大者，礼之广也；⑨高者，礼之隆也；明者，礼之尽也。⑩

①【索隐】隆犹厚也。杀犹薄也。

②【正义】言文饰情用，表里外内，合于儒墨，是得礼情之中，而流行不息也。

③【正义】中谓情文也。

④【正义】骛音务。言君子之人，上存文饰，下务减省，而合情文，处得其中，纵有战阵杀戮邪恶，则不弃于礼义矣。三皇步，五帝骤，三王驰，五伯骛也。

⑤【索隐】言君子之性守正不慢远行，如常守宫庭也。 【正义】宫庭，听朝处。喻君子心内常守礼义，若宫庭焉。

⑥【索隐】域，居也。言君子之行，非人居亦弗居也。 【正义】处平凡人域之中，能知礼义之域限，即为士及君子也。

⑦【索隐】外谓人域之外，非人所居之地。以喻礼义之外，别为它行，即是小人，故云外是人也。

⑧【索隐】房音旁。旁皇犹徘徊也。周浃犹周匝。言徘徊周浃，委曲得礼之序，动不失中，则是圣人之行也。

⑨【索隐】言君子圣人有厚大之德，则为礼之所积益弘广也，故曰“甘受和，白受采，忠信之人可以学礼，苟无忠信，则礼不虚道”。然此文皆荀卿礼论也。

⑩【正义】言君子内守其礼，德厚大积广，至于高尊明礼，则是礼之终竟也。此书是褚先生取荀卿礼论兼为之。

【索隐述赞】礼因人心，非从天下。合诚饰貌，救弊兴雅。以制黎甿，以事宗社。情文可重，丰杀难假。仲尼坐树，孙通蕝野。圣人作教，罔不由者。

史记卷二十四

乐书第二

【正义】天有日月星辰，地有山陵河海，岁有万物成熟，国有圣贤宫观周域官僚，人有言语衣服体貌端修，咸谓之乐。乐书者，犹乐记也，郑玄云以其记乐之义也。此于别录属乐记，盖十一篇合为一篇。十一篇者，有乐本，有乐论，有乐施，有乐言，有乐礼，有乐情，有乐化，有乐象，有宾牟贾，有师乙，有魏文侯。今虽合之，亦略有分焉。刘向校书，得乐书二十三篇，著于别录。今乐记惟有十一篇，其名犹存也。

太史公曰：余每读虞书，至于君臣相敕，维是几安，而股肱不良，万事堕坏，未尝不流涕也。成王作颂，推己惩艾，①悲彼家难，②可不谓战战恐惧，善守善终哉？③君子不为约则修德，④满则弃礼，佚能思初，安能惟始，沐浴膏泽而歌咏勤苦，非大德谁能如斯！传曰"治定功成，礼乐乃兴"。海内人道益深，其德益至，所乐者益异。满而不损则溢，盈而不持则倾。凡作乐者，所以节乐。⑤

君子以谦退为礼,以损减为乐,乐其如此也。以为州异国殊,情习不同,故博采风俗,协比声律,⑥以补短移化,助流政教。天子躬于明堂临观,而万民咸荡涤邪秽,斟酌饱满,以饰厥性。故云雅颂之音理而民正,嘄噭⑦之声兴而士奋,郑卫之曲动而心淫。及其调和谐合,鸟兽尽感,而况怀五常,含好恶,自然之势也?

①【正义】音刈。

②【正义】乃惮反。家难,谓文王囚羑里,武王伐纣。

③【正义】言成王作颂,悲文王战战恐惧,推己戒励为治,是善守善终也。

④【正义】为,于伪反。

⑤【正义】音洛。言不乐至荒淫也。

⑥【正义】比音鼻。

⑦【索隐】上姑尧反,又音叫。下音击。

治道亏缺而郑音兴起,封君世辟,①名显邻州,争以相高。自仲尼不能与齐优遂容于鲁,②虽退正乐以诱世,作五章以刺时,③犹莫之化。陵迟以至六国,流沔沈佚,遂往不返,卒于丧身灭宗,并国于秦。

①【索隐】辟亦君也。【正义】辟,并亦反。

②【索隐】齐人归女乐而孔子行,言不能遂容于鲁而去也。或作"逐客",误耳。

③【索隐】按:系〔家〕、家语所云孔子嗤季桓子作歌引诗曰"彼妇人之口,可以出走。彼妇人之谒,可以死败。优哉游哉,聊以卒岁"。是五章之刺也。

秦二世尤以为娱。丞相李斯进谏曰:"放弃诗书,极意声色,祖伊所以惧也;①轻积细过,恣心长夜,纣所以亡也。"赵高曰:"五帝、三王乐各殊名,示不相袭。上自朝廷,下至人民,得以接欢喜,合殷勤，非此和说不通，解泽不流，[②]亦各一世之化，度时之乐，何必华山之騄耳而后行远乎？”二世然之。

①【正义】祖伊谏殷纣，纣不听。孔安国云祖己后贤臣也。

②【正义】说音悦。解音蟹。言非此乐和适，亦悦乐之不通，散恩泽之事不流，各一世之化也。谏二世，故名之也。

高祖过沛诗三侯之章，[①]令小儿歌之。高祖崩，令沛得以四时歌舞宗庙。孝惠、孝文、孝景无所增更，于乐府习常肄旧而已。[②]

①【索隐】按：过沛诗即大风歌也。其辞曰“大风起兮云飞扬，威加海内兮归故乡，安得猛士兮守四方”是也。侯，语辞也。诗曰“侯其祎而”者是也。兮亦语辞也。沛诗有三“兮”，故云三侯也。

②【正义】肄音异。

至今上即位，作十九章，[①]令侍中李延年次序其声，拜为协律都尉。通一经之士不能独知其辞，皆集会五经家，相与共讲习读之，乃能通知其意，多尔雅之文。

①【索隐】按：礼乐志安世房中乐有十九章。

汉家常以正月上辛祠太一甘泉，以昏时夜祠，到明而终。常有流星经于祠坛上。使童男童女七十人俱歌。春歌青阳，夏歌朱明，[①]秋歌西皞，[②]冬歌玄冥。[③]世多有，故不论。[④]

①【集解】瓒曰：“尔雅云春曰青阳，夏曰朱明。”

②【集解】韦昭曰：“西方少皞也。”

③【正义】礼记月令云玄冥，水官也。

④【索隐】言四时歌多有其词，故此不论载。今见汉书礼乐志。

又尝得神马渥洼水中，[①]复次以为太一之歌。歌曲曰：“太一贡兮天马下，[②]沾赤汗兮沫流赭。[③]骋容与兮跇万里，[④]今安匹兮龙为友。”后伐大宛得千里马，马名蒲梢，⑤次作以为歌。歌诗曰：“天马来兮从西极，经万里兮归有德。承灵威兮降外国，涉流沙兮四夷服。”中尉汲黯进曰：“凡王者作乐，上以承祖宗，下以化兆民。今陛下得马，诗以为歌，协于宗庙，先帝百姓岂能知其音邪？”上默然不说。丞相公孙弘曰：“黯诽谤圣制，当族。”

①【集解】李斐曰：“南阳新野有暴利长，当武帝时遭刑，屯田燉煌界。人数于此水旁见群野马中有奇异者，与凡马异，来饮此水旁。利长先为土人持勒靽于水旁，后马玩习久之，代土人持勒靽，收得其马，献之。欲神异此马，云从水中出。”苏林曰：“洼音‘室曲’之‘室’也。” 【索隐】洼音一佳反，乌花反。苏林音“室曲”之“室”，室即窊也。

②【索隐】按：礼乐志“贡”作“况”，况与贡意亦通。 【正义】太一，北极大星也。

③【集解】应劭曰：“大宛马汗血沾濡也，流沫如赭。”

④【集解】孟康曰：“跇音逝。”如淳曰：“跇谓超逾也。” 【索隐】亦〔作〕“逝”。邹诞生云跇，一作“世”，亦音跇。跇，超也。

⑤【集解】应劭曰：“大宛旧有天马种，蹋石汗血，汁从前肩膊出如血，号一日千里。” 【索隐】梢音史交反。又本作“骚”，亦同音。

凡音之起，由人心生也。①人心之动，物使之然也。②感于物而动，故形于声；③声相应，故生变；④变成方，谓之音；⑤比音而乐之，及干戚羽旄，谓之乐也。⑥乐者，音之所由生也，⑦其本在人心感于物也。⑧是故其哀心感者，其声噍以杀；⑨其乐心感者，其声啴以缓；⑩其喜心感者，其声发以散；⑪其怒心感者，其声粗以厉；⑫其敬心感者，其声直以廉；⑬其爱心感者，其声和以柔。⑭六者非性也，⑮感于物而后动，⑯是故先王慎所以感之。⑰故礼以导其志，乐以和其声，政以壹其行，⑱刑以防其奸。礼乐刑政，其极一也，⑲所以同民心而出治道也。[20]

①【正义】皇侃云:“此章有三品,故名为乐本,备言音声所起,故名乐本。夫乐之起,其事有二:一是人心感乐,乐声从心而生;一是乐感人心,心随乐声而变也。”

②【正义】物者,外境也。外有善恶来触于心,则应触而动,故云物使之然也。

③【集解】郑玄曰:“宫商角徵羽杂比曰音,单出曰声,形犹见也。”王肃曰:“物,事也。谓哀乐喜怒和敬之事感人而动,见于声。”

④【集解】郑玄曰:“乐之器,弹其宫则众宫应,然而不足乐,是以变之使杂也。”【正义】崔灵恩云:“缘五声各自相应,不足为乐,故变使杂,令声音谐和也。”

⑤【集解】郑玄曰:“方犹文章。”【正义】皇侃云:“单声不足,故变杂五声,使交错成文,乃谓为音也。”

⑥【集解】郑玄曰:“干,楯也;戚,斧也:武舞所执也。羽,翟羽也;旄,旄牛尾:文舞所执也。”【正义】比音鼻,次也。音,五音也。言五音虽杂,犹未足为乐,复须次比器之音及文武所执之物,共相谐会,乃是由音得名。为乐武阴文阳,故所执有轻重异。

⑦【正义】合音乃成乐,是乐由音而生,诸乐生起之所由也。

⑧【正义】本犹初也。物,外境也。(言)将欲明乐随心见,故更陈此句也。

⑨【集解】郑玄曰:“噍,踧也。”【索隐】焦音如字。邹诞生作“噍”,音将妙反。【正义】杀,所介反。噍,踧急也。若外境痛苦,则其心哀戚,哀戚在心,故乐声踧急而杀也。此下六者,皆人君见前境来感己而制乐音,随心见之也。

⑩【集解】郑玄曰:“啴,宽绰之貌。”【正义】啴,宽也。若外境可美,则其心欢乐,欢乐在心,故乐声必随而宽缓也。

⑪【集解】郑玄曰："发，扬也。" 【正义】若外境会意，其心喜悦，悦喜在心，故乐声发扬也。

⑫【正义】若外境乖失，故己心怒恚，怒在心，心随怒而发扬，故无辍硋，则乐声粗强而严厉也。

⑬【正义】廉，隅也。若外境尊高，故己心悚敬，悚敬在内，则乐声直而有廉角也。

⑭【正义】柔，软也。若外境怜慕，故己心爱惜，爱惜在内，则乐和柔也。

⑮【正义】性本静寂，无此六事。六事之生，由应感见而动，故云非性。

⑯【集解】郑玄曰："言人声在所见，非有常。"

⑰【正义】六事随见而动，非关本性，圣人在上，制正礼以防之，故先王慎所以感之者也。

⑱【正义】胡孟反。

⑲【集解】郑玄曰："极，至也。" 【正义】四事，防慎所感之由也。用〔正〕礼教导其志，用(世)〔正〕乐谐和其声，用法律齐其行，用刑辟防其凶〔奸〕，民不复流僻，徒感防之，使同其一(敬)〔致〕，不为非也。极，至也。

⑳【集解】郑玄曰："此其所谓至也。" 【正义】上四事功成，民同其心，俱不邪僻，故治道出也。民心所触，有前六者不同，故圣人用后四者制之。

凡音者，生人心者也。①情动于中，故形于声，②声成文谓之音。③是故治世之音安以乐，其正和；④乱世之音怨以怒，其正乖；⑤亡国之音哀以思，其民困。⑥声音之道，与正通矣。⑦宫为君，⑧商为臣，⑨角为民，⑩徵为事，⑪羽为物。⑫五者不乱，则无惉懘之音矣。⑬宫乱则荒，其君骄；⑭商乱则捶，其臣坏；⑮角乱则忧，其民怨；⑯徵乱则哀，其事勤；⑰羽乱则危，其财匮。⑱五者皆乱，迭相陵，谓之慢。⑲如此则国之灭亡无日矣。⑳郑卫之音，乱世之音也，比于慢矣。[21]桑间濮上之音，[22]亡国之音也，其政散，其民流，诬上行私而不可止。[23]

①【正义】此乐本章第二段，明乐感人心也。人心即君人心也。乐音善恶由君上心之所好，故云生于人心者也。

②【正义】情，君之情也。中犹心也。心既感物而动，故形见于声也。

③【正义】谓之音，清浊虽异，各见于外，成于文彩，并谓之音也。

④【正义】乐音洛。言平理之世，其乐音安静而欢乐也。正政同也。

⑤【集解】徐广曰："一作'烦'。" 【正义】乱世之音，民心怨怒，乐声亦怨，由其正乖僻故。

⑥【正义】思音四。亡国，谓将欲灭亡之国，乐音悲哀而愁思。亡国之时，民之心哀思，其乐音亦哀思，由其民困苦故也。

⑦【集解】郑玄曰："言八音和否随政也。" 【正义】正和则声音安乐，正乖则声音怨怒，是声音之道与正通矣。

⑧【集解】王肃曰："居中总四方。" 【索隐】居中总四方，宫弦最大，用八十一丝，声重而尊，故为君。 【正义】宫属土，居中央，总四方，君之象也。

⑨【集解】王肃曰："秋义断。" 【索隐】商是金，金为决断，臣事也。弦用七十二丝，次宫，如臣次君也。

⑩【集解】王肃曰："春物并生，各以区别，民之象也。" 【索隐】弦用六十四丝，声居宫羽之中，比君为劣，比物为优，故云清浊中，人之象也。 【正义】角属木，以其清浊中，民之象。

⑪【集解】王肃曰："夏物盛，故事多。" 【索隐】徵属夏，夏时生长，万物皆成形体，事亦有体，故配事。弦用五十四丝。 【正义】徵属火，以其徵清，事之象也。

⑫【集解】王肃曰："冬物聚。" 【索隐】羽为水，最清，物之象。王肃云"冬物聚，故为物，弦用四十八丝"。

⑬【集解】郑玄曰："沾懘，獘败不和之貌也。" 【索隐】苫滞。又本作"沾懘"。 【正义】沾，獘也。懘，败也。君、臣、民、事、物五者各得其用，不相坏乱，则五音之响无獘败也。

⑭【集解】郑玄曰："荒犹散。" 【正义】宫乱，则其声放散，由其君骄溢故也。

⑮【集解】徐广曰："捶，今礼作'陂'也。" 【索隐】捶，邹音都回反。徐广曰"今礼作'陂'"，音诐也。 【正义】商音乱，其声攲邪不正，由其臣不理于官，〔官〕坏故也。

⑯【正义】角音乱，其声忧愁，由政虐民怨故也。

⑰【正义】徵音乱，其声哀苦，由徭役不休，其民事勤劳也。

⑱【正义】羽音乱，其声倾危，由君赋重，(於)其民贫乏故也。

⑲【正义】迭，互也。陵，越也。五声并不和，则君臣上下互相陵越，所以谓之为慢也。

⑳【集解】郑玄曰："君、臣、民、事、物也，其道乱，则其音应而乱也。" 【索隐】无日犹言无复一日也。以言君臣陵慢如此，则国之灭亡朝夕可待，无复一日也。

㉑【集解】郑玄曰："比犹同。" 【正义】郑音好滥淫志，卫音促速烦志，并是乱世音，虽乱而未灭亡，故比慢也。比，必以反。

㉒【集解】郑玄曰："濮水之上，地有桑间，在濮阳南。" 【正义】昔殷纣使师延作长夜靡靡之乐，以致亡国。武王伐纣，此乐师师延将乐器投濮水而死。后晋国乐师师涓夜过此水，闻水中作此乐，因听而写之。既得还国，为晋平公奏之。师旷抚之曰："此亡国之音也，得此必于桑间濮上乎？纣之所由亡也。"

㉓【正义】若用此濮上之音，其政必离散而民人流徙逃亡，缘臣诬上，各行私情，国即灭亡而不可禁止也。

凡音者，生于人心者也；①乐者，通于伦理者也。②是故知声而不知音者，禽兽是也；知音而不知乐者，众庶是也。唯君子为能知乐。③是故审声以知音，④审音以知乐，⑤审乐以知政，⑥而治道备矣。⑦是故不知声者不可与言音，不知音者不可与言乐。知乐则几于礼矣。⑧礼乐皆得，谓之有德。德者得也。⑨是故乐之隆，非极音也；⑩食飨之礼，非极味也。⑪清庙之瑟，⑫朱弦而疏越，⑬一倡而三叹，有遗音者矣。⑭大飨之礼，⑮尚玄酒⑯而俎腥鱼，⑰大羹不和，⑱有遗味者矣。⑲是故先王之制礼乐也，非以极口腹耳目之欲也，将以教民平好恶而反人道之正也。⑳

①【正义】此乐本章第三段也。前第一段明人心感乐，第二段明乐感人心，此段圣人制正乐以应之。此段自有二重：自"凡音"至"反人道"为一重，却应第二段乐感人心也；又自"人(心)生而静"至"王道备矣"为一重，却应第一段人心感乐也。

②【集解】郑玄曰："伦犹类也。理，分也。" 【正义】音初生自君心，形而成乐，乐成则能通于百姓，使各尽其类分，故曰通伦理者也。

③【集解】郑玄曰："禽兽知此为声耳，不知其宫商之变。八音并作，克谐，曰乐。"

④【正义】声为音本，若欲知音，当须审定其声，然后音可知。

⑤【正义】音为乐本，前审定其音，然后可知乐也。

⑥【正义】乐为政本，前审定其乐，然后政可知也。

⑦【正义】前审定其本，后识其末，则为治之道乃可备也。

⑧【集解】郑玄曰："几，近也。" 【正义】礼谓治国之礼，包万事。万事备具，始是礼极。今知乐者但正君、臣、民、事、物五者之情，于礼未极，故云几于礼也。

⑨【集解】郑玄曰："听乐而知政之得失，则能正君、臣、民、事、物之礼。" 【正义】若听乐而知礼，则是礼乐皆得；二者备具，则是有德之君也。又言有德之人是能得礼乐之情，故云德者得也。

⑩【集解】郑玄曰："隆犹盛也。极犹穷也。"【正义】大乐之盛，本在移风易俗，非穷钟鼓之音，故云非极音也。故论语"乐云乐云，钟鼓云乎哉"是也。

⑪【正义】食音嗣。食享谓宗庙祭也。大礼之盛，本在安上治民，非崇玉帛至味，故云非极味也。故论语"礼云礼云，玉帛云乎哉"是也。

⑫【集解】郑玄曰："清庙谓作乐歌清庙。"王肃曰："于清庙中所鼓之瑟。"

⑬【集解】郑玄曰："越，瑟底孔，画疏之使声迟。"

⑭【集解】郑玄曰："遗犹馀也。"王肃曰："未尽音之极。"【正义】倡音唱。一唱谓一人始唱歌，三叹谓三人赞叹也。乐歌此先王之道，不极音声，故但以熟弦广孔，少唱寡和。此音有德，传于无穷，是有馀音不已。一云所重在德，本不在音，是有遗馀音，念之不忘也。

⑮【正义】大享即食享也。变"食"言"大"，崇其名故也。不尚重味，故食言大也。此言礼盛不(作)〔在〕至味之事。

⑯【正义】祫祭之礼，则列玄尊在上，五齐在下也。

⑰【正义】凡俎有肴生腊，(是俎)腥鱼者，生鱼也，俎虽有三牲而兼载生鱼也。

⑱【正义】和，胡卧反。大羹，肉汁也。祫祭有肉汁为羹，无盐菜之芼和也。

⑲【正义】遗亦馀也。此(者)〔皆〕质素之食。礼，人主诚设之道不极滋味，故尚明水而腥鱼。此礼可重，流芳竹帛，传之无已，有馀味。一云礼本在德，不在甘味，故用水鱼而遗味也。

⑳【集解】郑玄曰："教之使知好恶。"【正义】好，火到反。恶，一故反。平，均也。言先王制礼作乐，本是教训浇民，平于好恶之理，故去恶归善，不为口腹耳目之欲，令反归人之正道也。

人生而静，天之性也；①感于物而动，性之颂也。②物至知知，然后好恶形焉。③好恶无节于内,知诱于外,不能反己,天理灭矣。④夫物之感人无穷,而人之好恶无节,则是物至而人化物也。⑤人化物也者,灭天理而穷人欲者也。⑥于是有悖逆诈伪之心,有淫佚作乱之事。是故强者胁弱,众者暴寡,知者诈愚,勇者苦怯,疾病不养,老幼孤寡不得其所,此大乱之道也。是故先王制礼乐,人为之节:⑦衰麻哭泣,⑧所以节丧纪也;钟鼓干戚,所以和安乐也;婚姻冠笄,所以别男女也;⑨射乡食飨,所以正交接也。⑩礼节民心,乐和民声,政以行之,刑以防之。礼乐刑政四达而不悖,则王道备矣。

①【正义】此第三段第二重也。人初生未有情欲,其(情欲)至静禀于自然,是天之性也。

②【集解】徐广曰:"颂音容。今礼作'欲'。"【正义】其心虽静,感于外情,因物而动,是性之贪欲也。

③【集解】王肃曰:"事至,能以智知之,然后情之好恶见。"【正义】上"知"音智。

④【集解】王肃曰:"内无定节,智为物所诱于外,情从之动,而失其天性。"【正义】言好恶不自节量于心,唯知情欲诱之于外,不能反还己躬之善,则天性灭绝矣。

⑤【集解】郑玄曰:"随物变化。"【正义】夫物不一,故言无穷也。若人心嗜欲无度,随好恶不能节之,则与之而化,故云人化物。

⑥【集解】郑玄曰:"言无所不为。"【正义】心随物化,则灭天性而恣人心之欲也。

⑦【集解】郑玄曰:"为作法度以遏其欲也。"王肃曰:"以人为之节,言得其中也。"

⑧【正义】此以下并是陈礼节人之事也。制五服哭泣,所以纪丧事之节,而不使背死忘生也。事死者难,故以哀哭为前也。

⑨【集解】郑玄曰："男二十而冠，女许嫁而笄。"【正义】冠音贯。笄音鸡。

⑩【集解】郑玄曰："射乡，大射乡饮酒。"

乐者为同，礼者为异。①同则相亲，异则相敬。乐胜则流，②礼胜则离。③合情饰貌者，礼乐之事也。④礼义立，则贵贱等矣；⑤乐文同，则上下和矣；⑥好恶著，则贤不肖别矣；⑦刑禁暴，爵举贤，则政均矣。⑧仁以爱之，义以正之，如此则民治行矣。⑨

①【集解】郑玄曰："同谓协好恶也，异谓别贵贱。"【正义】此第二章名为乐论。其中有四段，此章论礼乐同异也。夫乐使率土合和，是为同也；礼使父子殊别，是为异也。

②【集解】王肃曰："流遁不能自还。"

③【集解】王肃曰："离析而不亲。"【正义】胜，式证反。胜犹过也。礼乐虽有同异，而又相须也。若乐过和同而无礼，则流慢，无复尊卑之敬。若礼过殊隔无乐，则亲属离析，无复骨肉之爱也。

④【集解】郑玄曰："欲其并行彬彬然。"【正义】乐和内，是合情也；礼检迹，是饰貌也。

⑤【集解】郑玄曰："等阶级。"

⑥【正义】文谓声成文也。若作乐文采谐同，则上下并和，是乐和民声也。

⑦【正义】好恶并去声，又并如字。著，张虑反。若法律分明，善恶章著，则贤愚斯别，政化行矣。

⑧【正义】王者(为)用刑(则)〔以〕禁制暴慢，疏爵以举赏贤良，则政治均平，是刑以防之矣。既是禁暴而又言举贤者，示刑最为重，不宜独行，必须赏罚兼明也。然礼乐之用非政不行，明须四事连行也。

⑨【正义】言礼乐刑政既均，又须仁以爱民，义以正民，如此则民顺理正行矣。

乐由中出，①礼自外作。②乐由中出，故静；③礼自外作，故文。④大乐必易，⑤大礼必简。⑥乐至则无怨，礼至则不争。⑦揖让而治天下者，礼乐之谓也。暴民不作，诸侯宾服，兵革不试，⑧五刑不用，百姓无患，天子不怒，如此则乐达矣。合父子之亲，⑨明长幼之序，⑩以敬四海之内。⑪天子如此，则礼行矣。⑫

①【集解】郑玄曰："和在心。"【正义】此乐论第二段，谓乐功也。出犹生也。为人在中，和有未足，故生此乐也。

②【集解】郑玄曰："敬在貌。"【正义】作犹起也。为人在外，敬有未足，故起此礼也。

③【正义】乐和心，在内，故云静。

④【集解】郑玄曰："文犹动。"【正义】礼肃人貌；貌在外，故云动。

⑤【正义】易，以豉反。朱弦疏越是也。

⑥【集解】郑玄曰："易简，若于清庙大飨然。"【正义】玄酒腥鱼是也。

⑦【集解】郑玄曰："至犹达也，行也。"【正义】乐行主和，和达则民无复怨怒也。礼行主谦，谦达则民不争竞也。

⑧【集解】郑玄曰："宾，协也。试，用也。"

⑨【正义】前云"礼至不争"，故致天下尊卑之序也。礼使父慈子孝，是合父子之亲也，即父事三老也。

⑩【正义】长坐幼立，是明长幼之序，即兄事五更是也。

⑪【正义】孝经云："教以孝，所以敬天下之为人父；教以弟，所以敬天下之为人兄；教以臣，所以敬天下之为君。"即是敬四海之内也。

⑫【正义】言天子能躬行礼，则臣下必用礼，如此则礼行矣。"合父子"以下，悉自天子自身行之也。

大乐与天地同和，①大礼与天地同节。②和，故百物不失；③节，故祀天祭地。④明则有礼乐，⑤幽则有鬼神，⑥如此则四海之内合敬同爱矣。⑦礼者，殊事合敬者也；⑧乐者，异文合爱者也。⑨礼乐之情同，故明王以相沿也。⑩故事与时并，⑪名与功偕。⑫故钟鼓管磬羽籥干戚，乐之器也；⑬诎信俯仰级兆舒疾，⑭乐之文也。⑮簠簋俎豆制度文章，礼之器也；升降上下周旋裼袭，礼之文也。故知礼乐之情者能作，⑯识礼乐之文者能术。⑰作者之谓圣，⑱术者之谓明。⑲明圣者，术作之谓也。

①【正义】此乐论第三段，论礼与乐唯圣能识也。言天地以气氤氲，合生万物。大乐之理，顺阴阳律吕生养万物，是大乐与天地同和也。

②【集解】郑玄曰："言顺天地之气与其数也。"【正义】言天有日月，地有山川，高卑殊形，生用各别。大礼辩尊卑贵贱等差异别，是大礼与天地同节。

③【集解】郑玄曰："不失其性。"【正义】乐与天地同和，能生成万物。

④【集解】郑玄曰："成物有功报焉。"【正义】礼与天地同节，有尊卑上下，报生成万物之功。

⑤【集解】郑玄曰："教人者也。"【正义】明犹外也。言圣王能使乐与天地同和，礼与天地同节，又能显明其礼乐以教人也。

⑥【集解】郑玄曰："助天地成物者也。易曰知鬼神之情状。然则圣人精气谓之神，贤智之精气谓之鬼也。"【正义】幽，内也。言圣王又能内敬鬼神，助天地生成万物。

⑦【正义】言行礼同节，故四海合敬矣。乐同和，故四海同爱矣。

⑧【正义】尊卑贵贱之别，是殊事也。施之同以庄敬，是合敬也。

⑨【正义】宫商错而成文，随事而制变，是异文；同以劝爱，是合爱也。

⑩【集解】郑玄曰："沿犹因述也。殷因于夏，周因于殷。"【正义】乐情主和，礼情主敬，致化是同。以其致化情同，故明王相因述也。

⑪【集解】郑玄曰："举事在其时也。"王肃曰："有其时，然后得立其事。"【正义】言圣王所为之事与所当之时并行也。若尧舜揖让之事与淳和之时并行，汤武干戈之事与浇薄之时并行。此句明礼也。

⑫【集解】郑玄曰："为名在(於)其功也。偕犹俱也。"王肃曰："有功，然后得受其名。" 【正义】名谓乐名也。偕，俱也。功者，揖让干戈之功也。圣王制乐之名，与所建之功俱作也。若尧、舜乐名咸池、大韶，汤、武乐名大濩、大武也。

⑬【正义】此陈乐事也。钟鼓之属是乐之器，有形质，故为事也。

⑭【集解】徐广曰："级，今礼作'缀'。"骃案：郑玄曰"兆其外营域"。【索隐】徐广曰："级，今礼作'缀'。"缀舞者，酇列也。又按：下文"其舞行及远"，"及短"，礼皆作"缀"，盖是字之残缺讹变耳，故此为"级"而下又为"及"也。然并依字读，义亦俱通，恐违古记耳。

⑮【正义】文饰之事也。

⑯【正义】既能穷本(知末)知变，又能著诚去伪，所以能述作，故谓之圣也。

⑰【集解】郑玄曰："述谓训其义。" 【正义】谓上文"屈伸俯仰"，"升降上下"也。

⑱【正义】尧、舜、禹、汤之属是也。

⑲【正义】游、夏之属是也。

乐者，天地之和也；礼者，天地之序也。①和，故百物皆化；序，故群物皆别。②乐由天作，礼以地制。③过制则乱，过作则暴。④明于天地，然后能兴礼乐也。⑤论伦无患，乐之情也；⑥欣喜欢爱，乐之(容)〔官〕也。⑦中正无邪，礼之质也；⑧庄敬恭顺，礼之制也。⑨若夫礼乐之施于金石，越于声音，用于宗庙社稷，事于山川鬼神，则此所以与民同也。⑩

①【正义】此乐论第四段也。谓礼乐之情也。乐法天地之气，故云天地之和；礼法天地之形，故云天地之序。礼乐从天地而来，王者必明于天地，然后能兴起礼乐也。

②【集解】郑玄曰："化犹生也。别谓形体异。"

③【集解】郑玄曰："言法天地。" 【正义】天用和气化物，物从气化，是由天作也。地有高下区分以生万物，礼有品节殊文，是由地制也。

④【集解】郑玄曰："过犹误也。暴，失文、武意也。"

⑤【正义】礼乐既不可误，故须明天地者乃可制作也。

⑥【集解】王肃曰："言能合道论，中伦理而无患也。" 【正义】既云唯圣人识礼乐之情，此以下更说其情状不同也。伦，类也。贺玚云："乐使物得类序而无害，是乐之情也。"

⑦【正义】(容)〔官〕犹事也。贺玚云："八音克谐使物欣喜，此乐之事迹也。"

⑧【集解】郑玄曰："质犹本。" 【正义】明礼情也。质，本也。礼以(心内)〔内心〕中正，无有邪僻，是礼之本。

⑨【正义】明礼情之事也。谓容貌庄敬，谦恭谨慎，是礼之节制也。

⑩【集解】王肃曰："自天子至民人，皆贵礼之敬，乐之和，以事鬼神先祖也。" 【正义】言四者施用祭祀，随世而异，则前王所不专，故又云则此所以与民同，言随世也。

王者功成作乐，治定制礼。①其功大者其乐备，其治辨者其礼具。②干戚之舞，非备乐也；③亨孰而祀，非达礼也。④五帝殊时，不相沿乐；三王异世，不相袭礼。⑤乐极则忧，礼粗则偏矣。⑥及夫敦乐而无忧，⑦礼备而不偏者，其唯大圣乎？天高地下，万物散殊，而礼制行也；⑧流而不息，合同而化，而乐兴也。⑨春作夏长，仁也；秋敛冬藏，义也。仁近于乐，义近于礼。⑩乐者敦和，率神而从天；⑪礼者辨宜，居鬼而从地。⑫故圣人作乐以应天，作礼以配地。礼乐明备，天地官矣。⑬

①【集解】郑玄曰："功成治定同时耳，功主于王业，治主于教民。" 【正义】此第三章名乐礼章，言明王为治，制礼作乐，故名乐礼章。其中有三段：一明礼乐齐，其用必对；二明礼乐法天地之事；三明天地

应礼乐也。

②【集解】徐广曰："辨，一作'别'。"骃案：郑玄曰"辨，偏也"。【正义】辨，皮勉反，又边练反。夫礼乐必由功治，〔功治〕有小大，故礼乐应之而广狭也。若上世民淳易化，故王者功治广徧，是以礼乐备也。而殷、周民浇难化，故王者功治褊狭，则礼乐亦不具。

③【集解】郑玄曰："乐以文德为备，若咸池也。"【正义】证乐不备也。干戚，(周)武〔舞〕也。乐以文德为备，故用朱丝疏越，干戚之舞，故非备乐也。

④【集解】郑玄曰："达犹具也。至敬不飨味而贵气臭。"【正义】解礼不具也。谓腥俎玄尊，表诚象古而已，不在芬芯孰味。是乃浇世为之，非达礼也。

⑤【集解】郑玄曰："言其有损益。"【正义】庾蔚之云："乐兴于五帝，礼成于三王。乐兴王者之功，礼随世之质文。"崔灵恩云："五帝淳浇不同，故不得相沿为乐；三王文质之不等，故不得相袭为礼。"

⑥【集解】郑玄曰："乐，人之所好也，害在淫侉；礼，人之所勤，害在倦略。"

⑦【集解】郑玄曰："敦，厚也。"

⑧【集解】郑玄曰："礼为异。"【正义】天高于上，地卑于下，万物布散殊别于其中，而大圣制礼，别异尊卑，是众大而行，故云礼制行矣。礼以节制为义，故云礼制。

⑨【集解】郑玄曰："乐为同。"【正义】天地二气，流行不息，合同氛氲，化生万物。而大圣作乐，合同人心，是以象天地而起，故云乐兴也。

⑩【集解】郑玄曰："言乐法阳而生，礼法阴而成。"【正义】近，其靳反。春夏生长万物，故为仁爱。乐主陶和万性，故仁近于乐也。秋则杀敛，冬则蛰藏，并是义主断割。礼为节限，故义近于礼也。

⑪【集解】郑玄曰："敦和，乐贵同。"【正义】此释仁近乐之义。言乐之为体，敦厚和同，因循圣人之神气而从顺于天。

⑫【集解】郑玄曰:“别宜,礼尚异也。”孙炎曰:“居鬼,品处人鬼之志。”【正义】此解义近礼之由。居鬼犹循神也。鬼谓先贤也。礼之为体,尊卑殊别,各有其宜,因居先贤鬼气而从顺于地,分别礼分。

⑬【集解】郑玄曰:“各得其事也。”王肃曰:“各得其位也。”

天尊地卑,君臣定矣。①高卑已陈,贵贱位矣。②动静有常,大小殊矣。③方以类聚,物以群分,则性命不同矣。④在天成象,在地成形,⑤如此则体者天地之别也。⑥地气上隮,⑦天气下降,⑧阴阳相摩,⑨天地相荡,⑩鼓之以雷霆,⑪奋之以风雨,⑫动之以四时,⑬煖之以日月,⑭而百(物)化兴焉,⑮如此则乐者天地之和也。⑯

①【正义】此乐礼章第二段也,明礼乐法天地事也。言君尊于上,臣卑于下,是象天地定矣。

②【集解】郑玄曰:“高卑谓山泽也。位矣,尊卑之位象山泽。”

③【集解】郑玄曰:“动静,阴阳用事也。小大,万物也。大者常存,小者随阴阳出入。”

④【集解】郑玄曰:“方谓行虫。物谓殖生者。性之言生也。命,生之长短。”【正义】性,生也。万物各有嗜好谓之性。命者,长短夭寿也。所祖之物既禀大小之殊,故性命夭寿不同也。

⑤【集解】郑玄曰:“象,光耀。形,体貌。”【正义】言日月星辰之光耀,草木鸟兽之体貌也。

⑥【正义】结礼之别也。此天地明圣,制礼殊别,是天地之分别也,亦别辨宜居鬼而从地也。

⑦【集解】郑玄曰:“隮,升也。”

⑧【正义】明礼乐法天地气也。天地二气之升降合而生物,故乐以气法地,弦歌声气升降相合,以教民也。然气从下升,(此)〔在〕乐象气,故从地始也。形以上尊,(故)礼象形,〔故〕从天始也。

⑨【正义】二气切摩而万物生发,作乐亦令声气切摩,使民心生敬也。

⑩【集解】郑玄曰："荡，动也。"【正义】天地八节荡动也。天地化物，八节更相感动，作乐亦令八音相感动也。

⑪【正义】万物虽以气生，而物未发，故雷霆以鼓动之，如乐用钟鼓以发节也。大雷曰霆。

⑫【集解】郑玄曰："奋，迅也。"【正义】万物皆以风雨奋迅而出，如乐用舞奋迅以象之，使发人情也。

⑬【正义】万物生长，随四时而动，如乐各逐心内所须而奏之。

⑭【正义】暖音喧远反。万物之生，必须日月暖照，如乐有蕴藉，使人宣昭也。蕴藉者，歌不直言而长言嗟叹之属。

⑮【集解】郑玄曰："百物化生。"

⑯【正义】结乐之和也。如此则圣人作乐，法天地和同，是乐者天地之和也，亦是敦和率神而从天也。

化不时则不生，①男女无别则乱登，②此天地之情也。③及夫礼乐之极乎天而蟠乎地，④行乎阴阳而通乎鬼神，⑤穷高极远而测深厚，⑥乐著太始⑦而礼居成物。⑧著不息者天也，著不动者地也。⑨一动一静者，天地之间也。⑩故圣人曰"礼云乐云"。⑪

①【正义】此乐礼章第三段，明天地应于礼乐也。前圣人既作礼乐，此明天地应乐也。若人主行化失时，天地应以恶气毁物，故云化不时则不生也。

②【集解】郑玄曰："登，成也。乐失则害物，礼失则乱人。"【正义】此明天地应礼也。登，成也。若人君行礼，男女无别，则天地应而错乱成之也。

③【正义】结随礼乐得失而应之，是天地之情也。然乐是气化，故云害物；礼是形教，故言乱人也。

④【集解】郑玄曰："极，至也。蟠犹委也。"【索隐】音盘。邹诞本作"播"，亦作"蟠"。

⑤【正义】言阴阳和，四时顺，以应礼乐，礼乐与鬼神并助天地而成化也。

⑥【集解】郑玄曰："高远，三辰也。深厚，山川也。言礼乐之道，上至于天，下委于地，则其间无所不之矣。"

⑦【集解】王肃曰："著，明也。明太始，谓法天也。" 【索隐】著，明也。太始，天也。言乐能明太始是法天。

⑧【集解】成物谓地也。居亦谓法也。 【索隐】言地能成万物，故成物谓地也。居亦法也，言礼法地也。 【正义】著犹处也。天为万物之始，故曰太始。天苍而气化，乐亦气化，故云处太始也。成物，地也，体盘薄长成万物也。在地成形，礼亦形教，故云居成也。地卑，故曰居；天高，故曰著也。

⑨【集解】郑玄曰："著犹明白也。息谓休止也。" 【索隐】著谓（著）明白。〔著〕运生不息者，天之功也，故易乾卦云"天行健，君子以自强不息"是。著养万物不动者，地之德也，故易坤卦云"安贞吉"是也。

【正义】此美礼乐配天地也。著亦处也。言乐气化，处运生不息者，配天也。礼制尊卑定位，成养万物，处不移动者，配地也。

⑩【集解】郑玄曰："间谓百物也。" 【正义】此美礼乐若分则配天地，若合则与百物齐一也。（静动而生）百物禀天动地静而生，故呼百物为天地之间也。

⑪【集解】郑玄曰："言礼乐之法天地也。" 【正义】引圣证此章也。言圣人云，明此一章是礼乐法天地也，故言圣人曰"礼云乐云"。乐动礼静，其并用事，如天地间物有动静也。

昔者舜作五弦之琴，以歌南风；①夔始作乐，以赏诸侯。②故天子之为乐也，以赏诸侯之有德者也。德盛而教尊，五谷时孰，然后赏之以乐。③故其治民劳者，其舞行级远；④其治民佚者，其舞行级短。⑤故观其舞而知其德，⑥闻其谥而知其行。⑦大章，章之也；⑧咸池，备也；⑨韶，继也；⑩夏，大也；⑪殷周之乐尽也。⑫

①【集解】郑玄曰:“南风,长养之风也,言父母之长养己也。其辞未闻也。”王肃曰:“南风,育养民之诗也。其辞曰‘南风之薰兮,可以解吾民之愠兮。’” 【索隐】此诗之辞出尸子及家语。 【正义】此第四章名乐施,明礼乐前备后施布天下也。中有三段:一明施乐以赐诸侯也;二明施乐须节,既赐之,所以宜节也;三明礼乐所施,各有本意本德。世本“神农作琴”,今云舜作者,非谓舜始造也,改用五弦琴,特歌南风诗,始自舜也。五弦者,无文武二弦,唯宫商角徵羽之五弦也。南风是孝子之诗也。南风养万物而孝子歌之,言得父母生长,如万物得南风也。舜有孝行,故以五弦之琴歌南风诗,以教理天下之孝也。

②【集解】郑玄曰:“夔欲舜与天下之君共此乐。”

③【正义】陈其合赏也。若诸侯孝德明盛,教令尊严,年谷丰稔,故天子赏乐也,天下因而法之也。

④【正义】行音胡郎反。级音子卫反。本,或作“缀”,音同。此明虽得乐赐,而随功德优劣(也)〔为〕舞位行列也。缀谓缵列也。若诸侯治民劳苦,由君德薄,王赏之以乐,则舞人少,不满,将去缵疏远也。

⑤【集解】王肃曰:“远以象民行之劳,近以象民行之逸。” 【正义】佚音逸。言若诸侯治民暇逸,由君德盛,王赏舞人多,则满,将去缵促近也。庾蔚之云:“此为虞夏礼也。虞犹淳,故可随功赐乐;殷周渐浇,易生忿怨,不宜犹有优劣,是以同制。诸侯六佾,故与周礼不同也。”

⑥【正义】观其舞位人多少,去缀近远,即知其君德薄厚也。

⑦【集解】郑玄曰:“谥者行之迹。” 【正义】行音胡孟反。制死谥随君德,故闻死谥则知生行。此一句比拟其舞也。

⑧【集解】郑玄曰:“尧乐名。言尧德章明。” 【正义】既生时舞则知德,死则闻谥验行,故更引死后闻乐则知行事解之也。大章,尧乐也。章,明也。民乐尧德大明,故名乐曰大章,后人闻大章则知尧生时德大明。上章是尧德之明,下章是后明于尧德。白虎通云“大章,大明天地之道”。

⑨【集解】郑玄曰："黄帝所作乐名，尧增修而用之。咸，皆也。池之言施也，言德之无不施也。"王肃曰："包容浸润行化皆然，故曰备也。"

⑩【集解】郑玄曰："舜乐名。言能继尧之德。"

⑪【集解】郑玄曰："禹乐名。言禹能大尧舜之德。"

⑫【集解】郑玄曰："言尽人事也。周礼曰'殷曰大濩，周曰大武'。"

天地之道，寒暑不时则疾，①风雨不节则饥。②教者，民之寒暑也，③教不时则伤世。④事者，民之风雨也，事不节则无功。⑤然则先王之为乐也，以法治也，⑥善则行象德矣。⑦夫豢豕为酒，⑧非以为祸也；⑨而狱讼益烦，则酒之流生祸也。⑩是故先王因为酒礼，一献之礼，宾主百拜，⑪终日饮酒而不得醉焉，此先王之所以备酒祸也。故酒食者，所以合欢也。⑫

①【正义】此则乐施章第二段，明施乐须节也。既必须节，故引譬例。寒暑，天地之气也。若寒暑不时，则民多疾疫也。

②【正义】风雨，天事也。风雨有声形，故为事也。若飘洒凄厉，不有时节，则谷损民饥也。

③【集解】郑玄曰："教谓乐也。"

④【正义】寒暑不时，既为民疾苦；乐教不时，则伤世俗之化也。

⑤【正义】风雨不节，则民饥馑；礼事不节，则治无功也。

⑥【集解】王肃曰："作乐所以法其治行也。"

⑦【集解】王肃曰："君行善，即臣下之行皆象君之德。" 【正义】此广乐所以须节已。言先王为乐必以法治，治善则臣下之行皆象君之德也。

⑧【集解】郑玄曰："以谷食犬豕曰豢。为，作也。"

⑨【正义】此言礼须节也。豢，养也。言前王豢犬豕及作酒之事，本以为礼祀神祇，设宾客，和亲族，礼贤能，而实非为民作祸灾也。

⑩【集解】郑玄曰："小人饮之善酗，以致狱讼。" 【正义】此礼事也。言民得豢酒，无复节限，卒至沈酗斗争杀伤，而刑狱益生烦多，则是酒之

流害生其祸也。

⑪【集解】郑玄曰："一献，士饮酒之礼。百拜，以喻多也。

⑫【正义】此结节功也。既防酒祸，故饮不醉争，以特合欢适也。

乐者，所以象德也；①礼者，所以闭淫也。②是故先王有大事，必有礼以哀之；③有大福，必有礼以乐之：④哀乐之分，皆以礼终。⑤

①【正义】此乐施章第三段，明礼乐之所施各有本意，在于象德也。此言乐意也，言乐之所施于人，本有和爱之德。

②【正义】此言礼意也。言礼之所施于人，(大)〔本〕止邪淫过失也。

③【集解】郑玄曰："大事谓死丧。" 【正义】民有丧则先王制衰麻哭泣之礼以节之，使其各遂哀情，是礼以哀之也。

④【正义】乐音洛。大福，祭祀者庆也。民庆必歌舞饮食，庶羞之礼使不过，而各遂欢乐，是有以乐之也。

⑤【正义】分，扶问反。结二事。哀乐虽反，皆用礼节，各终其分，故云皆以礼终。

乐也者，施也；礼也者，报也。①乐，乐其所自生；②而礼，反其所自始。③乐章德，④礼报情反始也。⑤所谓大路者，天子之舆也；⑥龙旗九旒，天子之旌也；⑦青黑缘者，天子之葆龟也；⑧从之以牛羊之群，则所以赠诸侯也。"⑨

①【集解】郑玄曰："言乐出而不反，而礼有往来。" 【正义】施，式豉反。此第六段，乐象法章第五段，不以次第而乱升在此段，明礼乐用别也。庾蔚之云："乐者，所以宣畅四气，导达情性，功及物而不知其所报，即是出而不反，所以谓施也。礼者，所以通彼之意，故有往必有来，所以谓报也。"

②【集解】郑玄曰："自由也。" 【正义】此广施也。乐名所起，由民下之心所乐生，非有所报也。

③【正义】此广报也。反犹报也。礼生无名，但是事耳，随时得质文之事而报之。

④【正义】闻名知德，若大章是也。

⑤【集解】孙炎曰："作乐者缘民所乐于己之德，若舜之民乐其绍尧，（也）周之民乐其伐纣，而作韶、武也。制礼者本己所由得民心，殷尚质，周尚文是也。" 【正义】礼报人情而制，随质文之始也。

⑥【正义】此以下广言礼以报为体之事。舆，车也。大路，天子之车也。诸侯朝天子，修其职贡，若有动劳者，天子赐之大路也。

⑦【正义】庾蔚之云："龙旗九旒，上公之旌。"

⑧【集解】公羊传曰："龟青缘。"何休曰："缘，甲颛也。千岁之龟青颛，明乎吉凶也。" 【索隐】葆与"宝"同，史记多作此字。公羊传"宝龟青缘"，何休以缘为甲颛，千岁之龟青颛，明于吉凶。颛音耳占反。【正义】缘，以绢反。

⑨【集解】郑玄曰："赠诸侯，谓来朝将去，送之以礼也。" 【正义】合结上诸事，皆是天子送诸侯礼也。言五等诸侯朝毕反去，天子赠之大路龙旗宝龟，又送之以牛羊之群也。

乐也者，情之不可变者也；①礼也者，理之不可易者也。②乐统同，③礼别异，④礼乐之说贯乎人情矣。⑤穷本知变，乐之情也；⑥著诚去伪，礼之经也。⑦礼乐顺天地之诚，⑧达神明之德，⑨降兴上下之神，⑩而凝是精粗之体，领父子君臣之节。⑪

①【正义】此第七章明乐之情，与之符达鬼神，合而不可变也。中有三段，一明礼乐情达鬼神也，二证礼乐达鬼神之事，三明识礼乐之本可尊也。前第六章明象。象必见情，故以乐主情。乐变则情变，故云情之不可变也。

②【集解】郑玄曰："理犹事也。" 【正义】礼主事礼别也，故云事之不可易者也。

③【正义】解情不变也。统,领也。同,和合之情者也。

④【集解】郑玄曰:"统同,同和合也。辨异,异尊卑之位。" 【正义】解事不可易也。礼别于尊卑之事也。

⑤【正义】贯犹通也。言人情莫过于同异,而礼乐能统同辨异,故其说理能通人情。

⑥【正义】庾蔚之云:"乐能通和性分,使各不失其所,是穷自然之本也。使人不失其所守,是知变通之情也。"

⑦【正义】著,竹虑反。去,丘吕反。著,明也。经,常也。著明诚信,违去诈伪,是礼之常行也。

⑧【正义】见,胡练反。合明礼乐也。礼出于地,尊卑有序,是见地之情也。乐出于天,远近和合,是见天之情也。

⑨【正义】达,通也。礼乐不失,则天降甘露,地出醴泉,是通于神明之德也。

⑩【集解】郑玄曰:"降,下也。兴犹出也。" 【正义】乐六变,天神下;八变,地祇出:是兴降上下之神。

⑪【集解】郑玄曰:"凝犹成也。精粗谓万物大小也。领犹理治也。"

是故大人举礼乐,则天地将为昭焉。①天地欣合,阴阳相得,②煦妪覆育万物,③然后草木茂,区萌达,④羽翮奋,角觡生,⑤蛰虫昭稣,⑥羽者妪伏,毛者孕鬻,⑦胎生者不殰而卵生者不殈,⑧则乐之道归焉耳。⑨

①【正义】为,于伪反。昭音照。此乐情章第二段,明礼乐能通达鬼神之事。前既云能通鬼神,此明其事也。大人圣人与天地合德,故举礼乐为教,而天地从之大明也。

②【正义】欣,喜也。合犹蒸也。礼乐化行,故天气下,地气蒸合,阴阳交会,故相得也。论体谓之天地,论气谓之阴阳也。

③【集解】郑玄曰:"气曰煦,体曰妪。"

④【集解】郑玄曰："屈生曰区。" 【正义】区音勾。草木据其成体之茂，区萌据其新牙，故曰达。达犹出也。曲出曰区，菽豆之属；直出曰萌，稻稷之属也。

⑤【集解】郑玄曰："无䚡曰觡。" 【索隐】牛羊有䚡曰角，麋鹿无䚡曰觡。 【正义】觡，加客反。羽翮，鸟也。角觡，兽也。鸟兽得天地覆育煦妪，故飞者则奋翅翮，走者则生角觡也。

⑥【集解】郑玄曰："昭，晓也。凡蛰虫以发出为晓，更息曰苏。" 【正义】蛰虫得阴阳煦妪，故皆出地上，如夜得晓，如死更有气也。

⑦【集解】郑玄曰："孕，任也。鬻，生也。" 【正义】伏，房富反。羽，鸟也。毛，兽也。二气既交，万物生乳，故鸟生卵妪伏之，兽怀孕而生育之也。

⑧【集解】郑玄曰："内败曰殰。殈犹裂也。" 【正义】殰音读。殈音呼觅反。胎生，兽也。卵生，鸟也。怀任在内而死曰殰，卵坼不成子曰殈。今和气不殰殈也。

⑨【集解】孙炎曰："乐和阴阳，故归此也。" 【正义】庾蔚之云："一论天地二气，万物各得其所，乃归于乐耳。"

乐者，非谓黄钟大吕弦歌干扬也，①乐之末节也，②故童者舞之；③布筵席，陈樽俎，列笾豆，以升降为礼者，④礼之末节也，⑤故有司掌之。⑥乐师辩乎声诗，故北面而弦；⑦宗祝辩乎宗庙之礼，故后尸；⑧商祝辩乎丧礼，⑨故后主人。⑩是故德成而上，⑪蓺成而下；⑫行成而先，⑬事成而后。⑭是故先王有上有下，有先有后，然后可以有制于天下也。⑮

①【集解】郑玄曰："扬，钺也。" 【索隐】郑玄曰："干，楯也。扬，钺也。"则扬与钖同。皇侃以扬为举，恐非也。 【正义】此乐情章第三段，明识礼乐本者为尊，识末者为卑，黄钟大吕之属，故云非谓也。扬，举也，谓举楯以舞也。

②【正义】黄钟已下,是乐之末节也。

③【正义】末事易之,不足贵重,故使童子小儿舞奏之也。

④【正义】此亦明末也。用礼之本在著诚去伪,安上理民,不在铺筵席樽俎,升降为礼之事也。

⑤【正义】布筵以下,是礼之末节也。

⑥【集解】郑玄曰:“言礼乐之本由人君也。礼本著诚去伪,乐本穷本知变。” 【正义】有司,典礼小官也。末节事易解,不为可重,故小官掌其事也。

⑦【集解】王肃曰:“但能别声诗,不知其义,故北面而弦。”郑玄曰:“弦谓鼓琴瑟。” 【正义】此更引事证乐师晓乐者辩别声诗。声谓歌也。言乐师虽能别歌诗,并是末事,故北面,言坐处卑也。

⑧【集解】郑玄曰:“后尸,居后赞礼仪也。此言知本者尊,知末者卑。” 【正义】此礼事也。宗祝,太祝,即有司之属也。虽能分别正宗庙之礼,然佐于尸而非为敬之主,为卑,故在尸后也。

⑨【集解】郑玄曰:“商祝,祝习商礼者,商人教以敬于接神。”

⑩【正义】商祝者,殷商之神祝,习商家神礼以相佐丧事,故云辩丧礼。其虽掌丧事而非发丧之主,故在主人后,言立处贱也。

⑪【正义】上谓堂上也。德成谓人君礼乐德成则为君,故居堂上,南面,尊之也。

⑫【正义】下,堂下也。艺成谓乐师伎艺虽成,唯识礼乐之末,故在堂下,北面,卑之也。

⑬【正义】行,胡孟反。先犹前也,尸及丧主也。行成谓尸尊而人孝,故为行成。

⑭【集解】郑玄曰:“德,三德也。行,三行也。蓺,才伎也。先谓位在上也,后谓位在下也。” 【正义】事为劣,故为在宗、商二祝也,识尸及主人后也。

⑮【集解】郑玄曰:“言尊卑备,乃可制作以为治。” 【正义】故先王使上

下前后尊卑分，乃可制礼作乐，以班于天下也。如周公六年乃为礼也。

乐者，圣人之所乐也，①而可以善民心。其感人深，其风移俗易，故先王著其教焉。②

①【正义】此乐施章第三段后也，误在此。“闭淫”之后，又用此章广为象其德，故云圣人之所以观德也。

②【集解】郑玄曰：“谓立司乐以下，使教国子也。”

夫人有血气心知之性，①而无哀乐喜怒之常，②应感起物而动，③然后心术形焉。④是故志微焦衰之音作，⑤而民思忧；⑥啴缓慢易繁文简节之音作，⑦而民康乐；⑧粗厉猛起奋末广贲之音作，⑨而民刚毅；⑩廉直经正⑪庄诚之音作，而民肃敬；⑫宽裕肉好⑬顺成和动之音作，而民慈爱；⑭流辟邪散狄成涤滥之音作，⑮而民淫乱。⑯

①【正义】此第五章名乐言，明乐归趣之事。中有三段：一言人心随王之乐也，二明前王制正乐化民也，三言邪乐不可化民也。前既以施人，人必应之，言其归趣也。此言人心随王之乐也。夫人不生则已，既已生，必有血气心知之性也。

②【正义】性合五常之行，有喜怒哀乐之分，但其发无常，时随外境所触，故亦无常也。

③【正义】解所有四事之由也。缘外物来感心，心触感来，起动应之，故有上四事也。

④【集解】郑玄曰：“言在所以感之也。术，所由也。形犹见也。”

⑤【集解】郑玄曰：“志微，意细也。吴公子札曰‘其细已甚’。”

⑥【正义】杀音所界反，又色例反。思音先利反。此以下皆言心乐感而应见外事也。若人君丛脞，情志细劣，其乐音噍戚杀急，不舒缓也。

音既局促，故民应之而忧也。

⑦【集解】郑玄曰："简节少易也。"

⑧【正义】啴，昌单反。易，以豉反。乐音洛。啴，绰也。缓，和也。慢，疏也。繁，文多也。康，和；乐，安也。言人君道德绰和疏易，则乐音多文采与节奏简略，而下民所以安。

⑨【集解】王肃曰："粗厉，亢厉；猛起，发扬；奋末，浸疾；广贲，广大也。"

⑩【正义】粗音麄。贲，房粉反，又音坟。粗，略也。厉，严也。猛，刚；起，动也。末，支体也。广，大也。贲，气充也。言人君若性麄严刚动而四支奋跃，则乐充大，民应之，所以刚毅也。

⑪【集解】孙炎曰："经，法也。" 【索隐】孙炎曰："经，法也。"今礼本作"劲"。

⑫【正义】经音劲。言人君廉直劲而刚正，则乐音矜严而诚信，民应之，所以肃敬也。

⑬【集解】王肃曰："肉好，言音之洪美。" 【索隐】王肃曰："肉好言音之洪润。"

⑭【正义】肉，仁救反。好，火到反。肉，肥也，谓音如肉之肥。言人君宽容肥好，则乐音顺成而和动，民应之，所以慈爱也。

⑮【集解】王肃曰："狄成，言成而似夷狄之音也。涤，放荡；滥，僭差也。" 【索隐】王肃曰："狄成，言成而似夷狄之音也。"

⑯【正义】辟，匹亦反。邪音斜。狄音惕。狄，涤，皆往来疾速也。往来速而成，故云狄成；往来疾而僭滥，故云涤滥也。言君上流淫纵僻，回邪放散，则乐音有往来速疾僭差之响，故民应之而淫乱也。心本无此六事，由随乐而起也。

是故先王本之情性，①稽之度数，制之礼义，②合生气之和，道五常之行，③使之阳而不散，阴而不密，④刚气不怒，柔气不慑，⑤四畅交于中而发作于外，⑥皆安其位而不相夺也。⑦然后立之学等，⑧

广其节奏，省其文采，⑨以绳德厚也。⑩类小大之称，⑪比终始之序，⑫以象事行，⑬使亲疏贵贱长幼男女之理皆形见于乐：⑭故曰“乐观其深矣”。⑮

①【正义】此乐言章第二段也。前言民随乐变，此言先王制正乐化民也。言圣人制乐，必本人之性情也。

②【正义】稽，考也。制乐又考天地度数为之，如律吕应十二月，八音应八风之属也。

③【集解】郑玄曰：“生气，阴阳也。五常，五行也。”【正义】道音导。行，胡孟反。合，应也。

④【集解】郑玄曰：“密之言闭也。”【正义】阳谓禀阳气多人也。阳气舒散，人禀阳多则奢；阴阳闭密，人禀阴多则缜密。今以乐通二者之性，皆使中和，故阳者不散，阴者不密也。

⑤【集解】郑玄曰：“慑犹恐惧也。”【正义】慑，之涉反，惧也。性刚者好怒，柔者好惧。今以乐和，使各得其所，不至怒惧也。

⑥【正义】四，阴、阳、刚、柔也。畅，通也。交，互也。中，心也。今以乐调和四事，通畅交互于中心，而行用举动发于外，不至散密怒慑者也。

⑦【正义】此结乐为本情性之事也。闭阳开阴，抑刚引柔，悉使中庸，故天下安其位，无复相侵夺之也。

⑧【集解】郑玄曰：“等，差也。各用其材之差学之也。”【正义】前用乐陶情和畅，然后乃以乐语乐舞二事教之，民各随己性才等差而学之，以备分也。

⑨【集解】郑玄曰：“广，增习之也。省犹审（习之）也。文采谓节奏合也。”

⑩【集解】郑玄曰：“绳犹度也。”王肃曰：“绳，法也。法其德厚也。”

⑪【集解】孙炎曰：“作乐器大小称十二律。”【索隐】类，今礼作“律”。孙炎曰“作乐器小大称十二律”也。

⑫【集解】郑玄曰："始于宫，终于羽。"

⑬【集解】郑玄曰："宫为君，商为臣。"

⑭【正义】此结本人之情，以下缘本而教亲疏。以下之理悉章著乐功，使闻者皆知而见辑睦情也。

⑮【正义】此引古语证观感人之深矣。

土敝则草木不长，水烦则鱼鳖不大，①气衰则生物不育，②世乱则礼废而乐淫。③是故其声哀而不庄，乐而不安，④慢易以犯节，⑤流湎以忘本。⑥广则容奸，⑦狭则思欲，⑧感涤荡之气而灭平和之德，⑨是以君子贱之也。⑩

①【正义】此乐言章第三段，言邪乐不可化民。将言邪乐之由，故此前以天地为譬，此以地为譬也。敝犹劳熟，烦犹数搅动也。土过劳熟，水过挠动，则草木鱼鳖不长大也。

②【正义】此以天譬也。气者，天时气也。气若衰微，则生物不复成遂也。

③【正义】此合譬也，世谓时世。乱，其礼不备，乐不节，故流淫过度。水土劳敝，则草木鱼鳖不长大，如时世浊乱之礼乐，不可为化矣。

④【正义】乐音洛。此证乐淫之事也。淫乐则声哀而无庄，故虽奏以自乐，必致倾危，非自安之道，故云乐而不安。若关雎"乐而不淫，哀而不伤"，则是有庄敬而安者也。

⑤【正义】易，以豉反。言无庄敬〔也〕。慢易(也)无节奏，故云犯节也，即是哀而不庄也。

⑥【正义】湎音沔。靡靡无穷，失于终止，故言忘本，即乐而不安之义也。

⑦【正义】言淫慝礼乐，声无节也。广，声缓也。容，含也。其声缓者，则含容奸伪也。

⑧【集解】王肃曰："其音广大，则容奸伪；其狭者，则使人思利欲也。"

【正义】狭，声急也。其声急者，则思欲攻之也。

⑨【正义】感,动也。言此恶乐能动善人涤荡之善气,使失其所,而灭善人平和之德也。

⑩【正义】君子用乐调和,是故贱于动灭平和之气也。

凡奸声感人而逆气应之,①逆气成象②而淫乐兴焉。③正声感人而顺气应之,顺气成象而和乐兴焉。④倡和有应,⑤回邪曲直各归其分,⑥而万物之理以类相动也。⑦

①【正义】此第六章名乐象也。本第八,失次也。明人君作乐,则天地必法象应之。中有五段:一明淫乐正乐俱能成象;二明君子所从正乐;三明邪正皆有本,非可假伪;四证第三段有本不伪之由;五明礼乐之用。前有证,故明其用别也。今此明淫正二乐俱能成象,故先言淫乐为习应人事也。言君奏奸声之乐以感动人民,则天地应之而生逆乱之气也。

②【集解】郑玄曰:"成象谓人乐习之也。"

③【正义】兴,生也。若逆气流行于世而民又习之为法,故云成象。既习乱为法,故民之乐声生于淫佚也。

④【正义】言顺气流行,民习成法,故乐声亦生于和也。

⑤【正义】倡音昌尚反。和,胡卧反。君唱之,天地和之,民应之,故云唱和有应也。

⑥【正义】分,房问反。此是有应也。回邪,不正也。曲,折也。直,不邪也。言相应和,表直影正,表曲影邪,各归其分也。

⑦【正义】奸声致慝,正响招顺,是以天下万物之理,各随君善恶,以类而相动也。

是故君子反情以和其志,①比类以成其行。②奸声乱色不留聪明,淫乐废礼不接于心术,惰慢邪辟之气不设于身体,③使耳目鼻口心知百体皆由顺正,以行其义。④然后发以声音,文以琴瑟,⑤动以干戚，饰以羽旄，从以箫管，⑥奋至德之光，⑦动四气之和，⑧以著万物之理。⑨是故清明象天，广大象地，终始象四时，周旋象风雨；⑩五色成文而不乱，八风从律而不奸，百度得数而有常；⑪小大相成，⑫终始相生，⑬倡和清浊，代相为经。⑭故乐行而伦清，⑮耳目聪明，⑯血气和平，⑰移风易俗，天下皆宁。⑱故曰"乐者乐也"。⑲君子乐得其道，⑳小人乐得其欲。㉑以道制欲，则乐而不乱；㉒以欲忘道，则惑而不乐。㉓是故君子反情以和其志，㉔广乐以成其教，㉕乐行而民乡方，㉖可以观德矣。㉗

①【集解】郑玄曰："反犹本也。" 【正义】此乐象章第二段也，明君子从正乐也。君子，人君也。反犹本也。民下所习既从于君，故君宜本情，不使流宕，以自安和其志也。

②【正义】行，胡孟反。万物之理以类相动，故君子比于正类以成己行也。

③【正义】此以下皆反情性之类事也。术，道也。既本情和志，又比类成行，故奸声乱色不留视听，淫乐秽礼不与心道相接，惰慢邪僻不设置己身也。声色是事，故云聪明，而气无形，故于身为设也。

④【正义】百体谓身体百节。既不行奸乱已下诸事，故能使诸行并由顺正以行其德，美化其天下也。不留聪明于奸声乱色，故耳目得顺正也。不用心术接淫慝礼乐，故心知得顺正也。不设身于邪僻，故百体得顺正也。不言鼻口者，嗜不一也，亦因戒臭味顺正也。

⑤【正义】其身已正，故然后乃可制乐为化，故用歌之音声内发己之德，用琴瑟之响外发己之行。歌者在上，此是堂上之乐，故前明之也。

⑥【正义】又用干戚羽旄箫管，从而播之。丝竹在下，此是堂下之乐，故后明之也。

⑦【索隐】孙炎曰："至德之光，天地之道也。"

⑧【索隐】孙炎曰："四气之和，四时之化。"

⑨【集解】孙炎曰："奋，发也。至德之光，天地之道也。四气之和，四时之化也。著犹诚也。"

⑩【集解】王肃曰："清明广大，终始周旋，皆乐之节奏容仪发动也。"【正义】历解乐所以能通天地。言歌声清明，是象天气也。广大谓钟鼓有形质，是象地形也。谓奏歌周而复始，如四时循环也，若乐六变九变是也。谓舞人回旋，如风雨从天而下。

⑪【集解】郑玄曰："五色，五行也。八风从律，应节至也。百度，百刻也。言日月昼夜不失正也。"王肃曰："至乐之极，能使然耳。"

⑫【正义】大小谓月晦小大相通以成岁也。贺玚云："十二月律互为宫羽而相成也。"

⑬【正义】岁月终而更始也。贺玚云："五行宫商，迭相为终始也。"

⑭【集解】郑玄曰："清谓蕤宾至应钟也。浊谓黄钟至仲吕也。"【正义】代，更也。经，常也。日月半岁阴阳更相为常也，即还相为宫也。

⑮【集解】郑玄曰："伦谓人道也。"【正义】谓上正乐之行也，谓下事张本也，即乐行之事也。由正乐既行，故人伦之道清也。

⑯【正义】不视听奸乱，故视听聪明。

⑰【正义】口鼻心知百体皆由从正，故血气和平。

⑱【正义】既皆由从正以行其义，故风移俗革，天下阴阳皆安宁。移是移徙之名，易是改易之称也。文王之国自有文王之风，桀纣之邦亦有桀纣之风。桀纣之后，文王之风被于纣民，易前之恶俗，从今之善俗。上行谓之风，下习谓之俗。

⑲【正义】引旧语乐名，广证前事也。前事邪正之乐虽异，并是其人所乐，故名曰乐也。

⑳【正义】虽其人所乐而名为乐，而人心不同，故所乐有异（有异）而名通，故皆名乐。君子，尧舜也。道谓仁义，故制乐亦仁义也。

㉑【正义】小人，桀纣也。人欲，邪淫也。

㉒【正义】若君子在上，小人在下，君子乐用仁义以制小人之欲，则天下

安乐而不敢为乱也。

㉓【集解】郑玄曰："道谓仁义也，欲谓邪淫也。" 【正义】若小人在上，君子在下，则小人肆纵其欲，忘正道，而天下从化，皆为乱惑，不得安乐。

㉔【正义】若以道制欲则是君子，以欲忘道则为小人，故君子之人本情修性以和其志，不使逐欲忘道，反情以至其行也。

㉕【正义】内本情和志而外又广于乐，以成其教，然后发以声音，以著万物之理也。

㉖【集解】郑玄曰："方犹道也。" 【正义】君上内和志行，乐教流行，故民皆向君子之道，即仁义制欲者，故乐行而伦清，以至天下安宁也。

㉗【正义】结乐使人知上之事，故观知其德也。

德者，性之端也；①乐者，德之华也；②金石丝竹，乐之器也。③诗，言其志也；④歌，咏其声也；⑤舞，动其容也：⑥三者本乎心，然后乐气从之。⑦是故情深而文明，⑧气盛而化神，⑨和顺积中而英华发外，唯乐不可以为伪。⑩

①【正义】此乐象章第三段，明邪正有本，皆不可伪也。德，得理也。性之端，本也。言人禀生皆以得理为本也。

②【正义】得理于内，乐为外，故云德华也。

③【正义】历解饰所须也。乐为德华，若莫之能用，故须金石之器也。

④【正义】前金石为器，须用诗述申其志，志在心，不术不畅，故用诗述之也。

⑤【正义】若直述其志，则无酝藉之美，故又长言歌咏，使声音之美可得而闻之也。

⑥【正义】若直咏歌未畅，故又举手蹈足以动其形容也。

⑦【正义】三者，志、声、容也。乐气，诗、歌、舞也。君子前有三德为本乎心，后乃诗歌舞可观，故云然后乐气从之也。

⑧【正义】德为性本，故曰情深也。乐为德华，故云文明。

⑨【正义】歌、舞、蹈，乐气从之，故云气盛。天下咸宁，故曰化神也。

⑩【集解】郑玄曰："三者，本志也，声也，容也。言无此本于内，则不能为乐耳。" 【正义】内外符合而无有虚假，不可以为伪也。

乐者，心之动也；①声者，乐之象也；②文采节奏，声之饰也。③君子动其本，④乐其象，⑤然后治其饰。⑥是故先鼓以警戒，⑦三步以见方，⑧再始以著往，⑨复乱以饬归，⑩奋疾而不拔，(也)⑪极幽而不隐。⑫独乐其志，不厌其道；⑬备举其道，不私其欲。⑭是以情见而义立，⑮乐终而德尊；⑯君子以好善，小人以息过：⑰故曰"生民之道，乐为大焉"。⑱

①【正义】此乐象章第四段也，明证前第三段乐本之事。缘有前境可乐，而心动应之，故云乐者心之动也。

②【正义】象，法也。乐舞无声则不彰，故声为乐之法也。

③【正义】若直有声而无法度，故须文采节奏，声之仪饰也。

④【正义】本，德也。心之动必应德也。

⑤【正义】德行必应法也。

⑥【正义】饰，文采节奏也。前动心有德，次行乐有法，然后乃理其文饰也。

⑦【集解】郑玄曰："将奏乐，先击鼓以警戒众也。" 【正义】此引武王伐纣之事，证前有德后有饰也。武王圣人，是前有德也；而用此节奏，是后有饰也。先鼓者，为武王伐纣，未战之前，鸣皮鼓以警戒，使军众逆备也。今作武乐者，未奏之前鸣皮鼓以敕人使豫备具也，是明志后有事也。

⑧【集解】郑玄曰："将舞必先三举足，以见其舞之渐也。"王肃曰："舞武乐三步为一节者，以见伐道也。" 【正义】见，胡练反。三步，足三步也。见方谓方战也。武王伐纣，未战之前，兵士乐奋其勇，出军阵前

三步，示勇气方将战也，今作乐象之。缵列毕而舞者将欲舞，先举足三顿为步，以表方将舞之势也。

⑨【集解】郑玄曰："武舞再更始，以明伐纣时再往也。" 【正义】著，竹虑反。再始谓两过为始也。著，明也。文王受命十一年，而武王除丧，军至孟津观兵，曰"纣未可伐也"，乃还师，是一始也。至十三年，更兴师伐之，是再始也。今舞武者，前成列将欲舞而不舞，是一始也。去复更来，是二过始，明象武王再往，故云再始著往也。

⑩【集解】郑玄曰："谓鸣铙而退，明以整归也。" 【正义】复者，伏也。饬音敕。复乱者，纣凶乱而安复之。饬归者，武王伐纣胜，鸣金铙整武而归也。以去奏皮鼓，归奏金铙者，皮，文也，金，武也，初示文德，使纣自改之则不伐，纣既不改，因而用兵，用兵既竟，故鸣金铙而归，示用已竟也。今奏武舞，初皮鼓警众，末鸣铙以归，象伐纣已竟也。铙，镫铎也。

⑪【集解】王肃曰："舞虽奋疾而不失节，若树木得疾风而不拔。" 【正义】谓舞形也。奋，迅；疾，速也。拔，倾侧也。伐纣时士卒欢喜，奋迅急速，以尚威势，猛而不倾侧也。今武舞亦奋迅急而速，不倾倒象。

⑫【集解】郑玄曰："极幽谓歌也。" 【正义】皆谓文采节奏也。

⑬【集解】王肃曰："乐能使仁人独乐其志，不厌倦其道也。" 【正义】言武王诸将，人各忻悦，象武王有德，天下之志并无厌(干戈)〔仁义〕君臣之道。

⑭【正义】缘人人不厌，故作乐者事事法之。欲备举武王之道耳，非为私情之所欲也。

⑮【正义】不厌武王之道，其情既见，则不私其欲，义亦立也。

⑯【正义】为乐之理既终，是象德之事，其德亦尊显也。

⑰【正义】乐理周足，象德可尊，以此教世，何往而不可，君子闻之则好善，小人闻之则改过也。

⑱【正义】此引旧语，结乐道之为大。

君子曰:礼乐不可以斯须去身。①致乐以治心,②则易直子谅之心油然生矣。③易直子谅之心生则乐,乐则安,安则久,久则天,天则神。天则不言而信,神则不怒而威。④致乐,以治心者也;⑤致礼,以治躬者也。⑥治躬则庄敬,庄敬则严威。⑦心中斯须不和不乐,而鄙诈之心入之矣;⑧外貌斯须不庄不敬,而慢易之心入之矣。⑨故乐也者,动于内者也;礼也者,动于外者也。乐极和,礼极顺。内和而外顺,则民瞻其颜色而弗与争也,望其容貌而民不生易慢焉。德辉动乎内而民莫不承听,理发乎外而民莫不承顺,⑩故曰"知礼乐之道,举而错之天下无难矣"。⑪

①【正义】此第十章名为乐化章第十,以化民,故次宾牟贾成第十也。其章中皆言乐陶化为善也。凡四段:一明人生礼乐恒与己俱也;二明礼乐不可偏用,各有一失也;三明圣人制礼作乐之由也;四明圣人制礼作乐,天下服从。此初段,人生礼乐恒与己俱也。恒故能化,化故在前也,引君子之言以张本也。斯须,俄顷也。失之者死,故俄顷不可去身者也。

②【集解】郑玄曰:"致犹深审也。乐由中出,故治心也。"

③【集解】王肃曰:"易,平易;直,正直;子谅,爱信也。"郑玄曰:"油,新生好貌。"

④【集解】郑玄曰:"若善心生则寡于利欲,寡于利欲则乐矣。志明行成,不言而见信,如天也;不怒而见畏,如神也。"

⑤【正义】结所由也。有威信,由于深审乐以结心之故。

⑥【正义】前明乐治心,今明礼检迹。若深审于礼以治身,则庄敬也。郑玄云"礼自外作,故治身也"。

⑦【集解】郑玄曰:"礼自外作,故治身也。" 【正义】既身庄敬俨然,人望而畏之,是威严也。治内难见,发明乐句多;治外易观,发明礼句少,而又结也。

⑧【集解】郑玄曰："谓利欲生也。"

⑨【集解】郑玄曰："易，轻易也。"

⑩【集解】郑玄曰："德辉，颜色润泽也。理，容貌进止也。"孙炎曰："德辉，明惠也。理，言行也。"

⑪【正义】错，七故反。引旧证民莫不承听，莫不承顺也。圣王有能详审极致礼乐之道，举而措之于天下，天下悉从，无难为之事也。

乐也者，动于内者也；礼也者，动于外者也。①故礼主其谦，②乐主其盈。③礼谦而进，以进为文；④乐盈而反，以反为文。⑤礼谦而不进，则销；乐盈而不反，则放。⑥故礼有报⑦而乐有反。⑧礼得其报则乐，乐得其反则安。礼之报，乐之反，其义一也。⑨

①【正义】此乐化章第二段也。明礼乐不可偏用，各有一失，既方明所失，故前更言其所发外内不同也。动亦感触。

②【集解】郑玄曰："人所倦也。"王肃曰："自谦损也。" 【索隐】王肃曰："自谦慎也。"

③【集解】郑玄曰："人所欢也。"王肃曰："充气志也。"

④【集解】郑玄曰："进者谓自勉强也。文犹美也，善也。"王肃曰："礼自减损，所以进德修业也。"

⑤【集解】郑玄曰："反谓自抑止也。"王肃曰："乐充气志而反本也。"

⑥【集解】郑玄曰："放淫于声乐，不能止也。"

⑦【集解】孙炎曰："报谓礼尚往来，以劝进之。"王肃曰："礼自减损，而以进为报也。"

⑧【集解】孙炎曰："反谓曲终还更始。" 【索隐】孙炎曰"反谓曲终还更始"也。

⑨【集解】郑玄曰："俱起立于中，不销不放。"

夫乐者乐也，人情之所不能免也。①乐必发诸声音，形于动静，人道也。②声音动静，性术之变，尽于此矣。③故人不能无乐，乐不能无形。④形而不为道，不能无乱。先王恶其乱，故制雅颂之声以道之，使其声足以乐而不流，使其文足以纶而不息，⑤使其曲直繁省廉肉节奏，⑥足以感动人之善心而已矣，不使放心邪气得接焉，是先王立乐之方也。⑦是故乐在宗庙之中，君臣上下同听之，则莫不和敬；在族长乡里之中，长幼同听之，则莫不和顺；在闺门之内，父子兄弟同听之，则莫不和亲。故乐者，审一以定和，比物以饰节，节奏合以成文，⑧所以合和父子君臣，附亲万民也，是先王立乐之方也。故听其雅颂之声，志意得广焉；⑨执其干戚，习其俯仰诎信，容貌得庄焉；行其缀兆，⑩要其节奏，⑪行列得正焉，进退得齐焉。故乐者天地之齐，中和之纪，⑫人情之所不能免也。

①【正义】此乐化章第三段也。明圣人所以制乐，由人乐于歌舞，故圣人制乐以和乐之，故云乐者乐也。但欢乐是人所贪，贪不能自止，故云人情也。

②【集解】郑玄曰："人道，人之所为也。"

③【集解】郑玄曰："不可过。"

④【集解】郑玄曰："形，声音动静也。"

⑤【集解】郑玄曰："文，篇辞也。息，销也。"

⑥【集解】郑玄曰："曲直，歌之曲折；繁省廉肉，声之洪杀也。"

⑦【集解】郑玄曰："方，道也。"

⑧【集解】郑玄曰："审一，审其人声也。比物谓杂金革土匏之属以成文，五声八音克谐，相应和也。"

⑨【正义】前云先王制之声音，形于动静，故此证其事也。此是发于声音也。民听正声，得益盛德之美，志意得广大也。

⑩【集解】郑玄曰："缀，表也，所以表行列也。"

⑪【集解】郑玄曰："要犹会也。"

⑫【集解】郑玄曰："纪，总要之名。"

夫乐者，先王之所以饰喜也；①军旅铁钺者，先王之所以饰怒也。故先王之喜怒皆得其齐矣。喜则天下和之，怒则暴乱者畏之。先王之道礼乐可谓盛矣。

①【正义】此乐化章第四段也。明乐唯圣人在上者制作，天下乃从服也。若内有喜，则外歌舞以饰之，故云先王以乐饰喜也。

魏文侯问于子夏曰：①"吾端冕而听古乐②则唯恐卧，听郑卫之音则不知倦。敢问古乐之如彼，何也？新乐之如此，何也？"

①【正义】此章第八，明文侯问也。文侯故晋大夫毕万之后，见子夏而问于乐也。

②【集解】郑玄曰："端，玄衣也。古乐，先王之正乐。" 【正义】此文侯问事也。端冕谓玄冕。凡冕服，其制正幅袂二尺二寸，故称端也。著玄冕衣与玄端同色，故曰端冕听古乐也。此当是庙中听乐。玄冕，祭服也。

子夏答曰："今夫古乐，进旅而退旅，①和正以广，②弦匏笙簧合守拊鼓，③始奏以文，止乱以武，④治乱以相，讯疾以雅。⑤君子于是语，于是道古，修身及家，平均天下：此古乐之发也。今夫新乐，进俯退俯，⑥奸声以淫，溺而不止，⑦及优侏儒，⑧獶杂子女，不知父子。⑨乐终不可以语，不可以道古：此新乐之发也。⑩今君之所问者乐也，所好者音也。⑪夫乐之与音，相近而不同。"⑫

①【集解】郑玄曰："旅犹俱也。俱进俱退，言其齐一也。" 【正义】子夏之答凡有三，初则举古礼，次新乐以酬问意，又因更别说以诱引文侯，欲使更问也。此是答述古乐之情。旅，众也。

②【集解】郑玄曰："无奸声也。"

③【集解】郑玄曰："合，皆也。言众皆待击鼓乃作也。拊者，以韦为表，

装之以糠也。”【正义】拊音敷武反。拊，一名相。亦奏古笙乐也。弦，琴也。匏，瓠属也，四十六簧；笙十九至十三簧也。簧，施于匏笙之管端者也。合，会也。守，待也。拊者，皮为之，以糠实如革囊也，用手抚之鼓也。言奏弦匏笙簧之时，若欲令堂上作乐则抚拊，堂上乐工闻抚拊乃弦歌也。若欲令堂下作乐则击鼓，堂下乐工闻鼓乃吹管播乐也。言弦匏笙簧皆待拊为节，故言会守拊鼓也。

④【集解】郑玄曰：“文谓鼓，武谓金也。”

⑤【集解】孙炎曰：“整其乱行，节之以相；赴敌迅疾，趋之以雅。”郑玄曰：“相即拊也，亦以节乐。雅亦乐器名，状如漆筩，中有椎。”

⑥【集解】郑玄曰：“俯犹曲也。言不齐一也。”【正义】此第二述杂乐也。俯，曲也。新乐行列不齐，进退曲也。

⑦【集解】王肃曰：“奸声淫，使人溺而不能自止。”

⑧【集解】王肃曰：“俳优短人也。”

⑨【集解】郑玄曰：“獶，猕猴也。言舞者如猕猴戏，乱男女尊卑也。”

⑩【正义】此结新乐答也。

⑪【正义】此第三段，诱引文侯更问前故说此句，言文侯所问乃是乐，而好铿鎗之音，非律吕克谐之正乐也。

⑫【集解】郑玄曰：“铿鎗之类皆为音，应律乃为乐。”

文侯曰：“敢问如何？”①

①【集解】郑玄曰：“欲知音乐异意。”

子夏答曰：“夫古者天地顺而四时当，①民有德而五谷昌，疾疢不作而无祆祥，此之谓大当。②然后圣人作为父子君臣以为之纪纲，纪纲既正，天下大定，天下大定，然后正六律，和五声，弦歌诗颂，此之谓德音，德音之谓乐。诗曰：‘莫其德音，其德克明，克明克类，克长克君。王此大邦，克顺克俾。③俾于文王，其德靡悔。既受帝祉，施于孙子。’此之谓也。[④]今君之所好者，其溺音与？”[⑤]

①【正义】当，丁浪反。此答古乐之由也。天地从，四时当，圣人在上故也。

②【集解】郑玄曰：“当谓不失其所也。”

③【集解】郑玄曰：“德正应和曰莫。照临四方曰明。勤施无私曰类。教诲不倦曰长。庆赏刑威曰君。慈和遍服曰顺。俾当为‘比’，择善而从之曰比。”

④【集解】郑玄曰：“施，延也。言文王之德皆能如此，故受天福，延及后世。”

⑤【集解】郑玄曰：“言无文王之德，则所好非乐。”

文侯曰：“敢问溺音者何从出也？”

子夏答曰：“郑音好滥淫志，[①]宋音燕女溺志，[②]卫音趣数烦志，[③]齐音骜辟骄志，四者皆淫于色而害于德，是以祭祀不用也。[④]诗曰：‘肃雍和鸣，先祖是听。’夫肃肃，敬也；雍雍，和也。夫敬以和，何事不行？[⑤]为人君者，谨其所好恶而已矣。君好之则臣为之，上行之则民从之。诗曰‘诱民孔易’，此之谓也。[⑥]然后圣人作为鞉鼓椌楬埙篪，[⑦]此六者，德音之音也。[⑧]然后钟磬竽瑟以和之，干戚旄狄以舞之。此所以祭先王之庙也，所以献酬酳酢也，所以官序贵贱各得其宜也，[⑨]此所以示后世有尊卑长幼序也。钟声铿，铿以立号，[⑩]号以立横，[⑪]横以立武。君子听钟声则思武臣。石声硁，[⑫]硁以立别，[⑬]别以致死。君子听磬声则思死封疆之臣。丝声哀，哀以立廉，[⑭]廉以立志。君子听琴瑟之声则思志义之臣。竹声滥，[⑮]滥以立会，会以聚众。君子听竽笙箫管之声则思畜聚之臣。鼓鼙之声欢，欢以立动，动以进众。君子听鼓鼙之声则思将帅之臣。[⑯]君子之听音，非听其铿鎗而已也，彼亦有所合之也。[⑰]

①【集解】郑玄曰："滥，滥窃奸声也。"【正义】子夏历述四国之所由以答文侯也。

②【集解】王肃曰："燕，欢悦。"

③【集解】孙炎曰："趣数，音促速而数变也。"郑玄曰："烦，劳也。"

④【集解】郑玄曰："言四国出此溺音。"

⑤【集解】郑玄曰："古者乐敬且和，故无事而不用，溺音无所施。"

⑥【集解】郑玄曰："诱，进也。孔，甚也。言民从君之所好恶，进之于善无难也。"

⑦【集解】郑玄曰："椌楬谓柷敔。"【索隐】埙，以土为之，大如鹅子，形似锤，吹之为声。篪，以竹为之，六孔，一孔上出名翘，横吹之，今之横笛是也。诗云"伯氏吹埙，仲氏吹篪"是也。

⑧【集解】郑玄曰："六者为本，以其声质。"

⑨【集解】郑玄曰："官序贵贱，谓尊卑乐器列数有差。"

⑩【集解】郑玄曰："号令，所以警众也。"王肃曰："钟声高，故以之立号也。"

⑪【集解】郑玄曰："横，充也。谓气作充满。"

⑫【集解】王肃曰："声果劲。"

⑬【集解】郑玄曰："谓分明于节义。"

⑭【集解】郑玄曰："廉，廉隅。"

⑮【集解】王肃曰："滥，会诸音。"

⑯【集解】郑玄曰："闻欢嚣则人意动作也。"

⑰【集解】郑玄曰："以声合己志。"

宾牟贾侍坐于孔子，①孔子与之言，及乐，曰："夫武之备戒之已久，何也？"②

①【正义】此第九章。名宾牟贾问者，盖孔子之问本为牟贾而设，故云牟贾问也。

②【集解】郑玄曰："武谓周舞也。备戒，击鼓警众也。" 【正义】此孔子问牟贾及乐之事，凡问有五，此其一也。备戒者，谓将欲作乐前鸣鼓警戒，使乐人各备容仪。言初欲奏乐时既已备戒，使有节奏，故令武舞者备戒已久。疑其迟久，故问之也。

答曰："病不得其众也。"①

①【集解】郑玄曰："病犹忧也。以不得众心为忧，忧其难。" 【正义】牟贾答也。亦有五，而二答是，三答非。今答是也。言武王伐纣时忧不得众心，故前鸣鼓戒众，久之乃出战也。故令舞者久久乃出，象武王忧不得众心故也。

"永叹之，淫液之，何也？"①

①【集解】郑玄曰："永叹，淫液，歌迟之也。" 【正义】此第二问也。

答曰："恐不逮事也。"①

①【集解】郑玄曰："逮，及也。事，伐事也。" 【正义】此答亦是也。言众士望武王欲伐速，恒恐不及伐事之机，故有永叹淫液之声。

"发扬蹈厉之已蚤，何也？"①

①【集解】王肃曰："厉，疾也。备戒虽久，至其发作又疾也。" 【正义】第三问也。发，初也。扬，举袂也。蹈，顿足蹋地。厉，颜色勃然如战色也。问乐舞何意发初扬袂，又蹈顿足蹋地，勃然作色，何忽如此（何）也。

答曰："及时事也。"①

①【集解】郑玄曰："时至，武事当施也。"王肃曰："欲令之事各及时。" 【正义】此答非也。牟贾意言发扬蹈厉象武王一人意欲及时之事，故早为此也。郑亦随贾意注之也。

"武坐致右宪左，何也？"①

①【集解】王肃曰："右膝至地，左膝去地也。"【正义】宪音轩。第四问也。坐，跪也。致，至也。轩，起也。问舞人何忽有时而跪也。

答曰："非武坐也。"①

①【集解】郑玄曰："言武之事无坐也。"【正义】此答亦非也。牟贾言武奋之士不应有坐也。

"声淫及商，何也？"①

①【集解】王肃曰："声深淫贪商。"【正义】第五问也。

答曰："非武音也。"①

①【集解】王肃曰："言武王不获已为天下除残，非贪商也。"【正义】此答又非也。

子曰："若非武音，则何音也？"①

①【正义】孔子评其答武音不贪，但不知其实解理，空言其非，反问也。

答曰："有司失其传也。①如非有司失其传，则武王之志荒矣。"②

①【集解】郑玄曰："有司典乐者。传犹说也。"【正义】传，直缘反。贾答言武王非有贪，是有司传之谬妄，故有此矣。

②【集解】郑玄曰："荒，老耄也。言典乐者失其说，时人妄说也。"【正义】贾又云假令非传者谬妄，则是武王末年，年志荒耄之时，故有贪商之声也。

子曰："唯丘之闻诸苌弘，亦若吾子之言是也。"①

①【集解】郑玄曰："苌弘，周大夫。"【索隐】按：大戴礼云孔子适周，访礼于老聃，学乐于苌弘是也。【正义】苌音直良反。吾子，牟贾也。言我闻苌弘所言，亦如贾今所言之也。

宾牟贾起，免席而请曰："①夫武之备戒之已久，则既闻命矣。[2]敢问迟之迟而又久，何也？”[3]

①【正义】免犹避也。前所答(四)〔五〕事，(五)〔四〕不被叩问，今疑不知前答之是非，故起所疑而问也。

②【集解】孙炎曰：“闻命谓言是。”

③【集解】郑玄曰：“迟之迟谓久立于缀。”

子曰：“居，吾语汝。[1]夫乐者，象成者也。[2]总干而山立，[3]武王之事也；[4]发扬蹈厉，太公之志也；[5]武乱皆坐，周召之治也。[6]且夫武，始而北出，[7]再成而灭商，[8]三成而南，[9]四成而南国是疆，[10]五成而分陕，周公左，召公右，[11]六成复缀，以崇天子，[12]夹振之而四伐，盛(振)威于中国也。[13]分夹而进，[14]事蚤济也。[15]久立于缀，以待诸侯之至也。[16]且夫女独未闻牧野之语乎？[17]武王克殷反商，[18]未及下车，[19]而封黄帝之后于蓟，封帝尧之后于祝，[20]封帝舜之后于陈；[21]下车而封夏后氏之后于杞，[22]封殷之后于宋，封王子比干之墓，[23]释箕子之囚，使之行商容而复其位。[24]庶民弛政，庶士倍禄。[25]济河而西，[26]马散华山之阳[27]而弗复乘；牛散桃林之野[28]而不复服；[29]车甲弢[30]而藏之府库而弗复用；倒载干戈，苞之以虎皮；[31]将率之士，使为诸侯，名之曰‘建櫜’：[32]然后天下知武王之不复用兵也。散军而郊射，[33]左射狸首，右射驺虞，[34]而贯革之射息也；[35]裨冕搢笏，[36]而虎贲之士税剑也；祀乎明堂，[37]而民知孝；朝觐，然后诸侯知所以臣；耕藉，[38]然后诸侯知所以敬：五者天下之大教也。食三老五更于太学，[39]天子袒而割牲，执酱而馈，执爵而酳，冕而总干，[40]所以教诸侯之悌也。若此，则周道四达，礼乐交通，则夫武之迟久，不亦宜乎？”[41]

①【集解】郑玄曰：“居犹安坐也。”

②【集解】王肃曰：“象成功而为乐。”

③【集解】王肃曰:“总持干楯,山立不动。”

④【正义】此下明应象成之事也,答所以迟也。象武王伐纣,持楯立,以待诸侯至,故云武王之事也。

⑤【集解】王肃曰:“志在鹰扬也。” 【正义】答迟久已竟,而牟贾前答发扬蹈厉以为象武王欲及时事,非也。言此是太公志耳。太公相武王伐纣,志愿武王之速得,自奋其威勇以助也。

⑥【集解】王肃曰:“武乱,武之治也。皆坐,以象安民无事也。” 【正义】贾前答武坐,非也,因又为之说,言当伐纣时,士卒行伍有乱者,周召二公以治正之,使其跪敬致右轩左,以待处分,故今八佾象斗时之乱,挨相正之,则俱跪,跪乃更起以作行列,象周召之事耳,非武舞有坐之也。

⑦【集解】郑玄曰:“始奏,象观兵盟津时也。” 【正义】说五事既竟,而迟久之意未周,故更广其象成之事。非答前五事,故云“且夫”也。始而北出者,谓奏乐象武王观兵孟津之时也。王居镐在南,纣居朝歌在河北,故舞者南来,持楯向北,尚象之也。

⑧【集解】郑玄曰:“成犹奏也。再奏,象克殷时。” 【正义】再成谓舞者再来奏时也。舞者初始前,一向北而不舞,象武王前观孟津,不伐而反也。至再往而向北,遂奏成击刺。

⑨【集解】王肃曰:“诛纣已而南。” 【正义】舞者第三奏,往而转向南,象武王胜纣,向南还镐之时也。

⑩【集解】王肃曰:“有南国以为疆界。” 【正义】舞者第四奏,象周太平时,南方荆蛮并来归服,为周之疆界。

⑪【集解】王肃曰:“分陕东西而治。” 【正义】舞者至第五奏,而东西中分之,为左右二部,象周太平后,周公、召公分职为左右二伯之时。

⑫【集解】郑玄曰:“六奏,象兵还振旅也。复缀,反位止也。”王肃曰:“以象尊崇天子。”

⑬【集解】王肃曰:“振威武也。四伐者,伐四方与纣同恶者。一击一刺

为一伐也。”【正义】夹音古合反。夹振，谓武王与大将（军）夹军而奋铎振动士卒也。言当奏武乐时，亦两人执铎夹之，为节之象也。凡四伐到一止，当伐纣时，士卒皆四伐一止也，故牧誓云“今日之事不过四伐五伐”是也。故作武乐舞者，亦以干戈伐之象也。

⑭【集解】徐广曰：“一作‘迟’。”

⑮【集解】王肃曰：“分部而并进者，欲事早成。”

⑯【集解】郑玄曰：“象武王伐纣待诸侯也。”

⑰【集解】郑玄曰：“欲语以作武乐之意。”【正义】今卫州所理汲县，即牧野之地也。更欲语牟贾奏武乐迟久之意，其语即下所陈是也。

⑱【集解】郑玄曰：“反，当为‘及’，谓至纣都也。”

⑲【索隐】给，礼文作“及”，盖声相近而字误耳。【正义】车，戎车也。军法，一车三人乘之，步卒七十二。牧誓云“戎车三百两”，则二万二千五百人也。

⑳【正义】地理志云平原郡祝阿县也。蓟音计，幽州县是也。

㉑【正义】陈州宛丘县故陈城是也。

㉒【正义】汴州雍丘县，故杞国。

㉓【集解】郑玄曰：“积土为封。封比干之墓，崇贤也。”

㉔【集解】徐广曰：“周本纪云命召公释箕子之囚，又曰表商容之闾。”

㉕【集解】郑玄曰：“弛政，去纣时苛役。倍禄，复其纣时薄者。”

㉖【正义】济，渡也。河，黄河也。武王伐纣事毕，从怀州河阳县南渡河至洛州，从洛城而西归镐京也。

㉗【集解】郑玄曰：“散犹放。”

㉘【集解】徐广曰：“在弘农县，今曰桃丘。”

㉙【正义】示无复用。服亦乘也。桃林在华山之旁，此二处并是牛马放生地，初伐就此取之，今事竟归之前处，故尚书武成篇序云“武王伐殷，往伐归兽”是也。

㉚【集解】徐广曰：“音韬。”

㉛【集解】郑玄曰："包干戈以虎皮，明能以武服兵也。"

㉜【集解】王肃曰："所以能櫜弓矢而不用者，将率之士力也，故建以为诸侯，谓之建櫜也。"【索隐】王肃云："将帅能櫜弓矢而不用，故建以为诸侯，因谓建櫜也。"

㉝【集解】郑玄曰："郊射，为射宫于郊也。"王肃曰："郊有学宫，可以习礼也。"

㉞【集解】郑玄曰："左，东学；右，西学也。狸首、驺虞，所歌为节也。"

㉟【集解】郑玄曰："贯革，射穿甲革也。"

㊱【集解】郑玄曰："裨冕，衣裨衣而冠冕也。裨衣，衮之属也。搢，插也。"

㊲【集解】郑玄曰："文王之庙为明堂。"

㊳【集解】郑玄曰："耕藉，藉田也。"

㊴【集解】郑玄曰："老更，互言之耳，皆老人更知三德五事者也。周名太学曰东胶。"

㊵【集解】郑玄曰："冕而总干，在舞位。"

㊶【集解】郑玄曰："言武迟久，为重礼乐也。"

子贡见师乙而问焉，①曰："赐闻声歌各有宜也，②如赐者宜何歌也？"

①【集解】郑玄曰："师，乐官也。乙，名也。"

②【集解】郑玄曰："气顺性。"

师乙曰："乙，贱工也，①何足以问所宜。请诵其所闻，而吾子自执焉。②宽而静，柔而正者宜歌颂；广大而静，疏达而信者宜歌大雅；恭俭而好礼者宜歌小雅；正直清廉而谦者宜歌风；肆直而慈爱者③宜歌商；温良而能断者宜歌齐。夫歌者，直己而陈德；④动己而天地应焉，四时和焉，星辰理焉，万物育焉。⑤故商者，五帝之遗声也，商人志之，故谓之商；齐者，三代之遗声也，齐人志之，故谓之齐。明乎商之诗者，临事而屡断；⑥明乎齐之诗者，见利而让也。⑦临事而屡断，勇也；见利而让，义也。有勇有义，非歌孰能保此？故歌者，上如抗，下如队，曲如折，止如槁木，居中矩，句中钩，累累乎殷如贯珠。⑧故歌之为言也，长言之也。⑨说之，故言之；言之不足，故长言之；长言之不足，故嗟叹之；嗟叹之不足，故不知手之舞之足之蹈之。"⑩子贡问乐。⑪

①【集解】郑玄曰："乐人称工也。"

②【集解】郑玄曰："执犹处也。"

③【集解】郑玄曰："肆，正也。"

④【集解】郑玄曰："各因其德歌所宜。"

⑤【集解】郑玄曰："育，生也。"

⑥【集解】郑玄曰："以其肆直。"

⑦【集解】郑玄曰："以其温良而能断也。"

⑧【集解】郑玄曰："言歌声之著，动人心之审，而有此事。"

⑨【集解】郑玄曰："长言，引其声。"

⑩【集解】郑玄曰："手舞足蹈，欢之至。"

⑪【正义】结此前事，悉是答子贡问之事。其乐记者，公孙尼子次撰也。为乐记通天地，贯人情，辩政治，故细解之。以前刘向别录篇次与郑目录同，而乐记篇次又不依郑目。今此文篇次颠倒者，以褚先生升降，故今乱也。今逐旧次第随段记之，使后略知也。以后文出褚意耳。

凡音由于人心，天之与人有以相通，如景之象形，响之应声。故为善者天报之以福，为恶者天与之以殃，其自然者也。

故舜弹五弦之琴，歌南风之诗而天下治；纣为朝歌北鄙之音，身死国亡。舜之道何弘也？纣之道何隘也？夫南风之诗者生长之音也，舜乐好之，乐与天地同意，得万国之欢心，故天下治也。夫朝歌者不时也，北者败也，鄙者陋也，纣乐好之，与万国殊心，诸侯不附，百姓不亲，天下畔之，故身死国亡。

而卫灵公之时，①将之晋，至于濮水之上舍。②夜半时闻鼓琴声，问左右，皆对曰"不闻"。乃召师涓曰："吾闻鼓琴音，问左右，皆不闻。其状似鬼神，为我听而写之。"师涓曰："诺。"因端坐援琴，听而写之。明日，曰："臣得之矣，然未习也，请宿习之。"灵公曰："可。"因复宿。明日，报曰："习矣。"即去之晋，见晋平公。平公置酒于施惠之台。③酒酣，灵公曰："今者来，闻新声，请奏之。"平公曰："可。"即令师涓坐师旷旁，援琴鼓之。未终，师旷抚而止之曰："此亡国之声也，不可遂。"平公曰："何道出？"师旷曰："师延所作也。与纣为靡靡之乐，武王伐纣，师延东走，自投濮水之中，故闻此声必于濮水之上，先闻此声者国削。"平公曰："寡人所好者音也，愿遂闻之。"师涓鼓而终之。

①【正义】时卫都楚丘。楚〔丘〕故城在宋州楚丘县北三十里，卫之楚丘邑也。

②【正义】括地志云："在曹州离狐县界，即师延投处也。"

③【正义】一本"庆祁之堂"。左传云"虒祁之宫"。杜预云："虒祁，地名也，在绛州西四十里，临汾水也。"

平公曰："音无此最悲乎？"师旷曰："有。"平公曰："可得闻乎？"师旷曰："君德义薄，不可以听之。"平公曰："寡人所好者音也，愿闻之。"师旷不得已，援琴而鼓之。一奏之，有玄鹤二八集乎廊门；再奏之，延颈而鸣，舒翼而舞。

平公大喜，起而为师旷寿。反坐，问曰："音无此最悲乎？"师旷曰："有。昔者黄帝以大合鬼神，今君德义薄，不足以听之，听之将败。”平公曰：“寡人老矣，所好者音也，愿遂闻之。”师旷不得已，援琴而鼓之。一奏之，有白云从西北起；再奏之，大风至而雨随之，飞廊瓦，左右皆奔走。平公恐惧，伏于廊屋之间。晋国大旱，赤地三年。

听者或吉或凶。夫乐不可妄兴也。

太史公曰：夫上古明王举乐者，非以娱心自乐，快意恣欲，将欲为治也。正教者皆始于音，音正而行正。故音乐者，所以动荡血脉，通流精神而和正心也。故宫动脾而和正圣，商动肺而和正义，角动肝而和正仁，徵动心而和正礼，羽动肾而和正智。故乐所以内辅正心而外异贵贱也；上以事宗庙，下以变化黎庶也。琴长八尺一寸，正度也。弦大者为宫，而居中央，君也。商张右傍，其馀大小相次，不失其次序，则君臣之位正矣。故闻宫音，使人温舒而广大；闻商音，使人方正而好义；闻角音，使人恻隐而爱人；闻徵音，使人乐善而好施；闻羽音，使人整齐而好礼。夫礼由外入，乐自内出。故君子不可须臾离礼，须臾离礼则暴慢之行穷外；不可须臾离乐，须臾离乐则奸邪之行穷内。故乐音者，君子之所养义也。夫古者，天子诸侯听钟磬未尝离于庭，卿大夫听琴瑟之音未尝离于前，所以养行义而防淫佚也。夫淫佚生于无礼，故圣王使人耳闻雅颂之音，目视威仪之礼，足行恭敬之容，口言仁义之道。故君子终日言而邪辟无由入也。

【索隐述赞】乐之所兴，在乎防欲。陶心畅志，舞手蹈足。舜曰箫韶，融称属续。审音知政，观风变俗。端如贯珠，清同叩玉。洋洋盈耳，咸英馀曲。

史记卷二十五

律书第三

王者制事立法，物度轨则，壹禀于六律，①六律为万事根本焉。②

①【索隐】按：律有十二。阳六为律，黄钟、太蔟、姑洗、蕤宾、夷则、无射；阴六为吕，大吕、夹钟、中吕、林钟、南吕、应钟是也。名曰律者，释名曰"律，述也，所以述阳气也"。律历志云"吕，旅，助阳气也"。案：古律用竹，又用玉，汉末以铜为之。吕亦称间，故有六律、六间之说。元间大吕，二间夹钟是也。汉京房知五音六律之数，十二律之变至六十，犹八卦之变为六十四卦也。故中吕上生执始，执始下生去灭，上下相生，终于南事，而六十律毕也。

②【索隐】律历志云"夫推历生律，制器规圜矩方，权重衡平，准绳嘉量，探赜索隐，钩深致远，莫不用焉"，是万事之根本。

其于兵械尤所重，①故云"望敌知吉凶，②闻声效胜负"，③百王不易之道也。

①【索隐】按：易称“师出以律”，是于兵械尤重也。　【正义】内成曰器，外成曰械。械谓弓、矢、殳、矛、戈、戟。刘伯庄云：“吹律审声，听乐知政，师旷审歌，知晋楚之强弱，故云兵家尤所重。”

②【索隐】凡敌阵之上，皆有气色，气强则声强，声强则其众劲。律者，所以通气，故知吉凶也。　【正义】凡两军相敌，上皆有云气及日晕。天官书云：“晕等，力钧；厚长大，有胜；薄短小，无胜。”故望云气知胜负强弱。引旧语乃曰“故云”。

③【索隐】周礼“太师执同律以听军声而占其吉凶”是也。故左传称师旷知南风之不竞，此即其类也。　【正义】周礼云“太师执同律以听军声而诏其吉凶”，左传云师旷知南风之不竞，即其类。

武王伐纣，吹律听声，①推孟春以至于季冬，杀气相并，②而音尚宫。③同声相从，物之自然，何足怪哉？

①【索隐】其事当有所出，今则未详。

②【正义】人君暴虐酷急，即常寒应。寒生北方，乃杀气也。武王伐纣，吹律从春至冬，杀气相并，律亦应之。故洪范咎征云“急常寒若”是也。

③【正义】兵书云：“夫战，太师吹律，合商则战胜，军事张强；角则军扰多变，失士心；宫则军和，主卒同心；徵则将急数怒，军士劳；羽则兵弱少威焉。”

兵者，圣人所以讨强暴，平乱世，夷险阻，救危殆。自含(血)〔齿〕戴角之兽见犯则校，而况于人怀好恶喜怒之气？喜则爱心生，怒则毒螫加，①情性之理也。

①【正义】螫音释。

昔黄帝有涿鹿之战，以定火灾；①颛顼有共工之陈，以平水害；②成汤有南巢之伐，以殄夏乱。③递兴递废，胜者用事，所受于天也。

①【集解】文颖曰："神农子孙暴虐，黄帝伐之，故以定火灾。"

②【集解】文颖曰："共工，主水官也。少昊氏衰，秉政作虐，故颛顼伐之。本主水官，因为水行也。"

③【正义】南巢，今庐州巢县是也。淮南子云："汤伐桀，放之历山，与末喜同舟浮江，奔南巢之山而死。"按：巢即山名，古巢伯之国。云南巢者，在中国之南也。

自是之后，名士迭兴，晋用咎犯，①而齐用王子，②吴用孙武，申明军约，赏罚必信，卒伯诸侯，兼列邦土，虽不及三代之诰誓，然身宠君尊，当世显扬，可不谓荣焉？岂与世儒暗于大较，③不权轻重，猥云德化，不当用兵，大至君辱失守，④小乃侵犯削弱，遂执不移等哉！故教笞不可废于家，刑罚不可捐于国，诛伐不可偃于天下，用之有巧拙，行之有逆顺耳。

①【正义】狐偃也，咎季也，又云胥臣也。

②【索隐】徐广云："王子成父。"

③【索隐】大较，大法也。淳于髡曰"车不较则不胜其任"是也。较音角。

④【索隐】徐广云："如宋襄公是也。"

夏桀、殷纣手搏豺狼，足追四马，勇非微也；百战克胜，诸侯慑服，权非轻也。秦二世宿军无用之地，①连兵于边陲，力非弱也；结怨匈奴，絓祸於越，②势非寡也。及其威尽势极，闾巷之人为敌国。咎生穷武之不知足，甘得之心不息也。

①【索隐】谓常拥兵于郊野之外也。　【正义】谓三十万备北(阙)〔边〕，五十万守五岭也。云连兵于边陲，即是宿军无用之地也。

②【正义】絓，胡卦反。顾野王云："絓者，所碍。"

高祖有天下，三边外畔；大国之王虽称蕃辅，臣节未尽。会高祖厌苦军事，亦有萧、张之谋，故偃武一休息，羁縻不备。

历至孝文即位，将军陈武等议曰："南越、朝鲜[①]自全秦时内属为臣子，后且拥兵阻阸，选蠕观望。[②]高祖时天下新定，人民小安，未可复兴兵。今陛下仁惠抚百姓，恩泽加海内，宜及士民乐用，征讨逆党，以一封疆。"孝文曰："朕能任衣冠，[③]念不到此。会吕氏之乱，功臣宗室共不羞耻，误居正位，常战战栗栗，恐事之不终。且兵凶器，虽克所愿，动亦耗病，谓百姓远方何？又先帝知劳民不可烦，故不以为意。朕岂自谓能？今匈奴内侵，军吏无功，边民父子荷兵日久，[④]朕常为动心伤痛，无日忘之。今未能销距，愿且坚边设候，结和通使，休宁北陲，为功多矣。且无议军。"故百姓无内外之繇，得息肩于田亩，天下殷富，粟至十馀钱，鸣鸡吠狗，烟火万里，可谓和乐者乎！

①【正义】潮仙二音。高骊平壤城本汉乐浪郡王险城，即古朝鲜地，时朝鲜王满据之也。

②【集解】阸音厄卖反。选音思兖反。蠕音而兖反。【索隐】蠕音软。选蠕谓动身欲有进取之状也。

③【正义】朕音而禁反。

④【正义】荷音何我反。

太史公曰：文帝时，会天下新去汤火，[①]人民乐业，因其欲然，能不扰乱，故百姓遂安。自年六七十翁亦未尝至市井，游敖嬉戏如小儿状。孔子所称有德君子者邪！[②]

①【索隐】谓秦乱，楚汉交兵之时，如遗坠汤火，即书云"人坠涂炭"是也。

②【索隐】论语曰"善人为邦百年，亦可以胜残去杀"也。

书曰"七正"，二十八舍。[①]律历，天所以通五行八正之气，[②]天所以成孰万物也。舍者，日月所舍。舍者，舒气也。

①【索隐】七正，日、月、五星。七者可以正天时。又孔安国曰"七正，日

月五星各异政”也。二十八宿，〔七正〕之所舍也。舍，止也。宿，次也。言日月五星运行，或舍于二十八次之分也。

②【索隐】八谓八节之气，以应八方之风。

不周风居西北，主杀生。东壁居不周风东，主辟生气①而东之。至于营室。②营室者，主营胎③阳气而产之。东至于危。危，垝也。④言阳气之(危)垝，故曰危。十月也，律中应钟。⑤应钟者，阳气之应，不用事也。其于十二子为亥。亥者，该也。⑥言阳气藏于下，故该也。

①【索隐】辟音闢。

②【索隐】定星也。定中而可以作室，故曰营室。其星有室象也，故天官书主庙。此言“主营胎阳气而产之”，是说异也。【正义】天官书云“营室为清庙，曰离宫、阁道”，是有宫室象。此言“主营胎阳气而产之”，二说不同。

③【集解】徐广曰：“一作‘含’。”

④【索隐】垝音鬼毁反。

⑤【正义】应，乙证反。白虎通云：“应者，应也，言万物应阳而动下藏也。”汉初依秦以十月为岁首，故起应钟。

⑥【索隐】按：律历志云“该阂于亥”。【正义】孟康云：“阂，藏塞也。阴杂阳气藏塞，为万物作种也。”

广莫风居北方。广莫者，言阳气在下，阴莫阳广大也，故曰广莫。东至于虚。虚者，能实能虚，言阳气冬则宛藏于虚，①日冬至则一阴下藏，一阳上舒，故曰虚。东至于须女。②言万物变动其所，阴阳气未相离，尚相(如)胥〔如〕也，故曰须女。十一月也，律中黄钟。③黄钟者，阳气踵黄泉而出也。其于十二子为子。子者，滋也；滋者，言万物滋于下也。其于十母为壬癸。壬之为言任也，言阳气任养万物于下也。癸之为言揆也，言万物可揆度，故曰癸。东至牵牛。牵牛者，言阳气牵引万物出之也。牛者，冒也，言地虽冻，能冒而生也。牛者，耕植种万物也。东至于建星。建星者，建诸生也。十二月也，律中大吕。大吕者，其于十二子为丑。④

①【正义】宛音蕴。

②【索隐】婺女名也。

③【正义】白虎通云："黄中和之气，言阳气于黄泉之下动养万物也。"

④【集解】徐广曰："此中阙不说大吕及丑也。"【正义】案：此下阙文。或一本云"丑者，纽也。言阳气在上未降，万物厄纽未敢出也"。

条风居东北，主出万物。条之言条治万物而出之，故曰条风。南至于箕。箕者，言万物根棋，①故曰箕。正月也，律中泰蔟。②泰蔟者，言万物蔟生也，故曰泰蔟。其于十二子为寅。寅言万物始生螾然③也，故曰寅。南至于尾，言万物始生如尾也。南至于心，言万物始生有华心④也。南至于房。房者，言万物门户也，至于门则出矣。

①【集解】徐广曰："一作'横'也。"

②【正义】蔟音千豆反。白虎通云："泰者，大也。蔟者，凑也。言万物始大凑地而出之也。"

③【索隐】音引，又音以慎反。

④【集解】徐广曰："一作'茎'。"

明庶风居东方。明庶者，明众物尽出也。二月也，律中夹钟。①夹钟者，言阴阳相夹厕也。其于十二子为卯。卯之为言茂也，言万物茂也。其于十母为甲乙。甲者，言万物剖符②甲③而出也；乙者，言万物生轧轧也。南至于氐。④氐者，言万物皆至也。南至于亢。亢者，言万物亢见也。南至于角。角者，言万物皆有枝格如角也。三月也，律中姑洗。⑤姑洗者，言万物洗生。其于十二子为辰。辰者，言万物之蜄⑥也。

①【正义】白虎通云："夹，孚甲也。言万物孚甲，种类分也。"

②【集解】音孚。

③【索隐】符甲犹孚甲也。

④【正义】氐音丁礼反。

⑤【正义】姑音沽。洗音先典反。白虎通云："沽者，故也。洗者，鲜也。言万物去故就新，莫不鲜明也。"

⑥【集解】音之慎反。　【索隐】蜄音振。或作"娠"，同音。律历志云"振美于辰"。

清明风居东南维，主风吹万物而西之。〔至于〕轸。轸者，言万物益大而轸轸然。西至于翼。翼者，言万物皆有羽翼也。四月也，律中中吕。①中吕者，言万物尽旅而西行也。其于十二子为巳。巳者，言阳气之已尽也。西至于七星。七星者，阳数成于七，故曰七星。西至于张。张者，言万物皆张也。西至于注。②注者，言万物之始衰，阳气下注，故曰注。五月也，律中蕤宾。③蕤宾者，言阴气幼少，故曰蕤；痿阳不用事，故曰宾。

①【正义】中音仲。白虎通云"言阳气将极中充大也"，故复申言之也。

②【索隐】音丁救反。注，咮也。天官书云"柳为鸟咮"，则注，柳星也。

③【正义】蕤音仁佳反。白虎通云："蕤者，下也。宾者，敬也。言阳气上极，阴气始宾敬之也。"

景风居南方。景者，言阳气道竟，故曰景风。其于十二子为午。午者，阴阳交，故曰午。①其于十母为丙丁。丙者，言阳道著明，故曰丙；丁者，言万物之丁壮也，故曰丁。西至于弧。弧者，言万物之吴落②且就死也。西至于狼。狼者，言万物可度量，断万物，故曰狼。

①【索隐】律历志云“咢布于午”。

②【集解】徐广曰：“吴，一作‘柔’。”

凉风居西南维，主地。地者，沈夺万物气也。[①]六月也，律中林钟。[②]林钟者，言万物就死气林林然。其于十二子为未。未者，言万物皆成，有滋味也。[③]北至于罚。罚者，言万物气夺可伐也。北至于参。[④]参言万物可参也，故曰参。七月也，律中夷则。[⑤]夷则，言阴[⑥]气之贼[⑦]万物也。其于十二子为申。申者，言阴用事，申贼万物，[⑧]故曰申。北至于浊。[⑨]浊者，触也，言万物皆触死也，故曰浊。北至于留。[⑩]留者，言阳气之稽留也，故曰留。八月也，律中南吕。[⑪]南吕者，言阳气之旅入藏也。其于十二子为酉。酉者，万物之老也，[⑫]故曰酉。

①【正义】沈，一作“洗”。

②【正义】白虎通云：“林者，众也。言万物成熟，种类多也。”

③【索隐】律历志云“昧薆于未”，其意殊也。

④【正义】音所林反。

⑤【正义】白虎通云：“夷，伤也。则，法也。言万物始伤，被刑法也。”

⑥【集解】徐广曰：“一作‘阳’。”

⑦【集解】徐广曰：“一作‘则’。”

⑧【集解】徐广曰：“贼，一作‘则’。” 【索隐】律历志“物坚于申”也。

⑨【索隐】按：尔雅“浊谓之毕”。

⑩【索隐】留即昴，毛传亦以留为昴。

⑪【正义】白虎通云：“南，任也。言阳气尚任包，大生荠麦也。”

⑫【索隐】律历志“留孰于酉”。

阊阖风居西方。阊者，倡也；阖者，藏也。言阳气道万物，阖黄泉也。其于十母为庚辛。庚者,言阴气庚万物,故曰庚;辛者,言万物之辛生,故曰辛。北至于胃。胃者,言阳气就藏,皆胃胃也。北至于娄。娄者,呼万物且内之也。北至于奎。①奎者,主毒螫杀万物也,奎而藏之。九月也,律中无射。②无射者,阴气盛用事,阳气无馀也,故曰无射。其于十二子为戌。戌者,言万物尽灭,故曰戌。③

①【集解】徐广曰:"一作'圭'。" 【索隐】按:天官书"奎为沟渎,娄为聚众,胃为天仓",今此说并异,及六律十母,又与汉书不同,今各是异家之说也。

②【正义】音亦。白虎通云:"射,终也。言万物随阳而终,当复随阴而起,无有终已。"此说六吕十干十二支与汉书不同。

③【索隐】律历志"毕入于戌"也。

律数:

九九八十一以为宫。三分去一,五十四以为徵。三分益一,七十二以为商。三分去一,四十八以为羽。三分益一,六十四以为角。

黄钟长八寸七分一,宫。①大吕长七寸五分三分(一)〔二〕。②太蔟长七寸(七)〔十〕分二,角。夹钟长六寸(一)〔七〕分三分一。姑洗长六寸(七)〔十〕分四,羽。③仲吕长五寸九分三分二,徵。蕤宾长五寸六分三分(一)〔二〕。林钟长五寸(七)〔十〕分四,角。④夷则长五寸(四分)三分二,商。南吕长四寸(七)〔十〕分八,徵。无射长四寸四分三分二。应钟长四寸二分三分二,羽。

①【索隐】黄钟长八寸十分一宫。案:上文云"律九九八十一以为宫",故云长八寸十分一宫。而云黄钟长九寸者,九分之寸也。刘歆、郑玄等皆以为长九寸即十分之寸,不依此法也。云宫者,黄钟为律之首,宫为五音之长,十一月以黄钟为宫,则声得其正。旧本多作"七分",盖

误也。

②【索隐】谓十一月以黄钟为宫，五行相次，土生金，故以大吕为商者，大吕所以助阳宣化也。

③【索隐】亦以金生水故也。

④【索隐】水生木，故为角。不用蕤宾者，以阴气起；阳不用事，故去之也。

生钟分：①

①【索隐】此算术生钟律之法也。 【正义】分音扶问反。

子一分。①丑三分二。②寅九分八。③卯二十七分十六。④辰八十一分六十四。巳二百四十三分一百二十八。午七百二十九分五百一十二。未二千一百八十七分一千二十四。申六千五百六十一分四千九十六。酉一万九千六百八十三分八千一百九十二。戌五万九千四十九分三万二千七百六十八。亥十七万七千一百四十七分六万五千五百三十六。

①【索隐】自此已下十一辰，皆以三乘之，为黄钟积实之数。

②【索隐】案：子律黄钟长九寸，林钟丑冲长六寸，以九比六，三分少一，故云丑三分二。即是黄钟三分去一，下生林钟之数也。

③【索隐】十二律以黄钟为主，黄钟长九寸，太蔟长八寸，寅九分八，即是林钟三分益一，上生太蔟之义也。 【正义】孟康云："元气始起于子。未分之时，天地人混合为一，故子数独一。"汉书律历志云："太极元气，函三为一，行于十二辰，始动于子，参之于丑，得三；又参于寅，得九；又参之于卯，得二十七；又参之于辰，得八十一；又参之于巳，得二百四十三；又参之于午，得七百二十九；又参之于未，得二千一百八十七；又参之于申，得六千五百六十一；又参之于酉，得万九千六百八十三；又参之于戌，得五万九千四十九；又参之于亥，得十七万七千一百

四十七。此阴阳合德，气种于子，化生万物者也。”然丑三分二，寅九分八者，并是分之馀数，而汉书不说也。

④【索隐】此以丑三乘寅，寅三乘卯，得二十七。南吕为卯，冲长五寸三分寸之一，以三约二十七得九，即黄钟之本数。又以三约十六得五，馀三分之一即南吕之长，故云卯二十七分十六，亦是太蔟三分去一，下生南吕之义。已下八辰并准此。然云丑三分二，寅九分八者，皆分之馀数也。

生黄钟术曰：以下生者，①倍其实，三其法。②以上生者，四其实，三其法。③上九，商八，羽七，角六，宫五，徵九。④置一而九三之以为法。⑤实如法，得长一寸。⑥凡得九寸，命曰“黄钟之宫”。故曰音始于宫，穷于角；⑦数始于一，终于十，成于三；气始于冬至，周而复生。

①【索隐】生钟术曰以下生者。案：蔡邕曰“阳生阴为下生，阴生阳为上生。子午已东为上生，已西为下生”。又律历志云“阴阳相生自黄钟始，黄钟(生)〔至〕太蔟，左旋八八为五”。从子至未得八，下生林钟是也。又自未至寅亦得八，上生太蔟。然上下相生，皆以此为率也。

②【索隐】谓黄钟下生林钟，黄钟长九寸，倍其实者，二九十八，三其法者，以三为法，约之得六，为林钟之长也。

③【索隐】四其实者，谓林钟上生太蔟，林钟长六寸，以四乘六得二十四，以三约之得八，即为太蔟之长。

④【索隐】此五声之数亦上生三分益一，下生三分去一。宫下生徵，徵益一上生商；商下生羽，羽益一上生角。然此文似数错，未暇研核也。

⑤【索隐】汉书律历志曰：“太极元气，函三为一，行之于十二辰，始动于子，参之于丑得三，又参之于寅得九。”是谓因而九三之也。韦昭曰：“置一而九，以三乘之是也。”乐产云：“一气生于子，至丑而三，是一三也。又自丑至寅为九，皆以三乘之，是九三之也。又参之卯，得二十

七；参之于辰，得八十一；又参之于巳，得二百四十三；又参之午，得七百二十九；又参于未，得二千六百八十七；又参之于申，得六千五百六十三；又参于酉，得万九千六百八十三；又参于戌，得五万九千四十九；又参至于亥，得十七万七千一百四十七：谓之该数。此阴阳合德，气钟于子，化生万物也。然丑三分，寅九分者，即分之馀数也。”

⑥【索隐】实如法得一。实谓以子一乘丑三，至亥得十七万七千一百四十七为实数。如法谓以上万九千六百八十三之法除实得九，为黄钟之长。言“得一”者，算术设法辞也。“得”下有“长”，“一”〔下有〕“寸”者，皆衍字也。韦昭云得九寸之一也。姚氏谓得一即黄钟之子数。

⑦【索隐】即如上文宫下生徵，徵上生商，商下生羽，羽上生角，是其穷也。

神生于无，①形成于有，②形然后数，形而成声，③故曰神使气，气就形。形理如类有可类。或未形而未类，或同形而同类，类而可班，类而可识。圣人知天地识之别，故从有以至未有，④以得细若气，微若声。⑤然圣人因神而存之，⑥虽妙必效情，核其华道者明矣。⑦非有圣心以乘聪明，孰能存天地之神而成形之情哉？神者，物受之而不能知(及)其去来，⑧故圣人畏而欲存之。唯欲存之，神之亦存。⑨其欲存之者，故莫贵焉。⑩

①【正义】无形为太易气，天地未形之时，言神本在太虚之中而无形也。

②【正义】天地既分，二仪已质，万物之形成于天地之间，神在其中。

③【正义】数谓天数也，声谓宫、商、角、徵、羽也。言天数既形，则能成其五声也。

④【正义】从有谓万物形质也，未有谓天地未形也。

⑤【正义】气谓太易之气，声谓五声之声也。

⑥【正义】言圣人因神理其形体，寻迹至于太易之气，故云因神而存之，

上云从有以至未有是也。

⑦【正义】妙谓微妙之性也。效犹见也。核，研核也。华道，神妙之道也。言人虽有微妙之性，必须程督己之情理，然后研核神妙之道，乃能究其形体，辨其成声，故谓明矣。故下云"非有圣心以乘聪明，孰能存天地之神而成形之情哉"是也。

⑧【正义】言万物受神妙之气，不能知觉，及神去来，亦不能识其往复也。

⑨【正义】言圣人畏神妙之理难识，而欲常存之；唯欲常存之，故其神亦存也。

⑩【正义】言平凡之人欲得精神存者，故亦莫如贵神之妙焉。

太史公曰：(故)〔在〕旋玑玉衡以齐七政，即天地二十八宿。①十母，②十二子，③钟律调自上古。建律运历造日度，可据而度也。④合符节，通道德，即从斯之谓也。

①【正义】宿音息袖反，又音肃。谓东方角、亢、氐、房、心、尾、箕，南方井、鬼、柳、星、张、翼、轸，西方奎、娄、胃、昴、毕、觜、参，北方斗、牛、女、虚、危、室、壁，凡二十八宿一百二十八宿星也。

②【正义】十干：甲、乙、丙、丁、戊、己、庚、辛、壬、癸。

③【正义】十二支：子、丑、寅、卯、辰、巳、午、未、申、酉、戌、亥。

④【正义】度音田洛反。

【索隐述赞】自昔轩后，爰命伶纶。雄雌是听，厚薄伊均。以调气候，以轨星辰。军容取节，乐器斯因。自微知著，测化穷神。大哉虚受，含养生人。

史记卷二十六

历书第四

昔自在古,历建正作于孟春。①于时冰泮发蛰,百草奋兴,秭鴂先滜。②物乃岁具,生于东,次顺四时,卒于冬分。③时鸡三号,卒明。④抚十二〔月〕节,卒于丑。⑤日月成,故明也。明者孟也,幽者幼也,幽明者雌雄也。雌雄代兴,而顺至正之统也。日归于西,起明于东;月归于东,起明于西。正不率天,又不由人,⑥则凡事易坏而难成矣。

①【索隐】按:古历者,谓黄帝调历以前有上元太初历等,皆以建寅为正,谓之孟春也。及颛顼、夏禹亦以建寅为正。唯黄帝及殷、周、鲁并建子为正。而秦正建亥,汉初因之。至武帝元封七年始改用太初历,仍以周正建子为十一月朔旦冬至,改元太初焉。今按:此文至于"十二月节",皆出大戴礼虞史伯夷之辞也。

②【集解】徐广曰:"秭音姊,鴂音规。子鴂鸟也,一名鷤鴂。" 【索隐】按:徐广云"秭音规"者,误也,当云"秭音姊,鴂音规",盖遗失耳。言

子鳺鸟春气发动，则先出野泽而鸣也。又按：大戴礼作“瑞雉”，无释，未测其旨，当是字体各有讹变耳。鹈音弟，鴂音桂。楚词云“虑鹈鴂之先鸣，使夫百草为之不芳”，解者以鹈鴂为杜鹃。

③【索隐】卒，子律反。分，如字。卒，尽也。言建历起孟春，尽季冬，则一岁事具也。冬尽之后，分为来春，故云冬分也。

④【集解】徐广曰：“卒，一作‘平’，又云卒，斯也。” 【索隐】三号，三鸣也。言夜至鸡三鸣则天晓，乃始为正月一日，言异岁也。徐广云卒，一作“平”，又作“斯”，于文皆便。

⑤【正义】抚犹循也。自平明寅至鸡鸣丑，凡十二辰，辰尽丑又至明朝寅，使一日一夜，故曰幽明。

⑥【索隐】正不率天，亦不由人。此文出大戴礼，是孔子称周太史之词。

王者易姓受命，必慎始初，改正朔，易服色，推本天元，顺承厥意。①

①【索隐】言王者易姓而兴，必当推本天之元气行运所在，以定正朔，以承天意，故云承顺厥意。

太史公曰：神农以前尚矣。盖黄帝考定星历，①建立五行，起消息，②正闰馀，③于是有天地神祇物类之官，④是谓五官。各司其序，不相乱也。民是以能有信，神是以能有明德。民神异业，敬而不渎，故神降之嘉生，⑤民以物享，⑥灾祸不生，所求不匮。

①【索隐】按：系本及律历志黄帝使羲和占日，常仪占月，臾区占星气，伶伦造律吕，大桡作甲子，隶首作算数，容成综此六术而著调历也。

②【正义】皇侃云：“乾者阳，生为息；坤者阴，死为消也。”

③【集解】汉书音义曰：“以岁之馀为闰，故曰闰馀。” 【正义】邓平、落下闳云“一月之日，二十九日八十一分日之四十三”。按：计其馀分成闰，故云正闰馀也。每一岁三百六十六日馀六日，小月六日，是一岁

馀十二日，大计三十三月则一闰之耳。

④【正义】应劭云："黄帝受命有云瑞，故以云纪官。春官为青云，夏官为缙云，秋官为白云，冬官为黑云，中官为黄云。"按：黄帝置五官，各以物类名其职掌也。

⑤【集解】应劭曰："嘉谷也。" 【索隐】应劭云："嘉谷也。"

⑥【正义】刘伯庄云："物，事也。人皆顺事而享福也。"

少暤氏之衰也，九黎乱德，①民神杂扰，不可放物，②祸菑荐至，③莫尽其气。颛顼受之，乃命南正重司天以属神，命火正黎司地以属民，④使复旧常，无相侵渎。

①【集解】汉书音义曰："少暤时诸侯作乱者。"

②【索隐】放音昉，依也。

③【索隐】上音在见反，古"荐"字，假借用耳。荐，集也。

④【集解】应劭曰："黎，阴官也。火数二；二，地数也：故火正司地以属万民。" 【索隐】按：左传重为句芒，木正；黎为祝融，火正。此言"南"者，刘氏以为"南"字误，非也。盖重黎二人元是木火之官，兼司天地职，而天是阳，南是阳位，故木亦是阳，所以木正为南正也；而火是地正，亦称北正者，火数二，二地数，地阴，主北方，故火正亦称北正：为此故也。臣瓒以为古文"火"字似"北"，未为深得也。

其后三苗服九黎之德，①故二官咸废所职，而闰馀乖次，②孟陬殄灭，③摄提无纪，历数失序。④尧复遂重黎之后，不忘旧者，使复典之，而立羲和之官。明时正度，则阴阳调，风雨节，茂气至，民无夭疫。年耆禅舜，申戒文祖，⑤云"天之历数在尔躬"。⑥舜亦以命禹⑦。由是观之，王者所重也。

①【正义】孔安国云："三苗，缙云氏之后诸侯也。"按：服，从也。言九黎之君在少暤之世作乱，今三苗之君从九黎乱德，故南北二官皆废，使

历数失序。

②【集解】汉书音义曰："次，十二次也。史推历失闰，则斗建与月名错。"

③【集解】汉书音义曰："正月为孟陬。闰馀乖错，不与正岁相值，谓之殄灭。"【索隐】按：正月为陬。陬音邹，又作侯反。楚词云"摄提贞乎孟陬"。言历数乖误，乃使孟陬殄灭，不得其正也。

④【集解】汉书音义曰："摄提，星名，随斗杓所指建十二月。若历误，春三月当指辰而指巳，是谓失序。"【索隐】摄提失方。按：天官书云"摄提三星，若鼎足句之，直斗杓所指，以建时节，故曰摄提格"。格，至也。言摄提随月建至，故云格也。

⑤【集解】徐广曰："戒，一作'敕'。"【正义】言于文祖之庙以申戒舜也。

⑥【集解】何晏曰："历数谓列次也。"

⑦【集解】孔安国曰："舜亦以尧命己之辞命禹也。"

夏正以正月，殷正以十二月，周正以十一月。盖三王之正若循环，穷则反本。天下有道，则不失纪序；无道，则正朔不行于诸侯。

幽、厉之后，周室微，陪臣执政，史不记时，君不告朔，①故畴人子弟分散，②或在诸夏，或在夷狄，是以其禨祥废而不统。③周襄王二十六年闰三月，而春秋非之。先王之正时也，履端于始，④举正于中，⑤归邪⑥于终。⑦履端于始，序则不愆；举正于中，民则不惑；归邪于终，事则不悖。

①【集解】郑玄曰："礼，人君每月告朔于庙，有祭，谓之朝享。"

②【集解】如淳曰："家业世世相传为畴。律，年二十三傅之畴官，各从其父学。"【索隐】韦昭云："畴，类也。"孟康云："同类之人明历者也。"乐产云："畴昔知星人。"

③【集解】如淳曰："吕氏春秋'荆人鬼而越人禨'，今之巫祝祷祠淫祀之比也。"晋灼曰："禨音'珠玑'之'玑'。"

④【集解】韦昭曰:“谓正历必先称端始也,若十一月朔旦冬至也。”

⑤【集解】韦昭曰:“气在望中,则时日昏明皆正也。”

⑥【集解】音馀。

⑦【集解】韦昭曰:“邪,馀分也。终,闰月也。中气在晦则后月闰,在望是其正中也。”

其后战国并争,在于强国禽敌,救急解纷而已,岂遑念斯哉!是时独有邹衍,明于五德之传,①而散消息之分,以显诸侯。而亦因秦灭六国,兵戎极烦,又升至尊之日浅,未暇遑也。而亦颇推五胜,②而自以为获水德之瑞,更名河曰“德水”,而正③以十月,色上黑。然历度闰馀,未能睹其真也。

①【正义】传音竹恋反。五德,五行也。

②【集解】汉书音义曰:“五行相胜,秦以周为火,用水胜之也。”

③【正义】音征。以秦始皇名讳之,故改也。

汉兴,高祖曰“北畤待我而起”,亦自以为获水德之瑞。虽明习历及张苍等,咸以为然。是时天下初定,方纲纪大基,高后女主,皆未遑,故袭秦正朔服色。

至孝文时,鲁人公孙臣以终始五德上书,言“汉得土德,宜更元,改正朔,易服色。当有瑞,瑞黄龙见”。事下丞相张苍,张苍亦学律历,以为非是,罢之。其后黄龙见成纪,张苍自黜,所欲论著不成。而新垣平以望气见,颇言正历服色事,贵幸,后作乱,故孝文帝废不复问。

至今上即位,招致方士唐都,分其天部;①而巴落下闳运算转历,②然后日辰之度与夏正同。乃改元,更官号,封泰山。因诏御史曰:“乃者,有司言星度之未定也,广延宣问,以理星度,未能詹也。③盖闻昔者黄帝合而不死,名察度验,定清浊,起五部,建气物分数。④然盖尚矣。书缺乐弛，朕甚闵焉。朕唯未能循明也，紬绩日分，⑤率应水德之胜。⑥今日顺夏至，⑦黄钟为宫，林钟为徵，太蔟为商，南吕为羽，姑洗为角。自是以后，气复正，羽声复清，名复正变，以至子日当冬至，则阴阳离合之道行焉。十一月甲子朔旦冬至已詹，其更以七年为太初元年。⑧年名'焉逢摄提格'，⑨月名'毕聚'，日得甲子，夜半朔旦冬至。"⑩

①【集解】汉书音义曰："谓分部二十八宿为距度。"

②【集解】徐广曰："陈术云征士巴郡落下闳也。"【索隐】姚氏案：益部耆旧传云"闳字长公，明晓天文，隐于落下，武帝征待诏太史，于地中转浑天，改颛顼历作太初历，拜侍中不受"。

③【集解】徐广曰："詹，一作'售'也。"【索隐】按：汉书作"雠"，故徐广云一作"售"，售即雠也。韦昭云"雠，比校也"。郑德云"相应为雠"也。

④【集解】应劭曰："言黄帝造历得仙，名节会，察寒暑，致启闭分至，定清浊，起五部。五部，金、木、水、火、土也。建气物分数，皆叙历之意也。"孟康曰："合，作也。黄帝作历，历终复始无穷已，故曰不死。清浊，律声之清浊也。五部，五行也。天有四时，分为五行也。气，二十四气；物，万物也。分，历数之分也。"瓒曰："黄帝圣德，与虚合契，升龙登仙于天，故曰合而不死。题名宿度，候察进退，谓三辰之度，吉凶之验也。"【索隐】臣瓒云："题名宿度，候察进退，以为吉凶之状，依文作解为得。"案：汉书作"名察发敛"，韦昭云"发，气发；敛，气敛"。又续汉书以为道之发敛，景之长短，则发敛是日行道去极盈缩也。

⑤【索隐】紬音宙，又如字。紬绩者，女工紬缉之意，以言造历算运者犹若女工缉而织之也。

⑥【集解】徐广曰："盖以为应土德，土胜水。"

⑦【索隐】按：夏至，谓夏至、冬至。

⑧【索隐】按：改元封七年为太初元年。然汉始以建亥为年首，今改以建寅，故以七年为元年。韦昭云"汉兴至此百二岁"。案：律历志云"乃以前历上元太初四千六百一十七岁，至元封七年，复得阏逢摄提之岁，中冬十一月甲子朔旦冬至"。

⑨【集解】徐广曰："岁阴在寅，在行；岁星在丑，右行。" 【索隐】按：尔雅云"岁在甲曰焉逢，寅曰摄提格"，则此甲寅之年十一月甲子朔旦夜半冬至也。然此篇末亦云"寅名摄提格"，则此甲寅之岁也。又据二年名单阏，三年名执徐等，年次分明，而汉志以为其年在丙子，当是班固用三统，与太初历不同，故与太史公说有异。而尔雅近代之作，所记年名又不同也。左行右行，按苏林云"岁与星行所在之次"。

【正义】焉音于乾反，后同。

⑩【集解】文颖曰："律居阴而治阳，历居阳而治阴，更相治，间不容期忽。五家文悖异，推太初之元也。" 【索隐】聚音娵。案：虞喜云"天元之始，于十一月甲子夜半朔旦冬至，日月若连珠，俱起牵牛之初。岁，雄在阏逢，雌在摄提格。月，雄在毕，雌在訾，訾则娵訾之宿。日，雄在甲，雌则在子。此则甲寅之元，天道之首"。

历术甲子篇①

①【索隐】以十一月朔旦冬至得甲子，甲子是阳气支干之首，故以甲子命历术为篇首，非谓此年岁在甲子也。

太初元年，岁名"焉逢①摄提格"，②月名"毕聚"，③日得甲子，④夜半朔旦冬至。⑤

①【索隐】甲，岁雄也。汉书作"阏逢"，亦音焉，与此音同。

②【索隐】寅，岁阴也。此依尔雅甲寅之岁，若据汉志，以为丙子之年。

③【索隐】谓月值毕及陬訾也。毕，月雄也。聚，月雌也。

④【索隐】谓十一月冬至朔旦得甲子也。

⑤【索隐】以建子为正，故以夜半为朔；其至与朔同日，故云夜半朔旦冬

至。若建寅为正者，则以平旦为朔也。

正北①

①【索隐】谓蔀首十一月甲子朔旦时加子为冬至，故云“正北”也。然每岁行周天全度外馀有四分之一，以十二辰分之，冬至常居四仲，故子年在子，丑年在卯，寅年在午，卯年在酉。至后十九年章首在酉，故云“正西”。其“正南”、“正东”，并准此也。 【正义】黄钟管，子时气应称正北，顺行四(时)仲，所至为正月一日，是岁之始，尽一章。十九年黄钟管，应在酉则称“正西”。他皆放此。

十二①

①【索隐】岁有十二月，有闰则云十三也。

无大馀，无小馀；①

①【索隐】其岁甲子朔旦，日月合于牵牛之初，馀分皆尽，故无大小馀也。【正义】无大小馀者，以出闰月之岁有三百五十四日三百四十八分，除五甲三百日，馀有五十四日三百四十八分，缘未满六十日，故置为来年大小馀。亦为太初元年日得甲子朔旦冬至，前年无奇日分，故无大小馀也。

无大馀，无小馀；①

①【索隐】上大小馀朔之大小馀，此谓冬至大小馀。冬至亦与朔同日，并无馀分，至与朔法异，故重列之。

焉逢摄提格太初元年。①

①【索隐】如汉志太初元年岁在丙子，据此，则甲寅岁也。尔雅释天云岁阳者，甲、乙、丙、丁、戊、己、庚、辛、壬、癸十干是也。岁阴者，子、丑、寅、卯、辰、巳、午、未、申、酉、戌、亥十二支是也。岁阳在甲云焉逢，谓岁干也。岁阴在寅云摄提格，谓岁支也。

十二

大馀五十四，①小馀三百四十八；②

①【索隐】岁十二月，六大六小，合三百五十四日，以六除之，五六三十，除三百日，馀五十四日，故下云"大馀者日也。" 【正义】月朔旦甲子日法也。

②【索隐】太初历法，一月之日，二十九日九百四十分日之四百九十九，每两月合成五十九日，馀五十八分。今十二月合馀六个五十八，得此数，故〔下〕云"小馀者月也"。 【正义】未满日之分数也。其分每满九百四十则成一日，即归上，成五十五日矣。大馀五十四者，每岁除小月六日，则成三百五十四日，除五甲三百日，犹馀五十四日，为未满六十日，故称"大馀五十四"也。小馀三百四十八者，其大数五十四之外更馀分三百四十八，故称"小馀三百四十八"也。此大小馀是月朔甲子日法，以出闰月之数，一岁则有三百五十四日三百四十八分，每六十日除之，馀为未满六十日，故有大小馀也。此是太初元年奇日奇分也。置大馀五十四算，每年加五十四日，满六十日除之，奇算留之；每至闰后一年加二十九算，亦满六十日除之，奇算留之；若才足六十日，明年云无大馀，无小馀也。又明年以置五十四算，如上法，置小馀三百四十八算，每年加三百四十八分，满九百四十分成一日，归上，馀算留之；若至闰后一年加八百四十七分，亦满九百四十分成日，归大馀，奇留之；明年以加三百四十八算，如上法也。

大馀五，①小馀八；②

①【索隐】周天三百六十五度四分度之一，日行一度，去岁十一月朔在牵牛初为冬至，今岁十一月十二日又至牵牛初为一周，以六甲除之，六六三十六，除三百六十馀五，故云大馀五也。 【正义】冬至甲子日法也。

②【索隐】即四分之一，小馀满三十二从大馀一，四八三十二，故云小馀八。明年又加八得十六，故下云小馀十六。次明年又加八得二十四，

故下云小馀二十四。又明年加八得三十二为满，故下云无小馀。此并依太初法行之也。【正义】未满日之分数也。其分每满三十二则成一日，即归上成六日矣。大馀五者，每岁三百六十五日，除六甲三百六十日，犹馀五日，故称大馀五(日)也。小馀八者，每岁三百六十五日四分日之一，则一日三十二分，是一岁三百六十五日八分，故称小馀八也。此大小馀是冬至甲子日法，未出闰月之数，每六十日除之，为未满六十日，故有大小馀也。此是太初元年奇日奇分也。置大馀五算，每年加五算，满六十日则除之；后年更置五算，如上法。置小馀八算，每年加八算，满三十二分为一日，归大馀；后年更置八算，如上法。大馀者，日也。小馀者，日之奇分也。

端蒙单阏二年。①

①【集解】徐广曰："单阏，一作'亶安'。"【索隐】端蒙，乙也。尔雅作"旃蒙"。单阏，卯也，丹遏二音，又音蝉焉。二年，岁在乙卯也。【正义】单音丹，又音时连反。阏音乌葛反，又于连反。

闰十三

大馀四十八，小馀六百九十六；

大馀十，小馀十六

游兆执徐三年。①

①【索隐】游兆，景也。尔雅作"柔兆"。执徐，辰也。三年。【正义】三年，丙辰岁也。

十二

大馀十二，小馀六百三；

大馀十五，小馀二十四；

强梧大荒落四年。①

①【索隐】强梧，丁也。大芒骆，巳也。四年。【正义】梧音语。四年，

丁巳岁也。

十二

大馀七，小馀十一；

大馀二十一，无小馀；

徒维敦牂天汉元年。①

①【索隐】徒维，戊也。敦牂，午也。天汉元年。【正义】牂音作郎反。天汉元年，戊午岁也。

闰十三

大馀一，小馀三百五十九；

大馀二十六，小馀八；

祝犁协洽二年。①

①【索隐】祝犁，己也，尔雅作"著雍"。协洽，未也。二年。【正义】二年，己未岁也。

十二

大馀二十五，小馀二百六十六；

大馀三十一，小馀十六；

商横涒滩三年。①

①【索隐】商横，庚也，尔雅作"上章"。赤奋若，丑也。天官书及尔雅申为涒汉，丑为赤奋若。今自太初已来计岁次与天官书不同者有四，盖后历术改故也。三年也。【正义】涒音吐魂反。滩音吐丹反。又作"涒汉"，字音与上同。三年，庚申岁也。

十二

大馀十九，小馀六百一十四；

大馀三十六，小馀二十四；

昭阳作鄂四年。①

①【索隐】昭阳，辛也，尔雅作"重光"。作鄂，酉也。四年。【正义】四年，辛酉岁也。

闰十三

大馀十四，小馀二十二；

大馀四十二，无小馀；

横艾淹茂太始元年。①

①【索隐】横艾，壬也，尔雅作"玄黓"。淹茂，戌也。太始元年。【正义】太始元年，壬戌岁也。

十二

大馀三十七，小馀八百六十九；

大馀四十七，小馀八；

尚章大渊献二年。①

①【索隐】尚章，癸也，尔雅作"昭阳"也。困敦，亥也。天官书子为困敦，尔雅同。二年。【正义】二年，癸亥岁也。

闰十三

大馀三十二，小馀二百七十七；

大馀五十二，小馀一十六；

焉逢困敦三年。①

①【索隐】焉逢，甲也。大渊献，子也。天官书亥为大渊献，与尔雅同。三年也。【正义】敦音顿。三年，甲子岁也。

十二

大馀五十六，小馀一百八十四；

大馀五十七，小馀二十四；

端蒙赤奋若四年。①

①【索隐】端蒙，乙也。汭汉，丑也。天官书作“赤奋若”，与尔雅同。四年。已后自太始、征和已下讫篇末，其年次甲乙皆准此。并褚先生所续。 【正义】四年，乙丑岁也。

十二

大馀五十，小馀五百三十二；

大馀三，无小馀；

游兆①摄提格征和元年。②

①【集解】徐广曰：“作‘游桃’。”

②【正义】李巡注尔雅云：“万物承阳而起，故曰摄提格。格，起也。”孔文祥云：“以岁在寅正月出东方，为众星之纪，以摄提宿，故曰摄提；以其为岁月之首，起于孟陬，故云格。〔格〕，正也。”

闰十三

大馀四十四，小馀八百八十；

大馀八，小馀八；

强梧单阏二年。①

①【正义】李巡云：“言阳气推万物而起，故曰单阏。”单，尽；阏，止也。

十二

大馀八，小馀七百八十七；

大馀十三，小馀十六；

徒维执徐三年。①

①【正义】李巡云：“伏蛰之物皆敷舒而出，故云执徐也。

十二

大馀三，小馀一百九十五；

大馀十八，小馀二十四；

祝犁大芒落四年。①

①【集解】芒，一作“荒”。　【正义】姚察云：“言万物皆炽盛而大出，霍然落之，故云荒落也。”

闰十三

大馀五十七，小馀五百四十三；

大馀二十四，无小馀；

商横敦牂后元元年。①

①【正义】〔孙炎注〕尔雅云：“敦，盛也。牂，壮也。言万物盛壮也。”

十二

大馀二十一，小馀四百五十；

大馀二十九，小馀八；

昭阳汁洽二年。①

①【集解】汁，一作“协”。　【正义】李巡云：“言阴阳化生，万物和合，故曰协洽也。”

闰十三

大馀十五，小馀七百九十八；

大馀三十四，小馀十六；

横艾涒滩始元元年。①

①【集解】涒滩，一作“芮汉”。　【正义】孙炎注尔雅云：“涒滩，万物吐秀倾垂之貌也。”

正西

十二

大馀三十九，小馀七百五；

大馀三十九，小馀二十四；

尚章作噩二年。①

①【集解】噩，一作"鄂"。　【正义】李巡云："作鄂，万物皆落枝起之貌也。"

十二

大馀三十四，小馀一百一十三；

大馀四十五，无小馀；

焉逢淹茂三年。①

①【集解】淹，一作"阉"。　【正义】李巡云："言万物皆蔽冒，故曰阉茂。〔阉〕，蔽〔也〕。〔茂〕，冒也。"

闰十三

大馀二十八，小馀四百六十一；

大馀五十，小馀八；

端蒙大渊献四年。①

①【正义】孙炎云："渊献，深也。献万物于天，深于藏盖也。"

十二

大馀五十二，小馀三百六十八；

大馀五十五，小馀十六；

游兆困敦五年。①

①【正义】孙炎云："困敦，混沌也。言万物初萌，混沌于黄泉之下也。"

十二

大馀四十六，小馀七百一十六；

无大馀，小馀二十四；

强梧赤奋若六年。①

①【正义】李巡云："阳气奋迅万物而起，无不若其性，故曰赤奋若。赤，阳色；奋，迅也；若，顺也。"

闰十三

大馀四十一，小馀一百二十四；

大馀六，无小馀；

徒维摄提格元凤元年。

十二

大馀五，小馀三十一；

大馀十一，小馀八；

祝犁单阏二年。

十二

大馀五十九，小馀三百七十九；

大馀十六，小馀十六；

商横执徐三年。

闰十三

大馀五十三，小馀七百二十七；

大馀二十一，小馀二十四；

昭阳大荒落四年。

十二

大馀十七，小馀六百三十四；

大馀二十七，无小馀；

横艾敦牂五年。

闰十三

大馀十二，小馀四十二；

大馀三十二，小馀八；

尚章汁洽六年。

十二

大馀三十五，小馀八百八十九；

大馀三十七，小馀十六；

焉逢涒滩元平元年。

十二

大馀三十，小馀二百九十七；

大馀四十二，小馀二十四；

端蒙作噩本始元年。

闰十三

大馀二十四，小馀六百四十五；

大馀四十八，无小馀；

游兆阉茂二年。

十二

大馀四十八，小馀五百五十二；

大馀五十三，小馀八；

强梧大渊献三年。

十二

大馀四十二，小馀九百；

大馀五十八，小馀十六；

徒维困敦四年。

闰十三

大馀三十七，小馀三百八；

大馀三，小馀二十四；

祝犁赤奋若地节元年。

十二

大馀一，小馀二百一十五；

大馀九，无小馀；

商横摄提格二年。

闰十三

大馀五十五，小馀五百六十三；

大馀十四，小馀八；

昭阳单阏三年。

正南

十二

大馀十九，小馀四百七十；

大馀十九，小馀十六；

横艾执徐四年。

十二

大馀十三，小馀八百一十八；

大馀二十四，小馀二十四；

尚章大荒落元康元年。

闰十三

大馀八，小馀二百二十六；

大馀三十，无小馀；

焉逢敦牂二年。

十二

大馀三十二，小馀一百三十三；

大馀三十五，小馀八；

端蒙协洽三年。

十二

大馀二十六，小馀四百八十一；

大馀四十，小馀十六；

游兆涒滩四年。

闰十三

大馀二十，小馀八百二十九；

大馀四十五，小馀二十四；

强梧作噩神雀元年。

十二

大馀四十四，小馀七百三十六；

大馀五十一，无小馀；

徒维淹茂二年。

十二

大馀三十九，小馀一百四十四；

大馀五十六，小馀八；

祝犁大渊献三年。

闰十三

大馀三十三，小馀四百九十二；

大馀一，小馀十六；

商横困敦四年。

十二

大馀五十七，小馀三百九十九；

大馀六，小馀二十四；

昭阳赤奋若五凤元年。

闰十三

大馀五十一，小馀七百四十七；

大馀十二，无小馀；

横艾摄提格二年。

十二

大馀十五，小馀六百五十四；

大馀十七，小馀八；

尚章单阏三年。

十二

大馀十，小馀六十二；

大馀二十二，小馀十六；

焉逢执徐四年。

闰十三

大馀四，小馀四百一十；

大馀二十七，小馀二十四；

端蒙大荒落甘露元年。

十二

大馀二十八，小馀三百一十七；

大馀三十三，无小馀；

游兆敦牂二年。

十二

大馀二十二，小馀六百六十五；

大馀三十八，小馀八；

强梧协洽三年。

闰十三

大馀十七，小馀七十三；

大馀四十三，小馀十六；

徒维涒滩四年。

十二

大馀四十，小馀九百二十；

大馀四十八，小馀二十四；

祝犁作噩黄龙元年。

闰十三

大馀三十五，小馀三百二十八；

大馀五十四，无小馀；

商横淹茂初元元年。

正东

十二

大馀五十九，小馀二百三十五；

大馀五十九，小馀八；

昭阳大渊献二年。

十二

大馀五十三，小馀五百八十三；

大馀四，小馀十六；

横艾困敦三年。

闰十三

大馀四十七，小馀九百三十一；

大馀九，小馀二十四；

尚章赤奋若四年。

十二

大馀十一，小馀八百三十八；

大馀十五，无小馀；

焉逢摄提格五年。

十二

大馀六，小馀二百四十六；

大馀二十，小馀八；

端蒙单阏永光元年。

闰十三

无大馀，小馀五百九十四；

大馀二十五，小馀十六；

游兆执徐二年。

十二

大馀二十四，小馀五百一；

大馀三十，小馀二十四；

强梧大荒落三年。

十二

大馀十八，小馀八百四十九；

大馀三十六，无小馀；

徒维敦牂四年。

闰十三

大馀十三，小馀二百五十七；

大馀四十一，小馀八；

祝犁协洽五年。

十二

大馀三十七，小馀一百六十四；

大馀四十六，小馀十六；

商横涒滩建昭元年。

闰十三

大馀三十一，小馀五百一十二；

大馀五十一，小馀二十四；

昭阳作噩二年。

十二

大馀五十五，小馀四百一十九；

大馀五十七，无小馀；

横艾阉茂三年。

十二

大馀四十九，小馀七百六十七；

大馀二，小馀八；

尚章大渊献四年。

闰十三

大馀四十四，小馀一百七十五；

大馀七，小馀十六；

焉逢困敦五年。

十二

大馀八，小馀八十二；

大馀十二，小馀二十四；

端蒙赤奋若竟宁元年。

十二

大馀二，小馀四百三十；

大馀十八，无小馀；

游兆摄提格建始元年。

闰十三

大馀五十六，小馀七百七十八；

大馀二十三，小馀八；

强梧单阏二年。

十二

大馀二十，小馀六百八十五；

大馀二十八，小馀十六；

徒维执徐三年。

闰十三

大馀十五，小馀九十三；

大馀三十三，小馀二十四；

祝犁大荒落四年。

右历书：大馀者，日也。小馀者，月也。端（旃）蒙者，年名也。支：丑名赤奋若，寅名摄提格。干：丙名游兆。正北，冬至加子时；正西，加酉时；正南，加午时；正东，加卯时。①

①【正义】准前解，小馀是日之馀分也。自"右历书"已下，小馀又非是，

年名复不周备，恐褚先生没后人所加。

【索隐述赞】历数之兴，其来尚矣。重黎是司，容成斯纪。推步天象，消息母子。五胜轮环，三正互起。孟陬贞岁，畴人顺轨。敬授之方，履端为美。

史记卷二十七

天官书第五

【索隐】案:天文有五官。官者,星官也。星座有尊卑,若人之官曹列位,故曰天官。　【正义】张衡云:"文曜丽乎天,其动者有七,日月五星是也。日者,阳精之宗;月者,阴精之宗;五星,五行之精。众星列布,体生于地,精成于天,列居错峙,各有所属,在野象物,在朝象官,在人象事。其以神著有五列焉,是有三十五名:一居中央,谓之北斗;四布于方各七,为二十八舍;日月运行,历示吉凶也。"

中宫①天极星,②其一明者,太一常居也;③旁三星三公,④或曰子属。后句四星,⑤末大星正妃,⑥馀三星后宫之属也。环之匡卫十二星,藩臣。皆曰紫宫。⑦

①【索隐】姚氏案:春秋元命包云"官之为言宣也,宣气立精为神桓"。又文耀钩曰"中宫大帝,其精北极星。含元出气,流精生一也"。

②【索隐】案:尔雅"北极谓之北辰"。又春秋合诚图云"北辰,其星五,在紫微中"。杨泉物理论云"北极,天之中,阳气之北极也。极南为太

阳,极北为太阴。日、月、五星行太阴则无光,行太阳则能照,故为昏明寒暑之限极也”。

③【索隐】案:春秋合诚图云“紫微,大帝室,太一之精也”。　【正义】泰一,天帝之别名也。刘伯庄云:“泰一,天神之最尊贵者也。”

④【正义】三公三星在北斗杓东,又三公三星在北斗魁西,并为太尉、司徒、司空之象,主变出阴阳,主佐机务。占以徙为不吉,居常则安,金、火守之并为咎也。

⑤【索隐】句音鉤。句,曲也。

⑥【索隐】案:援神契云“辰极横,后妃四星从,端大妃光明”。又案:星经以后句四星名为四辅,其句陈六星为六宫,亦主六军,与此不同也。

⑦【索隐】案:元命包曰“紫之言此也,宫之言中也,言天神运动,阴阳开闭,皆在此中也”。宋均又以为十二军,中外位各定,总谓之紫宫也。

前列直斗口①三星,随北端兑,②若见若不,曰阴德,③或曰天一。④紫宫左三星曰天枪,⑤右五星曰天棓,⑥后六星绝汉抵营室,曰阁道。⑦

①【索隐】直,刘氏云如字,直,当也。又音值也。

②【索隐】隋斗端兑。隋音汤果反。刘氏云“斗,一作‘北’”。案:汉书天文志作“北”。端作“耑”。兑作“锐”。锐谓星形尖锐也。

③【索隐】案:文耀鉤曰“阴德为天下纲”。宋均以为阴行德者,道常也。　【正义】星经云:“阴德二星在紫微宫内,尚书西,主施德惠者,故赞阴德遗惠,周急赈抚。占以不明为宜;明,新君践极也。”又云:“阴德星,中宫女主之象。星动摇,衅起宫掖,贵嫔内妾恶之。”

④【正义】天一一星,疆阊阖外,天帝之神,主战斗,知人吉凶。明而有光,则阴阳和,万物成,人主吉;不然,反是。太一一星次天一南,亦天帝之神,主使十六神,知风雨、水旱、兵革,饥馑、疾疫。占以不明及移为灾也。星经云:“天一、太一二星主王者即位,令诸立赤子而传国位

者。星不欲微;微则废立不当其次,宗庙不享食矣。"

⑤【索隐】楚庚反。

⑥【集解】苏林曰:"音'榔杆'之'榔'。" 【索隐】棓音皮,韦昭音剖。又诗纬曰:"枪三星,棓五星,在斗杓左右,主枪人棓人。"石氏星赞云"枪棓八星,备非常"也。 【正义】棓,庞掌反。天棓五星在女床东北,天子先驱,所以御兵也。占:星不具,国兵起也。

⑦【索隐】绝,度也。抵,属也。又案:乐汁图云"阁道,北斗辅"。石氏云"阁道六星,神所乘也"。 【正义】汉,天河也。直度曰绝。抵,至也。营室七星,天子之宫,亦为玄宫,亦为清庙,主上公,亦天子离宫别馆也。王者道被草木,营室历九象而可观。阁道六星在王良北,飞阁之道,天子欲游别宫之道。占:一星不见则辇路不通,动摇则宫掖之内起兵也。

北斗七星,[1]所谓"旋、玑、玉衡[2]以齐七政"。[3]杓携龙角,[4]衡殷南斗,[5]魁枕参首。[6]用昏建者杓;[7]杓,自华以西南。[8]夜半建者衡;[9]衡,殷中州河、济之间。[10]平旦建者魁;魁,海岱以东北也。[11]斗为帝车,运于中央,[12]临制四乡。分阴阳,建四时,均五行,移节度,定诸纪,皆系于斗。

①【索隐】案:春秋运斗枢云"斗,第一天枢,第二旋,第三玑,第四权,第五衡,第六开阳,第七摇光。第一至第四为魁,第五至第七为标,合而为斗"。文耀钩云"斗者,天之喉舌。玉衡属杓,魁为琁玑"。徐整长历云"北斗七星,星间相去九千里。其二阴星不见者,相去八千里也"。

②【索隐】案:尚书"旋"作"璿"。马融云"璿,美玉也。机,浑天仪,可转旋,故曰机。衡,其中横筩。以璿为机,以玉为衡,盖贵天象也"。郑玄注大传云"浑仪中筩为旋机,外规为玉衡"也。

③【索隐】案:尚书大传云"七政,谓春、秋、冬、夏、天文、地理、人道,所以

为政也。人道政而万事顺成”。又马融注尚书云“七政者，北斗七星，各有所主：第一曰正日；第二曰主月法；第三曰命火，谓荧惑也；第四曰煞土，谓填星也；第五曰伐水，谓辰星也；第六曰危木，谓岁星也；第七曰剽金，谓太白也。日、月、五星各异，故曰七政也”。

④【集解】孟康曰：“杓，北斗杓也。龙角，东方宿也。携，连也。”【正义】案：角星为天关，其间天门，其内天庭，黄道所经，七耀所行。左角为理，主刑，其南为太阳道；右角为将，主兵，其北为太阴道也。盖天之三门，故其星明大则天下太平，贤人在位；不然，反是也。

⑤【集解】晋灼曰：“衡，斗之中央。殷，中也。”【索隐】案：晋灼云“殷，中也”。宋均云“殷，当也”。

⑥【正义】枕，之禁反。衡，斗衡也。魁，斗第一星也。言北方斗，斗衡直当北之魁，枕于参星之首；北斗之杓连于龙角。南斗六星为天庙，丞相、大宰之位，主荐贤良，授爵禄，又主兵，一曰天机。南二星，魁、天梁；中央一星，天相；北二星，天府庭也。占：斗星盛明，王道和平，爵禄行；不然，反是。参主斩刈，又为天狱，主杀罚。其中三星横列者，三将军，东北曰左肩，主左将；西北曰右肩，主右将；东南曰左足，主后将；西南曰右足，主偏将；故轩辕氏占参应七将也。中央三小星曰伐，天之都尉也，主戎狄之国。不欲明；若明与参等，大臣谋乱，兵起，夷狄内战。七将皆明，主天下兵振；芒角张，王道缺；参失色，军散败；参芒角动摇，边候有急；参左足入玉井中，及金、火守，皆为起兵。

⑦【索隐】用昏建中者杓。说文云“杓，斗柄”。音匹遥反，即招摇。

⑧【集解】孟康曰：“传曰‘斗第七星法太白主，杓，斗之尾也’。尾为阴，又其用昏，昏阴位，在西方，故主西南。”【正义】杓，东北第七星也。华，华山也。言北斗昏建用斗杓，星指寅也。杓，华山西南之地也。

⑨【集解】徐广曰：“第五星。”孟康曰：“假令杓昏建寅，衡夜半亦建寅。”【索隐】孟康曰：“假令杓昏建寅，衡夜半亦建寅也。”

⑩【正义】衡，北斗衡也。言北斗夜半建用斗衡指寅。殷，当也。斗衡黄

河、济水之间地也。

⑪【集解】孟康曰："传曰'斗第一星法于日，主齐也'。魁，斗之首；首，阳也，又其用在明阳与明德，在东方，故主东北齐分。" 【正义】言北斗旦建用斗魁指寅也。海岱，代郡也。言魁星主海岱之东北地也。随三时所指，有前三建也。

⑫【索隐】姚氏案：宋均曰"言是大帝乘车巡狩，故无所不纪也"。

斗魁戴匡六星①曰文昌宫：②一曰上将，二曰次将，三曰贵相，四曰司命，五曰司中，六曰司禄。③在斗魁中，贵人之牢。④魁下六星，两两相比者，名曰三能。⑤三能色齐，君臣和；不齐，为乖戾。辅星⑥明近，⑦辅臣亲强；斥小，疏弱。⑧

①【集解】晋灼曰："似匡，故曰戴匡也。"

②【索隐】文耀鉤曰"文昌宫为天府"。孝经援神契云"文者精所聚，昌者扬天纪"。辅拂并居，以成天象，故曰文昌。

③【索隐】春秋元命包曰："上将建威武，次将正左右，贵相理文绪，司禄赏功进士，司命主老幼，司灾主灾咎也。"

④【集解】孟康曰："传曰'天理四星在斗魁中。贵人牢名曰天理'。"【索隐】在魁中，贵人牢。乐汁图云"天理理贵人牢"。宋均曰"以理牢狱"也。 【正义】占：明，及其中有星，此贵人下狱也。

⑤【集解】苏林曰："能音台。" 【索隐】魁下六星，两两相比，曰三台。案：汉书东方朔"愿陈泰阶六符"。孟康曰"泰阶，三台也。台星凡六星。六符，六星之符验也"。应劭引黄帝泰阶六符经曰"泰阶者，天子之三阶：上阶，上星为男主，下星为女主；中阶，上星为诸侯三公，下星为卿大夫；下阶，上星为士，下星为庶人。三阶平，则阴阳和，风雨时；不平，则稼穑不成，冬雷夏霜，天行暴令，好兴甲兵。修宫榭，广苑囿，则上阶为之坼也"。

⑥【集解】孟康曰："在北斗第六星旁。"

⑦【正义】大臣之象也。占:欲其小而明;若大而明,则臣夺君政;小而不明,则臣不任职;明大与斗合,国兵暴起;暗而远斗,臣不死则夺;若近臣专赏,排贤用佞,则辅生角;近臣擅国符印,将谋社稷,则辅生翼;不然,则死也。

⑧【集解】苏林曰:"斥,远也。"

杓端有两星:一内为矛,招摇;①一外为盾,天锋。②有句圜十五星,③属杓,④曰贱人之牢。⑤其牢中星实则囚多,虚则开出。

①【集解】孟康曰:"近北斗者招摇,招摇为天矛。"晋灼曰:"更河三星,天矛、锋、招摇,一星耳。" 【索隐】案:诗记历枢云"更河中招摇为胡兵"。宋均云"招摇星在更河内"。又乐汁图云"更河天矛",宋均以为更河名天矛,则更河是星名也。

②【集解】晋灼曰:"外,远北斗也。在招摇南,一名玄戈。" 【正义】星经云:"梗河星为戟剑之星,若星不见或进退不定,锋镝乱起,将为边境之患也。"

③【索隐】句音钩。圜音员。其形如连环,即贯索星也。

④【正义】属音烛。

⑤【索隐】案:诗记历枢云"贱人牢,一曰天狱"。又乐汁图云"连营,贱人牢"。宋均以为连营,贯索也。 【正义】贯索九星在七公前,一曰连索,主法律,禁暴强,故为贱人牢也。牢口一星为门,欲其开也。占:星悉见,则狱事繁;不见,则刑务简;动摇,则斧钺用;中虚,则改元;口开,则有赦;人主忧,若闭口,及星入牢中,有自系死者。常夜候之,一星不见,有小喜;二星不见,则赐禄;三星不见,则人主德令且赦。远十七日,近十六日。若有客星出,视其小大:大,有大赦;小,亦如之也。

天一、枪、棓、矛、盾动摇,角大,兵起。①

①【集解】李奇曰:"角,芒角。"

东宫苍龙，[①]房、心。[②]心为明堂，[③]大星天王，前后星子属。[④]不欲直，直则天王失计。房为府，曰天驷。[⑤]其阴，右骖。[⑥]旁有两星曰衿；[⑦]北一星曰舝。[⑧]东北曲十二星曰旗。[⑨]旗中四星曰天市；[⑩]中六星曰市楼。市中星众者实；其虚则秏。[⑪]房南众星曰骑官。

①【索隐】案：文耀钩云“东宫苍帝，其精为龙”也。

②【索隐】案：尔雅云“大辰，房、心、尾也”。李巡曰“大辰，苍龙宿，体最明也”。

③【索隐】春秋说题辞云：“房、心为明堂，天王布政之宫。”尚书运期授曰：“房，四表之道。”宋均云：“四星间有三道，日、月、五星所从出入也。”

④【索隐】鸿范五行传曰：“心之大星，天王也。前星，太子；后星，庶子。”

⑤【索隐】房为天府，曰天驷。尔雅云：“天驷，房。”诗记历枢云：“房为天马，主车驾。”宋均云：“房既近心，为明堂，又别为天府及天驷也。”

⑥【正义】房星，君之位，亦主左骖，亦主良马，故为驷。王者恒祠之，是马祖也。

⑦【索隐】房有两星曰衿。一音其炎反。元命包云：“钩衿两星，以闲防，神府闿舒，为主钩距，以备非常也。”【正义】占：明而近房，天下同心，钩、钤、房、心之间有客星出及疏坼者，皆地动之祥也。

⑧【集解】徐广曰：“音辖。”【正义】说文云：“舝，车轴耑键也，两相穿背也。”星经云：“键闭一星，在房东北，掌管钥也。”占：不居其所，则津梁不通，宫门不禁；居，则反是也。

⑨【正义】两旗者，左旗九星，在河鼓左也；右旗九星，在河鼓右也。皆天之鼓旗，所以为旌表。占：欲其明大光润，将军吉；不然，为兵忧；及不居其所，则津梁不通；动摇，则兵起也。

⑩【正义】天市二十三星，在房、心东北，主国市聚交易之所，一曰天旗。

明则市吏急，商人无利；忽然不明，反是。市中星众则岁实，稀则岁虚。荧惑犯，戮不忠之臣。彗星出，当徙市易都。客星入，兵大起；出之，有贵丧也。

⑪【正义】秏，贫无也。

左角，李；右角，将。①大角者，天王帝廷。②其两旁各有三星，鼎足句之，曰摄提。③摄提者，直斗杓所指，以建时节，故曰“摄提格”。亢为疏庙，④主疾。其南北两大星，曰南门。⑤氐为天根，⑥主疫。⑦

①【索隐】李即理，理，法官也。故元命包云“左角理，物以起；右角将，帅而动”。又石氏云“左角为天田，右角为天门”也。

②【索隐】大角，天王帝廷。案：援神契云“大角为坐候”。宋均云“坐，帝坐也”。　【正义】大角一星，在两摄提间，人君之象也。占：其明盛黄润，则天下大同也。

③【集解】晋灼曰：“如鼎之句曲。”　【索隐】案：元命包云“摄提之为言提携也。言提斗携角以接于下也”。　【正义】摄提六星，夹大角，大臣之象，恒直斗杓所指，纪八节，察万事者也。占：色温温不明而大者，人君恐；客星入之，圣人受制也。

④【索隐】元命包曰“亢四星为庙廷”。又文耀钩“为疏庙”，宋均以为疏，外也；庙，或为朝也。　【正义】听政之所也。其占：明大，则辅臣忠，天下宁；不然，则反是也。

⑤【正义】南门二星，在库楼南，天之外门。占：明则氐、羌贡；暗则诸夷叛；客星守之，外兵且至也。

⑥【索隐】尔雅云“天根，氐也”。孙炎以为角、亢下系于氐，若木之有根也。　【正义】星经云：“氐四星为路寝，听朝所居。其占：明大，则臣下奉度。”合诚图云：“氐为宿宫也。”

⑦【索隐】宋均云：“疫，病也。三月榆荚落，故主疾疫也。然此时物虽

生，而日宿在奎，行毒气，故有疫也。”【正义】氐、房、心三宿为火，于辰在卯，宋之分野。

尾为九子，①曰君臣；斥绝，不和。箕为敖客，②曰口舌。③

①【索隐】宋均云：“属后宫场，故得兼子。子必九者，取尾有九星也。”元命包云：“尾九星，箕四星，为后宫之场也。”【正义】尾，箕。尾为析木之津，于辰在寅，燕之分野。尾九星为后宫，亦为九子。星近心第一星为后，次三星妃，次三星嫔，末二星妾。占：均明，大小相承，则后宫叙而多子；不然，则不；金、火守之，后宫兵起；若明暗不常，妃嫡乖乱，妾媵失序。

②【索隐】宋均云：“敖，调弄也。箕以簸扬，调弄象也。箕又受物，有去去来来，客之象也。”【正义】敖音傲。箕主八风，亦后妃之府也。移徙入河，国人相食；金、火入守，天下乱；月宿其野，为风起。

③【索隐】诗云“维南有箕，载翕其舌”。又诗纬云“箕为天口，主出气”。是箕有舌，象谗言。诗曰“哆兮侈兮，成是南箕”，谓有敖客行谒请之也。

火犯守角，①则有战。房、心，王者恶之也。②

①【索隐】案：韦昭曰“火，荧惑也”。

②【正义】荧惑犯守箕、尾，氐星自生芒角，则有战阵之事。若荧惑守房、心，及房、心自生芒角，则王者恶之也。

南宫朱鸟，①权、衡。②衡，太微，三光之廷。③匡卫十二星，藩臣：④西，将；东，相；南四星，执法；中，端门；门左右，掖门。门内六星，诸侯。⑤其内五星，五帝坐。⑥后聚一十五星，蔚然，⑦曰郎位；⑧傍一大星，将位也。⑨月、五星顺入，轨道，⑩司其出，所守，天子所诛也。⑪其逆入，若不轨道，以所犯命之；中坐，成形，⑫皆群下从谋也。金、火尤甚。⑬廷藩西有隋星五，⑭曰少微，士大夫。⑮权，轩辕。

轩辕，黄龙体。[16]前大星，女主象；旁小星，御者后宫属。月、五星守犯者，如衡占。[17]

①【正义】柳八星为朱鸟咮，天之厨宰，主尚食，和滋味。

②【集解】孟康曰："轩辕为权，太微为衡。" 【索隐】案：文耀钩云"南宫赤帝，其精为朱鸟"。孟康曰"轩辕为权，太微为衡"也。 【正义】权四星在轩辕尾西，主烽火，备警急。占以明为安静；不明，则警急；动摇芒角亦如之。衡，太微之庭也。

③【索隐】宋均曰："太微，天帝南宫也。三光，日、月、五星也。"

④【索隐】十二星，蕃臣。春秋合诚图曰："太微主法式，陈星十二，以备武急也。" 【正义】太微宫垣十星，在翼、轸地，天子之宫庭，五帝之坐，十二诸侯之府也。其外藩，九卿也。南藩中二星间为端门。次东第一星为左执法，廷尉之象；第二星为上相；第三星为次相；第四星为次将；第五星为上将。端门西第一星为右执法，御史大夫之象也；第二星为上将；第三星为次将；第四星为次相；第五星为上相。其东垣北左执法、上相两星间名曰左掖门；上相两星间名曰东华门；上相、次相、上将、次将间名曰太阳门。其西垣右执法、上将间名曰右掖门；上将间名曰西华门；次将、次相间名曰中华门；次相两星间名曰太阴门。各依其名，是其职也。占与紫宫垣同也。

⑤【正义】内五诸侯五星，列在帝庭。其星并欲光明润泽；若枯燥，则各于其处受其灾变，大至诛戮，小至流亡；若动摇，则擅命以干主者。审其分以占之，则无惑也。又云诸侯五星在东井北河，主刺举，戒不虞。又曰理阴阳，察得失。一曰帝师，二曰帝友，三曰三公，四曰博士，五曰太史。此五者，为天子定疑议也。占：明大润泽，大小齐等，则国之福；不然，则上下相猜，忠臣不用。

⑥【索隐】诗含神雾云五精星坐，其东苍帝坐，神名灵威仰，精为青龙之类是也。 【正义】黄帝坐一星，在太微宫中，含枢纽之神。四星夹黄

帝坐：苍帝东方灵威仰之神；赤帝南方赤熛怒之神；白帝西方白昭矩之神；黑帝北方叶光纪之神。五帝并设，神灵集谋者也。占：五座明而光，则天子得天地之心；不然，则失位；金、火来守，入太微，若顺入，轨道，司其出之所守，则为天子所诛也；其逆入若不轨道，以所犯名之，中坐成形。

⑦【集解】徐广曰："一云'哀乌'。"

⑧【索隐】徐广云："一云'哀乌'。"案：汉书作"哀乌"，则"哀乌""蔚然"皆星之貌状。其星为郎位。【正义】郎位十五星，在太微中帝坐东北。周之元士，汉之光禄、中散、谏议，此三署郎中，是今之尚书郎。占：欲其大小均耀，光润有常，吉也。

⑨【索隐】案：宋均云为群郎之将帅是也。【正义】将，子象反。郎将一星，在郎位东北，所以为武备，今之左右中郎将。占：大而明，角，将恣不可当也。

⑩【索隐】韦昭云："谓循轨道不邪逆也。顺入，从西入之也。"【正义】谓月、五星顺入轨道，入太微庭也。

⑪【索隐】宋均云："司察日、月、五星所守列宿，若请官属不去十日者，于是天子命使诛讨之也。"

⑫【集解】晋灼曰："中坐，犯帝坐也。成形，祸福之形见也。"【索隐】其逆入，不轨道。宋均云："逆入，从东入；不轨道，不由康衢而入者也。以其所犯命之者，亦谓随所犯之位，天子命诛其人也。"【正义】命，名也。谓月、五星逆入，不依轨道，司察其所犯太微中帝坐，帝坐必成其刑戮，皆是群下相从而谋上也。

⑬【索隐】案：火主销物而金为兵，故尤急。然则木、水、土为小变也。【正义】若金、火逆入，不轨道，犯帝坐，尤甚于月及水、土、木也。

⑭【集解】隋音他果反。【索隐】宋均云"南北为隋"。又他果反，隋为垂下。

⑮【索隐】春秋合诚图云"少微，处士位"。又天官占云"少微一名处士

星”也。【正义】廷，太微廷；藩，卫也。少微四星，在太微西，南北列：第一星，处士也；第二星，议士也；第三星，博士也；第四星，大夫也。占以明大黄润，则贤士举；不明，反是；月、五星犯守，处士忧，宰相易也。

⑯【集解】孟康曰：“形如腾龙。” 【索隐】援神契曰“轩辕十二星，后宫所居”。石氏星赞以轩辕龙体，主后妃也。 【正义】轩辕十七星，在七星北，黄龙之体，主雷雨之神，后宫之象也。阴阳交感，激为雷电，和为雨，怒为风，乱为雾，凝为霜，散为露，聚为云气，立为虹蜺，离为背璚，分为抱珥。二十四变，皆轩辕主之。其大星，女主也；次北一星，夫人也；次北一星，妃也；其次诸星皆次妃之属。女主南一小星，女御也；左一星，少民，后宗也；右一星，大民，太后宗也。占：欲其小黄而明，吉；大明，则为后宫争竞；移徙，则国人流迸；东西角大张而振，后族败；水、火、金守轩辕，女主恶也。

⑰【索隐】宋均云：“责在后党嬉，谗贼兴，招此祥。”案：亦当天子命诛也。

东井为水事。①其西曲星曰钺。②钺北，北河；南，南河；③两河、天阙间为关梁。④舆鬼，鬼祠事；中白者为质。⑤火守南北河，兵起，谷不登。故德成衡，观成潢，⑥伤成钺，⑦祸成井，⑧诛成质。⑨

①【索隐】元命包云：“东井八星，主水衡也。”

②【正义】东井八星，钺一星，舆鬼四星，一星为质，为鹑首，于辰在未，皆秦之分野。一大星，黄道之所经，为天之亭候，主水衡事，法令所取平也。王者用法平，则井星明而端列。钺一星附井之前，主伺奢淫而斩之。占：不欲其明；明与井齐，或摇动，则天子用钺于大臣；月宿井，有风雨之变也。

③【正义】南河三星，北河三星，分夹东井南北，置而为戒。南河南戒，一曰阳门，亦曰越门；北河北戒，一曰阴门，亦为胡门。两戒间，三光之常道也。占以南星不见则南道不通，北亦如之；动摇及火守，中国兵

起也。又云动则胡、越为变，或连近臣以结之。

④【索隐】宋均云："两河六星，知逆邪。言关梁之限，知邪伪也。" 【正义】阙丘二星在南河南，天子之双阙，诸侯之两观，亦象魏县书之府。金、火守之，主兵战阙下也。

⑤【集解】晋灼曰："舆鬼五星，其中白者为质。" 【正义】舆鬼四星，主祠事，天目也，主视明察奸谋。东北星主积马，东南星主积兵，西南星主积布帛，西北星主积金玉，随其变占之。中一星为积尸，一名质，主丧死祠祀。占：鬼星明大，谷成；不明，百姓散。质欲其没不明；明则兵起，大臣诛，下人死之。

⑥【集解】晋灼曰："日、月、五星不轨道也。衡，太微廷也。观，占也。潢，五帝车舍。"

⑦【集解】晋灼曰："贼伤之占，先成形于钺。" 【索隐】案：德成衡，衡则能平物，故有德公平者，先成形于衡。观成潢，为帝车舍，言王者游观，亦先成形于潢也。伤成钺者，伤，败也，言王者败德，亦先成形于钺，以言有败乱则有钺诛之。然案文耀钩则云"德成潢，败成钺"，其意异也。又此下文"祸成井，诛成质"，皆是东井下义。总列于此也。

⑧【集解】晋灼曰："东井主水事，火入一星居其旁，天子且以火败，故曰祸也。"

⑨【集解】晋灼曰："荧惑入舆鬼、天质，占曰大臣有诛。"

柳为鸟注，主木草。①七星，颈，为员官，主急事。②张，素，为厨，主觞客。③翼为羽翮，主远客。④

①【索隐】案：汉书天文志"注"作"喙"。尔雅云"鸟喙谓之柳"。孙炎云"喙，朱鸟之口，柳其星聚也"。以注为柳星，故主草木。 【正义】喙，丁救反，一作"注"。柳八星，星七星，张六星，为鹑火，于辰在午，皆周之分野。柳为朱鸟咮，天之厨宰，主尚食，和滋味。占以顺明为吉；金、火守之，国兵大起。

②【索隐】七星，颈，为员官，主急事。案：宋均云"颈，朱鸟颈也。员官，喉也。物在喉咙，终不久留，故主急事也"。【正义】七星为颈，一名天都，主衣裳文绣，主急事。以明为吉，暗为凶；金、火守之，国兵大起。

③【索隐】素，嗉也。尔雅云"鸟张嗉"。郭璞云"嗉，鸟受食之处也"。【正义】张六星，六为嗉，主天厨食饮赏赉觞客。占以明为吉，暗为凶。金、火守之，国兵大起。

④【正义】翼二十二星，轸四星，长沙一星，辖二星，合轸七星皆为鹑尾，于辰在巳，楚之分野。翼二十二星为天乐府，又主夷狄，亦主远客。占：明大，礼乐兴，四夷服；徙，则天子举兵以罚乱者。

轸为车，主风。①其旁有一小星，曰长沙，②星星不欲明；明与四星等，若五星入轸中，兵大起。③轸南众星曰天库楼；④库有五车。车星角若益众，及不具，无处车马。

①【索隐】宋均云："轸四星居中，又有二星为左右辖，车之象也。轸与巽同位，为风，车动行疾似之也。"【正义】轸四星，主冢宰辅臣，又主车骑，亦主风。占：明大，则车骑用；太白守之，天下学校散，文儒失业，兵戈大兴；荧惑守之，南方有不用命之国，当发兵伐之；辰星守之，徐、泗有戮之者。

②【正义】长沙一星在轸中，主寿命。占：明，主长寿，子孙昌也。

③【索隐】宋均云："五星主行使。使动，兵车亦动也。"

④【正义】天库一星，主太白，秦也，在五车中。

西宫①咸池，②曰天五潢。五潢，五帝车舍。③火入，旱；金，兵；水，水。④中有三柱；柱不具，兵起。

①【索隐】文耀钩云："西宫白帝，其精白虎。"

②【正义】咸池三星，在五车中，天潢南，鱼鸟之所托也。金犯守之，兵起；火守之，有灾也。

③【索隐】案：元命包云“咸池主五谷，其星五者各有所职。咸池，言谷生于水，含秀含实，主秋垂，故一名‘五帝车舍’，以车载谷而贩也”。

【正义】五车五星，三柱九星，在毕东北，天子五兵车舍也。西北大星曰天库，主太白，秦也。次东北曰天狱，主辰，燕、赵也。次东曰天仓，主岁，卫、鲁也。次东南曰司空，主镇，楚也。次西南曰卿，主荧惑，魏也。占：五车均明，柱皆见，则仓库实；不见，其国绝食，兵见起。五车、三柱有变，各以其国占之。三柱入出一月，米贵三倍，期二年；出三月，贵十倍，期三年；柱出不与天仓相近，军出，米贵，转粟千里；柱倒出，尤甚。火入，天下旱；金入，兵；水入，水也。

④【索隐】谓火、金、水入五潢，则各致此灾也。案：宋均云“不言木、土者，木、土德星，于此不为害故也”。

奎曰封豕，为沟渎。① 娄为聚众。② 胃为天仓。③ 其南众星曰廥积。④

①【正义】奎，苦圭反，十六星。娄三星为降娄，于辰在戌，鲁之分野。奎，天之府库，一曰天豕，亦曰封豕，主沟渎。西南大星，所谓天豕目。占以明为吉。星不欲团圆，团圆则兵起。暗则臣干命之咎。亦不欲开阖无常，当有白衣称命于山谷者。五星犯奎，人主爽德，权臣擅命，不可禁者。王者宗祀不洁，则奎动摇。若焰焰有光，则近臣谋上之应，亦庶人饥馑之厄。太白守奎，胡、貊之忧，可以伐之。荧惑星守之，则有水之忧，连以三年。填星、岁星守之，中国之利，外国不利，可以兴师动众，斩断无道。

②【正义】娄三星为苑，牧养牺牲以共祭祀，亦曰聚众。占：动摇，则众兵聚；金、火守之，兵起也。

③【正义】胃三星，昴七星，毕八星，为大梁，于辰在酉，赵之分野。胃主

仓廪，五谷之府也。占：明则天下和平，五谷丰稔；不然，反是也。

④【集解】如淳曰："刍藁积为庤也。"　【正义】刍藁六星，在天苑西，主积藁草者。不见，则牛马暴死；火守，灾起也。

昴曰髦头，[①]胡星也，为白衣会。毕曰罕车，[②]为边兵，主弋猎。其大星旁小星为附耳。[③]附耳摇动，有谗乱臣在侧。昴、毕间为天街。[④]其阴，阴国；阳，阳国。[⑤]

①【正义】昴七星为髦头，胡星，亦为狱事。明，天下狱讼平；暗为刑罚滥。六星明与大星等，大水且至，其兵大起；摇动若跳跃者，胡兵大起；一星不见，皆兵之忧也。

②【索隐】尔雅云"浊谓之毕"。孙炎以为掩兔之毕或呼为浊，因名星云。　【正义】毕八星，曰罕车，为边兵，主弋猎。其大星曰天高，一曰边将，主四夷之尉也。星明大，天下安，远夷入贡；失色，边乱。毕动，兵起；月宿则多雨。毛苌云"毕所以掩兔也"。

③【正义】附耳一星，属毕大星之下，次天高东南隅，主为人主听得失，伺愆过。星明，则中国微，边寇警；移动，则谗佞行；入毕，国起兵。

④【索隐】元命包云："毕为天阶。"尔雅云："大梁，昴。"孙炎云："昴、毕之间，日、月、五星出入要道，若津梁也。"　【正义】天街二星，在毕、昴间，主国界也。街南为华夏之国，街北为夷狄之国。土、金守，胡兵入也。

⑤【集解】孟康曰："阴，西南，象坤维，河山已北国；阳，河山已南国。"

参为白虎。[①]三星直者，是为衡石。[②]下有三星，兑，曰罚，[③]为斩艾事。其外四星，左右肩股也。小三星隅置，曰觜觿，为虎首，主葆旅事。[④]其南有四星，曰天厕。[⑤]厕下一星，曰天矢。[⑥]矢黄则吉；青、白、黑，凶。其西有句曲[⑦]九星，三处罗：一曰天旗，[⑧]二曰天苑，[⑨]三曰九游。[⑩]其东有大星曰狼。[⑪]狼角变色，多盗贼。下有四星曰弧，[12]直狼。狼比地有大星，[13]曰南极老人。[14]老人见，治安；不见，兵起。常以秋分时候之于南郊。

①【正义】觜三星，参三星，外四星为实沈，于辰在申，魏之分野，为白虎形也。参，色林反，下同。

②【集解】孟康曰："参三星者，白虎宿中，东西直，似称衡。"

③【集解】孟康曰："在参间。上小下大，故曰锐。"晋灼曰："三星少斜列，无锐形。"【正义】罚，亦作"伐"。春秋运斗枢云"参伐事主斩艾"也。

④【集解】如淳曰："关中俗谓桑榆孽生为葆。"晋灼曰："葆，菜也。禾野生曰旅，今之饥民采旅也。"【索隐】姚氏案："宋均云葆，守也。旅犹军旅也。言佐参伐以斩艾除凶也。"【正义】觜，子思反。觿，胡规反。葆音保。觜觿为虎首，主收敛葆旅事也。葆旅，野生之可食者。占：金、水来守，国易正，灾起也。

⑤【正义】天厕四星，在屏东，主溷也。占：色黄，吉；青与白，皆凶；不见，则人寝疾。

⑥【正义】天矢一星，在厕南。占与天厕同也。

⑦【正义】句音钩。

⑧【正义】参旗九星，在参西，天旗也，指麾远近以从命者。王者斩伐当理，则天旗曲直顺理；不然，则兵动于外，可以忧之。若明而稀，则边寇动；不然，则不。

⑨【正义】天苑十六星，如环状，在毕南，天子养禽兽所。稀暗，则多死也。

⑩【集解】徐广曰："音流。"【正义】九游九星，在玉井西南，天子之兵旗，所以导军进退，亦领州列邦。并不欲摇动，摇动则九州分散，人民失业，信命一不通，于中国忧。以金、火守之，乱起也。

⑪【正义】狼一星，参东南。狼为野将，主侵掠。占：非其处，则人相食；

色黄白而明，吉；赤、角，兵起；金、木、火守，亦如之。

⑫【正义】弧九星，在狼东南，天之弓也。以伐叛怀远，又主备贼盗之知奸邪者。弧矢向狼动移，多盗；明大变色，亦如之。矢不直狼，又多盗；引满，则天下尽兵也。

⑬【集解】晋灼曰："比地，近地也。"

⑭【正义】老人一星，在弧南，一曰南极，为人主占寿命延长之应。常以秋分之曙见于景，春分之夕见于丁。见，国长命，故谓之寿昌，天下安宁；不见，人主忧也。

附耳入毕中，兵起。

北宫玄武，[①]虚、危。[②]危为盖屋；[③]虚为哭泣之事。[④]

①【索隐】文耀钩云："北宫黑帝，其精玄武。" 【正义】南斗六星，牵牛六星，并北宫玄武之宿。

②【索隐】尔雅云"玄枵，虚也"。又云"北陆，虚也"。解者以陆为道。孙炎曰"陆，中也；北方之宿中也"。 【正义】虚二星，危三星，为玄枵，于辰在子，齐之分野。虚主死丧哭泣事，又为邑居庙堂祭祀祷祝之事；亦天之冢宰，主平理天下，覆藏万物。占：动，则有死丧哭泣之应；火守，则天子将兵；水守，则人饥馑；金守，臣下兵起。危为宗庙祀事，主天市架屋。占：动，则有土功；火守，天下兵；水守，下谋上也。

③【索隐】宋均云："危上一星高，旁两星隋下，似乎盖屋也。" 【正义】盖屋二星，在危南，主天子所居宫室之官也。占：金、火守入，国兵起；孛、彗尤甚。危为架屋，盖屋自有星，恐文误也。

④【索隐】虚为哭泣事。姚氏案荆州占，以为其宿二星，南星主哭泣。虚中六星，不欲明，明则有大丧也。

其南有众星，曰羽林天军。[①]军西为垒，[②]或曰钺。旁有一大星为北落。北落若微亡，军星动角益希，及五星犯北落，[③]入军，军起。火、金、水尤甚：火，军忧；水，〔水〕患；木、土，军吉。[④]危东六星，两两相比，曰司空。⑤

①【正义】羽林四十五星，三三而聚，散在垒壁南，天军也。亦天宿卫之兵革出。不见，则天下乱；金、火、水入，军起也。

②【正义】垒壁陈十二星，横列在营室南，天军之垣垒。占：五星入，皆兵起，将军死也。

③【正义】北落师门一星，在羽林西南。天军之门也。长安城北落门，以象此也。主非常，以候兵。占：明，则军安；微弱，则兵起；金、火守，有兵，为虏犯塞；土、木则吉。

④【集解】汉书音义曰："木星、土星入北落，则吉也。"

⑤【正义】比音鼻。比，近也。危东两两相比者，是司命等星也。司空唯一星耳，又不在危东，恐"命"字误为"空"也。司命二星，在虚北，主丧送；司禄二星，在司命北，主官司；危二星，在司禄北，主危亡；司非二星，在危北，主愆过：皆置司之职。占：大，为君忧；常则吉也。

营室①为清庙，曰离宫、阁道。②汉中四星，曰天驷。③旁一星，曰王良。④王良策马，⑤车骑满野。旁有八星，绝汉，曰天潢。⑥天潢旁，江星。⑦江星动，人涉水。

①【索隐】元命包云："营室十星，埏陶精类，始立纪纲，包物为室。"又尔雅云："营室谓之定。"郭璞云："定，正也。天下作宫室，皆以营室中为正也。"

②【索隐】案：荆州占云"阁道，王良旗也，有六星"。

③【索隐】案：元命包云"汉中四星曰骑，一曰天驷也"。

④【索隐】春秋合诚图云："王良主天马也。"【正义】王良五星，在奎北河中，天子奉御官也。其动策马，则兵骑满野；客星守之，津桥不通；金、火守入，皆兵之忧。

⑤【正义】策一星，在王良前，主天子仆也。占以动摇移在王良前，或居马后，别为策马，策马而兵动也。案：豫章周腾字叔达，南昌人，为侍

御史。桓帝当南郊,平明应出,腾仰观,曰:“夫王者象星,今宫中星及策马星悉不动,上明日必不出。”至四更,皇太子卒,遂止也。

⑥【索隐】元命包曰:“潢主河渠,所以度神,通四方。”宋均云:“天潢,天津也。津,凑也,故主计度也。”

⑦【正义】天江四星,在尾北,主太阴也。不欲明;明而动,水暴出;其星明大,水不禁也。

杵、臼四星,在危南。[①]匏瓜,[②]有青黑星守之,鱼盐贵。

①【正义】杵、臼三星,在丈人星旁,主军粮。占:正下直臼,吉;与臼不相当,军粮绝也。臼星在南,主舂。其占:覆则岁大饥,仰则大熟也。

②【索隐】案:荆州占云“匏瓜,一名天鸡,在河鼓东。匏瓜明,岁则大熟也”。【正义】匏音白包反。匏瓜五星,在离珠北,天子果园。占:明大光润,岁熟;不,则包果之实不登;客守,鱼盐贵也。

南斗[①]为庙,其北建星。[②]建星者,旗也。牵牛为牺牲。[③]其北河鼓。[④]河鼓大星,上将;左右,左右将。[⑤]婺女,[⑥]其北织女。[⑦]织女,天女孙也。[⑧]

①【正义】南斗六星,在南也。

②【正义】建六星,在斗北,临黄道,天之都关也。斗建之间,七耀之道,亦主旗辂。占:动摇,则人劳;不然,则不;月晕,蛟龙见,牛马疫;月、五星犯守,大臣相谋为,关梁不通及大水也。

③【正义】牵牛为牺牲,亦为关梁。其北二星,一曰即路,一曰聚火。又上一星,主道路;次二星,主关梁;次三星,主南越。占:明大,关梁通;不明,不通,天下牛疫死;移入汉中,天下乃乱。

④【索隐】尔雅云:“河鼓谓之牵牛。”孙炎曰:“河鼓之旗十二星,在牵牛北,或名河鼓为牵牛也。”

⑤【正义】河鼓三星,在牵牛北,主军鼓。盖天子三将军,中央大星大将军,其南左星左将军,其北右星右将军,所以备关梁而拒难也。占:明

大光润，将军吉；动摇差戾，乱兵起；直，将有功；曲，则将失计也。自昔传牵牛织女七月七日相见，此星也。

⑥【索隐】务女。(尔)〔广〕雅云“须女谓之务女”是也。一作“婺”。【正义】须女四星，亦婺女，天少府也。南斗、牵牛、须女皆为星纪，于辰在丑，越之分野，而斗牛为吴之分野也。须女，贱妾之称，妇职之卑者，主布帛裁制嫁娶。占：水守之，万物不成；火守，布帛贵，人多死；土守，有女丧；金守，兵起也。

⑦【正义】织女三星，在河北天纪东，天女也，主果蓏丝帛珍宝。占：王者至孝于神明，则三星俱明；不然，则暗而微，天下女工废；明，则理；大星怒而角，布帛涌贵；不见，则兵起。晋书天文志云：“晋太史令陈卓总甘、石、巫咸三家所著星图，大凡二百八十三官，一千四百六十四星，以为定纪。今略其昭昭者，以备天官云。”

⑧【集解】徐广曰：“孙，一作‘名’。” 【索隐】织女，天孙也。案：荆州占云“织女，一名天女，天子女也”。

察日、月之行①以揆岁星顺逆。②曰东方木，主春，日甲乙。义失者，罚出岁星。岁星赢缩，③以其舍命国。④所在国不可伐，可以罚人。其趋舍⑤而前曰赢，退舍曰缩。赢，其国有兵不复；缩，其国有忧，将亡，⑥国倾败。其所在，五星皆从而聚⑦于一舍，其下之国可以义致天下。

①【正义】晋灼云：“太岁在四仲，则岁行三宿；太岁在四孟四季，则岁行二宿。二八十六，三四十二，而行二十八宿，十二岁而周天。”

②【索隐】姚氏案：天官占云“岁星，一曰应星，一曰经星，一曰纪星”。物理论云“岁行一次，谓之岁星，则十二岁而星一周天也”。 【正义】天官〔占〕云：“岁星者，东方木之精，苍帝之象也。其色明而内黄，天下安宁。夫岁星欲春不动，动则农废。岁星盈缩，所在之国不可伐，可

以罚人；失次，则民多病；见，则喜。其所居国，人主有福，不可以摇动。人主怒，无光，仁道失。岁星顺行，仁德加也。岁星农官，主五谷。”天文志云：“春日，甲乙；四时，春也。五常，仁；五事，貌也。人主仁亏，貌失，逆时令，伤木气，则罚见岁星。”

③【索隐】案：天文志曰“凡五星早出为赢，赢为客；晚出为缩，缩为主人。五星赢缩，必有天应见杓也”。

④【正义】舍，所止宿也。命，名也。

⑤【索隐】趋音聚，谓促。

⑥【正义】将音子匠反。

⑦【索隐】案：汉高帝元年，五星皆聚于东井是也。据天文志，其年岁星在东井，故四星从而聚之也。

以摄提格岁：①岁阴左行在寅，岁星右转居丑。正月，与斗、牵牛晨出东方，名曰监德。②色苍苍有光。其失次，有应见柳。岁早，水；晚，旱。

①【索隐】太岁在寅，岁星正月晨出东方。案：尔雅“岁在寅为摄提格”。李巡云“言万物承阳起，故曰摄提格。格，起也”。

②【索隐】岁星正月晨见东方之名。已下出石氏星经文，乃云“星在斗牵牛，失次见杓”也。汉书天文志则载甘氏及太初星历，所在之宿不同也。

岁星出，东行十二度，百日而止，反逆行；逆行八度，百日，复东行。岁行三十度十六分度之七，率日行十二分度之一，十二岁而周天。出常东方，以晨；入于西方，用昏。

单阏岁：①岁阴在卯，星居子。以二月与婺女、虚、危晨出，曰降入。②大有光。其失次，有应见张。(名曰降入)其岁大水。

①【索隐】在卯也。岁星二月晨出东方。尔雅云“卯为单阏”。李巡云：“阳气推万物而起，故曰单阏。单，尽也。阏，止也。”

②【索隐】即岁星二月晨见东方之名。其馀并准此。

执徐岁：①岁阴在辰，星居亥。以三月(居)与营室、东壁晨出，曰青章。青青甚章。其失次，有应见轸。(曰青章)岁早，旱；晚，水。

①【索隐】尔雅"辰为执徐"。李巡云："伏蛰之物皆敦舒而出，故曰执徐。执，蛰；徐，舒也。"

大荒骆岁：①岁阴在巳，星居戌。以四月与奎、娄(胃昴)晨出，曰跰踵。②熊熊赤色，有光。其失次，有应见亢。

①【索隐】尔雅云"在巳为大荒骆"。姚氏云："言万物皆炽盛而大出，霍然落落，故曰荒骆也。"

②【集解】徐广曰："一曰'路嶂'。"【索隐】天文志作"路嶂"。字诂云嶂，今作"踵"也。【正义】跰，白边反。踵，之勇反。

敦牂岁：①岁阴在午，星居酉。以五月与胃、昴、毕晨出，曰开明。②炎炎有光。③偃兵；唯利公王，不利治兵。其失次，有应见房。岁早，旱；晚，水。

①【索隐】尔雅云"在午为敦牂"。孙炎云"敦，盛；牂，壮也。言万物盛壮"。韦昭云"敦音顿"也。

②【集解】徐广曰："一曰'天津'。"【索隐】天文志作"启明"。

③【正义】炎，盐验反。

叶洽岁：①岁阴在未，星居申。以六月与觜觿、②参晨出，曰长列。昭昭有光。利行兵。其失次，有应见箕。

①【索隐】尔雅云"在未为叶洽"。李巡云："阳气欲化万物，故曰〔协洽〕。协，和；洽，合也。"

②【正义】觜，子斯反。觿，胡规反。

涒滩岁：①岁阴在申，星居未。以七月与东井、舆鬼晨出，曰大音。昭昭白。其失次,有应见牵牛。

①【索隐】涒涒岁。尔雅云“在申为涒滩”。李巡曰:“涒滩,物吐秀倾垂之貌也。”涒音他昆反,滩音他丹反。

作鄂岁:①岁阴在酉,星居午。以八月与柳、七星、张晨出,曰(为)长王。作作有芒。国其昌,熟谷。其失次,有应见危。(曰大章)有旱而昌,有女丧,民疾。

①【索隐】尔雅“在酉为作鄂”。李巡云“作咢,皆物芒枝起之貌”。咢音愕。今案:下文云“作鄂有芒”,则李巡解亦近得。天文志云“作詻”,音五格反,与史记及尔雅并异也。

阉茂岁:①岁阴在戌,星居巳。以九月与翼、轸晨出,曰天睢。②白色大明。其失次,有应见东壁。岁水,女丧。

①【索隐】尔雅云“在戌曰阉茂”。孙炎云“万物皆蔽冒,故曰〔阉茂〕。阉,蔽;茂,冒也”。天文志作“掩茂”也。

②【索隐】刘氏音吁唯反也。

大渊献岁:①岁阴在亥,星居辰。以十月与角、亢晨出,曰大章。②苍苍然,星若跃而阴出旦,是谓“正平”。起师旅,其率必武;其国有德,将有四海。其失次,有应见娄。

①【索隐】尔雅云“在亥为大渊献”。孙炎云:“渊,深也。大献万物于深,谓盖藏之于外耳。”

②【集解】徐广曰:“一曰‘天皇’。”【索隐】徐广云一作“天皇”。案:天文志亦作“天皇”也。

困敦岁:①岁阴在子,星居卯。以十一月与氐、房、心晨出,曰天泉。玄色甚明。江池其昌,不利起兵。其失次,有应(在)〔见〕昴。

①【索隐】尔雅“在子为困敦”。孙炎云:“困敦,混沌也。言万物初萌,

混沌于黄泉之下也。”

赤奋若岁：[①]岁阴在丑，星居寅。以十二月与尾、箕晨出，曰天晧。[②]黫然[③]黑色甚明。其失次，有应见参。

①【索隐】尔雅“在丑为赤奋若”。李巡云：“言阳气奋迅。若，顺也。”

②【索隐】音昊。汉志作“昊”。

③【索隐】於闲反。

当居不居，居之又左右摇，未当去去之，与他星会，其国凶。所居久，国有德厚。其角动，乍小乍大，若色数变，人主有忧。

其失次舍以下，进而东北，三月生天棓，[①]长四丈，[②]末兑。进而东南，三月生彗星，[③]长二丈，类彗。退而西北，三月生天欃，[④]长四丈，末兑。退而西南，三月生天枪，[⑤]长数丈，两头兑。谨视其所见之国，不可举事用兵。其出如浮如沈，其国有土功；如沈如浮，其野亡。色赤而有角，其所居国昌。迎[⑥]角而战者，不胜。星色赤黄而沈，所居野大穰。[⑦]色青白而赤灰，所居野有忧。岁星入月，其野有逐相；与太白斗，[⑧]其野有破军。

①【正义】棓音蒲讲反。岁星之精散而为天枪、天棓、天冲、天猾、国皇、天欃，及登天、荆真，若天猿、天垣、苍彗，皆以广凶灾也。天棓者，一名觉星，本类星而末锐，长四丈，出东北方、西方。其出，则天下兵争也。

②【索隐】案天文志，此皆甘氏星经文，而志又兼载石氏，此不取。石氏名申夫，甘氏名德。

③【正义】天彗者，一名埽星，本类星，末类彗，小者数寸长，长或竟天，而体无光，假日之光，故夕见则东指，晨见则西指，若日南北，皆随日光而指。光芒所及为灾变，见则兵起；除旧布新，彗所指之处弱也。

④【集解】韦昭曰：“欃音‘参差’之‘参’。”【正义】欃，楚咸反。天欃者，在西南，长四丈，锐。京房云“天欃为兵，赤地千里，枯骨籍籍”。

天文志云天枪主兵乱也。

⑤【正义】槍，楚行反。天枪者，长数丈，两头锐，出西南方。其见，不过三月，必有破国乱君伏死其辜。天文志云"孝文时，天枪夕出西南，占曰为兵丧乱，其六年十一月，匈奴入上郡、云中，汉起兵以卫京师"也。

⑥【集解】徐广曰："一作'御'。"

⑦【正义】穰，人羊反，丰熟也。

⑧【集解】韦昭曰："星相击为斗。"

岁星一曰摄提，曰重华，曰应星，曰纪星。营室为清庙，岁星庙也。

察刚气①以处荧惑。②曰南方火，主夏，日丙、丁。礼失，罚出荧惑，荧惑失行是也。出则有兵，入则兵散。以其舍命国。(荧惑)荧惑为勃乱，残贼、疾、丧、饥、兵。③反道二舍以上，居之，三月有殃，五月受兵，七月半亡地，九月太半亡地。因与俱出入，国绝祀。居之，殃还至，虽大当小；④久而至，当小反大。⑤其南为丈夫〔丧〕，北为女子丧。⑥若角动绕环之，及乍前乍后，左右，殃益大。与他星斗，⑦光相逮，为害；不相逮，不害。五星皆从而聚于一舍，⑧其下国可以礼致天下。

①【集解】徐广曰："刚，一作'罚'。" 【索隐】徐广云刚一作"罚"。案：姚氏引广雅"荧惑谓之执法"。天官占云"荧惑方伯象，司察妖孽"。则此文"察罚气"为是。

②【索隐】春秋纬文耀鉤云："赤帝熛怒之神，为荧惑焉，位在南方，礼失则罚出。"晋灼云："常以十月入太微，受制而出行列宿，司无道，出入无常。"

③【集解】徐广曰："以下云'荧惑为理，外则理兵，内则理政'。" 【正义】天官占云："荧惑为执法之星，其行无常，以其舍命国：为残贼，为疾，为

丧，为饥，为兵。环绕句己，芒角动摇，乍前乍后，其殃逾甚。荧惑主死丧，大鸿胪之象；主甲兵，大司马之义；伺骄奢乱孽，执法官也。其精为风伯，惑童儿歌谣嬉戏也。”

④【索隐】案：还音旋。旋，疾也。若荧惑反道居其舍，所致殃祸速至，则虽大反小。

⑤【索隐】案：久谓行迟也。如此，祸小反大，言久腊毒也。

⑥【索隐】案：宋均云“荧惑守舆鬼南，为丈夫受其咎；北，则女子受其凶也”。

⑦【正义】凡五星斗，皆为战斗。兵不在外，则为内乱。斗谓光芒相及。

⑧【正义】三星若合，是谓惊立绝行，其国外内有兵与丧，人民饥乏，改立侯王。四星若合，是为大阳，其国兵丧暴起，君子忧，小人流。五星若合，是谓易行，有德者受庆，掩有四方；无德者受殃，乃以死亡也。

法，出东行十六舍而止；逆行二舍；六旬，复东行，自所止数十舍，十月而入西方；伏①行五月，出东方。其出西方曰“反明”，主命者恶之。东行急，一日行一度半。

①【集解】晋灼曰：“伏不见。”

其行东、西、南、北疾也。兵各聚其下；用战，顺之胜，逆之败。荧惑从太白，军忧；离之，军却。出太白阴，有分军；行其阳，有偏将战。当其行，太白逮之，破军杀将。①其入守犯太微、②轩辕、营室，主命恶之。心为明堂，荧惑庙也。谨候此。

①【索隐】宋均云：“太白宿，主军来冲拒也。”

②【集解】孟康曰：“犯，七寸已内光芒相及也。”韦昭曰：“自下触之曰‘犯’，居其宿曰‘守’。”

历斗之会以定填星之位。①曰中央土，主季夏，日戊、己，黄帝，主德，女主象也。岁填一宿，其所居国吉。未当居而居，若已去而复还，还居之，其国得土，不乃得女。若当居而不居，既已居之，又西东去，其国失土，不乃失女，不可举事用兵。其居久，其国福厚；易，福薄。②

①【索隐】历斗之会以定镇星之位。晋灼曰："常以甲辰之元始建斗，岁镇一宿，二十八岁而周天。"广雅曰："镇星，一名地侯。"文耀鉤云："镇，黄帝含枢纽之精，其体旋玑，中宿之分也。"

②【集解】徐广曰："易犹轻速也。"

其一名曰地侯，主岁。岁行十(二)〔三〕度百十二分度之五，日行二十八分度之一，二十八岁周天。其所居，五星皆从而聚于一舍，其下之国，可〔以〕重致天下。①礼、德、义、杀、刑尽失，而填星乃为之动摇。

①【正义】重音逐陇反。言五星皆从填星，其下之国倚重而致天下，以填主土故也。

赢，为王不宁；其缩，有军不复。填星，其色黄，九芒，音曰黄钟宫。其失次上二三宿曰赢，有主命不成，不乃大水。失次下二三宿曰缩，有后戚，其岁不复，不乃天裂若地动。

斗为文太室，填星庙，天子之星也。

木星与土合，为内乱，饥，①主勿用战，败；水则变谋而更事；火为旱；金为白衣会若水。金在南曰牝牡，②年谷熟。金在北，岁偏无。火与水合为焠，③与金合为铄，为丧，皆不可举事，用兵大败。土为忧，主孽卿；④大饥，战败，为北军，⑤军困，举事大败。土与水合，穰而拥阏，⑥有覆军，⑦其国不可举事。出，亡地；入，得地。金为疾，为内兵，亡地。三星若合，其宿地国外内有兵与丧，改立公王。四星合，兵丧并起，君子忧，小人流。五星合，是为易行，有德，受庆，改立大人，掩有四方，子孙蕃昌；无德，受殃若亡。五星皆大，其事亦大；皆小，事亦小。

①【正义】星经云："凡五星，木与土合为内乱，饥；与水合为变谋，更事；与火合为旱；与金合为白衣会也。"

②【索隐】晋灼曰："岁，阳也，太白，阴也，故曰牝牡也。" 【正义】星经云："金在南，木在北，名曰牝牡，年谷大熟；金在北，木在南，其年或有或无。"

③【集解】晋灼曰："火入水，故曰焠。" 【索隐】火与水合曰焠。案：谓火与水俱从填星合也。 【正义】焠，匆内反。星经云："凡五星，火与水合为焠，用兵举事大败；与金合为铄，为丧，不可举事，用兵从军为忧；离之，军却；与土合为忧，主孽卿；与木合，饥，战败也。"

④【索隐】案：文耀鉤云"水土合则成炉冶，炉冶成则火兴，火兴则土之子焠，金成消烁，消烁则土无子辅父，无子辅父则益妖孽，故子忧"。

⑤【正义】为北，军北也。凡军败曰北。

⑥【正义】拥，於拱反。阏，乌葛反。

⑦【集解】徐广曰："或云木、火、土三星若合，是谓惊立绝行。"

蚤出者为赢，赢者为客。晚出者为缩，缩者为主人。必有天应见于杓星。同舍为合。相陵为斗，①七寸以内必之矣。②

①【集解】孟康曰："陵，相冒占过也。"韦昭曰："突掩为陵。"

②【索隐】案，韦昭云必有祸也。

五星色白圜，为丧旱；赤圜，则中不平，为兵；青圜，为忧水；黑圜，为疾，多死；黄圜，则吉。赤角犯我城，黄角地之争，白角哭泣之声，青角有兵忧，黑角则水。意，①行穷兵之所终。五星同色，天下偃兵，百姓宁昌。春风秋雨，冬寒夏暑，动摇常以此。

①【集解】徐广曰："一作'志'。"

填星出百二十日而逆西行，西行百二十日反东行。见三百三十日而入，入三十日复出东方。太岁在甲寅，镇星在东壁，故在营室。

察日行以处位[①]太白。[②]曰西方，秋，(司兵月行及天矢)[③]日庚、辛，主杀。杀失者，罚出太白。太白失行，以其舍命国。其出行十八舍二百四十日而入。入东方，伏行十一舍百三十日；其入西方，伏行三舍十六日而出。当出不出，当入不入，是谓失舍，不有破军，必有国君之篡。

①【索隐】案：太白晨出东方曰启明，故察日行以处太白之位也。

②【索隐】韩诗云"太白晨出东方为启明，昏见西方为长庚"。又孙炎注尔雅，以为晨出东方高三丈，命曰启明；昏见西方高三舍，命曰太白。

【正义】晋灼云："常以正月甲寅与荧惑晨出东方，二百四十日而入，入四十日又出西方，二百四十日而入，入三十五日而复出东方。出以寅、戌，入以丑、未。"天官占云："太白者，西方金之精，白帝之子，上公、大将军之象也。一名殷星，一名大正，一名荧星，一名官星，一名梁星，一名灭星，一名大嚣，一名大衰，一名大爽。径一百里。"天文志云："其日庚辛；四时，秋也；五常，义也；五事，言也。人主义亏言失，逆时令，伤金气，罚见太白：春见东方，以晨；秋见西方，以夕。"

③【正义】太白五芒出，早为月蚀，晚为天矢及彗。其精散为天杵、天柎、伏灵、大败、司奸、天狗、贼星、天残、卒起星，是古历星；若竹彗、墙星、猿星、白雚，皆以示变(之)也。

其纪上元，[①]以摄提格之岁，与营室晨出东方，至角而入，与营室夕出西方，至角而入；与角晨出，入毕，与角夕出，入毕；与毕晨出，入箕，与毕夕出，入箕；与箕晨出，入柳，与箕夕出，入柳；与柳晨出，入营室，与柳夕出，入营室。凡出入东西各五，为八岁，二百二十日，②复与营室晨出东方。其大率，岁一周天。其始出东方，行迟，率日半度，一百二十日，必逆行一二舍；上极而反，东行，行日一度半，一百二十日入。其庳，近日，曰明星，柔；高，远日，曰大嚣，③刚。其始出西〔方〕，行疾，率日一度半，百二十日；上极而行迟，日半度，百二十日，旦入，必逆行一二舍而入。其庳，近日，曰大白，柔；高，远日，曰大相，刚。出以辰、戌，入以丑、未。

①【索隐】案：上元是古历之名，言用上元纪历法，则摄提岁而太白与营室晨出东方，至角而入；与营室夕出西方，至角而入。凡出入东西各五，为八岁二百三十日，复与营室晨出东方。大率岁一周天也。

【正义】其纪上元，是星古历初起上元之法也。

②【集解】徐广曰："一云'三十二日'。"

③【正义】徐广曰："一作'变'。"

当出不出，未当入而入，天下偃兵，兵在外，入。未当出而出，当入而不入，〔天〕下起兵，有破国。其当期出也，其国昌。其出东为东，入东为北方；出西为西，入西为南方。所居久，其向利；(疾)〔易〕，①其向凶。

①【集解】苏林曰："疾过也。"

出西(逆行)至东，正西国吉。出东至西，正东国吉。其出不经天；经天，天下革政。①

①【索隐】孟康曰："谓出东入西，出西入东也。太白阴星，出东当伏东，出西当伏西，过午为经天。"又晋灼曰："日，阳也，日出则星没。太白昼见午上为经天。"

小以角动，兵起。始出大，后小，兵弱；出小，后大，兵强。出高，用兵深吉，浅凶；庳，浅吉，深凶。日方南金居其南，日方北金居其北，曰赢，①侯王不宁，用兵进吉退凶。日方南金居其北，日方北金居其南，曰缩，侯王有忧，用兵退吉进凶。用兵象太白：太白行疾，疾行；迟，迟行。角，敢战。动摇躁，躁。圜以静，静。顺角所指，吉；反之，皆凶。出则出兵，入则入兵。赤角，有战；白角，有丧；黑圜角，忧，有水事；青圜小角，忧，有木事；黄圜和角，有土事，有年。②其已出三日而复，有微入，入三日乃复盛出，是谓耎，③其下国有军败将北。其已入三日又复微出，出三日而复盛入，其下国有忧；师有粮食兵革，遗人用之；④卒虽众，将为人虏。其出西失行，外国败；其出东失行，中国败。其色大圜黄滜，⑤可为好事；其圜大赤，兵盛不战。

①【正义】郑玄云："方犹向也。谓昼漏半而置土圭表阴阳，审其南北也。影短于土圭谓之日南，是地于日为近南也；长于土圭谓之日北，是地于日为近北也。凡日影于地，千里而差一寸。"周礼云："日南则影短多暑，日北则影长多寒。"孟康云："金谓太白也。影，日中之影也。"

②【正义】太白星圆，天下和平；若芒角，有土事。有年谓丰熟也。

③【集解】晋灼曰："耎，退之不进。" 【索隐】是谓需。又作"耎"，音奴乱反。

④【正义】遗，唯季反。

⑤【集解】音泽。

太白白，比狼；①赤，比心；黄，比参左肩；苍，比参右肩；黑，比奎大星。②五星皆从太白而聚乎一舍，其下之国可以兵从天下。居实，有得也；居虚，无得也。③行胜色，④色胜位，有位胜无位，有色胜无色，行得尽胜之。⑤出而留桑榆间，⑥疾其下国。⑦上而疾，未尽其日，过参天，[8]疾其对国。[9]上复下，下复上，有反将。其入月，将僇。金、木星合，光，其下战不合，兵虽起而不斗；合相毁，野有破军。出西方，昏而出阴，阴兵强；暮食出，小弱；夜半出，中弱；鸡鸣出，大弱：是谓阴陷于阳。其在东方，乘明而出阳，阳兵之强；鸡鸣出，小弱；夜半出，中弱；昏出，大弱：是谓阳陷于阴。太白伏也，以出兵，兵有殃。其出卯南，南胜北方；出卯北，北胜南方；正在卯，东国利。出西北，北胜南方；出西南，南胜北方；正在酉，西国胜。

①【正义】比，卑耳反，下同。比，类也。

②【正义】晋书天文志云："凡五星有色，大小不同，各依其行而应时节。色变有类：凡青，比参左肩；赤，比心大星；黄，比参右肩；白，比狼星；黑，比奎大星。不失本色而应其四时者，吉；色害其行，凶也。"

③【索隐】按：实谓星所合居之宿；虚谓羸缩也。

④【集解】晋灼曰："太白行得度者，胜色也。" 【正义】胜音升剩反，下同。

⑤【集解】晋灼曰："行应天度，唯有色得位；行尽胜之，行重而色位轻。"星经"得"字作"德"。 【正义】晋书天文志云："凡五星所出所直之辰，其国为得位者，岁星以德，荧惑为礼，镇星有福，太白兵强，辰阴阳和。所直之辰，顺其色而角者胜，其色害者败；居实有得，居虚无得也。色胜位，行胜色，行得尽胜之。"

⑥【集解】晋灼曰："行迟而下也。正出，举目平正，出桑榆上者馀二千里。"

⑦【正义】疾，汉书作"病"也。

⑧【集解】晋灼曰："三分天过其一，此在戌酉之间。"

⑨【集解】孟康曰："谓出东入西，出西入东。"

其与列星相犯，小战；五星，大战。其相犯，太白出其南，南国败；出其北，北国败。行疾，武；不行，文。色白五芒，出蚤为月蚀，晚为天夭及彗星，将发其国。出东为德，举事左之迎之，吉。出西为刑，举事右之背之，吉。反之皆凶。太白光见景，战胜。昼见而经天，是谓争明，强国弱，小国强，女主昌。

亢为疏庙，太白庙也。太白，大臣也，其号上公。其他名殷星、太正、营星、观星、宫星、明星、大衰、大泽、终星、大相、天浩、序星、月纬。大司马位谨候此。

察日辰之会，①以治辰星之位。②曰北方水，太阴之精，主冬，日壬、癸。刑失者，罚出辰星，③以其宿命国。

①【索隐】案：下文"正四时及星辰之会"是也。【正义】晋灼云："常以二月春分见奎、娄，五月夏至见东井，八月秋分见角、亢，十一月冬至见牵牛。出以辰、戌，入以丑、未，二旬而入。晨候之东方，夕候之西方也。"

②【索隐】案：皇甫谧曰"辰星，一名毚星，或曰钩星"。元命包曰"北方辰星水，生物布其纪，故辰星理四时"。宋均曰"辰星正四时之位，得与北辰同名也"。

③【正义】天官占云："辰星，北水之精，黑帝之子，宰相之祥也。一名细极，一名钩星，一名爨星，一名伺祠。径一百里。亦偏将、廷尉象也。"天文志云："其日壬、癸。四时，冬也；五常，智也；五事，听也。人主智亏听失，逆时令，伤水气，则罚见辰星也。"

是正四时：仲春春分，夕出郊奎、娄、胃东五舍，为齐；仲夏夏至，夕出郊东井、舆鬼、柳东七舍，为楚；仲秋秋分，夕出郊角、亢、氐、房东四舍，为汉；仲冬冬至，晨出郊东方，与尾、箕、斗、牵牛俱西，为中国。其出入常以辰、戌、丑、未。

其蚤，为月蚀；①晚，为彗星②及天夭。其时宜效不效为失，③

追兵在外不战。一时不出，其时不和；四时不出，天下大饥。其当效而出也，色白为旱，黄为五谷熟，赤为兵，黑为水。出东方，大而白，有兵于外，解。常在东方，其赤，中国胜；其西而赤，外国利。无兵于外而赤，兵起。其与太白俱出东方，皆赤而角，外国大败，中国胜；其与太白俱出西方，皆赤而角，外国利。五星分天之中，积于东方，中国利；积于西方，外国用〔兵〕者利。五星皆从辰星而聚于一舍，其所舍之国可以法致天下。辰星不出，太白为客；其出，太白为主。出而与太白不相从，野虽有军，不战。出东方，太白出西方；若出西方，太白出东方，为格，④野虽有兵不战。失其时而出，为当寒反温，当温反寒。当出不出，是谓击卒，兵大起。其入太白中而上出，破军杀将，客军胜；下出，客亡地。辰星来抵太白，太白不去，将死。正旗上出，⑤破军杀将，客胜；下出，客亡地。视旗所指，以命破军。其绕环太白，若与斗，大战，客胜。兔过太白，⑥间可椷剑，⑦小战，客胜。兔居太白前，军罢；出太白左，小战；摩太白，有数万人战，主人吏死；出太白右，去三尺，军急约战。青角，兵忧；黑角，水。赤行穷兵之所终。

①【集解】孟康曰："辰星、月相凌不见者，则所蚀也。"【索隐】案：宋均云"辰星与月同精，月为大臣，先期而出，是躁也。失则当诛，故月蚀见祥"。

②【集解】张晏曰："彗，所以除旧布新。"【索隐】案：宋均云"辰星，阴也，彗亦阴，阴谋未成，故晚出也"。

③【正义】效，见也。言宜见不见，为失罚之也。

④【索隐】谓辰星出西方。辰，水也。太白出东方。太白，金也。水生〔于〕金，母子不相从，故(上)〔主〕有军不战。今母子各出一方，故为格。格谓不和同，故野虽有兵不战然也。

⑤【索隐】正旗出。案：旗盖太白芒角，似旌旗。【正义】旗，星名，有九星。言辰星上则破军杀将，客胜也。

⑥【索隐】兔过太白。案：广雅云"辰星谓之兔星"，则辰星之别名兔，或作"毚"也。【正义】汉书云"辰星过太白，间可椷剑"，明广雅是也。

⑦【集解】苏林曰："椷音函。函，容也。其间可容一剑。"【索隐】椷音函。函，容也。言中间可容一剑。则函字本有咸音，故字从咸。剑，古作"劎"也。

兔七命，曰小正、辰星、天欃、安周星、细爽、能星、钩星。①其色黄而小，出而易处，天下之文变而不善矣。兔五色，青圜忧，白圜丧，赤圜中不平，黑圜吉。赤角犯我城，黄角地之争，白角号泣之声。

①【索隐】谓星凡有七名。命者，名也。小正，一也；辰星，二也；天兔，三也；安周星，四也；细爽，五也；能星，六也；钩星，七也。

其出东方，行四舍四十八日，其数二十日，而反入于东方；其出西方，行四舍四十八日，其数二十日，而反入于西方。其一候之营室、角、毕、箕、柳。出房、心间，地动。

辰星之色：春，青黄；夏，赤白；秋，青白，而岁熟；冬，黄而不明。即变其色，其时不昌。春不见，大风，秋则不实。夏不见，有六十日之旱，月蚀。秋不见，有兵，春则不生。冬不见，阴雨六十日，有流邑，夏则不长。

角、亢、氐，兖州。房、心，豫州。尾、箕，幽州。斗，江、湖。牵牛、婺女，杨州。虚、危，青州。营室至东壁，并州。奎、娄、胃，徐州。昴、毕，冀州。觜觿、参，益州。①东井、舆鬼，雍州。柳、七星、张，三河。翼、轸，荆州。

①【正义】括地志云:"汉武帝置十三州,改梁州为益州广汉。广汉,今益州咎县是也。分今河内、上党、云中。"然案星经,益州,魏地,毕、觜、参之分,今河内、上党、云中是。未详也。

七星为员官,辰星庙,蛮夷星也。

两军相当,日晕;[①]晕等,力钧;厚长大,有胜;薄短小,无胜。重抱大破无。抱为和,背〔为〕不和,为分离相去。直为自立,立侯王;(指晕)〔破军〕(若曰)杀将。负且戴,有喜。围在中,中胜;在外,外胜。青外赤中,以和相去;赤外青中,以恶相去。气晕先至而后去,居军胜。先至先去,前利后病;后至后去,前病后利;后至先去,前后皆病,居军不胜。见而去,其发疾,虽胜无功。见半日以上,功大。白虹屈短,[②]上下兑,有者下大流血。日晕制胜,近期三十日,远期六十日。

①【集解】如淳曰:"晕读曰运。"

②【集解】李奇曰:"屈,或为'尾'也。"韦昭曰:"短而直。"

其食,食所不利;复生,生所利;而食益尽,为主位。以其直及日所宿,加以日时,用命其国也。

月行中道,[①]安宁和平。阴间,多水,阴事。外北三尺,阴星。[②]北三尺,太阴,大水,兵。阳间,骄恣。阳星,多暴狱。太阳,大旱丧也。[③]角、天门,十月为四月,十一月为五月,[④]十二月为六月,水发,近三尺,远五尺。犯四辅,辅臣诛。[⑤]行南北河,以阴阳言,旱水兵丧。[⑥]

①【索隐】案:中道,房星之中间也。房有四星,若人之房三间有四表然,

故曰房。南为阳间，北为阴间，则中道房星之中间也。故房是日、月、五星之行道，然黄道亦经房、心。若月行得中道，故阴阳和平；若行阴间，多阴事；阳间，则人主骄恣；若历阴星、阳星之南北太阴、太阳之道，即有大水若兵，及大旱若丧也。

②【索隐】案：谓阴间外北三尺曰阴星，又北三尺曰太阴道，则下阳星及太阳亦在阳间之南各三尺也。

③【索隐】太阴，太阳，皆道也。月行近之，故有水旱兵丧也。

④【索隐】角间天门。谓月行入角与天门，若十月犯之，当为来年四月成灾；十一月，则主五月也。

⑤【索隐】案：谓月犯房星也。四辅，房四星也。房以辅心，故曰四辅。

⑥【正义】南河三星，北河三星，若月行北河以阴，则水、兵；南河以阳，则旱、丧也。

月蚀岁星，①其宿地，饥若亡。荧惑也乱，填星也下犯上，太白也强国以战败，辰星也女乱。(食)〔蚀〕大角，②主命者恶之；心，则为内贼乱也；列星，其宿地忧。③

①【正义】孟康云："凡星入月，见月中，为星蚀月；月掩星，星灭，为月蚀星也。"

②【集解】徐广曰："一云'食于大角'。" 【正义】大角一星，在两摄提间，人君之象也。

③【索隐】谓月蚀列星二十八宿，当其分地有忧。忧谓兵及丧也。

月食始日，五月者六，六月者五，五月复六，六月者一，而五月者五，凡百一十三月而复始。①故月蚀，常也；日蚀，为不臧也。甲、乙，四海之外，日月不占。②丙、丁，江、淮、海岱也。戊、己，中州、河、济也。庚、辛，华山以西。壬、癸，恒山以北。日蚀，国君；月蚀，将相当之。

①【索隐】始日谓食始起之日也。依此文计，唯有一百二十一月，与元数甚为悬校，既无太初历术，不可得而推定。今以汉志三统历法计，则六月者七，五月者一，又六月者一，五月者一，凡一百三十五月而复始耳。或术家各异，或传写错谬，故此不同，无以明知也。

②【集解】晋灼曰："海外远，甲乙日时不以占候。"

国皇星，①大而赤，②状类南极。③所出，其下起兵，兵强；其冲不利。

①【正义】国皇星者，大而赤，类南极老人，去地三丈，如炬火。见则内外有兵丧之难。

②【集解】孟康曰："岁星之精散所为也。五星之精散为六十四变，记不尽。"

③【集解】徐广曰："老人星也。"

昭明星，①大而白，无角，乍上乍下。②所出国，起兵，多变。

①【索隐】案：春秋合诚图云"赤帝之精，象如太白，七芒"。释名为笔星，气有一枝，末锐似笔，亦曰笔星也。

②【集解】孟康曰："形如三足机，机上有九彗上向，荧惑之精。"

五残星，①出正东东方之野。其星状类辰星，去地可六丈。

①【索隐】孟康云："星表有青气如晕，有毛，填星之精也。"【正义】五残，一名五锋，出正东东方之分野。状类辰星，去地可六七丈。见则五分毁败之征，大臣诛亡之象。

大①贼星，②出正南南方之野。星去地可六丈，大而赤，数动，有光。

①【集解】徐广曰："大，一作'六'。"

②【集解】孟康曰："形如彗，九尺，太白之精。"【正义】大贼星者，一名

六贼，出正南，南方之野。星去地可六丈，大而赤，数动有光，出则祸合天下。

司危星，①出正西西方之野。星去地可六丈，大而白，类太白。

①【集解】孟康曰："星大而有尾，两角，荧惑之精也。"【正义】司危者，出正西西方分野也。大如太白，去地可六丈，见则天子以不义失国而豪杰起。

狱汉星，①出正北北方之野。星去地可六丈，大而赤，数动，察之中青。此四野星所出，出非其方，其下有兵，冲不利。

①【集解】孟康曰："青中赤表，下有三彗纵横，亦填星之精。"汉书天文志狱汉一名咸汉。

四填星，所出四隅，去地可四丈。

地维咸光，亦出四隅，去地可三丈，若月始出。所见，下有乱；乱者亡，有德者昌。

烛星，状如太白，①其出也不行。见则灭。所烛者，城邑乱。

①【集解】孟康曰："星上有三彗上出，亦填星之精。"

如星非星，如云非云，命曰归邪。①归邪出，必有归国者。

①【集解】李奇曰："邪音虵。"孟康曰："星有两赤彗上向，上有盖状如气，下连星。"

星者，金之散气，〔其〕本曰火。①星众，国吉；少则凶。

①【集解】孟康曰："星，石也。"

汉者，亦金之散气，①其本曰水。汉，星多，多水，少则旱，②其大经也。

①【索隐】案：水生〔于〕金，散气即水气。河图括地象曰"河精为天汉"也。

②【集解】孟康曰："汉，河汉也。水生于金。多，少，谓汉中星。"

天鼓，有音如雷非雷，音在地而下及地。其所往者，兵发其下。

天狗，状如大奔星，①有声，其下止地，类狗。所堕及，望之如火光炎炎②冲天。其下圜如数顷田处，上兑者则有黄色，千里破军杀将。

①【集解】孟康曰："星有尾，旁有短彗，下有如狗形者，亦太白之精。"

②【索隐】艳音也。

格泽星①者，如炎火之状。黄白，起地而上。下大，上兑。其见也，不种而获；不有土功，必有大害。

①【索隐】一音鹤铎，又音格宅。格，胡客反。

蚩尤之旗，①类彗而后曲，象旗。见则王者征伐四方。

①【集解】孟康曰："荧惑之精也。"晋灼曰："吕氏春秋曰其色黄上白下。"

旬始，出于北斗旁，①状如雄鸡。其怒，青黑，象伏鳖。②

①【集解】徐广曰："蚩尤也。旬，一作'营'。"

②【集解】李奇曰："怒当音帑。"晋灼曰："帑，雌也。或曰怒则色青。"

枉矢，类大流星，蛇行而仓黑，望之如有毛羽然。

长庚，如一匹布著天。①此星见，兵起。

①【正义】著音直略反。

星坠至地，则石也。①河、济之间，时有坠星。

①【正义】春秋云"星陨如雨"是也。今吴郡西乡见有落星石，其石天下多有也。

天精而见景星。①景星者，德星也。其状无常，常出于有道之国。

①【集解】孟康曰："精，明也。有赤方气与青方气相连，赤方中有两黄星，青方中一黄星，凡三星合为景星。"【索隐】韦昭云"精谓清朗"。

汉书作“晗”，亦作“啰”。郭璞注三苍云“啰，雨止无云也”。【正义】景星状如半月，生于晦朔，助月为明。见则人君有德，明圣之庆也。

凡望云气，①仰而望之，三四百里；平望，在桑榆上，千馀(里)二千里；登高而望之，下属地者三千里。云气有兽居上者，胜。②

①【正义】春秋元命包云：“阴阳聚为云气也。”释名云：“雲犹云，众盛也。气犹饩然也。有声即无形也。”

②【正义】胜音升剩反。云雨气相敌也。兵书云：“云或如雄鸡临城，有城必降。”

自华以南，气下黑上赤。嵩高、三河之郊，气正赤。恒山之北，气下黑上青。勃、碣、海、岱之间，气皆黑。江、淮之间，气皆白。

徒气白。土功气黄。车气乍高乍下，往往而聚。骑气卑而布。卒气抟。①前卑而后高者，疾；前方而后高者，兑；后兑而卑者，却。其气平者其行徐。前高而后卑者，不止而反。气相遇者，②卑胜高，兑胜方。气来卑而循车通者，③不过三四日，去之五六里见。气来高七八尺者，不过五六日，去之十馀里见。气来高丈馀二丈者，不过三四十日，去之五六十里见。

①【集解】如淳曰：“抟，专也。或曰抟，徒端反。”

②【索隐】遇音偶。汉书作“禺”。

③【集解】车通，车辙也。避汉武讳，故曰通。

稍云精白者，其将悍，其士怯。其大根而前绝远者，当战。青白，其前低者，战胜；其前赤而仰者，战不胜。阵云如立垣。杼云类杼。①轴云抟两端兑。杓云②如绳者，居前亘天，其半半天。其蛪③者类阙旗故。钩云句曲。④诸此云见，以五色合占。而泽抟密，⑤

其见动人，乃有占；兵必起，合斗其直。

①【索隐】姚氏案：兵书云“营上云气如织，勿与战也”。

②【索隐】杓，刘氏音时酌反。说文音丁了反。许慎注淮南云“杓，引也”。

③【索隐】五结反。亦作“蜺”，音同。

④【正义】句音古侯反。

⑤【正义】崔豹古今注云：“黄帝与蚩尤战于涿鹿之野，常有五色云气，金枝玉叶，止于帝上，有花蘤之象，故因作华盖也。”京房易（兆）〔飞〕候云：“视四方常有大云，五色具，其下贤人隐也。青云润泽蔽日在西北，为举贤良也。”

王朔所候，决于日旁。日旁云气，人主象。①皆如其形以占。

①【正义】洛书云：“有云象人，青衣无手，在日西，天子之气。”

故北夷之气如群畜穹闾，①南夷之气类舟船幡旗。大水处，败军场，破国之虚，下有积钱，②金宝之上，皆有气，不可不察。海旁蜃气象楼台；广野气成宫阙然。云气各象其山川人民所聚积。③

①【索隐】邹云一作“弓闾”。天文志作“弓”字，音穹。盖谓以毡为闾，崇穹然。又宋均云“穹，兽名”，亦异说也。

②【集解】徐广曰：“古作‘泉’字。”

③【正义】淮南子云：“土地各以类生人，是故山气多勇，泽气多瘖，风气多聋，林气多躄，木气多伛，石气多力，险阻气多寿，谷气多痹，丘气多狂，庙气多仁，陵气多贪，轻土多利足，重土多迟，清水音小，浊水音大，湍水人重，中土多圣人。皆象其气，皆应其类也。”

故候息耗者，入国邑，视封疆田畴之正治，①城郭室屋门户之润泽，次至车服畜产精华。实息者，吉；虚耗者，凶。

①【集解】如淳曰：“蔡邕云麻田曰畴。”

若烟非烟，若云非云，郁郁纷纷，萧索轮囷，是谓卿云。①卿云

(见),喜气也。若雾[②]非雾,衣冠而不濡,见则其域被甲而趋。

①【正义】卿音庆。

②【索隐】音如字,一音蒙,一音亡遘反。尔雅云“天气下地不应曰雾”,言蒙昧不明之意也。

(天)〔夫〕雷电、虾虹、辟历、夜明者,阳气之动者也,春夏则发,秋冬则藏,故候者无不司之。

天开县物,[①]地动坼绝。[②]山崩及徙,川塞谿垘;[③]水澹(泽竭)地长,〔泽竭〕见象。城郭门闾,闺臬(枯槁)槁枯;宫庙邸第,人民所次。谣俗车服,观民饮食。五谷草木,观其所属。仓府厩库,四通之路。六畜禽兽,所产去就;鱼鳖鸟鼠,观其所处。鬼哭若呼,其人逢俉。化言,[④]诚然。

①【集解】孟康曰:“谓天裂而见物象,天开示县象。”

②【正义】赵世家幽缪王迁五年,“代地动,自乐徐以西,北至平阴,台屋墙垣太半坏,地坼东西百三十步”。

③【集解】徐广曰:“土雍曰垘,音服。”骃案:孟康曰“谿,谷也。垘,崩也”。苏林曰“伏,流也”。

④【集解】俉,迎也。伯庄曰:“音五故反。” 【索隐】俉音五故反。逢俉谓相逢而惊也。亦作“迕”,音同。“化”当为“讹”,字之误耳。

凡候岁美恶,谨候岁始。岁始或冬至日,产气始萌。腊明日,人众卒岁,一会饮食,发阳气,故曰初岁。正月旦,王者岁首;立春日,四时之(卒)始也。[①]四始者,候之日。[②]

①【索隐】谓立春日是去年四时之终卒,今年之始也。

②【正义】谓正月旦岁之始,时之始,日之始,月之始,故云“四始”。言以四时之日候岁吉凶也。

而汉魏鲜①集腊明正月旦决八风。风从南方来，大旱；西南，小旱；西方，有兵；西北，戎菽为，②小雨，③趣兵；④北方，为中岁；东北，为上岁；⑤东方，大水；东南，民有疾疫，岁恶。故八风各与其冲对，课多者为胜。多胜少，久胜亟，疾胜徐。旦至食，为麦；食至日昳，为稷；昳至餔，为黍；餔至下餔，为菽；下餔至日入，为麻。欲终日(有雨)有云，有风，有日。⑥日当其时者，深而多实；无云有风日，当其时，浅而多实；有云风，无日，当其时，深而少实；有日，无云，不风，当其时者稼有败。如食顷，小败；熟五斗米顷，大败。则风复起，有云，其稼复起。各以其时用云色占种(其)所宜。其雨雪若寒，岁恶。

①【集解】孟康曰："人姓名，作占候者。"

②【集解】孟康曰："戎菽，胡豆也。为，成也。" 【索隐】戎叔为。韦昭云"戎叔，大豆也。为，成也"。又郭璞注尔雅亦云"戎叔，胡豆"。孟康同也。

③【集解】徐广曰："一无此上两字。"

④【索隐】趣音促。谓风从西北来，则戎叔成。而又有小雨，则国兵趣起也。

⑤【集解】韦昭曰："岁大穰。"

⑥【正义】正月旦，欲其终一日有风有日，则一岁之中五谷丰熟，无灾害也。

是日光明，听都邑人民之声。声宫，则岁善，吉；商，则有兵；徵，旱；羽，水；角，岁恶。

或从正月旦比数雨。①率日食一升，至七升而极；②过之，不占。数至十二日，日直其月，占水旱。③为其环(城)〔域〕千里内占，则(其)为天下候,竟正月。④月所离列宿,⑤日、风、云,占其国。然必察太岁所在。在金,穰;水,毁;木,饥;火,旱。此其大经也。

①【索隐】比音鼻律反。数音疏矩反。谓以次数日以候一岁之雨,以知丰穰也。

②【集解】孟康曰:"正月一日雨,民有一升之食;二日雨,民有二升之食;如此至七日。"

③【集解】孟康曰:"月一日雨,正月水。"

④【集解】孟康曰:"月三十日周天,历二十八宿,然后可占天下。"【正义】案:月列宿,日、风、云有变,占其国,并太岁所在,则知其岁丰稔、水旱、饥馑也。

⑤【索隐】月离于毕。案:韦昭云"离,历也"。

正月上甲,风从东方,宜蚕;风从西方,若旦黄云,恶。

冬至短极,县土炭,①炭动,鹿解角,兰根出,泉水跃,略以知日至,要决晷景。岁星所在,五谷逢昌。其对为冲,岁乃有殃。②

①【集解】孟康曰:"先冬至三日,县土炭于衡两端,轻重适均,冬至日阳气至则炭重,夏至日阴气至则土重。"晋灼曰:"蔡邕律历记'候钟律权土炭,冬至阳气应黄钟通,土炭轻而衡仰,夏至阴气应蕤宾通,土炭重而衡低。进退先后,五日之中'。"

②【正义】言晷景岁星行不失次,则无灾异,五谷逢其昌盛;若晷景岁星行而失舍有所冲,则岁乃有殃祸灾变也。

太史公曰:自初生民以来,世主曷尝不历日月星辰?及至五家、①三代,绍而明之,②内冠带,外夷狄,分中国为十有二州,仰则观象于天,俯则法类于地。天则有日月,地则有阴阳。天有五星,地有五行。天则有列宿,地则有州域。三光者,阴阳之精,气本在地，而圣人统理之。

①【索隐】案：谓五纪，岁、月、日、星辰、历数，各有一家颛学习之，故曰“五家”也。

②【正义】五家，黄帝、高阳、高辛、唐虞、尧舜也。三代，夏、殷、周也。言生民以来，何曾不历日、月、星辰，及至五帝、三王，亦于绍继而明天数阴阳也。

幽厉以往，尚矣。所见天变，皆国殊窟穴，家占物怪，以合时应，其文图籍禨祥不法。①是以孔子论六经，纪异而说不书。至天道命，不传；传其人，不待告；②告非其人，虽言不著。③

①【正义】禨音机。顾野王云“禨祥，吉凶之先见也”。案：自古以来所见天变，国皆异具，所说不同，及家占物怪，用合时应者书，其文并图籍，凶吉并不可法则。故孔子论六经，记异事而说其所应，不书变见之踪也。

②【正义】待，须也。言天道性命，忽有志事，可传授之则传，其大指微妙，自在天性，不须深告语也。

③【正义】著，作虑反。著，明也。言天道性命，告非其人，虽为言说，不得著明微妙，晓其意也。

昔之传天数者：高辛之前，重、黎；①于唐、虞，羲、和；②有夏，昆吾；③殷商，巫咸；④周室，史佚、苌弘；⑤于宋，子韦；郑则裨灶；⑥在齐，甘公；⑦楚，唐眜；⑧赵，尹皋；魏，石申。⑨

①【正义】左传云蔡墨曰“少昊氏之子曰黎，为火正，号祝融”，即火行之官，知天数。

②【正义】羲氏，和氏，掌天地四时之官也。

③【正义】昆吾，陆终之子。虞翻云“昆吾名樊，为己姓，封昆吾”。世本云昆吾卫者也。

④【正义】巫咸，殷贤臣也，本吴人，冢在苏州常熟海隅山上。子贤，亦在此也。

⑤【正义】史佚，周武王时太史尹佚也。苌弘，周灵王时大夫也。

⑥【正义】裨竈，郑大夫也。

⑦【集解】徐广曰："或曰甘公名德也，本是鲁人。" 【正义】七录云楚人，战国时作天文星占八卷。

⑧【正义】莫葛反。

⑨【正义】七录云石申，魏人，战国时作天文八卷也。

夫天运，三十岁一小变，百年中变，五百载大变；三大变一纪，三纪而大备：此其大数也。为国者必贵三五。[①] 上下各千岁，然后天人之际续备。

①【索隐】三五谓三十岁一小变，五百岁一大变。

太史公推古天变，未有可考于今者。盖略以春秋二百四十二年之间，[①] 日蚀三十六，[②] 彗星三见，[③] 宋襄公时星陨如雨。[④] 天子微，诸侯力政，[⑤] 五伯代兴，[⑥] 更为主命。自是之后，众暴寡，大并小。秦、楚、吴、越，夷狄也，为强伯。[⑦] 田氏篡齐，[⑧] 三家分晋，[⑨] 并为战国。争于攻取，兵革更起，城邑数屠，因以饥馑疾疫焦苦，臣主共忧患，其察禨祥候星气尤急。近世十二诸侯七国相王，[⑩] 言从衡者继踵，而皋、唐、甘、石因时务论其书传，故其占验凌杂米盐。[⑪]

①【正义】谓从隐公元年至哀公十四年获麟也。隐公十一年，桓公十八年，庄公三十二年，闵公二年，僖公三十三年，文公十八年，宣公十八年，成公十八年，襄公三十一年，昭公三十二年，定公十五年，哀公十四年：凡二百四十二年也。

②【正义】谓隐公三年二月乙巳；桓公三年七月壬辰朔，十七年十月朔；庄公十八年三月朔，二十五年六月辛未朔，二十六年十二月癸亥朔，

三十年九月庚午朔；僖公五年九月戊申朔，十二年三月庚午朔，十五年五月朔；文公元年二月癸亥朔，十五年六月辛卯朔；宣公八年七月庚子朔，十年四月丙辰朔，十七年六月癸卯朔；成公十六年六月丙辰朔，十七年七月丁巳朔；襄公十四年二月乙未朔，十五年八月丁巳朔，二十年十月丙辰朔，二十一年九月庚戌朔，十月庚辰朔，二十三年二月癸酉朔，二十四年七月甲子朔，八月癸巳朔，二十七年十二月乙亥朔；昭公七年四月甲辰朔，十五年六月丁巳朔，十七年六月甲戌朔，二十一年七月壬午朔，二十二年十二月癸酉朔，二十四年五月乙未朔，三十年十二月辛亥朔，定公五年三月辛亥朔，十二年十一月丙寅朔，十五年八月庚辰朔：凡蚀三十六也。

③【正义】谓文公十四年七月有星入于北斗，昭公十七年冬有星孛于大辰，哀公十三年有星孛于东方。

④【正义】谓僖公十六年正月戊申朔，陨石于宋五也。

⑤【集解】徐广曰："一作'征'。"

⑥【正义】赵岐注孟子云齐桓、晋文、秦穆、宋襄、楚庄也。

⑦【正义】秦祖非子初邑于秦，地在西戎。楚子鬻熊始封丹阳，荆蛮。吴太伯居吴，周章因封吴，号句吴。越祖少康之子初封于越，以守禹祀，地称东越。皆戎夷之地，故言夷狄也。后秦穆、楚庄、吴阖闾、越句践皆得封为伯也。

⑧【正义】周安王二十三年，齐康公卒，田和并齐而立为齐侯。

⑨【正义】周安王二十六年，魏武侯、韩文侯、赵敬侯共灭晋静而三分其地。

⑩【正义】王，于放反。谓汉孝景帝三年，吴王濞、楚王戊、赵王遂、济南王辟光、淄川王贤、胶东王雄渠也。

⑪【正义】淩杂，交乱也。米盐，细碎也。言皋、唐、甘、石等因时务论其书传中灾异所记录者，故其占验交乱细碎。其语在汉书五行志中也。

二十八舍主十二州，①斗秉兼之，所从来久矣。②秦之疆也，候在太白，占于狼、弧。③吴、楚之疆，候在荧惑，占于鸟衡。④燕、齐之疆，候在辰星，占于虚、危。⑤宋、郑之疆，候在岁星，占于房、心。⑥晋之疆，亦候在辰星，占于参、罚。⑦

①【正义】二十八舍，谓东方角、亢、氐、房、心、尾、箕；北方斗、牛、女、虚、危、室、壁；西方奎、娄、胃、昴、毕、觜、参；南方井、鬼、柳、星、张、翼、轸。星经云："角、亢，郑之分野，兖州；氐、房、心，宋之分野，豫州；尾、箕，燕之分野，幽州；南斗、牵牛，吴、越之分野，扬州；须女、虚，齐之分野，青州；危、室、壁，卫之分野，并州；奎、娄，鲁之分野，徐州；胃、昴，赵之分野，冀州；毕、觜、参，魏之分野，益州；东井、舆鬼，秦之分野，雍州；柳、星、张，周之分野，三河；翼、轸，楚之分野，荆州也。"

②【正义】言北斗所建秉十二辰，兼十二州，二十八宿，自古所用，从来久远矣。

③【正义】太白、狼、弧，皆西方之星，故秦占候也。

④【正义】荧惑、鸟衡，皆南方之星，故吴、楚之占候也。鸟衡，柳星也。一本作"注张"也。

⑤【正义】辰星、虚、危，皆北方之星，故燕、齐占候也。

⑥【正义】岁星、房、心，皆东方之星，故宋、郑占候也。

⑦【正义】辰星、参、罚，皆北方西方之星，故晋占候也。

及秦并吞三晋、燕、代，自河山以南者中国。①中国于四海内则在东南，为阳；②阳则日、岁星、荧惑、填星；③占于街南，毕主之。④其西北则胡、貉、月氏诸衣旃裘引弓之民，为阴；⑤阴则月、太白、辰星；⑥占于街北，昴主之。⑦故中国山川东北流，其维，首在陇、蜀，尾没于勃、碣。⑧是以秦、晋好用兵，⑨复占太白，太白主中国；而胡、貉数侵掠，⑩独占辰星，辰星出入躁疾，常主夷狄：其大经也。此更为客主人。⑪荧惑为孛，外则理兵，内则理政。故曰"虽有明天子，必视荧惑所在”。⑫诸侯更强，时灾异记，无可录者。

①【正义】河，黄河也。山，华山也。从华山及黄河以南为中国也。

②【正义】尔雅云“九夷，八狄，七戎，六蛮，谓之四海之内”。中国，从河山东南为阳也。

③【正义】日，人质反。填音镇。日，阳也。岁星属东方，荧惑属南方，填星属中央，皆在南及东，为阳也。

④【正义】天街二星，主毕、昴，主国界也。街南为华夏之国，街北为夷狄之国，则毕星主阳。

⑤【正义】貉音陌。氏音支。从河山西北及秦、晋为阴也。

⑥【正义】月，阴也。太白属西方，辰星属北方，皆在北及西，为阴也。

⑦【正义】天街星北为夷狄之国，则昴星主之，阴也。

⑧【正义】言中国山及川东北流行，若南山首在昆仑葱岭，东北行，连陇山至南山、华山，渡河东北尽碣石山。黄河首起昆仑山；渭水、岷江发源出陇山：皆东北东入渤海也。

⑨【集解】韦昭曰：“秦晋西南维之北为阴，犹与胡、貉引弓之民同，故好用兵。”

⑩【正义】主犹领也，入也。星经云“太白在北，月在南，中国败；太白在南，月在北，中国不败也”。是胡貉数侵掠之也。

⑪【正义】更，格行反，下同。星经云：“辰星不出，太白为客；辰星出，太白为主人。辰星、太白不相从，虽有军不战。辰星出东方，太白出西方，若辰星出西方，太白出东方，为‘格野’，虽有兵不战；合宿乃战。辰星入太白中五日，及入而上出，破军杀将，客胜；不出，客亡地。视旗所指。”

⑫【索隐】必视荧惑之所在。此据春秋纬文耀鉤，故言“故曰”。

秦始皇之时，十五年彗星四见，久者八十日，长或竟天。其后秦遂以兵灭六王，并中国，外攘四夷，死人如乱麻，因以张楚并起，三十年之间①兵相骀藉，②不可胜数。自蚩尤以来，未尝若斯也。

①【正义】谓从秦始皇十六年起兵灭韩，至汉高祖五年灭项羽，则三十六年矣。

②【集解】苏林曰："骀音台，登蹑也。"

项羽救钜鹿，枉矢西流，山东遂合从诸侯，西坑秦人，诛屠咸阳。

汉之兴，五星聚于东井。平城之围，①月晕参、毕七重。②诸吕作乱，日蚀，昼晦。吴楚七国叛逆，彗星数丈，天狗过梁野；及兵起，遂伏尸流血其下。元光、元狩，蚩尤之旗再见，长则半天。其后京师师四出，③诛夷狄者数十年，而伐胡尤甚。越之亡，荧惑守斗；④朝鲜之拔，星茀⑤于河戍；⑥兵征大宛，星茀招摇：⑦此其荦荦⑧大者。若至委曲小变，不可胜道。由是观之，未有不先形见而应随之者也。

①【索隐】汉高祖之七年。

②【索隐】案：天文志"其占者毕、昴间天街也。街北，胡也。街南，中国也。昴为匈奴；参为赵；毕为边兵。是岁高祖自将兵击匈奴，至平城，为冒顿所围，七日乃解"。则天象有若符契。七重，主七日也。

③【正义】元光元年，太中大夫卫青等伐匈奴；元狩二年，冠军侯霍去病等击胡；元鼎五年，卫尉路博德等破南越；及韩说破东越，并破西南夷，开十馀郡；元年，楼船将军杨仆击朝鲜也。

④【正义】南斗为吴、越之分野。

⑤【索隐】音佩，即孛星也。

⑥【索隐】案：天文志"武帝元封之中，星孛于河戍，其占曰'南戍为越门，北戍为胡门'。其后汉兵击拔朝鲜，以为乐浪、玄菟郡。朝鲜在海中，越之象，居北方，胡之域也"。其河戍即南河、北河也。

⑦【正义】招摇一星，次北斗杓端，主胡兵也。占：角变，则兵革大行。

⑧【索隐】力角反。荦荦，大事分明也。

夫自汉之为天数者，星则唐都，气则王朔，占岁则魏鲜。故甘、石历五星法，唯独荧惑有反逆行；逆行所守，及他星逆行，日月薄蚀，①皆以为占。

①【集解】孟康曰："日月无光曰薄。京房易传曰'日赤黄为薄'。或曰不交而蚀曰薄。"韦昭曰："气往迫之为薄，亏毁为蚀。"

余观史记，考行事，百年之中，五星无出而不反逆行，反逆行，尝盛大而变色；日月薄蚀，行南北有时：此其大度也。故紫宫、①房心、②权衡、③咸池、④虚危⑤列宿部星，⑥此天之五官坐位也，为经，不移徙，大小有差，阔狭有常。⑦水、火、金、木、填星，⑧此五星者，天之五佐，⑨为(经)纬，见伏有时，⑩所过行赢缩有度。

①【正义】中宫也。

②【正义】东宫也。

③【正义】南宫也。

④【正义】西宫也。

⑤【正义】北宫也。

⑥【正义】五官列宿部内之星也。

⑦【集解】孟康曰："阔狭，若三台星相去远近。"

⑧【集解】徐广曰："木、火、土三星若合，是谓惊位绝行。"

⑨【正义】言水、火、金、木、土五星佐天行德也。

⑩【正义】五星行南北为经，东西为纬也。

日变修德，月变省刑，星变结和。凡天变，过度乃占。国君强大，有德者昌；弱小，饰诈者亡。太上修德，其次修政，其次修救，其次修禳，正下无之。夫常星之变希见，而三光之占亟用。日月晕适，①云风，此天之客气，其发见亦有大运。然其与政事俯仰，最近(大)〔天〕人之符。此五者，天之感动。为天数者，必通三五。②终始古今，深观时变，察其精粗，则天官备矣。

①【集解】徐广曰："适者，灾变咎征也。"李斐曰："适，见灾于天。刘向以为日、月蚀及星逆行，非太平之常。自周衰以来，人事多乱，故天文应之遂变耳。"骃案：孟康曰"晕，日旁气也。适，日之将食，先有黑气之变"。

②【索隐】案：三谓三辰，五谓五星。

苍帝行德，天门为之开。①赤帝行德，天牢为之空。②黄帝行德，天夭为之起。③风从西北来，必以庚、辛。一秋中，五至，大赦；三至，小赦。白帝行德，以正月二十日、二十一日，月晕围，常大赦载，谓有太阳也。一曰：④白帝行德，毕、昴为之围。围三暮，德乃成；⑤不三暮，及围不合，德不成。二曰：以辰围，不出其旬。黑帝行德，天关为之动。⑥天行德，天子更立年；⑦不德，风雨破石。三能、三衡者，天廷也。⑧客星出天廷，有奇令。

①【索隐】案：谓王者行春令，布德泽，被天下，应灵威仰之帝，而天门为之开，以发德化也。天门，即左右角间也。【正义】为，于伪反，下同。苍帝，东方灵威仰之帝也。春，万物开发，东作起，则天发其德化，天门为之开也。

②【索隐】亦谓王者行德，以应火精之帝。谓举大礼，封诸侯之地，则是赤帝行德。夏阳，主舒散，故天牢为之空，则人主当赦宥也。【正义】赤帝，南方赤熛怒之帝也。夏万物茂盛，功作大兴，则天施德惠，天牢为之空虚也。天牢六星，在北斗魁下，不对中台，主秉禁暴，亦贵人之牢也。

③【正义】黄帝，中央含枢纽之帝。季夏万物盛大，则当大赦，含养群品也。

④【索隐】一曰，二曰，案谓星家之异说，太史公兼记之耳。

⑤【正义】白帝，西方白招矩之帝也。秋万物咸成，则晕围毕、昴三暮，帝德乃成也。

⑥【正义】黑帝，北方叶光纪之帝也。冬万物闭藏，为之动，为之开闭也。天关一星，在五车南，毕西北，为天门，日、月、五星所道，主边事，亦为限隔内外，障绝往来，禁道之作违者。占：芒，角，有兵起；五星守之，主贵人多死也。

⑦【索隐】案：天，谓北极，紫微宫也。言王者当天心，则北辰有光耀，是行德也。北辰光耀，则天子更立年也。

⑧【索隐】上云"南宫朱鸟，权衡，衡，太微，三光之廷"，则三衡者即太微也。其谓之三者，为日、月、五星也。然斗第六第五星亦名衡，又参三星亦名衡，然并不为天廷也。【正义】晋书天文志云："三台，主开德宣符也，所以和阴阳而理万物也。三衡者，北斗魁四星为璇玑，杓三星为玉衡，人君之象，号令主也。又太微，天子宫庭也。太微为衡，衡主平也，为天庭理，法平辞理也。"案：言三台、三衡者，皆天帝之庭，号令舒散平理也，故言三台、三衡。言若有客星出三台、三衡之廷，必有奇异教令也。

【索隐述赞】在天成象，有同影响。观文察变，其来自往。天官既书，太史攸掌。云物必记，星辰可仰。盈缩匪愆，应验无爽。至哉玄监，云谁欲諓！

史记卷二十八

封禅书第六

【正义】此泰山上筑土为坛以祭天，报天之功，故曰封。此泰山下小山上除地，报地之功，故曰禅。言禅者，神之也。白虎通云："或曰封者，金泥银绳，或曰石泥金绳，封之印玺也。"五经通义云："易姓而王，致太平，必封泰山，禅梁父，(荷)〔何〕？天命以为王，使理群生，告太平于天，报群神之功。"

自古受命帝王，曷尝不封禅？盖有无其应而用事者矣，未有睹符瑞见而不臻乎泰山者也。虽受命而功不至，至梁父矣而德不洽，洽矣而日有不暇给，是以即事用希。传曰："三年不为礼，礼必废；三年不为乐，乐必坏。"每世之隆，则封禅答焉，及衰而息。厥旷远者千有馀载，近者数百载，故其仪阙然堙灭，其详不可得而记闻云。

尚书曰，舜在璇玑玉衡，以齐七政。遂类于上帝，禋于六宗，望山川，遍群神。辑五瑞，择吉月日，见四岳诸牧，还瑞。①岁二月，东巡狩，至于岱宗。岱宗，泰山也。②柴，望秩于山川。遂觐东后。东后者，诸侯也。合时月正日，同律度量衡，修五礼，五玉三帛二生一死贽。五月，巡狩至南岳。南岳，衡山也。③八月，巡狩至西岳。西岳，华山也。④十一月，巡狩至北岳。北岳，恒山也。⑤皆如岱宗之礼。中岳，嵩高也。⑥五载一巡狩。

①【集解】徐广曰："还，一作'班'。"

②【正义】括地志云："泰山，一曰岱宗，东岳也，在兖州博城县西北三十里。周礼云兖州镇曰岱宗。"

③【正义】括地志云："衡山，一名岣嵝山，在衡州湘潭县西四十里。"

④【正义】括地志云："华山在华州华阴县南八里，古文以为敦物。周礼云豫州镇曰华山。"

⑤【正义】括地志云："恒山在定州恒阳县西北百四十里。周礼云并州镇曰恒山。"

⑥【索隐】独不言"至"者，盖以天子所都也。　【正义】括地志云："嵩山，亦名曰太室，亦名曰外方也。在洛州阳城县西北二十三里。"

禹遵之。后十四世，至帝孔甲，淫德好神，神渎，二龙去之。①其后三世，汤伐桀，欲迁夏社，不可，作夏社。后八世，至帝太戊，有桑穀生于廷，一暮大拱，惧。伊陟曰：②"妖不胜德。"太戊修德，桑穀死。伊陟赞巫咸，巫咸之兴自此始。③后十四世，帝武丁得傅说为相，殷复兴焉，称高宗。有雉④登鼎耳雊，武丁惧。祖己曰："修德。"武丁从之，位以永宁。后五世，帝武乙慢神而震死。⑤后三世，帝纣淫乱，武王伐之。由此观之，始未尝不肃祗，后稍怠慢也。

①【索隐】如淳按：国语"二龙漦于夏庭"是也。

②【集解】徐广曰："陟，古作'敕'。"

③【索隐】案尚书，巫咸殷臣名，伊陟赞告巫咸。今此云"巫咸之兴自此始"，则以巫咸为巫觋。然楚词亦以巫咸主神。盖太史公以巫咸是殷臣，以巫接神事，太戊使禳桑榖之灾，所以伊陟赞巫咸，故云巫咸之兴自此始也。

④【集解】徐广曰："一作'鴵'，音娇。"

⑤【索隐】谓武乙射天，后猎于河渭而震死也。

周官曰，冬日至，祀天于南郊，迎长日之至；夏日至，祭地祇。皆用乐舞，而神乃可得而礼也。天子祭天下名山大川，五岳视三公，四渎视诸侯，诸侯祭其疆内名山大川。四渎者，江、河、淮、济也。天子曰明堂、辟雍，①诸侯曰泮宫。②

①【集解】韦昭曰："水外四周圆如辟雍，盖以节观者也。"

②【集解】张晏曰："制度半于天子之辟雍。" 【索隐】按：服虔云"天子水匝，为辟雍。诸侯水不匝，至半，为泮宫"。礼统又云"半有水，半有宫"是也。

周公既相成王，郊祀后稷以配天，①宗祀文王于明堂以配上帝。②自禹兴而修社祀，后稷稼穑，故有稷祠，郊社所从来尚矣。

①【集解】王肃曰："配天，于南郊祀之。"

②【集解】郑玄曰："上帝者，天之别名也。神无二主，故异其处，避后稷也。"

自周克殷后十四世，世益衰，礼乐废，诸侯恣行，而幽王为犬戎所败，①周东徙雒邑。秦襄公攻戎救周，始列为诸侯。②秦襄公既侯，居西垂，③自以为主少皞之神，作西畤，祠白帝，其牲用骝驹④黄牛羝羊各一云。⑤其后十六年，秦文公东猎汧渭之间，卜居之而吉。[6]文公梦黄蛇自天下属地，其口止于鄜衍。[7]文公问史敦，敦曰："此上帝之征，君其祠之。"于是作鄜畤，用三牲郊祭白帝焉。

①【集解】徐广曰："犬，一作'吠'。"

②【正义】秦襄公，周平王元年封也。

③【正义】汉陇西郡西县也。今在秦州上邽县西南九十里也。

④【索隐】赤马黑鬣曰骝也。

⑤【索隐】诗传云："羝，牡羊。"

⑥【索隐】按：地理志汧水出汧县西北入渭。皇甫谧云"文公徙都汧"者也。【正义】括地志云："郿县故城在岐州郿县东北十五里，即此城也。"

⑦【集解】李奇曰："鄜音孚。山阪曰衍。"【索隐】鄜，地名，后为县，属冯翊。衍者，郑众注周礼云"下平曰衍"；又李奇三辅记云"三辅谓山阪间为衍"也。

自未作鄜畤也，而雍旁故有吴阳武畤，[1]雍东有好畤，皆废无祠。或曰："自古以雍州积高，神明之隩，故立畤郊上帝，诸神祠皆聚云。盖黄帝时尝用事，虽晚周亦郊焉。"其语不经见，缙绅者[2]不道。

①【集解】李奇曰："于旁有吴阳地。"

②【集解】李奇曰："缙，插也，插笏于绅。绅，大带。"【索隐】姚氏云"缙，当作'搢'"。郑众注周礼云"缙读为'荐'，谓荐之于绅带之间"。今按：郑意以缙为荐，则荐亦是进，进而置于绅带之间，故史记亦多作"荐"字也。

作鄜畤后九年，文公获若石云，[1]于陈仓北阪城祠之。[2]其神或岁不至，或岁数来，来也常以夜，光辉若流星，从东南来集于祠城，则若雄鸡，其声殷云，野鸡夜雊。[3]以一牢祠，命曰陈宝。[4]

①【集解】苏林曰:“质如石也。”服虔曰:“在北,或曰在陈仓北。” 【索隐】苏林云:“质如石,似肺。”

②【正义】三秦记云:“太白山西有陈仓山,山有石鸡,与山鸡不别。赵高烧山,山鸡飞去,而石鸡不去,晨鸣山头,声闻三里。或言是玉鸡。”括地志云:“陈仓山在今岐州陈仓县南。”又云:“宝鸡神祠在汉陈仓县故城中,今陈仓县东。石鸡在陈仓山上。”祠在陈仓城,故言获若石于陈仓北阪城祠之。

③【集解】如淳曰:“野鸡,雉也。吕后名雉,故曰野鸡。”瓒曰:“殷,声也。云,足句之词。”

④【集解】瓒曰:“陈仓县有宝夫人祠,或一岁二岁与叶君合。叶君神来时,天为之殷殷雷鸣,雉为之雊也。在长安正西五百里。”韦昭曰:“在陈仓县。宝而祠之,故曰陈宝。” 【索隐】案:列异传云“陈仓人得异物以献之,道遇二童子,云:‘此名为媦,在地下食死人脑。’媦乃言云:‘彼二童子名陈宝,得雄者王,得雌者伯。’乃逐童子,化为雉。秦穆公大猎,果获其雌,为立祠。祭,有光,雷电之声。雄止南阳,有赤光长十馀丈,来入陈仓祠中”。所以代俗谓之宝夫人祠,抑有由也。叶,县名,在南阳。叶君即雄雉之神,故时与宝夫人神合也。

作鄜畤后七十八年,秦德公既立,卜居雍,“后子孙饮马于河”,遂都雍。雍之诸祠自此兴。用三百牢于鄜畤。①作伏祠。②磔狗邑四门,以御蛊灾。③

①【索隐】案秦本纪,德公元年以牺三百祠鄜畤。今案:“百”当为“白”,秦君西祀少昊时牲尚白。秦,诸侯也,虽奢侈,祭郊本特牲,不可用三百牢以祭天,盖字误耳。

②【索隐】案:服虔云“周时无伏,磔犬以御灾,秦始作之”。汉旧仪云“伏者,万鬼行日,故闭不干求也”,故东观汉记“和帝初令伏闭昼日”是也。又历忌释曰“伏者何?金气伏藏之名。四时代谢,皆以相生。

而春木代水，水生木也。夏火代木，木生火也。冬水代金，金生水也。至秋，则以金代火，金畏于火，故至庚日必伏。庚者，金日也”。

③【索隐】案：左传云“皿虫为蛊”，梟磔之鬼亦为蛊。故月令云“大傩，旁磔”，注云“磔，禳也。厉鬼为蛊，将出害人，旁磔于四方之门”。故此亦磔狗邑四门也。风俗通云“杀犬磔禳也”。

德公立二年卒。其后(六)〔四〕年，秦宣公作密畤于渭南，祭青帝。

其后十四年，秦缪公立，病卧五日不寤；寤，乃言梦见上帝，上帝命缪公平晋乱。史书而记藏之府。而后世皆曰秦缪公上天。

秦缪公即位九年，齐桓公既霸，会诸侯于葵丘，①而欲封禅。管仲曰：②“古者封泰山禅梁父者③七十二家，④而夷吾所记者十有二焉。昔无怀氏⑤封泰山，禅云云；⑥虙羲封泰山，禅云云；神农封泰山，禅云云；炎帝⑦封泰山，禅云云；黄帝封泰山，禅亭亭；⑧颛顼封泰山，禅云云；帝俈封泰山，禅云云；尧封泰山，禅云云；舜封泰山，禅云云；禹封泰山，禅会稽；⑨汤封泰山，禅云云；周成王封泰山，禅社首：⑩皆受命然后得封禅。”桓公曰：“寡人北伐山戎，⑪过孤竹；⑫西伐大夏，涉流沙，束马悬车，上卑耳之山；⑬南伐至召陵，⑭登熊耳山⑮以望江汉。兵车之会三，⑯而乘车之会六，⑰九合诸侯，一匡天下，诸侯莫违我。昔三代受命，亦何以异乎？”于是管仲睹桓公不可穷以辞，因设之以事，曰：“古之封禅，鄗上之黍，北里之禾，⑱所以为盛；江淮之间，一茅三脊，⑲所以为藉也。东海致比目之鱼，⑳西海致比翼之鸟，㉑然后物有不召而自至者十有五焉。今凤皇麒麟不来，嘉谷不生，而蓬蒿藜莠茂，鸱枭数至，而欲封禅，毋乃不可乎？”于是桓公乃止。是岁，秦缪公内晋君夷吾。其后三置晋国之君，㉒平其乱，缪公立三十九年而卒。

①【正义】括地志云:“葵丘在曹州考城县东南一里五十步郭内,即桓公所会处也。”

②【索隐】案:今管子书其封禅篇亡。

③【正义】括地志云:“梁父山在兖州泗水县北八十里。”

④【正义】韩诗外传云:“孔子升泰山,观易姓而王可得而数者七十馀人,不得而数者万数也。”案:管仲所记自无怀氏以下十二家,其六十家无纪录也。

⑤【集解】服虔曰:“古之王者,在伏羲前,见庄子。”

⑥【集解】李奇曰:“云云山在梁父东。” 【索隐】晋灼云:“山在蒙阴县故城东北,下有云云亭也。” 【正义】括地志云:“云云山在兖州博城县西南三十里也。”

⑦【索隐】邓展云“神农后子孙亦称炎帝而登封者”,律历志“黄帝与炎帝战于阪泉”,岂黄帝与神农身战乎? 皇甫谧云炎帝传位八代也。

⑧【集解】徐广曰:“在钜平。”骃案:服虔曰“亭亭山在牟阴”。 【索隐】应劭云“在钜平北十馀里”。服虔云“在牟阴”,非也。 【正义】括地志云:“亭亭山在兖州博城县西南三十里也。”

⑨【索隐】晋灼云“本名茅山”。吴越春秋云“禹巡天下,登茅山,群臣乃大会计,更名茅山为会稽”。亦曰苗山也。 【正义】括地志云:“会稽山一名衡山,在越州会稽县东南一十二里也。”

⑩【集解】应劭曰:“山名,在博县。”晋灼曰:“在钜平南十三里。”

⑪【索隐】服虔云:“盖今鲜卑是。”

⑫【正义】括地志云:“孤竹故城在平州卢龙县南一十里,殷时孤竹国也。”

⑬【集解】韦昭曰:“将上山,缠束其马,悬钩其车也。卑耳即齐语所谓‘辟耳’。” 【索隐】案:山名,在河东大阳。卑读如字也。齐语,即春秋外传国语之书也。辟音僻。贾逵云“山险也”。

⑭【正义】召音邵。括地志云:“召陵故城在豫州郾城县东四十五里也。”

⑮【索隐】登熊耳。案:荆州记耒阳、益阳二县东北有熊耳,东西各一峰,

状如熊耳，因以为名。齐桓公并登之。或示弘农熊耳，下云“望江汉”，知非也。

⑯【索隐】案左传，三，谓鲁庄十三年会北杏，平宋乱；僖四年侵蔡，遂伐楚；六年伐郑，围新城是也。

⑰【索隐】据左氏传云，谓庄十四年会于鄄，十五年又会鄄，十六年盟于幽，僖五年会于首止，八年盟于洮，九年会葵丘也。

⑱【集解】应劭曰：“鄗上，山也。鄗音臛。”苏林曰：“鄗上、北里皆地名。” 【索隐】韦昭云：“设以不可得之物。”鄗音霍。应劭云：“光武改高邑曰鄗。”姚氏云：“鄗县属常山。”一云鄗上，山名。

⑲【集解】孟康曰：“所谓灵茅也。”

⑳【集解】韦昭曰：“各有一目，不比不行，其名曰鲽。” 【索隐】鲽音苔。郭璞云：“如牛脾，身薄，细鳞，紫黑色，只一眼，两片合乃得行，今江东呼为王馀，亦曰版鱼。”

㉑【集解】韦昭曰：“各有一翼，不比不飞，其名曰鹣鹣。” 【索隐】案：山海经云“崇吾之山有鸟，状如凫，一翼一目，相得乃飞，名云蛮”。郭璞注尔雅亦作“鹣鹣”。

㉒【索隐】三置晋君。案：谓惠公、怀公、文公也。

其后百有馀年，而孔子论述六蓺，传略言易姓而王，封泰山禅乎梁父者七十馀王矣，其俎豆之礼不章，盖难言之。或问禘之说，孔子曰：“不知。知禘之说，其于天下也视其掌。”①诗云纣在位，文王受命，政不及泰山。武王克殷二年，天下未宁而崩。爰周德之洽维成王，成王之封禅则近之矣。及后陪臣执政，季氏旅于泰山，仲尼讥之。②

①【集解】孔安国曰：“为鲁讳也。”包氏曰：“孔子谓或人言知禘之说者，于天下之事如指视以掌中之物，言其易了。”

②【集解】马融曰："旅，祭名。礼，诸侯祭山川在封内者。陪臣祭泰山，非礼也。"

是时苌弘以方事周灵王，诸侯莫朝周，周力少，苌弘乃明鬼神事，设射狸首。狸首者，诸侯之不来者。①依物怪欲以致诸侯。诸侯不从，而晋人执杀苌弘。②周人之言方怪者自苌弘。

①【集解】徐广曰："狸，一名'不来'。"

②【集解】皇览曰："苌弘冢在河南洛阳东北山上。"

其后百馀年，秦灵公作吴阳上畤，①祭黄帝；②作下畤，祭炎帝。

①【索隐】吴阳，地名，盖在岳之南。又上云"雍旁有故吴阳武畤"，今盖因武畤又作上、下畤以祭黄帝、炎帝。

②【集解】徐广曰："凡距作密畤二百五十年。"

后四十八年，周太史儋①见秦献公曰："秦始与周合，合而离，五百岁当复合，②合十七年而霸王出焉。"③栎阳雨金，秦献公自以为得金瑞，故作畦畤栎阳而祀白帝。④

①【索隐】音丁甘反。孟康云即老子也。韦昭案年表，儋在孔子后百馀年，非老聃也。

②【索隐】案：大颜历评诸家，而云周平王封襄公为诸侯，至昭王五十二年西周君献邑，凡五百一十六年为合，亦举全数。

③【索隐】合十七年伯王出。自昭王灭周之后至始皇元年诛嫪毐，正一十七年。孟康云："谓周封秦为别，秦并周为合。此襄公为霸，始皇为王也。" 【正义】王，于放反。秦周俱黄帝之后，至非子末别封，是合也。合而离者，谓非子末年，周封非子为附庸，邑之秦，是离也。五百岁当复合者，谓从非子邑秦后二十九君，至秦孝公二年五百岁，周显王致文武胙于秦孝公，复与之亲，是复合也。十七年霸王出焉者，谓从秦孝公三年至十九年，周显王致伯于秦孝公，是霸出也；至惠王称

王，王者出焉。然五百岁者，非子生秦侯已下二十八君，至孝公二年，合四百八十六年，兼非子邑秦之后十四年，则五百岁矣。诸家解皆非也。

④【集解】晋灼曰："汉注在陇西西县人先祠山下，形如种韭畦，畦各一土封。"【索隐】汉旧仪云："祭人先于陇西西县人先山，山上皆有土人，山下有畤，埒如菜畦，畤中各有一土封，故云畤。"三苍云："畤，埒也。"

其后百二十岁而秦灭周，①周之九鼎入于秦。或曰宋太丘社亡，②而鼎没于泗水彭城下。

①【集解】徐广曰："去太史儋言时百二十年。"

②【集解】尔雅曰："右陵太丘。"【索隐】应劭云："亡，沦入地也。"案：亡，社主亡也。尔雅云"右陵太丘"。郭璞云"宋有太丘"。

其后百一十五年而秦并天下。

秦始皇既并天下而帝，或曰："黄帝得土德，黄龙地螾见。①夏得木德，青龙止于郊，草木畅茂。殷得金德，银自山溢。②周得火德，有赤乌之符。③今秦变周，水德之时。昔秦文公出猎，获黑龙，此其水德之瑞。"于是秦更命河曰"德水"，以冬十月为年首，色上黑，度以六为名，④音上大吕，事统上法。⑤

①【集解】应劭曰："螾，丘蚓也。黄帝土德，故地见其神。蚓大五六围，长十馀丈。"韦昭曰："黄者地色，螾亦地物，故以为瑞。"【索隐】出吕氏春秋。音引。

②【集解】苏林曰："流出也。"

③【索隐】中候及吕氏春秋皆云"有火自天止于王屋，流为赤乌，五至，以谷俱来"。

④【正义】张晏云："水，北方，黑。水终数六，故以方六寸为符，六尺

为步。”

⑤【集解】服虔曰：“政尚法令也。”瓒曰：“水阴，阴主刑杀，故尚法。”

即帝位三年，东巡郡县，祠驺峄山，①颂秦功业。于是征从齐鲁之儒生博士七十人，至乎泰山下。诸儒生或议曰：“古者封禅为蒲车，②恶伤山之土石草木；埽地而祭，席用葅秸，③言其易遵也。”始皇闻此议各乖异，难施用，由此绌儒生。而遂除车道，上自泰山阳至巅，立石颂秦始皇帝德，明其得封也。从阴道下，禅于梁父。其礼颇采太祝之祀雍上帝所用，而封藏皆秘之，世不得而记也。

①【索隐】驺县之峄山。驺县本邾国，鲁穆公改作“邹”。从征记北岩有秦始皇所勒铭。

②【索隐】谓蒲裹车轮，恶伤草木。

③【集解】应劭曰：“秸，禾稿也。去其皮以为席。”如淳曰：“葅读曰租。秸读曰戛。”晋灼曰：“葅，藉也。”【索隐】上音租，下音戛。周礼“祭祀供茅葅”。说文云：“葅，茅藉也。秸，禾槁去其皮，祭天以此。”

始皇之上泰山，中阪遇暴风雨，休于大树下。诸儒生既绌，不得与用于封事之礼，闻始皇遇风雨，则讥之。

于是始皇遂东游海上，行礼祠名山大川及八神，求仙人羡门之属。八神将自古而有之，或曰太公以来作之。齐所以为齐，以天齐也。①其祀绝莫知起时。八神：一曰天主，②祠天齐。天齐渊③水，居临菑南郊山下者。④二曰地主，祠泰山梁父。盖天好阴，祠之必于高山之下，小山之上，命曰“畤”；⑤地贵阳，祭之必于泽中圜丘云。三曰兵主，祠蚩尤。蚩尤在东平陆监乡，⑥齐之西境也。四曰阴主，祠三山。⑦五曰阳主，祠之罘。⑧六曰月主，祠之莱山。⑨皆在齐北，并勃海。七曰日主，祠成山。成山斗入海，⑩最居齐东北隅，以迎日出云。八曰四时主，祠琅邪。⑪琅邪在齐东方，盖岁之所始。

皆各用一牢具祠，而巫祝所损益，珪币杂异焉。

①【集解】苏林曰："当天中央齐。"

②【索隐】谓主祠天。

③【索隐】顾氏案：解道彪齐记云"临菑城南有天齐泉，五泉并出，有异于常，言如天之腹齐也"。

④【索隐】下下者。小颜云："下下谓最下也。"

⑤【集解】徐广曰："一云'之下(上)畤命曰畤'。" 【索隐】此之"一云"，与汉书郊祀志文同也。

⑥【集解】徐广曰："属东平郡。" 【索隐】监音阚。韦昭云："县名，属东平。"皇览云："蚩尤冢在东平郡寿张县阚乡城中。"

⑦【索隐】小颜以为下所谓三神山。顾氏案：地理志东莱曲成有参山，即此三山也，非海中三神山也。

⑧【正义】括地志云："之罘山在莱州文登县西北九十里。"

⑨【集解】韦昭曰："在东莱长广县。"

⑩【集解】韦昭曰："成山在东莱不夜，斗入海。不夜，古县名。" 【索隐】不夜，县名，属东莱。案：解道彪齐记云"不夜城盖古有日夜出见于境，故莱子立城以不夜为名"。斗入海，谓斗绝曲入海也。

⑪【索隐】案：山海经云"琅邪台在勃海间"。案：是山如台。地理志琅邪县有四时祠也。

自齐威、宣①之时，驺子之徒②论著终始五德之运，③及秦帝而齐人奏之，故始皇采用之。而宋毋忌、④正伯侨、⑤充尚、⑥羡门高⑦最后皆燕人，⑧为方仙道，⑨形解销化，⑩依于鬼神之事。驺衍以阴阳主运⑪显于诸侯，而燕齐海上之方士传其术不能通，然则怪迂阿谀苟合之徒自此兴，不可胜数也。

①【索隐】威王、宣王也。

②【集解】韦昭曰："名衍。"

③【集解】如淳曰："今其书有五德终始。五德各以所胜为行。秦谓周为火德，灭火者水，故自谓水德。"

④【索隐】案：乐产引老子戒经云"月中仙人宋无忌"。白泽图云"火之精曰宋无忌"。盖其人火仙也。

⑤【索隐】乐产案：马相如云"正伯侨，古仙人"。顾氏案：裴秀冀州记云"缑山仙人庙者，昔有王乔，犍为武阳人，为柏人令，于此得仙，非王子乔也"。

⑥【索隐】无别所见。

⑦【索隐】案：秦始皇求羡门子高是也。

⑧【索隐】案：最后犹言甚后也。服虔说止有四人，是也。小颜云自宋无忌至最后凡五人，刘伯庄亦同此说，非也。

⑨【集解】韦昭曰："皆慕古人名效神仙者。"

⑩【集解】服虔曰："尸解也。"张晏曰："人老而解去，故骨如变化也。今山中有龙骨，世人谓之龙解骨化去也。"

⑪【集解】如淳曰："今其书有主运。五行相次转用事，随方面为服。"【索隐】案：主运是邹子书篇名也。

自威、宣、燕昭使人入海求蓬莱、方丈、瀛州。此三神山者，其傅在勃海中，①去人不远；患且至，则船风引而去。盖尝有至者，诸仙人及不死之药皆在焉。其物禽兽尽白，而黄金银为宫阙。未至，望之如云；及到，三神山反居水下。临之，风辄引去，终莫能至云。世主莫不甘心焉。②及至秦始皇并天下，至海上，则方士言之不可胜数。始皇自以为至海上而恐不及矣，使人乃赍童男女入海求之。船交海中，皆以风为解，③曰未能至，望见之焉。其明年，始皇复游海上，至琅邪，过恒山，从上党归。后三年，游碣石，考入海方士，④从上郡归。后五年，始皇南至湘山，遂登会稽，并海上，冀遇海中三神山之奇药。不得，还至沙丘崩。⑤

①【集解】服虔曰："傅音附。或曰其传书云尔。"瓒曰："世人相传之。"

②【索隐】谓心甘羡也。

③【索隐】顾野王云："皆自解说，遇风不至也。"

④【集解】服虔曰："疑诈，故考之。"瓒曰："考校其虚实也。"

⑤【正义】括地志云："沙丘台在邢州平乡东北三十里。"

二世元年，东巡碣石，并海南，历泰山，至会稽，皆礼祠之，而刻勒始皇所立石书旁，以章始皇之功德。①其秋，诸侯畔秦。三年而二世弑死。

①【索隐】小颜云："今诸山皆有始皇所刻石及胡亥重刻，其文具存也。"

始皇封禅之后十二岁，秦亡。诸儒生疾秦焚诗书，诛僇文学，百姓怨其法，天下畔之，皆讹曰："始皇上泰山，为暴风雨所击，不得封禅。"此岂所谓无其德而用事者邪？①

①【索隐】即封禅书序云"盖有无其应而用事者矣"。此当有所本，太史公再引以为说。

昔三代之(君)〔居〕皆在河洛之间，①故嵩高为中岳，而四岳各如其方，四渎咸在山东。至秦称帝，都咸阳，则五岳、四渎皆并在东方。自五帝以至秦，轶兴轶衰，名山大川或在诸侯，或在天子，其礼损益世殊，不可胜记。及秦并天下，令祠官所常奉天地名山大川鬼神可得而序也。

①【正义】世本云："夏禹都阳城，避商均也。又都平阳，或在安邑，或在晋阳。"帝王世纪云："殷汤都亳，在梁，又都偃师，至盘庚徙河北，又徙偃师也。周文、武都酆、鄗，至平王徙都河南。"案：三代之居皆在河洛之间也。

于是自淆以东，①名山五，大川祠二。曰太室。太室，嵩高也。恒山，泰山，会稽，湘山。②水曰济，曰淮。③春以脯酒为岁④祠，因泮冻，⑤秋涸冻，⑥冬塞⑦祷祠。其牲用牛犊各一，牢具珪币各异。

①【索隐】案：淆即崤山。杜预云"崤在弘农渑池县西南"，即今之崤山是也。亦音豪。

②【索隐】相山。地理志在长沙。

③【索隐】案；风俗通云"济庙在临邑，淮庙在平氏也"。

④【索隐】为，于伪反。

⑤【集解】服虔曰："解冻。"

⑥【索隐】案：字林"涸，竭也，下各反"。小颜云"涸，读与'沍'同。沍，凝也，下故反。春则解，秋则凝"。

⑦【索隐】先代反，与"赛"同。赛，今报神福也。

自华以西，名山七，名川四。曰华山，①薄山。薄山者，衰山也。②岳山，③岐山，④吴岳，⑤鸿冢，⑥渎山。渎山，蜀之汶山。⑦水曰河，祠临晋；⑧沔，祠汉中；⑨湫渊，祠朝那；⑩江水，祠蜀。⑪亦春秋泮涸祷塞，如东方名山川；而牲牛犊牢具珪币各异。而四大冢⑫鸿、岐、吴、岳，皆有尝禾。⑬

①【正义】括地志云："华山在华州华阴县南八里，古文以为敦物也。注云'华、岳本一山，当河水过而行，河神巨灵手荡脚蹋，开而为两，今脚迹在东首阳下，手掌在华山，今呼为仙掌，河流于二山之间也。开山图云巨灵胡者，偏得神仙之道，能造山川，出江河也'。"

②【集解】徐广曰："蒲阪县有襄山，或字误也。" 【索隐】薄山者，襄山也。应劭云"在潼关北十馀里"。穆天子传云"自河首襄山"。郦元〔注〕水经云"薄山统目与襄山不殊，在今芮城北，与中条山相连"。是薄、襄一山也。 【正义】薄音白落反。衰音色眉反。括地志云："薄山亦名衰山，一名寸棘山，一名渠山，一名雷首山，一名独头山，一名首阳

山，一名吴山，一名条山，在陕州芮县城北十里。”此山西起雷山，东至吴阪，凡十名，以州县分之，多在蒲州。今史文云“自华以西”，未详也。

③【集解】徐广曰：“武功县有大壶山，又有岳山。”

④【索隐】地理志在美阳县西北也。

⑤【集解】徐广曰：“在汧也。” 【索隐】徐广云在汧。

⑥【索隐】黄帝臣大鸿葬雍，鸿冢盖因大鸿葬为名也。

⑦【索隐】地理志蜀郡湔氐道，潪山在西。郭璞注云“山在汶阳郡广阳县，一名渎山也”。

⑧【索隐】韦昭云：“冯翊县。”地理志临晋有河水祠。 【正义】即同州冯翊县，本汉临晋县，故大荔，秦获之更名。括地志云“大河祠在同州朝邑县南三十里。山海经云‘冰夷，人面，乘两龙也’。太公金匮云‘冯脩也’。龙鱼河图云‘河伯姓吕，名公子，夫人姓冯名夷。河伯，字也。华阴潼乡隄首人水死，化为河伯’。应劭云‘夷，冯夷，乃水仙也’。”

⑨【索隐】水经云“沔水出武都沮县”，注云“东南注汉。谓汉水”，故祠之汉中。乐产云“汉女，汉神也”。

⑩【集解】苏林曰：“湫渊在安定朝那县，方四十里，停不流，冬夏不增减，不生草木。音将蓼反。” 【索隐】湫音子小反，又子由反，即龙之所处也。 【正义】括地志云：“朝那湫祠在原州平高县东南二十里。湫谷水源出宁州安定县。”

⑪【索隐】案：风俗通云“江出岷山，岷山庙在江都”。地理志江都有江水祠。盖汉初祠之于源，后祠之于委也。又广雅云“江神谓之奇相”。江记云“帝女也，卒为江神”。华阳国志云“蜀守李冰于彭门阙立江神祠三所”。汉旧仪云“祭四渎用三正牲，沈圭，有车马绀盖也”。 【正义】括地志云：“江渎祠在益州成都县南八里。秦并天下，江水祠蜀。”

⑫【索隐】案：谓四山为大冢也。又尔雅云“山顶曰冢”，盖亦因鸿冢而为号也。

⑬【集解】孟康曰：“以新谷祭。”

陈宝节来祠。①其河加有尝醪。此皆在雍州之域,近天子之都,故加车一乘,骝驹四。

①【集解】服虔曰:"陈宝神应节来也。"

霸、产、①长水、②沣、③涝、④泾、渭皆非大川,以近咸阳,尽得比山川祠,而无诸加。⑤

①【正义】括地志云:"灞水,古滋水也,亦名蓝谷水,即秦岭水之下流,在雍州蓝田县。浐水即荆溪狗枷之下流也,在雍州万年县。"

②【索隐】案:百官表有长水校尉。沈约宋书云"营近长水,因以为名"。水经云"长水出白鹿原",今之荆溪水是也。

③【索隐】十三州记:"沣水出鄠县南。" 【正义】括地志云:"沣水源在雍州长安县西南山沣谷。"

④【集解】徐广曰:"音劳。"骃案:汉书音义"水名,在鄠县界"。

⑤【集解】韦昭曰:"无车骝之属。"

汧、洛①二渊,②鸣泽、③蒲山、岳嶓山之属,④为小山川,亦皆岁祷塞泮涸祠,礼不必同。

①【正义】括地志云:"汧水源出陇州汧源县西南汧山,东入渭。洛水源出庆州洛源县白于山,南流入渭。"又云:"洛水,商州洛南县西冢岭山,东北流入河。"案:有二洛水,未知祠何者。

②【正义】地理志云二川源在庆州华池县西子午岭东,二川合,因名也。

③【索隐】案:服虔云"鸣泽,泽名,在涿郡遒县也"。 【正义】括地志云:"鸣泽在幽州范阳县西十五里。"案:遒县在易州涞水县北一里,故遒城是也。泽在遒南。

④【集解】徐广曰:"嶓音先许反。"

而雍有日、月、参、辰、①南北斗、荧惑、太白、岁星、填星、〔辰星〕、二十八宿、风伯、雨师、四海、九臣、十四臣、②诸布、③诸严、诸逑[4]之属，百有馀庙。西亦有数十祠。[5]于湖[6]有周天子祠。于下邽有天神。沣、滈有昭明、[7]天子辟池。[8]于(社)〔杜〕、亳[9]有三社主之祠、寿星祠；[10]而雍菅庙亦有杜主。[11]杜主，故周之右将军，[12]其在秦中，最小鬼之神者。[13]各以岁时奉祠。

①【索隐】案：汉旧仪云"祭参、辰星于池阳谷口，夹道左右为坛也"。

②【集解】晋灼曰："自此以下星至天渊玉女，凡二十六，小神不说。"【索隐】九臣，十四臣，并不见其名数所出，故昔贤不论之也。

③【索隐】案：尔雅"祭星曰布"，或诸布是祭星之处。

④【索隐】逑亦未详，汉书作"遂"。

⑤【索隐】西即陇西之西县，秦之旧都，故有祠焉。

⑥【索隐】地理志湖县属京兆，有周天子祠二所。

⑦【索隐】案：乐产引河图云"荧惑星散为昭明"。

⑧【索隐】乐产云未闻。顾氏以为璧池即滈池，所谓"华阴平舒道逢使者，持璧以遗滈池君"，故曰璧池。今谓天子辟池，即周天子辟雍之地。故周文王都酆，武王都滈，既立灵台，则亦有辟雍耳。张衡亦以辟池为雍。

⑨【集解】韦昭曰："亳音薄，汤所都。"瓒曰："济阴薄县是。"【索隐】徐广云："京兆杜县有亳亭，则'社'字误，合作'于杜亳'。且据文列于下皆是地邑，则杜是县。"案：秦宁公与亳王战，亳王奔戎，遂灭汤社。皇甫谧亦云"周桓王时自有亳王号汤，非殷也"。而臣瓒以亳为成汤之邑，故云在济阴，非也。案：谓杜、亳二邑有三社主之祠也。

⑩【索隐】寿星，盖南极老人星也，见则天下理安，故祠之以祈福寿。【正义】角、亢在辰为寿星。三月之时，万物始生建，于春气布养，各尽其性，不罹灾夭，故寿。

⑪【集解】李奇曰："菅，茅也。"

⑫【索隐】案：地理志杜陵，故杜伯国，有杜主祠四。墨子云"周宣王杀杜

伯不以罪，后宣王田于圃，见杜伯执弓矢射，宣王伏弢而死也”。

【正义】括地志云：“杜祠，雍州长安县西南二十五里。”

⑬【索隐】谓其鬼虽小，而有神灵。

唯雍四畤[①]上帝为尊，其光景动人民唯陈宝。故雍四畤，春以为岁祷，因泮冻，秋涸冻，冬塞祠，五月尝驹，及四仲之月（祠若）月祠，〔若〕陈宝节来一祠。春夏用骍，秋冬用骝。畤驹四匹，木禺龙[②]栾车[③]一驷，木禺车马一驷，各如其帝色。黄犊羔各四，珪币各有数，皆生瘗埋，无俎豆之具。[④]三年一郊。秦以冬十月为岁首，故常以十月上宿郊见，[⑤]通权火，[⑥]拜于咸阳之旁，而衣上白，其用如经祠云。[⑦]西畤、畦畤，祠如其故，上不亲往。

①【索隐】雍有五畤而言四者，顾氏以为兼下文“上帝”为五，非也。案：四畤，据秦旧而言也。　【正义】括地志云：“鄜畤、吴阳上下畤是。言秦用四畤祠上帝，青、黄、赤、白最尊贵之也。”

②【集解】汉书音义曰：“禺，寄也，寄生龙形于木也。”　【索隐】禺，一音寓，寄也。寄龙形于木，寓（鸟）马亦然。一音偶，亦谓偶其形于木也。

③【索隐】谓车有铃，铃乃有栾和之节，故取名也。

④【正义】豆以木为之，受四升，高尺二寸，漆其中。大夫以上赤云气画，诸侯加象饰口足，天子以玉饰之也。

⑤【集解】李奇曰：“宿犹斋戒也。”

⑥【集解】张晏曰：“权火，烽火也，状若井絜皋矣。其法类称，故谓之权。欲令光明远照通祀所也。汉祠五畤于雍，五里一烽火。”如淳曰：“权，举也。”　【索隐】权，如字，解如张晏。一音爟，周礼有司爟。爟，火官，非也。

⑦【集解】服虔曰：“经，常也。”

诸此祠皆太祝常主，以岁时奉祠之。至如他名山川诸鬼及八神之属，上过则祠，去则已。郡县远方神祠者，民各自奉祠，不领于天子之祝官。祝官有秘祝，即有灾祥，辄祝祠移过于下。①

①【正义】谓有灾祥，辄令祝官祠祭，移其咎恶于众官及百姓也。

汉兴，高祖之微时，尝杀大蛇。有物曰："蛇，白帝子也，而杀者赤帝子。"高祖初起，祷丰枌榆社。①徇沛，为沛公，则祠蚩尤，衅鼓旗。遂以十月至灞上，与诸侯平咸阳，立为汉王。因以十月为年首，而色上赤。

①【集解】张晏曰："枌，白榆也。社在丰东北十五里。或曰枌榆，乡名，高祖里社也。"

二年，东击项籍而还入关，问："故秦时上帝祠何帝也？"对曰："四帝，有白、青、黄、赤帝之祠。"高祖曰："吾闻天有五帝，而有四，何也？"莫知其说。于是高祖曰："吾知之矣，乃待我而具五也。"乃立黑帝祠，命曰北畤。有司进祠，上不亲往。悉召故秦祝官，复置太祝、太宰，如其故仪礼。因令县为公社。①下诏曰："吾甚重祠而敬祭。今上帝之祭及山川诸神当祠者，各以其时礼祠之如故。"②

①【集解】李奇曰："犹官社。"

②【集解】徐广曰："高祖本纪曰'二年六月，令祠官祀天地四方上帝山川，以时祀也'。"

后四岁，天下已定，诏御史，令丰谨治枌榆社，常以四时春以羊彘祠之。令祝官立蚩尤之祠于长安。长安置祠祝官、女巫。其梁巫，祠天、地、天社、天水、房中、堂上①之属；晋巫，祠五帝、东君、云中〔君〕、②司命、巫社、巫祠、族人、先炊之属；③秦巫，祠社主、④巫保、族纍⑤之属；荆巫，祠堂下、巫先、⑥司命、⑦施糜⑧之属；九天巫，祠九天：⑨皆以岁时祠宫中。其河巫祠河于临晋，而南山巫祠南山秦中。秦中者，二世皇帝。⑩各有时(月)〔日〕。

①【索隐】案：礼乐志有安世房中歌，皆谓祭时室中堂上歌先祖功德也。

②【索隐】广雅曰："东君，日也。"王逸注楚祠"云中，云也"。东君、云中亦见归藏易也。

③【正义】先炊，古炊母神也。

④【索隐】社主，即上文三社主也。

⑤【索隐】二神名。纍，力追反。

⑥【集解】应劭曰："先人所在之国，及有灵施化民人，又贵，悉置祠巫祝，博求神灵之意。"文颖曰："巫，掌神之位次者也。范氏世仕于晋，故祠祝有晋巫。范会支庶留秦为刘氏，故有秦巫。刘氏随魏都大梁，故有梁巫。后徙丰，丰属荆，故有荆巫。"【索隐】巫先谓古巫之先有灵者，盖巫咸之类也。

⑦【索隐】案：周礼"以樵燎祠司命"。郑众云"司命，文昌四星也"。

⑧【索隐】郑氏云："主施糜粥之神。"

⑨【索隐】案：孝武本纪云"立九天庙于甘泉"。三辅故事云"胡巫事九天于神明台"。淮南子云"中央曰钧天，东方曰苍天，东北旻天，北方玄天，西北幽天，西方晧天，西南朱天，南方炎天，东南阳天"也。【正义】太玄经云一中天，二羡天，三徒天，四罚更天，五晬天，六郭天，七咸天，八治天，九成天也。

⑩【集解】张晏曰："子产云匹夫匹妇强死者，魂魄能依人为厉也。"

其后二岁，或曰周兴而邑邰，立后稷之祠，至今血食天下。①于是高祖制诏御史："其令郡国县立灵星祠，②常以岁时祠以牛。"

①【正义】颜师古云："祭有牲牢，故言血食遍于天下。"

②【集解】张晏曰："龙星左角曰天田，则农祥也，晨见而祭。"【正义】汉旧仪云："五年，修复周家旧祠，祀后稷于东南，为民祈农报厥功。

夏则龙星见而始雩。龙星左角为天田，右角为天庭。天田为司马，教人种百谷为稷。灵者，神也。辰之神为灵星，故以壬辰日祠灵星于东南，金胜为土相也。”庙记云：“灵星祠在长安城东十里。”

高祖十年春，有司请令县常以春(三)〔二〕月及(时)腊祠社稷以羊豕，民里社各自财以祠。制曰：“可。”

其后十八年，孝文帝即位。即位十三年，下诏曰：“令秘祝移过于下，朕甚不取。自今除之。”

始名山大川在诸侯，诸侯祝各自奉祠，天子官不领。及齐、淮南国废，①令太祝尽以岁时致礼如故。

①【正义】齐有泰山，淮南有天柱山，二山初天子祝官不领，遂废其祀，令诸侯奉祠。今令太祝尽以岁时致礼，如秦故仪。

是岁，制曰：“朕即位十三年于今，赖宗庙之灵，社稷之福，方内艾安，民人靡疾。间者比年登，朕之不德，何以飨此？皆上帝诸神之赐也。盖闻古者飨其德必报其功，欲有增诸神祠。有司议增雍五畤路车各一乘，驾被具；①西畤畦畤禺车各一乘，禺马四匹，驾被具；其河、湫、汉水②加玉各二；③及诸祠，各增广坛场，珪币俎豆以差加之。而祝釐者归福于朕，百姓不与焉。自今祝致敬，毋有所祈。”

①【正义】颜师古云：“驾车被马之饰皆具。”

②【正义】河、湫，黄河及湫泉。

③【正义】言二水祭时各加玉璧二枚。

鲁人公孙臣上书曰：“始秦得水德，今汉受之，推终始传，则汉当土德，土德之应黄龙见。宜改正朔，易服色，色上黄。”是时丞相张苍好律历，以为汉乃水德之始，故河决金堤，①其符也。②年始冬十月，色外黑内赤，③与德相应。如公孙臣言，非也。罢之。后三岁，黄龙见成纪。④文帝乃召公孙臣，拜为博士，与诸生草改历服色事。其夏，下诏曰："异物之神见于成纪，无害于民，岁以有年。朕祈郊上帝诸神，礼官议，无讳以劳朕。"有司皆曰"古者天子夏亲郊，祀上帝于郊，故曰郊"。于是夏四月，文帝始郊见雍五畤祠，衣皆上赤。

①【集解】汉书音义曰："在东郡界。"

②【索隐】谓河决乃水德之符应也。

③【集解】服虔曰："十月阴气在外，故外黑；阳气尚伏在地，故内赤。"

④【集解】徐广曰："在文帝十五年春。"【正义】案：成纪今秦州县也。

其明年，赵人新垣平以望气见上，言"长安东北有神气，成五采，若人冠絻焉。或曰东北神明之舍，西方神明之墓也。①天瑞下，宜立祠上帝，以合符应"。于是作渭阳五帝庙，同宇，②帝一殿，面各五门，各如其帝色。祠所用及仪亦如雍五畤。

①【集解】张晏曰："神明，日也。日出东北，舍谓阳谷；日没于西，墓谓濛谷也。"

②【集解】韦昭曰："宇谓上同下异，礼所谓'复庙重屋'也。"瓒曰："一营宇之中立五庙。"【正义】括地志云："渭阳五帝庙在雍州咸阳县东三十里。宫殿疏云'五帝庙一宇五殿也'。"按：一宇之内而设五帝，各依其方帝别为一殿，而门各如帝色也。

夏四月，文帝亲拜霸渭之会，①以郊见渭阳五帝。五帝庙南临渭，北穿蒲池沟水，②权火举而祠，若光辉然属天焉。于是贵平上大夫，赐累千金。而使博士诸生刺六经中作王制，③谋议巡狩封禅事。

①【集解】如淳曰："二水之会。"【正义】渭阳五庙在二水之合北岸。

②【正义】颜师古云"蒲池，为池而种蒲也。蒲字或作'满'，言其水满"，

恐颜说非。按:括地志云"渭北咸阳县有蘭池,始皇逢盗蘭池者也"。言穿沟引渭水入蘭池也。疑"蘭"字误作"蒲",重更错失。

③【索隐】小颜云"刺谓采取之也"。刘向七录云文帝所造书有本制、兵制、服制篇。刺音七赐反。

文帝出长门,①若见五人于道北,遂因其直北立五帝坛,②祠以五牢具。

①【集解】徐广曰:"在霸陵。"骃案:如淳曰"亭名"。【索隐】徐云"在霸陵"也。【正义】括地志云:"久长门故亭在雍州万年县东北苑中,后馆陶公主长门园,武帝以长门名宫,即此。"

②【集解】孟康曰:"直,值也。值其立处以作坛。"

其明年,新垣平使人持玉杯,上书阙下献之。平言上曰:"阙下有宝玉气来者。"已视之,果有献玉杯者,刻曰"人主延寿"。平又言"臣候日再中"。①居顷之,日却复中。于是始更以十七年为元年,令天下大酺。

①【索隐】晋灼云:"淮南子云'鲁阳公与韩构,战酣日暮,援戈麾之,日为却三舍'。岂其然乎?"

平言曰:"周鼎亡在泗水中,今河溢通泗,臣望东北汾阴直有金宝气,意周鼎其出乎?兆见不迎则不至。"于是上使使治庙汾阴南,临河,欲祠出周鼎。①

①【集解】徐广曰:"后三十七年,鼎出汾阴。"

人有上书告新垣平所言气神事皆诈也。下平吏治,诛夷新垣平。自是之后,文帝怠于改正朔服色神明之事,而渭阳、长门五帝使祠官领,以时致礼,不往焉。

明年,匈奴数入边,兴兵守御,后岁少不登。

数年而孝景即位。十六年，祠官各以岁时祠如故，无有所兴，至今天子。①

①【集解】自此后武帝事，褚先生取为武帝本纪，注解已在第十二卷，今直载徐义。

今天子初即位，尤敬鬼神之祀。

元年，汉兴已六十馀岁矣，天下艾安，搢绅之属皆望天子封禅改正度也，而上乡儒术，招贤良，赵绾、王臧等以文学为公卿，欲议古立明堂城南，以朝诸侯。草巡狩封禅改历服色事未就。会窦太后治黄老言，不好儒术，使人微伺得赵绾等奸利事，召案绾、臧，绾、臧自杀，诸所兴为皆废。

后六年，窦太后崩。其明年，征文学之士公孙弘等。

明年，今上初至雍，郊见五畤。后常三岁一郊。①是时上求神君，舍之上林中蹏氏观。神君者，长陵女子，以子死，见神于先后宛若。宛若祠之其室，民多往祠。平原君往祠，其后子孙以尊显。及今上即位，则厚礼置祠之内中。闻其言，不见其人云。

①【索隐】案：汉旧仪云"元年祭天，二年祭地，三年祭五畤。三岁一遍，皇帝自行也"。

是时李少君亦以祠灶、谷道、却老方见上，上尊之。少君者，故深泽侯①舍人，主方。匿其年及其生长，常自谓七十，能使物，却老。其游以方遍诸侯。无妻子。人闻其能使物及不死，更馈遗之，常馀金钱衣食。人皆以为不治生业而饶给，又不知其何所人，愈信，争事之。少君资好方，善为巧发奇中。尝从武安侯②饮，坐中有九十馀老人，少君乃言与其大父游射处，老人为儿时从其大父，识其处，一坐尽惊。少君见上，上有故铜器，问少君。少君曰："此器齐桓公十年陈于柏寝。"③已而案其刻，果齐桓公器。一宫尽骇，以为少君神，数百岁人也。

①【索隐】案表，深泽侯赵将夕，孙夷侯胡绍封。

②【索隐】案：是田蚡也。

③【索隐】案：韩子云"齐景公与晏子游于少海，登柏寝之台而望其国"。

少君言上曰："祠灶则致物，致物而丹沙可化为黄金，黄金成以为饮食器则益寿，益寿而海中蓬莱仙者乃可见，见之以封禅则不死，黄帝是也。臣尝游海上，见安期生，安期生食巨枣，①大如瓜。安期生仙者，通蓬莱中，合则见人，不合则隐。"于是天子始亲祠灶，遣方士入海求蓬莱安期生之属，而事化丹沙诸药齐为黄金矣。

①【索隐】案：包恺云"巨，或作'臣'"。

居久之，李少君病死。天子以为化去不死，而使黄锤①史宽舒受其方。求蓬莱安期生莫能得，而海上燕齐怪迂之方士多更来言神事矣。

①【集解】徐广曰："锤音才恚反。锤县、黄县皆在东莱。"

亳人谬忌奏祠太一方，曰："天神贵者太一，①太一佐曰五帝。古者天子以春秋祭太一东南郊，用太牢，七日，为坛开八通之鬼道。"②于是天子令太祝立其祠长安东南郊，常奉祠如忌方。其后人有上书，言"古者天子三年壹用太牢祠神三一：天一、地一、太一"。天子许之，令太祝领祠之于忌太一坛上，如其方。后人复有上书，言"古者天子常以春解祠，③祠黄帝用一枭破镜；冥羊用羊祠；马行用一青牡马；太一、泽山君地长[④]用牛；武夷君用干鱼；[⑤]阴阳使者以一牛”。令祠官领之如其方，而祠于忌太一坛旁。

①【索隐】乐汁征图曰：“天宫，紫微。北极，天一、太一。”宋均云：“天一、太一，北极神之别名。”春秋佐助期曰：“紫宫，天皇曜魄宝之所理也。”石氏云：“天一、太一各一星，在紫宫门外，立承事天皇大帝。”

②【索隐】开八通鬼道。案：司马彪续汉书祭祀志云“坛有八陛，通道以为门”。又三辅黄图云“上帝坛八觚，神道八通，广三十步”。

③【索隐】谓祠祭以解殃咎，求福祥也。

④【集解】徐广曰：“泽，一作‘皋’。” 【索隐】此则人上书言古天子祭太一。太一，天神也。泽山，本纪作“皋山”。皋山君地长，谓祭地于皋山。同用太牢，故云“用牛”。盖是异代之法也。

⑤【索隐】顾氏案：地理志云建安有武夷山，溪有仙人葬处，即汉书所谓武夷君。是时既用越巫勇之，疑即此神。今案：其祀用干鱼，不飨牲牢，或如顾说也。

其后，天子苑有白鹿，以其皮为币，以发瑞应，造白金[①]焉。

①【索隐】案：乐产云“谓龙、马、龟”。

其明年，郊雍，[①]获一角兽，若麃然。有司曰；“陛下肃祗郊祀，上帝报享，锡一角兽，盖麟云。”于是以荐五畤，畤加一牛以燎。锡诸侯白金，风符应合于天也。

①【集解】徐广曰：“武帝立已十九年。”

于是济北王以为天子且封禅，乃上书献太山及其旁邑，天子以他县偿之。常山王有罪，迁，天子封其弟于真定，以续先王祀，[①]而以常山为郡，然后五岳皆在天子之(邦)〔郡〕。

①【集解】徐广曰：“元鼎四年时。”

其明年，齐人少翁以鬼神方见上。上有所幸王夫人，①夫人卒，少翁以方盖夜致王夫人及灶鬼之貌云，天子自帷中望见焉。于是乃拜少翁为文成将军，赏赐甚多，以客礼礼之。文成言曰："上即欲与神通，宫室被服非象神，神物不至。"乃作画云气车，及各以胜日②驾车辟恶鬼。又作甘泉宫，中为台室，画天、地、太一诸鬼神，而置祭具以致天神。居岁馀，其方益衰，神不至。乃为帛书以饭牛，详不知，言曰此牛腹中有奇。杀视得书，书言甚怪。天子识其手书，问其人，果是伪书，于是诛文成将军，隐之。

①【集解】徐广曰："外戚传曰赵之王夫人幸，有子，封为齐王。"

②【索隐】案：乐产云"谓画青车以甲乙，画赤车丙丁，画玄车壬癸，画白车庚辛，画黄车戊己。将有水事则乘黄车，故下云'驾车辟恶鬼'是也"。

其后则又作柏梁、铜柱、①承露仙人掌之属矣。

①【集解】徐广曰："元鼎二年时。"

文成死明年，天子病鼎湖①甚，巫医无所不致，不愈。游水发根言上郡有巫，病而鬼神下之。上召置祠之甘泉。及病，使人问神君。神君言曰："天子无忧病。病少愈，强与我会甘泉。"于是病愈，遂起，幸甘泉，病良已。大赦，置寿宫神君。寿宫神君最贵者太一，其佐曰大禁、司命之属，皆从之。非可得见，闻其言，言与人音等。时去时来，来则风肃然。居室帷中。时昼言，然常以夜。天子祓，然后入。因巫为主人，关饮食。所以言，行下。又置寿宫、北宫，张羽旗，设供具，以礼神君。神君所言，上使人受书其言，命之曰"画法"。其所语，世俗之所知也，无绝殊者，而天子心独喜。其事秘，世莫知也。

①【索隐】案：三辅黄图“鼎湖，宫名，在蓝田”。韦昭云“地名，近宜春”。案：湖本属京兆，后分属弘农，恐非鼎湖之处也。

其后三年，有司言元宜以天瑞命，不宜以一二数。一元曰“建”，二元以长星曰“光”，三元以郊得一角兽曰“狩”云。

其明年冬，天子郊雍，议曰：“今上帝朕亲郊，而后土无祀，则礼不答也。”有司与太史公、祠官宽舒议：“天地牲角茧栗。今陛下亲祠后土，后土宜于泽中圜丘为五坛，坛一黄犊太牢具，已祠尽瘗，而从祠衣上黄。”于是天子遂东，始立后土①祠汾阴脽丘，如宽舒等议。上亲望拜，如上帝礼。礼毕，天子遂至荥阳而还。过雒阳，下诏曰：“三代邈绝，远矣难存。其以三十里地封周后为周子南君，以奉其先祀焉。”是岁，天子始巡郡县，侵寻于泰山矣。

①【集解】徐广曰：“元鼎四年。”

其春，乐成侯上书言栾大。栾大，胶东宫人，故尝与文成将军同师，已而为胶东王尚方。而乐成侯姊为康王后，①无子。康王死，他姬子立为王。②而康后有淫行，与王不相中，③相危以法。康后闻文成已死，而欲自媚于上，乃遣栾大因乐成侯求见言方。天子既诛文成，后悔其蚤死，惜其方不尽，及见栾大，大说。大为人长美，言多方略，而敢为大言，处之不疑。大言曰：“臣常往来海中，见安期、羡门之属。顾以臣为贱，不信臣。又以为康王诸侯耳，不足与方。臣数言康王，康王又不用臣。臣之师曰：‘黄金可成，而河决可塞，不死之药可得，仙人可致也。’然臣恐效文成，则方士皆奄口，恶敢言方哉！”上曰：“文成食马肝死耳。④子诚能修其方，我何爱乎！”⑤大曰：“臣师非有求人，人者求之。陛下必欲致之，则贵其使者，令有亲属，以客礼待之，勿卑，使各佩其信印，乃可使通言于神人。神人尚肯邪不邪。致尊其使，然后可致也。”于是上使验小方，斗棋，棋自相触击。⑥

①【索隐】康王名寄也。

②【集解】徐广曰：“以元狩二年薨。”

③【索隐】案：三苍云“中，得也”。

④【索隐】案：论衡云“气热而毒盛，故食走马肝杀人”。儒林传云“食肉无食马肝”是也。

⑤【索隐】上语栾大，言子诚能修文成方，我更何所爱惜乎！谓不吝金宝及禄位也。

⑥【索隐】顾氏案：万毕术云“取鸡血杂磨针铁杵，和磁石棋头，置局上，即自相抵击也”。

是时上方忧河决，而黄金不就，乃拜大为五利将军。居月馀，得四印，①佩天士将军、地士将军、大通将军印。制诏御史：“昔禹疏九江，决四渎。间者河溢皋陆，堤繇不息。朕临天下二十有八年，②天若遗朕士而大通焉。乾称‘蜚龙’，‘鸿渐于般’，朕意庶几与焉。其以二千户封地士将军大为乐通侯。”赐列侯甲第，童千人。乘舆斥车马帷幄器物以充其家。又以卫长公主妻之，③赍金万斤，更命其邑曰当利公主。④天子亲如五利之第。使者存问供给，相属于道。自大主⑤将相以下，皆置酒其家，献遗之。于是天子又刻玉印曰“天道将军”，使使衣羽衣，夜立白茅上，五利将军亦衣羽衣，夜立白茅上受印，以示不臣也。而佩“天道”者，且为天子道天神也。于是五利常夜祠其家，欲以下神。神未至而百鬼集矣，然颇能使之。其后装治行，东入海，求其师云。大见数月，佩六印，⑥贵震天下，而海上燕齐之间，莫不搤捥而自言有禁方，能神仙矣。

①【索隐】谓五利将军、天士将军、地士将军、大通将军为四也。

②【集解】徐广曰：“元鼎四年也。”

③【索隐】案：卫子夫之子曰卫太子，女曰卫长公主。是卫后长女，故曰长公主，非如帝姊曰长公主之例。

④【索隐】案：地理志东莱有当利县。

⑤【集解】徐广曰：“武帝姑。”

⑥【索隐】更加乐通侯及天道将军印，为六印。

其夏六月中，汾阴巫锦为民祠魏脽后土营旁，见地如钩状，掊视得鼎。鼎大异于众鼎，文镂无款识，怪之，言吏。吏告河东太守胜，胜以闻。天子使使验问巫得鼎无奸诈，乃以礼祠，迎鼎至甘泉，从行，上荐之。至中山，①曣温，有黄云盖焉。有麃过，上自射之，因以祭云。②至长安，公卿大夫皆议请尊宝鼎。天子曰：“间者河溢，岁数不登，故巡祭后土，祈为百姓育谷。今岁丰庑未报，鼎曷为出哉？”有司皆曰：“闻昔泰帝③兴神鼎一，一者壹统，天地万物所系终也。黄帝作宝鼎三，象天地人。禹收九牧之金，铸九鼎。皆尝亨鬺④上帝鬼神。遭圣则兴，鼎迁于夏商。周德衰，宋之社亡，鼎乃沦没，伏而不见。颂云‘自堂徂基，自羊徂牛；鼐鼎及鼒，不吴不骜，胡考之休’。今鼎至甘泉，光润龙变，承休无疆。合兹中山，⑤有黄白云降盖，若兽为符，路弓乘矢，集获坛下，报祠大享。⑥唯受命而帝者心知其意而合德焉。鼎宜见于祖祢，藏于帝廷，以合明应。”制曰:“可。”

①【集解】徐广曰:“河渠书曰凿泾水自中山西。”

②【集解】徐广曰:“上言‘从行,上荐之’,或者祭鼎也。”

③【索隐】案:孔文祥云“泰帝,太昊也”。

④【集解】徐广曰:“亨,煮也。鬺音殇。皆尝以亨牲牢而祭祀。”

⑤【集解】徐广曰:“关中亦复有中山也,非鲁中山。”

⑥【集解】徐广曰:“一云‘大报祠享’。”

入海求蓬莱者,言蓬莱不远,而不能至者,殆不见其气。上乃遣望气佐候其气云。

其秋,上幸雍,且郊。或曰“五帝,太一之佐也,宜立太一而上亲郊之”。上疑未定。齐人公孙卿曰:“今年得宝鼎,其冬辛巳朔旦冬至,与黄帝时等。”卿有札书曰:“黄帝得宝鼎宛朐,问于鬼臾区。鬼臾区对曰:‘(黄)帝得宝鼎神策,是岁己酉朔旦冬至,得天之纪,终而复始。’于是黄帝迎日推策,后率二十岁复朔旦冬至,凡二十推,三百八十年,黄帝仙登于天。”卿因所忠欲奏之。所忠视其书不经,疑其妄书,谢曰:“宝鼎事已决矣,尚何以为!”卿因嬖人奏之。上大说,乃召问卿。对曰:“受此书申公,申公已死。”上曰:“申公何人也?”卿曰:“申公,齐人。与安期生通,受黄帝言,无书,独有此鼎书。曰‘汉兴复当黄帝之时’。曰‘汉之圣者在高祖之孙且曾孙也。宝鼎出而与神通,封禅。封禅七十二王,唯黄帝得上泰山封’。申公曰:‘汉主亦当上封,上封则能仙登天矣。黄帝时万诸侯,而神灵之封居七千。①天下名山八,而三在蛮夷,五在中国。中国华山、首山、太室、泰山、东莱,此五山黄帝之所常游,与神会。黄帝且战且学仙。患百姓非其道者,乃断斩非鬼神者。②百馀岁然后得与神通。黄帝郊雍上帝，宿三月。鬼臾区号大鸿，死葬雍，故鸿冢是也。其后黄帝接万灵明廷。明廷者，甘泉也。所谓寒[3]门者，谷口也。黄帝采首山铜，铸鼎于荆山下。鼎既成，有龙垂胡顏[4]下迎黄帝。黄帝上骑，群臣后宫从上者七十馀人，龙乃上去。馀小臣不得上，乃悉持龙顏，龙顏拔，堕，堕黄帝之弓。百姓仰望黄帝既上天，乃抱其弓与胡顏号，故后世因名其处曰鼎湖，其弓曰乌号。'"于是天子曰："嗟乎！吾诚得如黄帝，吾视去妻子如脱躧耳。"乃拜卿为郎，东使候神于太室。

①【索隐】韦昭云："黄帝时万国，其以修神灵得封者七千国，或为七十国。"乐产云："以舜为神明之后，封妫满于陈之类是也。"顾氏案：国语仲尼云"山川之守，足以纪纲天下者，其守为神。汪芒氏之君，守封禺之山也"。

②【索隐】谓有非毁鬼神之人，乃断理而诛斩之。

③【集解】徐广曰："一作'塞'。"

④【索隐】说文曰："胡，牛垂颔也。"释名云"胡，在咽下垂"者，即所谓咙胡也。

上遂郊雍，至陇西，西登崆峒，幸甘泉。令祠官宽舒等具太一祠坛，祠坛放薄忌太一坛，坛三垓。[1]五帝坛环居其下，各如其方，黄帝西南，除八通鬼道。太一，其所用如雍一畤物，而加醴枣脯之属，杀一狸牛以为俎豆牢具。而五帝独有俎豆醴进。其下四方地，为醊食群神从者及北斗云。已祠，胙馀皆燎之。其牛色白，鹿居其中，彘在鹿中，水而洎之。[2]祭日以牛，祭月以羊彘特。[3]太一祝宰则衣紫及绣。五帝各如其色，日赤，月白。

①【集解】徐广曰："垓，次也。"

②【集解】徐广曰："洎，一作'酒'。灌水于釜中曰洎，音冀。"

③【索隐】案：乐产云"祭日以太牢，月以少牢。特，不用牝也"。小颜云"牛羊若彘止一牲，故云特也"。

十一月辛巳朔旦冬至，昧爽，天子始郊拜太一。朝朝日，夕夕月，则揖；而见太一如雍郊礼。其赞飨曰：①"天始以宝鼎神策授皇帝，朔而又朔，终而复始，皇帝敬拜见焉。"而衣上黄。其祠列火满坛，坛旁亨炊具。有司云"祠上有光焉"。公卿言"皇帝始郊见太一云阳，有司奉瑄玉嘉牲荐飨。是夜有美光，及昼，黄气上属天"。太史公、祠官宽舒等曰："神灵之休，祐福兆祥，宜因此地光域立太畤坛以明应。令太祝领，秋及腊间祠。三岁天子一郊见。"

①【索隐】案：顾氏云"飨，祀祠也"。汉旧仪云"赞飨一人，秩六百石"也。

其秋，为伐南越，告祷太一。以牡荆画幡日月北斗登龙，以象太一三星，为太一锋，①命曰"灵旗"。为兵祷，则太史奉以指所伐国。而五利将军使不敢入海，之泰山祠。上使人随验，实毋所见。五利妄言见其师，其方尽，多不仇。②上乃诛五利。

①【集解】徐广曰："天官书曰天极星明者，太一常居也。斗口三星曰天一。"

②【索隐】案：郑德云"相应为仇，谓其言语不相应，无验也"。

其冬，公孙卿候神河南，言见仙人迹缑氏城上，有物如雉，往来城上。天子亲幸缑氏城视迹。问卿："得毋效文成、五利乎？"卿曰："仙者非有求人主，人主者求之。其道非少宽假，神不来。言神事，事如迂诞，积以岁乃可致也。"于是郡国各除道，缮治宫观名山神祠所，以望幸(也)〔矣〕。

其春，既灭南越，上有嬖臣李延年以好音见。上善之，下公卿议，曰："民间祠尚有鼓舞乐，今郊祀而无乐，岂称乎？"公卿曰："古者祠天地皆有乐，而神祇可得而礼。"或曰："太帝使素女鼓五十弦瑟，悲，帝禁不止，故破其瑟为二十五弦。"于是塞南越，祷祠太一、后土，始用乐舞，益召歌儿，作二十五弦①及空侯②琴瑟自此起。

①【集解】徐广曰："瑟。"

②【集解】徐广曰："应劭云武帝令乐人侯调始造此器。"

其来年冬，上议曰："古者先振兵泽旅，①然后封禅。"乃遂北巡朔方，勒兵十馀万，还祭黄帝冢桥山，释兵须如。②上曰："吾闻黄帝不死，今有冢，何也？"或对曰："黄帝已仙上天，群臣葬其衣冠。"既至甘泉，为且用事泰山，先类祠太一。

①【集解】徐广曰："古释字作'泽'。"

②【集解】徐广曰："须，一作'凉'。"

自得宝鼎，上与公卿诸生议封禅。封禅用希旷绝，莫知其仪礼，而群儒采封禅尚书、周官、王制之望祀射牛事。齐人丁公年九十馀，曰："封禅者，合不死之名也。秦皇帝不得上封。陛下必欲上，稍上即无风雨，遂上封矣。"上于是乃令诸儒习射牛，草封禅仪。数年，至且行。天子既闻公孙卿及方士之言，黄帝以上封禅，皆致怪物与神通，欲放黄帝以上接神仙人蓬莱士，高世比德于九皇，而颇采儒术以文之。群儒既已不能辨明封禅事，又牵拘于诗书古文而不能骋。上为封禅祠器示群儒，群儒或曰“不与古同”，徐偃又曰“太常诸生行礼不如鲁善”，周霸属图封禅事，于是上绌偃、霸，而尽罢诸儒不用。

三月，遂东幸缑氏，礼登中岳太室。从官在山下闻若有言“万岁”云。问上，上不言；问下，下不言。于是以三百户封太室奉祠，命曰崇高邑。东上泰山，泰山之草木叶未生，乃令人上石立之泰山巅。

上遂东巡海上，行礼祠八神。齐人之上疏言神怪奇方者以万数，然无验者。乃益发船，令言海中神山者数千人求蓬莱神人。公孙卿持节常先行候名山，至东莱，言夜见大人，长数丈，就之则不见，见其迹甚大，类禽兽云。群臣有言见一老父牵狗，言“吾欲见巨公”，已忽不见。上即见大迹，未信，及群臣有言老父，则大以为仙人也。宿留海上，予方士传车及间使求仙人以千数。

四月，还至奉高。上念诸儒及方士言封禅人人殊，不经，难施行。天子至梁父，礼祠地主。乙卯，令侍中儒者皮弁荐绅，射牛行事。封泰山下东方，如郊祠太一之礼。封广丈二尺，高九尺，其下则有玉牒书，书秘。礼毕，天子独与侍中奉车子侯上泰山，亦有封。其事皆禁。明日，下阴道。丙辰，禅泰山下址东北肃然山，如祭后土礼。天子皆亲拜见，衣上黄而尽用乐焉。江淮间一茅三脊为神藉。五色土益杂封。纵远方奇兽蜚禽及白雉诸物，颇以加礼。兕牛犀象之属不用。皆至泰山祭后土。封禅祠；其夜若有光，昼有白云起封中。

天子从禅还，坐明堂，群臣更上寿。于是制诏御史：“朕以眇眇之身承至尊，兢兢焉惧不任。维德菲薄，不明于礼乐。修祠太一，若有象景光，屑如有望，震于怪物，欲止不敢，遂登封太山，至于梁父，而后禅肃然。自新，嘉与士大夫更始，赐民百户牛一酒十石，加年八十孤寡布帛二匹。复博、奉高、蛇丘、历城，无出今年租税。其大赦天下，如乙卯赦令。行所过毋有复作。事在二年前，皆勿听治。"又下诏曰："古者天子五载一巡狩，用事泰山，诸侯有朝宿地。其令诸侯各治邸泰山下。"

天子既已封泰山，无风雨灾，而方士更言蓬莱诸神若将可得，于是上欣然庶几遇之，乃复东至海上望，冀遇蓬莱焉。奉车子侯暴病，一日死。①上乃遂去，并海上，北至碣石，巡自辽西，历北边至九原。五月，反至甘泉。有司言宝鼎出为元鼎，以今年为元封元年。

①【索隐】新论云："武帝出玺印石，财有朕兆，子侯则没印，帝畏恶，故杀之。"风俗通亦云然。顾胤按：武帝集帝与子侯家语云"道士皆言子侯得仙，不足悲"。此说是也。

其秋，有星茀于东井。后十馀日，有星茀于三能。望气王朔言："候独见填星①出如瓜，食顷复入焉。"有司皆曰："陛下建汉家封禅，天其报德星云。"

①【索隐】乐产、包恺并作"旗星"。旗星即德星也。符瑞图云"旗星之极，芒艳如旗"。本亦作"旗"也。

其来年冬，郊雍五帝。还，拜祝祠太一。赞飨曰："德星昭衍，厥维休祥。寿星仍出，渊耀光明。信星昭见，皇帝敬拜太祝之享。"

其春，公孙卿言见神人东莱山，若云"欲见天子"。天子于是幸缑氏城，拜卿为中大夫。遂至东莱，宿留之数日，无所见，见大人迹云。复遣方士求神怪采芝药以千数。是岁旱。于是天子既出无名，乃祷万里沙，过祠泰山。还至瓠子，自临塞决河，留二日，沈祠而去。使二卿将卒塞决河,徙二渠,复禹之故迹焉。

是时既灭两越,越人勇之乃言"越人俗鬼,而其祠皆见鬼,数有效。昔东瓯王敬鬼,寿百六十岁。后世怠慢,故衰耗"。乃令越巫立越祝祠,安台无坛,亦祠天神上帝百鬼,而以鸡卜。上信之,越祠鸡卜始用。

公孙卿曰:"仙人可见,而上往常遽,以故不见。今陛下可为观,如缑城,[①]置脯枣,神人宜可致也。且仙人好楼居。"于是上令长安则作蜚廉桂观,甘泉则作益延寿观,[②]使卿持节设具而候神人。乃作通天茎台,[③]置祠具其下,将招来仙神人之属。于是甘泉更置前殿,始广诸宫室。夏,有芝生殿房内中。[④]天子为塞河,兴通天台,若见有光云,乃下诏:"甘泉房中生芝九茎,赦天下,毋有复作。"

①【集解】徐广曰:"一云'如缑氏城'。"

②【索隐】小颜以为作益寿、延寿二馆。案:汉武故事云"作延寿观,高三十丈"。

③【集解】徐广曰:"在甘泉。" 【索隐】案:汉书并无"茎"字,疑衍也。

④【集解】徐广曰:"元封二年。"

其明年,伐朝鲜。夏,旱。公孙卿曰:"黄帝时封则天旱,乾封三年。"上乃下诏曰:"天旱,意乾封乎?其令天下尊祠灵星焉。"

其明年,上郊雍,通回中道,巡之。春,至鸣泽,从西河归。

其明年冬,上巡南郡,[①]至江陵而东。登礼灊之天柱山,号曰南岳。浮江,自寻阳出枞阳,过彭蠡,礼其名山川。北至琅邪,并海上。四月中,至奉高修封焉。

①【集解】徐广曰:"元封五年。"

初，天子封泰山，泰山东北址古时有明堂处，处险不敞。上欲治明堂奉高旁，未晓其制度。济南人公玊带上黄帝时明堂图。明堂图中有一殿，四面无壁，以茅盖，通水，圜宫垣为复道，上有楼，从西南入，命曰昆仑，天子从之入，以拜祠上帝焉。于是上令奉高作明堂汶上，①如带图。及五年修封，则祠太一、五帝于明堂上坐，令高皇帝祠坐对之。祠后土于下房，以二十太牢。天子从昆仑道入，始拜明堂如郊礼。礼毕，燎堂下。而上又上泰山，自有秘祠其巅。而泰山下祠五帝，各如其方，黄帝并赤帝，而有司侍祠焉。山上举火，下悉应之。

①【集解】徐广曰："在元封二年秋。"

其后二岁，十一月甲子朔旦冬至，推历者以本统。天子亲至泰山，以十一月甲子朔旦冬至日祠上帝明堂，毋修封禅。①其赞飨曰："天增授皇帝太元神策，周而复始。皇帝敬拜太一。"东至海上，考入海及方士求神者，莫验，然益遣，冀遇之。

①【集解】徐广曰："常五年一修耳，今适二年，故但祠于明堂。"

十一月乙酉，柏梁灾。十二月甲午朔，上亲禅高里，祠后土。临勃海，将以望祀蓬莱之属，冀至殊廷焉。

上还，以柏梁灾故，朝受计甘泉。公孙卿曰："黄帝就青灵台，十二日烧，黄帝乃治明廷。明廷，甘泉也。"方士多言古帝王有都甘泉者。其后天子又朝诸侯甘泉，甘泉作诸侯邸。勇之乃曰："越俗有火灾，复起屋必以大，用胜服之。"于是作建章宫，度为千门万户。前殿度高未央。其东则凤阙，高二十馀丈。其西则唐中，数十里虎圈。其北治大池，渐台高二十馀丈，命曰太液池，中有蓬莱、方丈、瀛洲、壶梁，象海中神山龟鱼之属。其南有玉堂、璧门、大鸟之属。乃立神明台、井幹楼，度五十丈，辇道相属焉。

夏，汉改历，以正月为岁首，而色上黄，官名更印章以五字，为太初元年。是岁，西伐大宛。蝗大起。丁夫人、雒阳虞初等以方祠诅匈奴、大宛焉。

其明年，有司上言雍五畤无牢熟具，芬芳不备。乃令祠官进畤犊牢具，色食所胜，而以木禺马代驹焉。独五月尝驹，行亲郊用驹。及诸名山川用驹者，悉以木禺马代。行过，乃用驹。他礼如故。

其明年，东巡海上，考神仙之属，未有验者。方士有言"黄帝时为五城十二楼，以候神人于执期，命曰迎年"。上许作之如方，命曰明年。上亲礼祠上帝焉。

公王带曰："黄帝时虽封泰山，然风后、封巨、岐伯令黄帝封东泰山，禅凡山，①合符，然后不死焉。"天子既令设祠具，至东泰山，〔东〕泰山卑小，不称其声，乃令祠官礼之，而不封禅焉。其后令带奉祠候神物。夏，遂还泰山，修五年之礼如前，而加以禅祠石闾。石闾者，在泰山下址南方，方士多言此仙人之闾也，故上亲禅焉。

①【集解】徐广曰："一作'丸'。"

其后五年，复至泰山修封。①还过祭恒山。

①【集解】徐广曰："天汉三年。"

今天子所兴祠，太一、后土，三年亲郊祠，建汉家封禅，五年一修封。薄忌太一及三一、冥羊、马行、赤星，五，宽舒之祠官①以岁时致礼。凡六祠，皆太祝领之。至如八神诸神，明年、凡山他名祠，行过则祠，行去则已。方士所兴祠，各自主，其人终则已，祠官不主。他祠皆如其故。今上封禅，其后十二岁而还，遍于五岳、四渎矣。而方士之候祠神人，入海求蓬莱，终无有验。而公孙卿之候神者，犹以大人之迹为解，无有效。天子益怠厌方士之怪迂语矣，然羁縻不绝，冀遇其真。自此之后，方士言神祠者弥众，然其效可睹矣。

①【索隐】案：郊祀志云“祠官宽舒议祠后土为五坛”，故谓之“五宽舒祠官”也。

太史公曰：余从巡祭天地诸神名山川而封禅焉。入寿宫侍祠神语，究观方士祠官之意，于是退而论次自古以来用事于鬼神者，具见其表里。后有君子，得以览焉。若至俎豆珪币之详，献酬之礼，则有司存。

【索隐述赞】礼载“升中”，书称“肆类”。古今盛典，皇王能事。登封报天，降禅除地。飞英腾实，金泥石记。汉承遗绪，斯道不坠。仙闾、肃然，扬休勒志。

史记卷二十九

河渠书第七

夏书曰：禹抑洪水十三年，过家不入门。①陆行载车，水行载舟，泥行蹈毳，山行即桥。②以别九州，随山浚川，任土作贡。通九道，陂九泽，③度九山。④然河灾衍溢，害中国也尤甚。唯是为务。故道河自积石历龙门，⑤南到华阴，⑥东下砥柱，⑦及孟津、⑧雒汭，至于大邳。⑨于是禹以为河所从来者高，水湍悍，⑩难以行平地，数为败，乃厮二渠以引其河。⑪北载之高地，过降水，⑫至于大陆，⑬播为九河，⑭同为逆河，入于勃海。⑮九川既疏，九泽既洒，诸夏艾安，功施于三代。

①【索隐】抑音忆。抑者，遏也。洪水滔天，故禹遏之，不令害人也。汉书沟洫志作"堙"。堙，抑，皆塞也。

②【集解】徐广曰："桥，近遥反。一作'梮'。梮，直辕车也，音己足反。尸子曰'山行乘樏'。音力追反。又曰'行涂以楯，行险以撮，行沙以

轨'。又曰'乘风车'。音去乔反。"【索隐】橇字亦作'檋",同音昌芮反。注以楃,子芮反,又子绝反,与蕝音同。

③【正义】颜师古云:"通九州之道,及障遏其泽也。"

④【正义】度,田洛反。释名云"山者,产也"。治水以志九州山泽所生物产,言于地所宜,商而度之,以制贡赋也。

⑤【正义】在同州韩城县北五十里,为凿广八十步。

⑥【正义】华阴县也。魏之阴晋,秦惠文王更名宁秦,汉高帝改曰华阴也。

⑦【正义】厎柱山俗名三门山,在硖石县东北五十里,在河之中也。

⑧【正义】在洛州河阳县南门外也。

⑨【正义】孔安国云:"山再成曰邳。"按:在卫州黎阳县南七里是也。

⑩【集解】韦昭曰:"湍,疾;悍,强也。"

⑪【集解】汉书音义曰:"厮,分也。二渠,其一出贝丘西南二折者也,其一则漯川。"【索隐】厮,汉书作"釃",史记旧本亦作"洒",字从水。按:韦昭云"疏决为釃",字音疏跬反。厮,即分其流泄其怒是也。又按:二渠,其一即漯川,其二王莽时遂空也。

⑫【正义】降水源出潞州屯留县西南方山东北。

⑬【正义】大陆泽在邢州及赵州界,一名广河泽,一名钜鹿泽也。

⑭【正义】言过降水及大陆水之口,至冀州分为九河。

⑮【集解】瓒曰:"禹贡云'夹石碣石入于海',然则河口之入海乃在碣石也。武帝元光二年,河徙东郡,更注勃海。禹之时不注勃海也。"

自是之后,荥阳下引河东南为鸿沟,①以通宋、郑、陈、蔡、曹、卫,与济、汝、淮、泗会。于楚,西方则通渠汉水、云梦之野,东方则通(鸿)沟江淮之间。于吴,则通渠三江、五湖。②于齐,则通菑济之间。于蜀,蜀守冰③凿离碓,④辟沫水之害,⑤穿二江成都之中。⑥

此渠皆可行舟，有馀则用溉浸，百姓飨其利。至于所过，往往引其水益用溉田畴之渠，以万亿计，然莫足数也。

①【索隐】楚汉中分之界，文颖云即今官渡水也。盖为二渠：一南经阳武，为官渡水；一东经大梁城，即鸿沟，今之汴河是也。

②【集解】韦昭曰："五湖，湖名耳，实一湖，今太湖是也，在吴西南。"

【索隐】三江，按地理志北江从会稽毗陵县北东入海，中江从丹阳芜湖县东北至会稽阳羡县东入海，南江从会稽吴县南东入海，故禹贡有北江、中江也。五湖者，郭璞江赋云具区、洮滆，彭蠡、青草、洞庭是也。又云太湖周五百里，故曰五湖。

③【集解】汉书曰："冰姓李。"

④【集解】晋灼曰："古'堆'字也。"

⑤【索隐】辟音避。沫音末。按：说文云"沫水出蜀西南徼外，与青衣合，东南入江"也。

⑥【正义】括地志云："大江一名汶江，一名管桥水，一名清江，亦名水江，西南自温江县界流来。"又云："郫江一名成都江，一名市桥江，亦名中日江，亦曰内江，西北自新繁县界流来。二江并在益州成都县界。任豫益州记云'二江者，郫江、流江也'。风俗通云'秦昭王使李冰为蜀守，开成都县两江，溉田万顷。神须取女二人以为妇，冰自以女与神为婚，径至祠劝神酒，酒杯澹澹，因厉声责之，因忽不见。良久，有两苍牛斗于江岸，有间，辄还，流汗谓官属曰："吾斗疲极，不当相助耶？南向腰中正白者，我绶也。"主簿刺杀北面者，江神遂死'。华阳国志云'蜀时濯锦流江中，则鲜明也'。"

西门豹引漳水溉邺，①以富魏之河内。

①【正义】括地志云："漳水一名浊漳水，源出潞州长子县西力黄山。地理志云浊漳水在长子鹿谷山，东至邺，入清漳。"按：力黄、鹿谷二山，北鹿也。邺，相州之县也。

而韩闻秦之好兴事，欲罢之，毋令东伐，①乃使水工郑国②间说秦，令凿泾水自中山西邸瓠口为渠，③并北山东注洛④三百馀里，欲以溉田。中作而觉，秦欲杀郑国。郑国曰："始臣为间，然渠成亦秦之利也。"⑤秦以为然，卒使就渠。渠就，用注填阏之水，溉泽卤之地四万馀顷，⑥收皆亩一钟。于是关中为沃野，无凶年，秦以富强，卒并诸侯，因命曰郑国渠。

①【集解】如淳曰："欲罢劳之，息秦伐韩之计。"

②【集解】韦昭曰："郑国能治水，故曰水工。"

③【索隐】小颜云"中音仲，即今九嵕山之东仲山是也。邸，至也"。瓠口即谷口，乃郊祀志所谓"寒门谷口"是也。与池阳相近，故曰"田于何所，池阳谷口"也。【正义】括地志云："中山一名仲山，在雍州云阳县西十五里。又云焦获薮，亦名瓠，在泾阳北城外也。"邸，至也。至渠首起云阳县西南二十五里，今枯也。

④【集解】徐广曰："出冯翊怀德县。"

⑤【索隐】沟洫志郑国云"臣为韩延数岁之命，为秦建万代之功"是也。

⑥【索隐】溉音古代反。泽，一作"舄"，音昔，又并音尺。本或作"斥"，则如字读之。

汉兴三十九年，孝文时河决酸枣，东溃金堤，①于是东郡大兴卒塞之。

①【正义】括地志云："金堤一名千里堤，在白马县东五里。"

其后四十有馀年，今天子元光之中，而河决于瓠子，东南注钜野，①通于淮、泗。于是天子使汲黯、郑当时兴人徒塞之，辄复坏。是时武安侯田蚡为丞相，其奉邑食鄃。②鄃居河北，河决而南则鄃无水灾，邑收多。蚡言于上曰："江河之决皆天事，未易以人力为强塞，塞之未必应天。”而望气用数者亦以为然。于是天子久之不事复塞也。

①【正义】括地志云：“郓州钜野县东北大泽是。”

②【索隐】音输。韦昭云“清河县也”。 【正义】贝州县也。

是时郑当时为大农，言曰：“异时关东漕粟从渭中上，度六月而罢，而漕水道九百馀里，时有难处。引渭穿渠起长安，并南山下，至河三百馀里，径，易漕，度可令三月罢；而渠下民田万馀顷，又可得以溉田：此损漕省卒，而益肥关中之地，得谷。”天子以为然，令齐人水工徐伯表，①悉发卒②数万人穿漕渠，三岁而通。通，以漕，大便利。其后漕稍多，而渠下之民颇得以溉田矣。

①【索隐】旧说，徐伯表水工姓名也。小颜以为表者，巡行穿渠之处而表记之，若今竖标，表不是名也。

②【集解】徐广曰：“一云‘悉众’。”

其后河东守番係①言：“漕从山东西，②岁百馀万石，更砥柱之限，败亡甚多，而亦烦费。穿渠引汾③溉皮氏、汾阴下，④引河溉汾阴、蒲坂下，度可得五千顷。五千顷故尽河壖弃地，⑤民茭牧其中耳，⑥今溉田之，度可得谷二百万石以上。谷从渭上，与关中无异，而砥柱之东可无复漕。”天子以为然，发卒数万人作渠田。数岁，河移徙，渠不利，则田者不能偿种。久之，河东渠田废，予越人，令少府以为稍入。⑦

①【索隐】上音婆，又音潘。按：诗小雅云“番维司徒”。番，氏也，下音系也。

②【索隐】按：谓从山东运漕而西入关也。

③【正义】括地志云：“汾水源出岚州静乐县北百三十里管涔山北，东南流，入并州，即西南流，入至绛州、蒲州入河也。”

④【正义】括地志云："皮氏故城在绛州龙门县西百三十步。自秦、汉、魏、晋，皮氏县皆治此。汾阴故城俗名殷汤城，在蒲汾阴县北九里，汉汾阴县是也。

⑤【集解】韦昭曰："壖音而缘反。谓缘河边地也。"【索隐】又音人兖反。

⑥【索隐】茭，干草也。谓人收茭及牧畜于中也。

⑦【集解】如淳曰："时越人有徙者，以田与之，其租税入少府。"【索隐】其田既薄，越人徙居者习水利，故与之，而稍少其税，入之于少府。

其后人有上书欲通褒斜道①及漕事，下御史大夫张汤。汤问其事，因言："抵蜀从故道，②故道多阪，回远。今穿褒斜道，少阪，近四百里；而褒水通沔，斜水通渭，皆可以行船漕。漕从南阳③上沔入褒，褒之绝水至斜，间百馀里，以车转，从斜下下渭。如此，汉中之谷可致，山东从沔无限，④便于砥柱之漕。且褒斜材木竹箭之饶，拟于巴蜀。"天子以为然，拜汤子卬为汉中守，发数万人作褒斜道五百馀里。道果便近，而水湍石，⑤不可漕。

①【集解】韦昭曰："褒中县也。斜，谷名，音邪。"瓒曰："褒，斜，二水名。"【正义】括地志云："褒谷在梁州褒城县北五十里。斜水源出褒城县西北九十八里衙岭山，与褒水同源而派流，汉书沟洫志云'褒水通沔，斜水通渭，皆以行船'是也。"按：褒城即褒中县也。

②【正义】括地志云："凤州两当县，本汉故道县也，在州西五十里。"

③【正义】南阳县即今邓州也。

④【正义】无限，言多也。山东，谓河南之东，山南之东及江南、淮南，皆经砥柱(主)〔上〕运，今并从沔，便于三门之漕也。

⑤【集解】徐广曰："湍，一本作'溲'。"

其后庄熊罴言："临晋①民愿穿洛以溉重泉②以东万馀顷故卤

地。诚得水，可令亩十石。”于是为发卒万馀人穿渠，自征③引洛水至商颜山下。④岸善崩，⑤乃凿井，深者四十馀丈。往往为井，井下相通行水。水穨以绝商颜，⑥东至山岭十馀里间。井渠之生自此始。穿渠得龙骨，⑦故名曰龙首渠。作之十馀岁，渠颇通，犹未得其饶。

①【正义】括地志云：“同州本临晋城也。一名大荔城，亦曰冯翊城。”

②【正义】洛，漆沮水也。括地志云：“重泉故城在同州蒲城县东南四十五里，在同州西北亦四十五里。”

③【集解】应劭曰：“征在冯翊。”【索隐】音惩，县名也。小颜云即今之澄城也。

④【集解】服虔曰：“颜音崖。或曰商颜，山名也。”【索隐】颜音崖，又如字。商颜，山名也。

⑤【集解】如淳曰：“洛水岸。”【正义】言商原之崖岸，土性疏，故善崩毁也。

⑥【集解】瓒曰：“下流曰穨。”

⑦【正义】括地志云：“伏龙祠在同州冯翊县西北四十里。故老云汉时自征穿渠引洛，得龙骨，其后立祠，因以伏龙为名。今祠颇有灵验也。”

自河决瓠子后二十馀岁，岁因以数不登，而梁楚之地尤甚。天子既封禅巡祭山川，其明年，旱，干封少雨。天子乃使汲仁、郭昌发卒数万人塞瓠子决。于是天子已用事万里沙，①则还自临决河，沈白马玉璧于河，令群臣从官自将军已下皆负薪窴决河。是时东郡烧草，以故薪柴少，而下淇园之竹②以为楗。③

①【正义】括地志云：“万里沙在华州郑县东北二十里也。”

②【集解】晋灼曰：“卫之苑也。多竹筱。”

③【集解】如淳曰：“树竹塞水决之口，稍稍布插接树之，水稍弱，补令密，

谓之楗。以草塞其里,乃以土填之;有石,以石为之。音建。”【索隐】楗音其免反。楗者,树于水中,稍下竹及土石也。

天子既临河决,悼功之不成,乃作歌曰:“瓠子决兮将奈何?晧晧旰旰兮闾殚为河!①殚为河兮地不得宁,功无已时兮吾山平。②吾山平兮钜野溢,③鱼沸郁兮柏冬日。④延道弛兮离常流,⑤蛟龙骋兮方远游。归旧川兮神哉沛,⑥不封禅兮安知外!为我谓河伯兮何不仁,泛滥不止兮愁吾人?啮桑浮兮淮、泗满,⑦久不反兮水维缓。”一曰:“河汤汤兮激潺湲,北渡污兮浚流难。搴长茭兮沈美玉,⑧河伯许兮薪不属。⑨薪不属兮卫人罪,烧萧条兮噫乎何以御水!穨林竹兮楗石灾,⑩宣房塞兮万福来。”于是卒塞瓠子,筑宫其上,名曰宣房宫。而道河北行二渠,复禹旧迹,而梁、楚之地复宁,无水灾。

①【集解】如淳曰:“殚,尽也。”骃谓州闾尽为河。

②【集解】徐广曰“东郡东阿有鱼山,或者是乎?”骃按:如淳曰“恐水渐山使平也”。韦昭曰“凿山以填河也”。

③【集解】如淳曰:“瓠子决,灌钜野泽使溢也。”

④【集解】徐广曰:“柏犹迫也。冬日行天边,若与水相连矣。”骃按:汉书音义曰“钜野满溢,则众鱼沸郁而滋长也。迫冬日乃止”。

⑤【集解】徐广曰:“延,一作‘正’。”骃按:晋灼曰“言河道皆弛坏也”。【索隐】言河之决,由其源道延长弛溢,故使其道皆离常流。故晋灼云“言河道皆弛坏”。

⑥【集解】瓒曰:“水还旧道,则群害消除,神祐滂沛。”

⑦【集解】张晏曰:“啮桑,地名也。”如淳曰:“邑名,为水所浮漂。”

⑧【集解】如淳曰:“搴,取也。茭,草也,音郊。一曰茭,竿也。取长竿树之,用著石间,以塞决河。”瓒曰:“竹苇絙谓之茭,下所以引致土石者

也。”【索隐】搴音己免反。茭音交，竹苇絙也。一作“茇’，音废，邹氏又音绋也。

⑨【集解】如淳曰：“旱烧，故薪不足。”

⑩【集解】如淳曰：“河决，楗不能禁，故言灾。”韦昭曰：“楗，柱也。木立死曰灾。”

自是之后，用事者争言水利。朔方、西河、河西、酒泉皆引河及川谷以溉田；而关中辅渠、灵轵[①]引堵水；[②]汝南、九江引淮；东海引钜定；[③]泰山下引汶水：皆穿渠为溉田，各万馀顷。佗小渠披山通道者，不可胜言。然其著者在宣房。

①【集解】如淳曰：“地理志盩厔有灵轵渠。”【索隐】按：沟洫志兒宽为左内史，奏请穿六辅渠。小颜云“今尚谓之辅渠，亦曰六渠也”。

②【集解】徐广曰：“一作‘诸川’。”

③【集解】瓒曰：“钜定，泽名。”

太史公曰：余南登庐山，观禹疏九江，遂至于会稽太湟，[①]上姑苏，望五湖；东窥洛汭、大邳，迎河，行淮、泗、济、漯洛渠；西瞻蜀之岷山及离碓；北自龙门至于朔方。曰：甚哉，水之为利害也！余从负薪塞宣房，悲瓠子之诗而作河渠书。[②]

①【集解】徐广曰：“一作‘湿’。”

②【集解】徐广曰：“沟洫志行田二百亩，分赋田与一夫二百亩，以田恶，故更岁耕之。”

【索隐述赞】水之利害，自古而然。禹疏沟洫，随山浚川。爰洎后世，非无圣贤。鸿沟既划，龙骨斯穿。填阏攸垦，黎蒸有年。宣房在咏，梁楚获全。

史记卷三十

平准书第八

【集解】汉书百官表曰大司农属官有平准令。【索隐】大司农属官有平准令丞者，以均天下郡国转贩，贵则卖之，贱则买之，贵贱相权输，归于京都，故命曰“平准”。

汉兴，接秦之坏，丈夫从军旅，老弱转粮饷，作业剧而财匮，自天子不能具钧驷，①而将相或乘牛车，齐民无藏盖。②于是为秦钱重难用，③更令民铸钱，④一黄金一斤，⑤约法省禁。而不轨逐利之民，蓄积馀业以稽市物，物踊腾粜，⑥米至石万钱，马一匹则百金。⑦

①【索隐】天子驾驷马，其色宜齐同。今言国家贫，天子不能具钧色之驷马。汉书作“醇驷”，“醇”与“纯”同，纯一色也。或作“骍”，非也。

②【集解】如淳曰：“齐等无有贵贱，故谓之齐民。若今言‘平民’矣。”晋灼曰：“中国被教之民也。”苏林曰：“无物可盖藏也。”

③【索隐】顾氏按：古今注云“秦钱半两，径一寸二分，重十二铢”。

④【集解】汉书食货志曰："铸榆荚钱。" 【索隐】食货志云"铸荚钱"。按：古今注云榆荚钱重三铢，钱谱云文为"汉兴"也。

⑤【索隐】按：如淳云"时以钱为货，黄金一斤直万钱"，非也。又臣瓒下注云"秦以一溢为一金，汉以一斤为一金"，是其义也。

⑥【集解】李奇曰："稽，贮滞也。"如淳曰："稽，考也。考校市物价，贵贱有时。"晋灼曰："踊，甚也。言计市物贱而豫益稸之也。物贵而出卖，故使物甚腾也。汉书'糶'字作'躍'。" 【索隐】李奇云"稽，贮滞"。韦昭云"稽，留待也"。稽字当如李韦二释。晋灼及马融训稽为计及考，于义为疏。如淳云"踊腾犹低昂也。低昂者，乍贱乍贵也"。今按：汉书"糶"字作"躍"者，谓物踊贵而价起，有如物之腾躍而起也。然糶者出卖之名，故食货志云"大熟则上糶三而舍一"是也。

⑦【集解】瓒曰："秦以一溢为一金，汉以一斤为一金。"

天下已平，高祖乃令贾人不得衣丝乘车，重租税以困辱之。孝惠、高后时，为天下初定，复弛商贾之律，然市井之子孙亦不得仕宦为吏。量吏禄，度官用，以赋于民。而山川园池市井①租税之入，自天子以至于封君汤沐邑，皆各为私奉养焉，不领于天下之经费。②漕转山东粟，以给中都官，③岁不过数十万石。

①【正义】古人未有市，（及井）若朝聚井汲水，便将货物于井边货卖，故言市井也。

②【索隐】按：经训常。言封君已下皆以汤沐邑为私奉养，故不领入天子之常税，为一年之费也。

③【索隐】按：中都犹都内也，皆天子之仓府。以给中都官者，即今太仓以畜官储是也。

至孝文时，荚钱益多，轻，①乃更铸四铢钱，其文为"半两"，令民纵得自铸钱。故吴，诸侯也，以即山铸钱，②富埒天子，③其后卒以叛逆。邓通,大夫也,以铸钱财过王者。故吴、邓氏钱布天下,而铸钱之禁生焉。

①【集解】如淳曰:"如榆荚也。"

②【索隐】按:即训就。就山铸钱,故下文云"铜山"是也。一解,即山,山名也。

③【集解】徐广曰:"埒者,际畔。言邻接相次也。"骃按:孟康曰"富与天子等而微减也。或曰埒,等也"。

匈奴数侵盗北边,屯戍者多,边粟不足给食当食者。于是募民能输及转粟于边者拜爵,爵得至大庶长。①

①【索隐】按:汉书食货志云文帝用晁错言,"令人入粟边六百石,爵上造;稍增至四千石,为五大夫;万二千石,为大庶长;各以多少为差"。

孝景时,上郡以西旱,亦复修卖爵令,而贱其价以招民;及徒复作,得输粟县官以除罪。益造苑马以广用,①而宫室列观舆马益增修矣。

①【索隐】谓增益苑囿,造厩而养马以广用,则马是军国之用也。

至今上即位数岁,汉兴七十馀年之间,国家无事,非遇水旱之灾,民则人给家足,都鄙廪庾皆满,而府库馀货财。京师之钱累巨万,①贯朽而不可校。②太仓之粟陈陈相因,充溢露积于外,至腐败不可食。众庶街巷有马,阡陌之间成群,而乘字牝者傧而不得聚会。③守闾阎者食粱肉,为吏者长子孙,④居官者以为姓号。⑤故人人自爱而重犯法,先行义而后绌耻辱焉。当此之时,网疏而民富,役财骄溢,或至兼并豪党之徒,以武断于乡曲。⑥宗室有土公卿大夫以下,争于奢侈,室庐舆服僭于上,无限度。物盛而衰,固其变也。

①【集解】韦昭曰:"巨万,今万万。"

②【集解】如淳曰:"校,数也。"

③【集解】汉书音义曰："皆乘父马，有牝马间其间则相踶啮，故斥不得出会同。"

④【集解】如淳曰："时无事，吏不数转，至于子孙长大而不转职任。"

⑤【集解】如淳曰："仓氏、庾氏是也。" 【索隐】注"仓氏庾氏"，按出食货志。

⑥【索隐】谓乡曲豪富无官位，而以威势主断曲直，故曰武断也。

自是之后，严助、朱买臣等招来东瓯，[①]事两越，[②]江淮之间萧然烦费矣。唐蒙、司马相如开路西南夷，凿山通道千馀里，以广巴蜀，巴蜀之民罢焉。彭吴[③]贾灭朝鲜，[④]置沧海之郡，则燕齐之间靡然发动。及王恢设谋马邑，匈奴绝和亲，侵扰北边，兵连而不解，天下苦其劳，而干戈日滋。行者赍，居者送，中外骚扰而相奉，百姓抏坏[⑤]以巧法，财赂衰耗而不赡。入物者补官，出货者除罪，选举陵迟，廉耻相冒，武力进用，法严令具。兴利之臣自此始也。[⑥]

①【正义】乌侯反。今台州永宁是也。

②【正义】南越及闽越。南越，今广州南海也。闽越，今建州建安也。

③【索隐】人姓名。

④【索隐】彭吴始开其道而灭之也。

⑤【索隐】按：三苍音五官反。邹氏又五乱反。按：抏者，耗也，消耗之名。言百姓贫弊，故行巧抵之法也。

⑥【集解】韦昭曰："桑弘羊、孔仅之属。"

其后汉将岁以数万骑出击胡，及车骑将军卫青取匈奴河南地，[①]筑朔方。[②]当是时，汉通西南夷道，作者数万人，千里负担馈粮，率十馀钟致一石，[③]散币于邛僰[④]以集之。数岁道不通，蛮夷因以数攻，吏发兵诛之。[⑤]悉巴蜀租赋不足以更之，[⑥]乃募豪民田南夷，入粟县官，而内受钱于都内。[⑦]东至沧海之郡，人徒之费拟于南夷。又兴十万馀人筑卫朔方，转漕[⑧]甚辽远，自山东咸被其劳，费数十百巨万，府库益虚。乃募民能入奴婢得以终身复，为郎增秩，及入羊为郎，始于此。

①【正义】谓灵、夏三州地，取在元朔二年。

②【正义】今夏州也。括地志云："夏州，秦上郡，汉分置朔方郡，魏不改，隋置夏州也。"

③【集解】汉书音义曰："钟六石四斗。"

④【索隐】应劭云："临邛属蜀，僰属犍为。"

⑤【索隐】吏发兴诛之。谓发军兴以诛之也。

⑥【集解】韦昭曰："更，续也。或曰更，偿也。"

⑦【集解】服虔曰："入谷于外县，受钱于内府也。"

⑧【索隐】按：说文云"漕，水转谷也"。一云车运曰转，水运曰漕也。

其后四年，[①]而汉遣大将将六将军，军十馀万，击右贤王，获首虏万五千级。明年，大将军将六将军仍再出击胡，得首虏万九千级。捕斩首虏之士受赐黄金二十馀万斤，虏数万人皆得厚赏，衣食仰给县官；而汉军之士马死者十馀万，兵甲之财转漕之费不与焉。于是大农陈藏钱[②]经耗，赋税既竭，犹不足以奉战士。有司言："天子曰'朕闻五帝之教不相复而治，禹汤之法不同道而王，所由殊路，而建德一也。北边未安，朕甚悼之。日者，大将军攻匈奴，斩首虏万九千级，留蹛无所食。[③]议令民得买爵及赎禁锢免减罪'。请置赏官，命曰武功爵。[④]级十七万，凡直三十馀万金。[⑤]诸买武功爵官首者试补吏，先除；[⑥]千夫如五大夫；[⑦]其有罪又减二等；爵得至乐卿：[⑧]以显军功。"军功多用越等，大者封侯卿大夫，小者郎吏。吏道杂而多端，则官职耗废。

①【集解】徐广曰："元朔五年也。"

②【集解】韦昭曰："陈，久也。"

③【索隐】留埽无所食。埽音迭，谓贮也。韦昭音滞，谓积也。又按：古今字诂"埽"今"滞"字，则埽与滞同。按：谓富人贮滞积谷，则贫者无所食也。

④【集解】瓒曰："茂陵中书有武功爵：一级曰造士，二级曰闲舆卫，三级曰良士，四级曰元戎士，五级曰官首，六级曰秉铎，七级曰千夫，八级曰乐卿，九级曰执戎，十级曰左庶长，十一级曰军卫。此武帝所制以宠军功。"

⑤【索隐】大颜云"一金，万钱也。计十一级，级十七万，合百八十七万金"。而此云"三十馀万金"，其数必有误者。顾氏按：〔或〕解云初一级十七万，自此已上每级加二万，至十一级，合成三十七万也。

⑥【索隐】官首，武功爵第五也，位稍高，故得试为吏，先除用也。

⑦【索隐】千夫，武功爵第七；五大夫，二十爵第九也。言千夫爵秩比于五大夫二十爵第九，故杨仆以千夫为吏是也。

⑧【集解】徐广曰："爵名也。"骃案：汉书音义曰"十爵左庶长以上至十八爵为大庶长也，名乐卿。乐卿者，朝位从九卿，加'乐'者，别正卿。又十九爵为乐公，食公卿禄而无职也"。【索隐】按：此言武功置爵惟得至于乐卿也。臣瓒所引茂陵书，盖后人记其爵失次耳。今注称十爵至十八庶长为乐卿，十九至二十为乐公，乃以旧二十爵释武功爵，盖亦臆说，非也。大颜亦以为然。

自公孙弘以春秋之义绳臣下取汉相，张汤用峻文决理为廷尉，于是见知之法生，①而废格沮诽②穷治之狱用矣。其明年，淮南、衡山、江都王谋反迹见，而公卿寻端治之，竟其党与，而坐死者数万人，长吏益惨急而法令明察。

①【集解】张晏曰："吏见知不举劾为故纵。"

②【集解】如淳曰："废格天子文法，使不行也。诽谓非上所行，若颜异反

唇之比也。”【索隐】格音阁，亦如字。沮音才绪反。诽音非。按：谓废格天子之命而不行，及沮败诽谤之者，皆被穷治，故云废格沮诽之狱用矣。

当是之时，招尊方正贤良文学之士，或至公卿大夫。公孙弘以汉相，布被，食不重味，为天下先。然无益于俗，稍骛于功利矣。

其明年，骠骑仍再出击胡，获首四万。其秋，浑邪王率数万之众来降，于是汉发车二万乘迎之。既至，受赏，赐及有功之士。是岁费凡百馀巨万。

初，先是往十馀岁河决观，①梁楚之地固已数困，而缘河之郡堤塞河，辄决坏，费不可胜计。其后番係欲省厎柱之漕，穿汾、河渠以为溉田，作者数万人；郑当时为渭漕渠回远，凿直渠自长安至华阴，作者数万人；朔方亦穿渠，作者数万人：各历二三期，功未就，费亦各巨万十数。

①【集解】徐广曰：“观，县名也。属东郡，光武改曰卫，公国。”

天子为伐胡，盛养马，马之来食长安者数万匹，卒牵掌者关中不足，乃调旁近郡。而胡降者皆衣食县官，县官不给，天子乃损膳，解乘舆驷，出御府禁藏以赡之。

其明年，山东被水灾，民多饥乏，于是天子遣使者虚郡国仓廥①以振贫民。犹不足，又募豪富人相贷假。尚不能相救，乃徙贫民于关以西，及充朔方以南新秦中，②七十馀万口，衣食皆仰给县官。数岁，假予产业，使者分部护之，冠盖相望。其费以亿计，不可胜数。

①【集解】徐广曰：“音脍。”

②【集解】服虔曰：“地名，在北方千里。”如淳曰：“长安已北，朔方已南。”瓒曰：“秦逐匈奴以收河南地，徙民以实之，谓之新秦。今以地空，故复

徙民以实之。"

于是县官大空，而富商大贾或蹛财役贫，[1]转毂百数，[2]废居[3]居邑，[4]封君皆低首仰给。[5]冶铸煮盐，财或累万金，而不佐国家之急，黎民重困。于是天子与公卿议，更钱造币以赡用，而摧浮淫并兼之徒。是时禁苑有白鹿而少府多银锡。自孝文更造四铢钱，至是岁四十馀年，从建元以来，用少，县官往往即多铜山而铸钱，民亦间盗铸钱，不可胜数。钱益多而轻，[6]物益少而贵。[7]有司言曰："古者皮币，诸侯以聘享。金有三等，黄金为上，白金为中，赤金为下。[8]今半两钱法重四铢，[9]而奸或盗摩钱里取鋊，[10]钱益轻薄而物贵，则远方用币烦费不省。"乃以白鹿皮方尺，缘以藻缋，[11]为皮币，直四十万。王侯宗室朝觐聘享，必以皮币荐璧，然后得行。

①【集解】汉书音义曰："蹛，停也。一曰贮也。" 【索隐】萧该按：字林云"贮，尘也，音伫"。此谓居积停滞尘久也。或作"贮"，子贡发贮鬻财是也。

②【集解】李奇曰："车也。"

③【集解】徐广曰："废居者，贮畜之名也。有所废，有所畜，言其乘时射利也。"【索隐】刘氏云："废，出卖；居，停蓄也。"是出卖于居者为废，故徐氏云"有所废，有所畜"是也。

④【集解】骃按：服虔曰"居谷于邑也"。如淳曰"居贱物于邑中，以待贵也"。【索隐】服虔云"居谷于邑中"是也。

⑤【集解】晋灼曰："低音抵距。"服虔曰："仰给于商贾。" 【索隐】按：服虔云"仰给于商贾"，是也。而刘伯庄以为"封君及大商皆低首营私以自给，不佐天子"，非也。

⑥【集解】如淳曰："磨钱取鋊故也。"瓒曰："铸钱者多，故钱轻。轻亦贱也。"

⑦【集解】如淳曰："但铸作钱，不作馀物。"

⑧【集解】汉书音义曰："白金，银也。赤金，丹阳铜也。" 【索隐】说文云："铜，赤金也。"注云"丹阳铜"者，神异经云西方金山有丹阳铜也。

⑨【集解】韦昭曰："文为半两，实重四铢。"

⑩【集解】徐广曰："音容。"吕静曰："冶器法谓之镕。"

⑪【集解】徐广曰："藻，一作'紫'也。"

又造银锡为白金。①以为天用莫如龙，②地用莫如马，③人用莫如龟，④故白金三品：其一曰重八两，圜之，其文龙，⑤名曰"白选"，⑥直三千；⑦二曰以重差小，方之，⑧其文马，⑨直五百；三曰复小，撱之，⑩其文龟，⑪直三百。令县官销半两钱，更铸三铢钱，文如其重。盗铸诸金钱罪皆死，而吏民之盗铸白金者不可胜数。

①【集解】如淳曰："杂铸银锡为白金也。"

②【索隐】易云行天莫如龙也。

③【索隐】易云行地莫如马也。

④【索隐】礼曰"诸侯以龟为宝"也。

⑤【索隐】顾氏案：钱谱"其文为龙，隐起，肉好皆圜，文又作云霞之象"。

⑥【索隐】名白选。苏林曰："选音'选择'之'选'。"包恺及刘氏音息恋反。尚书大传云："夏后氏不杀不刑，死罪罚二千馔。"马融云："馔，六两。"汉书作"撰"，音同。

⑦【索隐】晋灼按：黄图直三千二百。

⑧【索隐】谓以八两差为三品，此重六两，下小隋重四两也。云"以重差小"者，谓半两为重，故差小重六两，而其形方也。

⑨【索隐】钱谱："肉好皆方，隐起马形。肉好之下又是连珠文也。"

⑩【索隐】复小隋之。汤果反。尔雅注"隋者，狭长也"。谓长而方，去四角也。

⑪【索隐】钱谱："肉圆好方，为隐起龟甲文。"

于是以东郭咸阳、[1]孔仅为大农丞，领盐铁事；桑弘羊以计算用事，侍中。咸阳，齐之大煮盐，孔仅，南阳大冶，皆致生累千金，故郑当时进言之。弘羊，雒阳贾人子，以心计，年十三侍中。故三人言利事析秋豪矣。[2]

①【索隐】东郭，姓；咸阳，名也。按：风俗通东郭牙，齐大夫，咸阳其后也。

②【索隐】按：言百物毫芒至秋皆美细。今言弘羊等三人言利事纤悉，能分析其秋毫也。

法既益严，吏多废免。兵革数动，民多买复及五大夫，征发之士益鲜。于是除千夫五大夫为吏，不欲者出马；故吏皆(通)適令伐棘上林，[1]作昆明池。[2]

①【集解】韦昭曰："欲令出马，无马者令伐棘。" 【索隐】故吏皆適伐棘。谓故吏先免者，皆適令伐棘上林，不谓无马者。韦说非也。

②【索隐】按：黄图云"昆明池周四十里，以习水战"。又荀悦云"昆明子居滇河中，故习水战以伐之也"。

其明年，大将军、骠骑大出击胡，[1]得首虏八九万级，赏赐五十万金，汉军马死者十馀万匹，转漕车甲之费不与焉。是时财匮，战士颇不得禄矣。

①【集解】徐广曰："元狩四年也。"

有司言三铢钱轻，易奸诈，乃更请诸郡国铸五铢钱，周郭其下，令不可磨取鋊焉。

大农上盐铁丞孔仅、咸阳言："山海，天地之藏也，皆宜属少府，[1]陛下不私，以属大农佐赋。愿募民自给费，因官器作煮盐，官与牢盆。[2]浮食奇民[3]欲擅管[4]山海之货，以致富羡，[5]役利细民。

其沮事之议，[⑥]不可胜听。敢私铸铁器煮盐者，钛左趾，[⑦]没入其器物。郡不出铁者，置小铁官，[⑧]便属在所县。"使孔仅、东郭咸阳乘传举行天下盐铁，作官府，除故盐铁家富者为吏。吏道益杂，不选，而多贾人矣。

①【索隐】韦昭云："天子私所给赐经用也。公用属大司农也。"

②【集解】如淳曰："牢，廪食也。古者名廪为牢也。盆者，煮盐之盆也。"【索隐】予牢盆。按：苏林云"牢，价直也。今代人言'雇手牢盆'"。晋灼云苏说是。乐产云"牢乃盆名"，其说异。

③【索隐】奇，包恺音羁。诸侯也，非农工之俦，故言奇也。

④【集解】张晏曰："若人执仓库之管钥。或曰管，固。"【索隐】擅筦。音管。上音善。

⑤【索隐】弋战反。羡，饶也，与"衍"同义。

⑥【索隐】沮，止也。仅等言山海之藏宜属大农，奇人欲擅利，必有沮止之议，此不可听许也。

⑦【集解】史记音隐曰："钛音徒计反。"韦昭曰："钛，以铁为之，著左趾以代刖也。"【索隐】按：三苍云"钛，踏脚钳也"。字林徒计反。张斐汉晋律序云"状如跟衣，著(足)〔左〕足下，重六斤，以代膑，至魏武改以代刖也"。

⑧【集解】邓展曰："铸故铁。"

商贾以币之变，多积货逐利。于是公卿言："郡国颇被灾害，贫民无产业者，募徙广饶之地。陛下损膳省用，出禁钱以振元元，宽贷赋，而民不齐出于南亩，[①]商贾滋众。贫者畜积无有，皆仰县官。异时[②]算轺车[③]贾人缗钱[④]皆有差，请算如故。诸贾人末作贳贷卖买，居邑稽诸物，[⑤]及商以取利者，虽无市籍，各以其物自占，[⑥]率缗钱二千而一算。[⑦]诸作有租及铸，[⑧]率缗钱四千一算。非吏比者三老、北边骑士，[9]轺车以一算；商贾人轺车二算；[10]船五丈以上一算。匿不自占，占不悉，[11]戍边一岁，没入缗钱。有能告者，以其半畀之。贾人有市籍者，及其家属，皆无得籍名田，以便农。[12]敢犯令，没入田童。”[13]

①【集解】李奇曰：“齐，皆也。”

②【索隐】异时犹昔时也。

③【索隐】说文云：“轺，小车也。”傅子云：“汉代贱乘轺，今则贵之。”言算轺车者，有轺车使出税一算二算也。

④【集解】李斐曰：“缗，丝也，以贯钱也。一贯千钱，出二十算也。诗云‘维丝伊缗’。”如淳曰：“胡公名钱为缗者，诗云‘氓之蚩蚩，抱布贸丝’，故谓之缗也。”【索隐】缗音旻。缗者，丝绳以贯钱者。千钱出二十算也。

⑤【索隐】稽者，停也，留也，即上文所谓“废居居邑”也。

⑥【索隐】按：郭璞云“占，自隐度也”。谓各自隐度其财物多少，为文簿送之官也。若不尽，皆没入于官。音之赡反。

⑦【集解】瓒曰：“此缗钱为是储缗钱也，故随其用所施，施于利重者其算亦多。”

⑧【集解】如淳曰：“以手力所作而卖之。”

⑨【集解】如淳曰：“非吏而得与吏比者，官谓三老、北边骑士也。楼船令边郡选富者为车骑士。”

⑩【集解】如淳曰：“商贾有轺车，使出二算，重其赋也。”

⑪【索隐】悉，尽也，具也。若通家财不周悉尽者，罚戍边一岁。

⑫【索隐】谓贾人有市籍，不许以名占田也。

⑬【索隐】若贾人更占田，则没其田及童仆，皆入之于官也。

天子乃思卜式之言，召拜式为中郎，爵左庶长，赐田十顷，布告天下，使明知之。

初，卜式者，河南人也，以田畜为事。亲死，式有少弟，弟壮，式脱身出分，独取畜羊百馀，田宅财物尽予弟。式入山牧十馀岁，羊致千馀头，买田宅。而其弟尽破其业，式辄复分予弟者数矣。是时汉方数使将击匈奴，卜式上书，愿输家之半县官助边。天子使使问式："欲官乎？"式曰："臣少牧，不习仕宦，不愿也。"使问曰："家岂有冤，欲言事乎？"式曰："臣生与人无分争。式邑人贫者贷之，不善者教顺之，所居人皆从式，式何故见冤于人！无所欲言也。"使者曰："苟如此，子何欲而然？"式曰："天子诛匈奴，愚以为贤者宜死节于边，有财者宜输委，如此而匈奴可灭也。"使者具其言入以闻。天子以语丞相弘。弘曰："此非人情。不轨之臣，不可以为化而乱法，愿陛下勿许。"于是上久不报式，数岁，乃罢式。式归，复田牧。岁馀，会军数出，浑邪王等降，县官费众，仓府空。其明年，贫民大徙，皆仰给县官，无以尽赡。卜式持钱二十万予河南守，以给徙民。河南上富人助贫人者籍，天子见卜式名，识之，曰"是固前而欲输其家半助边"，乃赐式外繇四百人。①式又尽复予县官。是时富豪皆争匿财，唯式尤欲输之助费。天子于是以式终长者，故尊显以风百姓。

①【集解】汉书音义曰："外繇谓戍边也。一人出三百钱，谓之过更。式岁得十二万钱也。一说，在繇役之外得复除四百人。"

初，式不愿为郎。上曰："吾有羊上林中，欲令子牧之。"式乃拜为郎，布衣屩而牧羊。①岁馀，羊肥息。上过见其羊，善之。式曰："非独羊也，治民亦独是也。以时起居；恶者辄斥去，毋令败群。"上以式为奇，拜为缑氏令试之，缑氏便之。迁为成皋令，将漕最。上以为式朴忠，拜为齐王太傅。

①【集解】韦昭曰："屩，草扉。"

而孔仅之使天下铸作器，三年中拜为大农，列于九卿。①而桑弘羊为大农丞，筦诸会计事，稍稍置均输以通货物矣。②

①【集解】徐广曰："元鼎二年，时丙寅岁也。"

②【集解】孟康曰："谓诸当所输于官者，皆令输其土地所饶，平其所在时价，官更于他处卖之，输者既便而官有利。汉书百官表大司农属官有均输令。"

始令吏得入谷补官，郎至六百石。

自造白金五铢钱后五岁，赦吏民之坐盗铸金钱死者数十万人。其不发觉相杀者，不可胜计。赦自出者百馀万人。然不能半自出，天下大抵无虑皆铸金钱矣。①犯者众，吏不能尽诛取，于是遣博士褚大、徐偃等分曹循行郡国，②举兼并之徒守相为(吏)〔利〕者。而御史大夫张汤方隆贵用事，减宣、杜周等为中丞，义纵、尹齐、王温舒等用惨急刻深为九卿，而直指夏兰之属始出矣。

①【索隐】抵音氐。抵，归也。刘氏云"大抵犹大略也"。案：大抵无虑者，谓言大略归于铸钱，更无他事从虑。

②【集解】服虔曰："分曹职案行。"

而大农颜异诛。①初，异为济南亭长，以廉直稍迁至九卿。上与张汤既造白鹿皮币，问异。异曰："今王侯朝贺以苍璧，直数千，而其皮荐反四十万，本末不相称。"天子不说。张汤又与异有郤，及有人告异以它议，事下张汤治异。异与客语，客语初令下有不便者，②异不应，微反唇。汤奏当异九卿见令不便，不入言而腹诽，论死。自是之后，有腹诽之法(以此)〔比〕，而公卿大夫多谄谀取容矣。

①【集解】徐广曰："元狩四年，时壬戌岁也。"

②【集解】李奇曰："异与客语，道诏令初下，有不便处也。"

天子既下缗钱令而尊卜式，百姓终莫分财佐县官，于是（杨可）告缗钱纵矣。

郡国多奸铸钱，①钱多轻，而公卿请令京师铸钟官赤侧，②一当五，赋官用非赤侧不得行。③白金稍贱，民不宝用，县官以令禁之，无益。岁馀，白金终废不行。

①【索隐】谓多奸巧，杂以铅锡也。

②【集解】如淳曰："以赤铜为其郭也。今钱见有赤侧者，不知作法云何。"【索隐】钟官掌铸赤侧之钱。韦昭云"侧，边也"，故晋灼云"以赤铜为郭。今钱见有赤侧者"。

③【集解】汉书音义曰："俗所谓紫绀钱也"。

是岁也，张汤死①而民不思。②

①【集解】徐广曰："元鼎三年。"

②【索隐】乐产曰："诸所废兴，附上困下，皆自汤，故人不思之也。"

其后二岁，赤侧钱贱，民巧法用之，不便，又废。于是悉禁郡国无铸钱，专令上林三官铸。①钱既多，而令天下非三官钱不得行，诸郡国所前铸钱皆废销之，输其铜三官。而民之铸钱益少，计其费不能相当，唯真工大奸乃盗为之。

①【集解】汉书百官表："水衡都尉，武帝元鼎二年初置，掌上林苑，属官有上林均输、钟官、辨铜令。"然则上林三官，其是此三令乎？

卜式相齐，而杨可告缗遍天下，①中家以上大抵皆遇告。杜周治之，狱少反者。②乃分遣御史廷尉正监分曹往，③即治郡国缗钱，得民财物以亿计，奴婢以千万数，田大县数百顷，小县百馀顷，宅亦如之。于是商贾中家以上大率破，民偷甘食好衣，不事畜藏之产业，而县官有盐铁缗钱之故，用益饶矣。

①【集解】瓒曰："商贾居积及伎巧之家，非桑农所生出，谓之缗。茂陵中

书有缗田奴婢是也。”【索隐】姓杨，名可。如淳云：“告缗者，令杨可告占缗之不尽者也。”

②【集解】如淳曰：“治匿缗之罪，其狱少有反者。”【索隐】反音番。反谓反使从轻也。案：刘德为京兆尹，每行县，多所平反是也。

③【索隐】如淳曰：“曹，辈也。谓分曹辈而出为使也。”

益广关，置左右辅。①

①【集解】徐广曰：“元鼎三年，丁卯岁，徙函谷关于新安东界。”

初，大农筦盐铁官布多，①置水衡，欲以主盐铁；及杨可告缗钱，上林财物众，乃令水衡主上林。上林既充满，益广。是时越欲与汉用船战逐，②乃大修昆明池，列观环之。治楼船，高十馀丈，旗帜加其上，甚壮。③于是天子感之，乃作柏梁台，高数十丈。宫室之修，由此日丽。

①【索隐】布谓泉布。

②【集解】韦昭曰：“战斗驰逐也。”

③【索隐】盖始穿昆明池，欲与滇王战，今乃更大修之，将与南越吕嘉战逐，故作楼船，于是杨仆有将军之号。又下云“因南方楼船卒二十馀万击南越”也。昆明池有豫章馆。豫章，地名，以言将出军于豫章也。

乃分缗钱诸官，而水衡、少府、大农、太仆各置农官，往往即郡县比没入田①田之。其没入奴婢，分诸苑养狗马禽兽，及与诸官。诸官益杂置多，②徒奴婢众，而下河漕度四百万石，③及官自籴乃足。④

①【索隐】比昔所没入之田也。

②【集解】如淳曰：“水衡、少府、太仆、司农皆有农官，是为多。”

③【索隐】乐产云：“度犹运也。”

④【索隐】按：谓天子所给廪食者多，故官自籴乃足也。

所忠[①]言："世家子弟[②]富人或斗鸡走狗马，弋猎博戏，乱齐民。"[③]乃征诸犯令，相引数千人，命曰"株送徒"。入财者得补郎，郎选衰矣。[④]

①【索隐】人姓名。服虔云"掌故官，取书于司马相如者，封禅书公孙卿因所忠言宝鼎是也"。唯姚察独以为"所患"，非也。

②【集解】如淳曰："世世有禄秩家。"

③【索隐】晋灼云："中国被教整齐之人也。"

④【集解】应劭曰："株，根本也。送，引也。"如淳曰："株，根蒂也。诸坐博戏事决为徒者，能入钱得补郎也。或曰，先至者为根。" 【索隐】李奇云："先至者为魁株。"应劭云："株，根本也。送，当作'选'。选，引也。"应、李二音是。先至之人令之相引，似若得其株本，则枝叶自穷，故曰"株送徒"。又文颖曰："凡斗鸡胜者为株。"传云："阳沟之鸡，三岁为株。"今则斗鸡走马者用之。因其斗鸡本胜时名，故云株送徒者也。

是时山东被河灾，及岁不登数年，人或相食，方一二千里。天子怜之，诏曰："江南火耕水耨，[①]令饥民得流就食江淮间，欲留，留处。"遣使冠盖相属于道，护之，下巴蜀粟以振之。

①【集解】应劭曰："烧草，下水种稻，草与稻并生，高七八寸，因悉芟去，复下水灌之，草死，独稻长，所谓火耕水耨也。"

其明年，天子始巡郡国。东度河，河东守不意行至，不辨，自杀。行西逾陇，陇西守以行往卒，[①]天子从官不得食，陇西守自杀。于是上北出萧关，从数万骑，猎新秦中，以勒边兵而归。新秦中或千里无亭徼，[②]于是诛北地太守以下，而令民得畜牧边县，[③]官假马母，三岁而归，及息什一，以除告缗，用充仞新秦中。[④]

①【集解】汉书音义曰："逾，度也。卒，仓卒也。"

②【集解】如淳曰："徼，亦卒求盗之属也。"晋灼曰："徼，塞也。"瓒曰："既无亭候，又不徼循，无卫边之备也。"

③【集解】汉书音义曰："令民得畜牧于边县也。"瓒曰："先是，新秦中千里无民，畏寇不敢畜牧，令设亭徼，故民得畜牧也。"

④【集解】李奇曰："边有官马，今令民能畜官母马者，满三岁归之也。及有蕃息，与当出缗算者，皆复令居新秦中，又充仞之也。谓与民母马，令得为马种；令十母马还官一驹，此为息什一也。"瓒曰："前以边用不足，故设告缗之令，设亭徼，边民无警，皆得田牧。新秦中已充，故除告缗，不复取于民也。"

既得宝鼎，立后土、太一祠，①公卿议封禅事，而天下郡国皆豫治道桥，缮故宫，及当驰道县，县治官储，设供具，而望以待幸。

①【集解】徐广曰："元鼎四年立后土，五年立泰畤。"

其明年，南越反，西羌侵边为桀。于是天子为山东不赡，赦天下〔囚〕，因南方楼船卒二十馀万人击南越，数万人发三河以西骑击西羌，又数万人度河筑令居。①初置张掖、酒泉郡，②而上郡、朔方、西河、河西开田官，斥塞卒③六十万人戍田之。中国缮道馈粮，远者三千，近者千馀里，皆仰给大农。边兵不足，乃发武库工官兵器以赡之。车骑马乏绝，县官钱少，买马难得，乃著令，令封君以下至三百石以上吏，以差出牝马天下亭，亭有畜牸马，岁课息。

①【索隐】令音零，姚氏音连。韦昭云："金城县。"

②【集解】徐广曰："元鼎六年。"

③【集解】如淳曰："塞候斥卒。"

齐相卜式上书曰："臣闻主忧臣辱。南越反，臣愿父子与齐习船者往死之。"天子下诏曰："卜式虽躬耕牧，不以为利，有馀辄助县官之用。今天下不幸有急，而式奋愿父子死之，虽未战，可谓义形于内。赐爵关内侯，金六十斤，田十顷。”布告天下，天下莫应。列侯以百数，①皆莫求从军击羌、越。至酎，少府省金，②而列侯坐酎金失侯者百馀人。③乃拜式为御史大夫。④

①【索隐】刘氏言其多以百而数，故坐酎金失侯者一百六人。

②【集解】如淳曰：“省视诸侯金有轻有重也。或曰，至尝酎饮宗庙时，少府视其金多少也。”

③【集解】如淳曰：“汉仪注王子为侯，侯岁以户口酎黄金于汉庙，皇帝临受献金以助祭。大祀日饮酎，饮酎受金。金少不如斤两，色恶，王削县，侯免国。”

④【集解】徐广曰：“元鼎六年。”

式既在位，见郡国多不便县官作盐铁，铁器苦恶，①贾贵，或强令民卖买之。而船有算，商者少，物贵，乃因孔仪言船算事。上由是不悦卜式。

①【集解】瓒曰：“谓作铁器，民患苦其不好。”【索隐】器苦恶。苦音(苦)楛(反)，言苦其器恶而买卖也。言器苦窳不好。凡病之器云苦。窳音庾，语见本纪。苦如字读亦通也。

汉连兵三岁，诛羌，灭南越，番禺以西至蜀南者置初郡十七，①且以其故俗治，毋赋税。南阳、汉中以往郡，各以地比给初郡②吏卒奉③食币物，传车马被具。而初郡时时小反，杀吏，汉发南方吏卒往诛之，间岁万馀人，费皆仰给大农。大农以均输调盐铁助赋，故能赡之。然兵所过县，为以訾给毋乏而已，不敢言擅赋法矣。④

①【集解】徐广曰：“南越为九郡。”骃案：晋灼曰“元鼎六年，定越地，以为南海、苍梧、郁林、合浦、交趾、九真、日南、珠崖、儋耳郡；定西南夷，以为武都、牂柯、越巂、洮犁、汶山郡；及地理志、西南夷传所置犍为、

零陵、益州郡，凡十七也”。

②【索隐】比音鼻。谓南阳、汉中已往之郡，各以其地比近给初郡。初郡，即西南夷初所置之郡。

③【索隐】扶用反，包氏同。

④【集解】徐广曰：“擅，一作‘经’。经，常也。惟取用足耳，不暇顾经常法则也。”

其明年，元封元年，卜式贬秩为太子太傅。而桑弘羊为治粟都尉，领大农，尽代仅筦天下盐铁。弘羊以诸官各自市，相与争，物故腾跃，而天下赋输或不偿其僦费，①乃请置大农部丞数十人，分部主郡国，各往往县置均输盐铁官，令远方各以其物贵时商贾所转贩者为赋，而相灌输。置平准于京师，都受天下委输。召工官治车诸器，皆仰给大农。大农之诸官尽笼天下之货物，贵即卖之，贱则买之。如此，富商大贾无所牟大利，②则反本，而万物不得腾踊。故抑天下物，名曰“平准”。天子以为然，许之。于是天子北至朔方，东到太山，巡海上，并北边以归。所过赏赐，用帛百馀万匹，钱金以巨万计，皆取足大农。

①【索隐】不偿其僦。服虔云：“雇载云僦，言所输物不足偿其雇载之费也。僦音子就反。”

②【集解】如淳曰：“牟，取也。”

弘羊又请令吏得入粟补官，及罪人赎罪。令民能入粟甘泉各有差，以复终身，不告缗。他郡各输急处，①而诸农各致粟，山东漕益岁六百万石。一岁之中，太仓、甘泉仓满。边馀谷诸物均输帛五百万匹。民不益赋而天下用饶。于是弘羊赐爵左庶长，黄金再百斤焉。

①【索隐】谓他郡能入粟，输所在急要之处也。

是岁小旱，上令官求雨。卜式言曰："县官当食租衣税而已，今弘羊令吏坐市列肆，①贩物求利。亨弘羊，天乃雨。"

①【索隐】坐市列。谓吏坐市肆行列之中。

太史公曰：农工商交易之路通，而龟贝金钱刀布之币兴焉。所从来久远，自高辛氏之前尚矣，靡得而记云。故书道唐虞之际，诗述殷周之世，安宁则长庠序，先本绌末，以礼义防于利；事变多故而亦反是。是以物盛则衰，时极而转，①一质一文，终始之变也。禹贡九州，各因其土地所宜，人民所多少而纳职焉。汤武承獘易变，使民不倦，各兢兢所以为治，而稍陵迟衰微。齐桓公用管仲之谋，通轻重之权，②徼山海之业，以朝诸侯，用区区之齐显成霸名。魏用李克，尽地力，为强君。自是之后，天下争于战国，贵诈力而贱仁义，先富有而后推让。故庶人之富者或累巨万，而贫者或不厌糟糠；有国强者或并群小以臣诸侯，而弱国或绝祀而灭世。以至于秦，卒并海内。虞夏之币，金为三品，③或黄，或白，或赤；或钱，或布，④或刀，⑤或龟贝。⑥及至秦，中一国之币为(三)〔二〕等，黄金以溢名，⑦为上币；铜钱识曰半两，重如其文，为下币。而珠玉、龟贝、银锡之属为器饰宝藏，不为币。然各随时而轻重无常。于是外攘夷狄，内兴功业，海内之士力耕不足粮饷，女子纺绩不足衣服。古者尝竭天下之资财以奉其上，犹自以为不足也。无异故云，事势之流，相激使然，曷足怪焉。

①【集解】徐广曰："时，一作'衰'。"

②【集解】管子有轻重之法。

③【索隐】即下"或黄，或赤、白"。黄，黄金也；白，白银也；赤，赤铜也：并见食货志。

④【集解】如淳曰:“布于民间也。”

⑤【集解】如淳曰:“名钱为刀者,以其利于民也。”

⑥【索隐】按:钱本名泉,言货之流如泉也,故周有泉府之官。及景王乃铸大钱。布者,言货流布,故周礼有二夫之布。食货志货布首长八分,足支八分。刀者,钱也。食货志有契刀、错刀,形如刀,长二寸,直五千。以其形如刀,故曰刀,以其利于人也。又古者货贝宝龟,食货志有十朋五贝,皆用为货,其各有多少,元龟直十贝,故直二千一百六十,已下各有差也。

⑦【集解】孟康曰:“二十两为溢。”

【索隐述赞】平准之立,通货天下。既入县官,或振华夏。其名刀布,其文龙马。增算告缗,裒多益寡。弘羊心计,卜式长者。都内充殷,取赡郊野。

史记卷三十一

吴太伯世家第一

【索隐】系家者，记诸侯本系也，言其下及子孙常有国。故孟子曰“陈仲子，齐之系家”。又董仲舒曰“王者封诸侯，非官之也，得以代为家也”。

吴太伯，①太伯弟仲雍，②皆周太王之子，而王季历之兄也。季历贤，而有圣子昌，太王欲立季历以及昌，于是太伯、仲雍二人乃奔荆蛮，文身断发，示不可用，③以避季历。季历果立，是为王季，而昌为文王。太伯之奔荆蛮，自号句吴。④荆蛮义之，从而归之千馀家，立为吴太伯。

①【集解】韦昭曰：“后武王追封为吴伯，故曰吴太伯。”【索隐】国语曰“黄池之会，晋定公使谓吴王夫差曰‘夫命圭有命，固曰吴伯，不曰吴王’”，是吴本伯爵也。范甯解论语曰“太者，善大之称；伯者，长也。周太王之元子故曰太伯”。称仲雍、季历，皆以字配名，则伯亦是字，

又是爵，但其名史籍先阙耳。【正义】吴，国号也。太伯居梅里，在常州无锡县东南六十里。至十九世孙寿梦居之，号句吴。寿梦卒，诸樊南徙吴。至二十一代孙光，使子胥筑阖闾城都之，今苏州也。

②【索隐】伯、仲、季是兄弟次第之字。若表德之字，意义与名相符，则系本曰"吴孰哉居蕃离"，宋忠曰"孰哉，仲雍字。蕃离，今吴之馀暨也"。解者云雍是孰食，故曰雍字孰哉也。

③【集解】应劭曰："常在水中，故断其发，文其身，以象龙子，故不见伤害。"【正义】江熙云："太伯少弟季历生文王昌，有圣德，太伯知其必有天下，故欲传国于季历。以太王病，托采药于吴越，不反。太王薨而季历立，一让也；季历薨而文王立，二让也；文王薨而武王立，遂有天下，三让也。又释云：太王病，托采药，生不事之以礼，一让也；太王薨而不反，使季历主丧，不葬之以礼，二让也；断发文身，示不可用，使历主祭祀，不祭之以礼，三让也。"

④【集解】宋忠曰："句吴，太伯始所居地名。"【索隐】荆者，楚之旧号，以州而言之曰荆。蛮者，闽也，南夷之名；蛮亦称越。此言自号句吴，吴名起于太伯，明以前未有吴号。地在楚越之界，故称荆蛮。颜师古注汉书，以吴言"句"者，夷语之发声，犹言"於越"耳。此言"号句吴"，当如颜解。而注引宋忠以为地名者，系本居篇曰"孰哉居蕃离，孰姑徙句吴"，宋氏见史记有"太伯自号句吴"之文，遂弥缝解彼云是太伯始所居地名。裴氏引之，恐非其义。蕃离既有其地，句吴何总不知真实？吴人不闻别有城邑曾名句吴，则系本之文或难依信。吴地记曰："泰伯居梅里，在阖闾城北五十里许。"

太伯卒，①无子，弟仲雍立，是为吴仲雍。仲雍卒，②子季简立。季简卒，子叔达立。叔达卒，子周章立。是时周武王克殷，求太伯、仲雍之后，得周章。周章已君吴，因而封之。乃封周章弟虞仲于周之北故夏虚，③是为虞仲，④列为诸侯。

①【集解】皇览曰:“太伯冢在吴县北梅里聚,去城十里。”

②【索隐】吴地记曰:“仲雍冢在吴郡常孰县西海虞山上,与言偃冢并列。”

③【集解】徐广曰:“在河东大阳县。”

④【索隐】夏都安邑,虞仲都大阳之虞城,在安邑南,故曰夏虚。左传曰“太伯、虞仲,太王之昭”,则虞仲是太王之子必也。又论语称“虞仲、夷逸隐居放言”,是仲雍称虞仲。今周章之弟亦称虞仲者,盖周章之弟字仲,始封于虞,故曰虞仲。则仲雍本字仲,而为虞之始祖,故后代亦称虞仲,所以祖与孙同号也。

周章卒,子熊遂立。熊遂卒,子柯相立。[①]柯相卒,子彊鸠夷立。彊鸠夷卒,子馀桥疑吾立。[②]馀桥疑吾卒,子柯卢立。柯卢卒,子周繇立。[③]周繇卒,子屈羽立。[④]屈羽卒,子夷吾立。夷吾卒,子禽处立。禽处卒,子转立。[⑤]转卒,子颇高立。[⑥]颇高卒,子句卑立。[⑦]是时晋献公灭周北虞公,以开晋伐虢也。[⑧]句卑卒,子去齐立。去齐卒,子寿梦立。[⑨]寿梦立而吴始益大,称王。

①【正义】柯音歌。相音相匠反。

②【正义】桥音跻骄反。

③【正义】繇音遥,又音由。

④【正义】屈,居勿反。

⑤【索隐】谯周古史考云“柯转”。

⑥【索隐】古史考作“颇梦”。

⑦【索隐】古史考云“毕轸”。

⑧【索隐】春秋经僖公五年“冬,晋人执虞公”。左氏二年传曰“晋荀息请以屈产之乘与垂棘之璧假道伐虢,宫之奇谏,不听。虞公许之,且请先伐之,遂伐虢,灭下阳”。五年传曰“晋侯复假道伐虢,宫之奇谏,不听。以其族行,曰‘虞不腊矣’。八月甲午,晋侯围上阳。冬十有二

月，灭虢。师还，遂袭虞灭之”也。

⑨【正义】梦，莫公反。

自太伯作吴，五世而武王克殷，封其后为二：其一虞，在中国；其一吴，在夷蛮。十二世而晋灭中国之虞。中国之虞灭二世，而夷蛮之吴兴。①大凡从太伯至寿梦十九世。②

①【正义】中国之虞灭后二世，合七十一年，至寿梦而兴大，称王。

②【索隐】寿梦是仲雍十九代孙也。

王寿梦二年，①楚之亡大夫申公巫臣怨楚将子反而奔晋，自晋使吴，教吴用兵乘车，令其子为吴行人，②吴于是始通于中国。吴伐楚。十六年，楚共王伐吴，至衡山。③

①【索隐】自寿梦已下始有其年，春秋唯记卒年。计二年当成七年也。

②【集解】服虔曰："行人，掌国宾客之礼籍，以待四方之使，宾大客，受小客之币辞。" 【索隐】左传鲁成二年曰"巫臣使齐，及郑，使介反币，而以夏姬行，遂奔晋"。七年传曰"子重、子反杀巫臣之族而分其室，巫臣遗二子书曰'余必使尔罢于奔命以死'。巫臣使于吴，吴子寿梦悦之，乃通吴于晋，教吴乘车，教之战阵，教之叛楚，寘其子狐庸焉，使为行人。吴始伐楚，伐巢，伐徐。马陵之会，吴入州来，子重、子反于是乎一岁七奔命"是。

③【集解】杜预曰："吴兴乌程县南也。" 【索隐】春秋经襄三年"楚公子婴齐帅师伐吴"，左传曰"楚子重伐吴，为简之师，克鸠兹，至于衡山"也。

二十五年，王寿梦卒。①寿梦有子四人，长曰诸樊，②次曰馀祭，次曰馀眛，③次曰季札。④季札贤，而寿梦欲立之，季札让不可，于是乃立长子诸樊，摄行事当国。

①【索隐】襄十二年经曰"秋九月，吴子乘卒"。左传曰寿梦。计从成六年至此，正二十五年。系本曰"吴孰姑徙句吴"。宋忠曰"孰姑，寿梦

也”。代谓祝梦乘诸也。寿孰音相近，姑之言诸也，毛诗传读“姑”为“诸”，知孰姑寿梦是一人，又名乘也。

②【索隐】春秋经书“吴子遏”，左传称“诸樊”，盖遏是其名，诸樊是其号。公羊传“遏”作“谒”。

③【索隐】左传曰“阍戕戴吴”。杜预曰“戴吴，馀祭也”。又襄二十八年左传，齐庆封奔吴，句馀与之朱方。杜预曰“句馀，吴子夷末也”。计馀祭以襄二十九年卒，则二十八年赐庆封邑，不得是夷末。且句馀馀祭或谓是一人，夷末惟史记、公羊作“馀眛”，左氏及穀梁并为“馀祭”。夷末、句馀音字各异，不得为一，或杜氏误耳。【正义】祭，侧界反。眛，莫葛反。

④【索隐】公羊传曰：“谒也，馀祭也，夷末也，与季子同母者四人。季子弱而才，兄弟皆爱之，同欲以为君，兄弟递相为君，而致国乎季子。故谒也死，馀祭也立；馀祭也死，夷末也立；夷末也死，则国宜之季子，季子使而亡焉。僚者长庶也，即之。阖闾曰：‘将从先君之命与，则国宜之季子也；如不从君之命，则宜立者我也。僚恶得为君乎？’于是使专诸刺僚。”史记寿梦四子，亦约公羊文，但以僚为馀眛子为异耳。左氏其文不明，服虔用公羊，杜预依史记及吴越春秋。下注徐广引系本曰“夷眛及僚，夷眛生光”，检系本今无此语。然按左狐庸对赵文子，谓“夷末甚德而度，其天所启也，必此君之子孙实终之”。若以僚为末子，不应此言。又光言“我王嗣”，则光是夷眛子，且明是庶子。

王诸樊元年，[①]诸樊已除丧，让位季札。季札谢曰：“曹宣公之卒也，诸侯与曹人不义曹君，[②]将立子臧，子臧去之，以成曹君，[③]君子曰[④]‘能守节矣’。君义嗣，[⑤]谁敢干君！有国，非吾节也。札虽不材，愿附于子臧之义。”吴人固立季札，季札弃其室而耕，乃舍之。[⑥]秋，吴伐楚，楚败我师。四年，晋平公初立。[⑦]

①【集解】世本曰“诸樊徙吴”也。

②【集解】服虔曰："宣公，曹伯卢也，以鲁成公十三年会晋侯伐秦，卒于师。曹君，公子负刍也。负刍在国，闻宣公卒，杀太子而自立，故曰不义之也。"

③【集解】服虔曰："子臧，负刍庶兄。" 【索隐】成十三年左传曰："曹宣公卒于师。曹人使公子负刍守，使公子欣时逆丧。秋，负刍杀其太子而自立。"杜预曰："皆宣公庶子也。负刍，成公也。欣时，子臧也。"十五年传曰："会于戚，讨曹成公也，执而归诸京师。诸侯将见子臧于王而立之。子臧曰：'前志有之，曰圣达节，杜预曰：圣人应天命，不拘常礼也。次守节，杜预曰：谓贤者也。下失节。杜预曰：愚者，妄动也。为君，非吾节也。虽不能圣，敢失守乎？'遂逃奔宋。"

④【索隐】君子者，左丘明所为史评仲尼之词，指仲尼为君子也。

⑤【集解】王肃曰："义，宜也。嫡子嗣国，得礼之宜。"杜预曰："诸樊嫡子，故曰义嗣。"

⑥【索隐】"诸樊元年已除丧"至"乃舍之"，皆襄十四年左氏传文。

【正义】舍音捨。

⑦【索隐】左传襄十六年春"葬晋悼公，平公即位"是也。

十三年，王诸樊卒。①有命授弟馀祭，欲传以次，必致国于季札而止，以称先王寿梦之意，且嘉季札之义，兄弟皆欲致国，令以渐至焉。季札封于延陵，②故号曰延陵季子。

①【索隐】春秋经襄二十五年："十有二月，吴子遏伐楚，门于巢，卒。"左传曰："吴子诸樊伐楚，以报舟师之役，门于巢。巢牛臣曰：'吴王勇而轻，若启之，将亲门，我获射之，必殪。是君也死，疆其少安。'从之。吴子门焉，牛臣隐于短墙以射之，卒。"

②【索隐】襄三十一年左传赵文子问于屈狐庸曰"延州来季子其果立乎"，杜预曰"延州来，季札邑也"。昭二十七年左传曰"吴子使延州来季子聘于上国"，杜预曰"季子本封延陵，后复封州来，故曰延州

来”。成七年左传曰“吴入州来”，杜预曰“州来，楚邑，淮南下蔡县是”。昭十三年传“吴伐州来”，二十三年传“吴灭州来”。则州来本为楚邑，吴光伐灭，遂以封季子也。地理志云会稽毗陵县，季札所居。太康地理志曰“故延陵邑，季札所居，栗头有季札祠”。地理志沛郡下蔡县云，古州来国，为楚所灭，后吴取之，至夫差，迁昭侯于此。公羊传曰“季子去之延陵，终身不入吴国”，何休曰“不入吴朝廷也”。此云“封于延陵”，谓因而赐之以菜邑。而杜预春秋释例土地名则云“延州来，阙”，不知何故而为此言也。

王馀祭三年，齐相庆封有罪，自齐来奔吴。吴予庆封朱方之县，①以为奉邑，以女妻之，富于在齐。

①【集解】吴地记曰：“朱方，秦改曰丹徒。”

四年，吴使季札聘于鲁，①请观周乐。②为歌周南、召南。③曰：“美哉，始基之矣，④犹未也。⑤然勤而不怨。”⑥歌邶、鄘、卫。⑦曰：“美哉，渊乎，忧而不困者也。⑧吾闻卫康叔、武公之德如是，是其卫风乎？”⑨歌王。⑩曰：“美哉，思而不惧，其周之东乎？”⑪歌郑。⑫曰：“其细已甚，民不堪也，是其先亡乎？”⑬歌齐。曰：“美哉，泱泱乎大风也哉。⑭表东海者，其太公乎？⑮国未可量也。”⑯歌豳。曰：“美哉，荡荡乎，乐而不淫，⑰其周公之东乎？”⑱歌秦。曰：“此之谓夏声。夫能夏则大，大之至也，其周之旧乎？”⑲歌魏。曰：“美哉，沨沨乎，⑳大而宽，㉑俭而易，行以德辅，此则盟主也。”㉒歌唐。曰：“思深哉，其有陶唐氏之遗风乎？不然，何忧之远也？㉓非令德之后，谁能若是！”歌陈。曰：“国无主，其能久乎？”㉔自郐以下，无讥焉。㉕歌小雅。㉖曰：“美哉，思而不贰，㉗怨而不言，㉘其周德之衰乎？㉙犹有先王之遗民也。”㉚歌大雅。㉛曰：“广哉，熙熙乎，㉜曲而有直体，㉝其文王之德乎？”歌颂。㉞曰：“至矣哉，㉟直而不倨，㊱曲而不诎，[37]近而不逼，[38]远而不携，[39]迁而不淫，[40]复而不厌，[41]哀而不愁，[42]乐而不荒，[43]用而不匮，[44]广而不宣，[45]施而不费，[46]取而不贪，[47]处而不底，[48]行而不流。[49]五声和，八风平，[50]节有度，守有序，[51]盛德之所同也。"[52]见舞象箾、南籥者，[53]曰："美哉，犹有感。"[54]见舞大武，[55]曰："美哉，周之盛也其若此乎？"见舞韶护者，[56]曰："圣人之弘也，[57]犹有惭德，圣人之难也！"[58]见舞大夏，[59]曰："美哉，勤而不德！[60]非禹其谁能及之？"见舞招箾，[61]曰："德至矣哉，大矣，[62]如天之无不焘也，[63]如地之无不载也，虽甚盛德，无以加矣。观止矣，若有他乐，吾不敢观。"[64]

①【集解】在春秋鲁襄公二十九年。

②【集解】服虔曰："周乐，鲁所受四代之乐也。"杜预曰："鲁以周公故，有天子礼乐。"

③【集解】杜预曰："此皆各依其本国歌所常用声曲。"

④【集解】王肃曰："言始造王基也。"

⑤【集解】贾逵曰："言未有雅、颂之成功也。"杜预曰："犹有商纣，未尽善也。"

⑥【集解】杜预曰："未能安乐，然其音不怨怒。"

⑦【集解】杜预曰："武王伐纣，分其地为三监。三监叛，周公灭之，并三监之地，更封康叔，故三国尽被康叔之化。"

⑧【集解】贾逵曰："渊，深也。"杜预曰："亡国之音哀以思，其民困。卫康叔、武公德化深远，虽遭宣公淫乱，懿公灭亡，民犹秉义，不至于困。"

⑨【集解】贾逵曰："康叔遭管叔、蔡叔之难，武公罹幽王、褒姒之忧，故曰康叔、武公之德如是。"杜预曰："康叔，武公，皆卫之令德君也。听声以为别，故有疑言。"

⑩【集解】服虔曰："王室当在雅，衰微而列在风，故国人犹尊之，故称王，

犹春秋之王人也。”杜预曰：“王，黍离也。”

⑪【集解】服虔曰：“平王东迁雒邑。”杜预曰：“宗周殒灭，故忧思；犹有先王之遗风，故不惧也。” 【正义】思音肆。

⑫【集解】贾逵曰：“郑风，东郑是。”

⑬【集解】服虔曰：“其风细弱已甚，摄于大国之间，无远虑持久之风，故曰民不堪，将先亡也。”

⑭【集解】服虔曰：“泱泱，舒缓深远，有大和之意。其诗风刺，辞约而义微，体疏而不切，故曰大风。” 【索隐】泱，于良反。泱泱犹汪汪洋洋，美盛貌也。杜预曰“弘大之声”也。

⑮【集解】王肃曰：“言为东海之表式。”

⑯【集解】服虔曰：“国之兴衰，世数长短，未可量也。”杜预曰：“言其或将复兴。”

⑰【集解】贾逵曰：“荡然无忧，自乐而不荒淫也。”

⑱【集解】杜预曰：“周公遭管蔡之变，东征，为成王陈后稷先公不敢荒淫，以成王业，故言其周公东乎。”

⑲【集解】杜预曰：“秦仲始有车马礼乐，去戎狄之音而有诸夏之声，故谓之夏声。及襄公佐周平王东迁而受其故地，故曰周之旧也。”

⑳【索隐】沨音冯，又音泛。杜预曰：“中庸之声。”

㉑【索隐】左传作“大而婉”。杜预曰：“婉，约也。大而约，则俭节易行。”宽字宜读为“婉”也。

㉒【集解】徐广曰：“盟，一作‘明’。”骃案：贾逵曰“其志大，直而有曲体，归中和中庸之德，难成而实易行。故曰以德辅此，则盟主也”。杜预曰“惜其国小而无明君”。 【索隐】注引徐广曰“盟，一作‘明’”。按：左传亦作“明”，此以听声知政，言其明听耳，非盟会也。

㉓【集解】杜预曰：“晋本唐国，故有尧之遗风。忧深思远，情发于声也。”

㉔【集解】杜预曰：“淫声放荡，无所畏忌，故曰国无主。”

㉕【集解】服虔曰：“郐以下，及曹风也。其国小，无所刺讥。”

㉖【集解】杜预曰："小雅，小正，亦乐歌之章。"

㉗【集解】杜预曰："思文武之德，无贰叛之心也。"

㉘【集解】王肃曰："非不能言，畏罪咎也。"

㉙【集解】杜预曰："衰，小也。"

㉚【集解】杜预曰："谓有殷王馀俗，故未大衰。"

㉛【集解】杜预曰："大雅，陈文王之德，以正天下。"

㉜【集解】杜预曰："熙熙，和乐声。"

㉝【集解】杜预曰："论其声。"

㉞【集解】杜预曰："颂者，以其成功告于神明。"

㉟【集解】贾逵曰："言道备至也。"

㊱【集解】杜预曰："倨，傲也。"

㊲【集解】杜预曰："诎，挠也。"

㊳【集解】杜预曰："谦，退也。"

㊴【集解】杜预曰："携，贰也。"

㊵【集解】服虔曰："迁，徙也。文王徙酆，武王居鄗。"杜预曰："淫，过荡也。"

㊶【集解】杜预曰："常日新也。"

㊷【集解】杜预曰："知命也。"

㊸【集解】杜预曰："节之以礼也。"

㊹【集解】杜预曰："德弘大。"

㊺【集解】杜预曰："不自显也。"

㊻【集解】杜预曰："因民所利而利之。"

㊼【集解】杜预曰："义然后取。"

㊽【集解】杜预曰："守之以道。"

㊾【集解】杜预曰："制之以义。"

㊿【集解】杜预曰："宫、商、角、徵、羽谓之五声。八方之气谓之八风。"

51【集解】杜预曰："八音克谐，节有度也。无相夺伦，守有序也。"

52【集解】杜预曰："颂有殷、鲁，故曰盛德之所同。"

㊼【集解】贾逵曰："象，文王之乐武象也。箾，舞曲也。南籥，以籥舞也。"【索隐】箾音朔，又素交反。

㊽【集解】服虔曰："憾，恨也。恨不及己以伐纣而致太平也。"【索隐】感读为"憾"，字省耳，胡暗反。

㊾【集解】贾逵曰："大武，周公所作武王乐也。"

㊿【集解】贾逵曰："韶护，殷成汤乐大护也。"

(57)【集解】贾逵曰："弘，大也。"

(58)【集解】服虔曰："惭于始伐而无圣佐，故曰圣人之难也。"

(59)【集解】贾逵曰："夏禹之乐大夏也。"

(60)【集解】服虔曰："禹勤其身以治水土也。"

(61)【集解】服虔曰："有虞氏之乐大韶也。"【索隐】"韶""箾"二字体变耳。

(62)【集解】服虔曰："至，帝王之道极于韶也，尽美尽善也。"

(63)【集解】贾逵曰："焘，覆也。"

(64)【集解】服虔曰："周用六代之乐，尧曰咸池，黄帝曰云门。鲁受四代，下周二等，故不舞其二。季札知之，故曰有他乐吾不敢请。"

去鲁，遂使齐。说晏平仲曰："子速纳邑与政。①无邑无政，乃免于难。齐国之政将有所归；未得所归，难未息也。"故晏子因陈桓子以纳政与邑，是以免于栾高之难。②

①【集解】服虔曰："入邑与政职于公，不与国家之事。"

②【集解】难在鲁昭公八年。【正义】难，乃惮反。在鲁昭公八年。栾施、高彊二氏作难，陈桓子和之乃解也。

去齐，使于郑。见子产，如旧交。谓子产曰："郑之执政侈，难将至矣，政必及子。子为政，慎以礼。①不然，郑国将败。"去郑，适卫。说蘧瑗、史狗、史鳅、公子荆、公叔发、公子朝曰："卫多君子，未有患也。"

①【集解】服虔曰:“礼,所以经国家,利社稷也。”

自卫如晋,将舍于宿,[①]闻钟声,[②]曰:“异哉!吾闻之,辩而不德,必加于戮。[③]夫子获罪于君以在此,[④]惧犹不足,而又可以畔乎?[⑤]夫子之在此,犹燕之巢于幕也。[⑥]君在殡而可以乐乎?”[⑦]遂去之。文子闻之,终身不听琴瑟。[⑧]

①【集解】左传曰:“将宿于戚。” 【索隐】注引左传曰“将宿于戚”。按:太史公欲自为一家,事虽出左氏,文则随义而换。既以“舍”字替“宿”,遂误下“宿”字替于“戚”。戚既是邑名,理应不易。今宜读宿为“戚”。戚,卫邑,孙文子旧所食地。

②【集解】服虔曰:“孙文子鼓钟作乐也。”

③【集解】服虔曰:“辩若斗辩也。夫以辩争,不以德居之,必加于刑戮也。”

④【集解】贾逵曰:“夫子,孙文子也。获罪,出献公,以戚畔也。”

⑤【索隐】左传曰“而又何乐”。此“畔”字宜读曰“乐”。乐谓所闻钟声也,畔非其义也。

⑥【集解】王肃曰:“言至危也。”

⑦【集解】贾逵曰:“卫君献公棺在殡未葬。”

⑧【集解】服虔曰:“闻义而改也。琴瑟不听,况于钟鼓乎?”

适晋,说赵文子、[①]韩宣子、[②]魏献子[③]曰:“晋国其萃于三家乎!”[④]将去,谓叔向曰:“吾子勉之!君侈而多良,大夫皆富,政将在三家。[⑤]吾子直,[⑥]必思自免于难。”

①【索隐】名武也。

②【索隐】名起也。 【正义】世本云名秦。

③【索隐】名锺舒也。

④【集解】服虔曰:“言晋国之祚将集于三家。”

⑤【集解】杜预曰:“富必厚施,故政在三家也。”

⑥【集解】服虔曰："直，不能曲挠以从众。"

季札之初使，北过徐君。徐君好季札剑，口弗敢言。季札心知之，为使上国，未献。还至徐，徐君已死，于是乃解其宝剑，系之徐君冢树而去。① 从者曰："徐君已死，尚谁予乎？"季子曰："不然。始吾心已许之，岂以死倍吾心哉！"

①【正义】括地志云："徐君庙在泗州徐城县西南一里，即延陵季子挂剑之徐君也。"

七年，楚公子围弑其王夹敖而代立，是为灵王。① 十年，楚灵王会诸侯而以伐吴之朱方，以诛齐庆封。吴亦攻楚，取三邑而去。② 十一年，楚伐吴，至雩娄。③ 十二年，楚复来伐，次于乾谿，④ 楚师败走。

①【索隐】春秋经襄二十五年，吴子遏卒；二十九年，阍杀吴子馀祭；昭十五年，吴子夷末卒。是馀祭在位四年，馀眜在位十七年。系家倒错二王之年，此七年正是馀眜之三年。昭元年经曰"冬十有一月，楚子麇卒"。左传曰"楚公子围将聘于郑，未出竟，闻王有疾而还。入问王疾，缢而杀之，孙卿曰：以冠缨绞之。遂杀其子幕及平夏。葬王于郏，谓之郏敖"也。

②【集解】左传曰："吴伐楚，入棘、栎、麻，以报朱方之役。" 【索隐】杜预注彼云"皆楚东鄙邑也。谯国酂县东北有棘亭，汝阴新蔡县东北有栎亭"。按：解者以麻即襄城县故麻城是也。

③【集解】服虔曰："雩娄，楚之东邑。" 【索隐】昭五年左传曰"楚子使沈尹射待命于巢，薳启强待命于雩娄"。今直言至雩娄，略耳。

④【集解】杜预曰："乾谿在谯国城父县南，楚东境。"

十七年，王馀祭卒，① 弟馀眜立。王馀眜二年，楚公子弃疾弑其君灵王代立焉。②

①【索隐】春秋襄二十九年经曰"阍杀吴子馀祭"。左传曰"吴人伐越，

获俘焉，以为阍，使守舟。吴子馀祭观舟，阍以刀杀之”。公羊传曰“近刑人则轻死之道”是也。

②【索隐】据春秋，即昧之十五年也。昭十三年经曰“夏四月，楚公子比自晋归于楚，弑其君虔于乾谿，楚公子弃疾杀公子比”。左传具载，以词繁不录。公子比，弃疾，皆灵王弟也。比即子干也。灵王，公子围也，即位后易名为虔。弃疾即位后易名熊居，是为平王。史记以平王遂有楚国，故曰“弃疾弑君”；春秋以子干已为王，故曰“比杀君”，彼此各有意义也。

四年，王馀眛卒，欲授弟季札。季札让，逃去。于是吴人曰：“先王有命，兄卒弟代立，必致季子。季子今逃位，则王馀眛后立。今卒，其子当代。”乃立王馀眛之子僚为王。①

①【集解】吴越春秋曰“王僚，夷眛子”，与史记同。　【索隐】此文以为馀眛子，公羊传以为寿梦庶子也。

王僚二年，①公子光伐楚，②败而亡王舟。光惧，袭楚，复得王舟而还。③

①【索隐】计僚元年当昭十六年。比二年，公子光亡王舟，事在昭十七年左传。

②【集解】徐广曰：“世本云夷眛生光。”

③【集解】左传曰舟名“馀皇”。

五年，楚之亡臣伍子胥来奔，公子光客之。①公子光者，王诸樊之子也。②常以为“吾父兄弟四人，当传至季子。季子即不受国，光父先立。即不传季子，光当立”。阴纳贤士，欲以袭王僚。

①【索隐】左传昭二十年曰：“伍员如吴，言伐楚之利于州于。杜预曰：州于，吴子僚也。公子光曰：‘是宗为戮，而欲反其雠，不可从也。’员曰：‘彼将有他志，余姑为之求士，而鄙以待之。’乃见鱄设诸焉，而耕于

鄙。”是谓客礼以接待也。

②【索隐】此文以为诸樊子，系本以为夷眛子。

八年，吴使公子光伐楚，败楚师，迎楚故太子建母于居巢以归。因北伐，败陈、蔡之师。九年，公子光伐楚，拔居巢、锺离。①初，楚边邑卑梁氏之处女与吴边邑之女争桑，②二女家怒相灭，两国边邑长闻之，怒而相攻，灭吴之边邑。吴王怒，故遂伐楚，取两都而去。③

①【集解】服虔曰：“锺离，州来西邑也。”【索隐】昭二十四年经曰：“冬，吴灭巢。”左传曰：“楚子为舟师以略吴疆。沈尹戌曰：‘此行也，楚必亡邑。不抚人而劳之，吴不动而速之。’吴人踵楚，边人不备，遂灭巢及锺离乃还也。”地理志居巢属庐江，锺离属九江。应劭曰“锺离子之国也”。

②【索隐】左传无其事。

③【正义】两都即锺离、居巢。

伍子胥之初奔吴，说吴王僚以伐楚之利。公子光曰：“胥之父兄为僇于楚，欲自报其仇耳。未见其利。”于是伍员知光有他志，①乃求勇士专诸，②是之光。光喜，乃客伍子胥。子胥退而耕于野，以待专诸之事。③

①【集解】服虔曰：“欲取国。”

②【集解】贾逵曰：“吴勇士。”【索隐】专或作“剸”。左传作“鱄设诸”。刺客传曰“诸，棠邑人也”。【正义】吴越春秋云：“专诸，丰邑人。伍子胥初亡楚如吴时，遇之于途，专诸方与人斗，甚不可当，其妻呼，还。子胥怪而问其状。专诸曰：‘夫屈一人之下，必申万人之上。’胥因而相之，雄貌，深目，侈口，熊背，知其勇士。”

③【索隐】依左传即上五年“公子光客之”是也。事合记于五年，不应略

彼而更具于此也。

十二年冬，楚平王卒。①十三年春，吴欲因楚丧而伐之，②使公子盖馀、烛庸③以兵围楚之六、灊。④使季札于晋，以观诸侯之变。⑤楚发兵绝吴兵后，吴兵不得还。于是吴公子光曰："此时不可失也。"⑥告专诸曰："不索何获！⑦我真王嗣，当立，吾欲求之。季子虽至，不吾废也。"⑧专诸曰："王僚可杀也。母老子弱，⑨而两公子将兵攻楚，楚绝其路。方今吴外困于楚，而内空无骨鲠之臣，是无柰我何。"光曰："我身，子之身也。"⑩四月丙子，⑪光伏甲士于窟室，⑫而谒王僚饮。⑬王僚使兵陈于道，自王宫至光之家，门阶户席，皆王僚之亲也，人夹持铍。⑭公子光详为⑮足疾，入于窟室，⑯使专诸置匕首⑰于炙鱼之中以进食。⑱手匕首刺王僚，铍交于匈，⑲遂弑王僚。公子光竟代立为王，是为吴王阖庐。阖庐乃以专诸子为卿。

①【索隐】昭二十六年春秋经书"楚子居卒"是也。按十二诸侯年表及左传，合在僚十一年。

②【索隐】据表及左氏传止合有十二年，事并见昭二十七年左传也。

③【集解】贾逵曰："二公子皆吴王僚之弟。"【索隐】春秋作"掩馀"，史记并作"盖馀"，义同而字异。或者谓太史公被腐刑，不欲言"掩"也。贾逵及杜预及刺客传皆云"二公子，王僚母弟"。而昭二十三年左传曰"光帅右，掩馀帅左"，杜注彼则云"掩馀，吴王寿梦子"。又系族谱亦云"二公子并寿梦子"。若依公羊，僚为寿梦子，则与系族谱合也。

④【集解】杜预曰："灊在庐江六县西南。"

⑤【集解】服虔曰："察强弱。"

⑥【集解】贾逵曰："时，言可杀王时也。"

⑦【集解】服虔曰："不索当何时得也。"

⑧【集解】王肃曰："聘晋还至也。"

⑨【集解】服虔曰："母老子弱，专诸托其母子于光也。"王肃曰："专诸言王母老子弱也。" 【索隐】依王肃解，与史记同，于理无失。服虔、杜预见左传下文云"我，尔身也，以其子为卿"，遂强解"是无若我何"犹言"我无若是何"，语不近情，过为迂回，非也。

⑩【集解】服虔曰："言我身犹尔身也。"

⑪【索隐】春秋经唯言"夏四月"，左传亦无"丙子"，当别有按据，不知出何书也。

⑫【集解】杜预曰："掘地为室也。"

⑬【索隐】谒，请也。本或作"请"也。

⑭【集解】音披。 【索隐】音披。刘逵注吴都赋"铍，两刃小刀"。

⑮【索隐】上音阳，下如字。左传曰"光伪足疾"，详即伪也。或读此"为"字音"伪"，非也。岂详伪重言邪？

⑯【集解】杜预曰："恐难作，王党杀己，素避之也。"

⑰【索隐】刘氏曰："匕首，短剑也。"按：盐铁论以为长尺八寸。通俗文云"其头类匕，故曰匕首也"。

⑱【集解】服虔曰："全鱼炙也。"

⑲【集解】贾逵曰："交专诸匈也。"

季子至，曰："苟先君无废祀，民人无废主，社稷有奉，乃吾君也。吾敢谁怨乎？哀死事生，以待天命。①非我生乱，立者从之，先人之道也。"②复命，哭僚墓，③复位而待。④吴公子烛庸、盖馀二人将兵遇围于楚者，闻公子光弑王僚自立，乃以其兵降楚，楚封之于舒。⑤

①【集解】服虔曰："待其天命之终也。"

②【集解】杜预曰："吴自诸樊以下，兄弟相传而不立適，是乱由先人起也。季子自知力不能讨光，故云。"

③【集解】服虔曰："复命于僚，哭其墓也。" 【正义】复音伏，下同。

④【集解】杜预曰："复本位，待光命。"

⑤【索隐】左传昭二十七年曰"掩馀奔徐，烛庸奔锺吾"。三十年经曰"吴灭徐，徐子奔楚"。左传曰"吴子使徐人执掩馀，使锺吾人执烛庸。二公子奔楚，楚子大封而定其徙"。无封舒之事，当是"舒""徐"字乱，又且疏略也。

王阖庐元年，举伍子胥为行人而与谋国事。楚诛伯州犁，其孙伯嚭亡奔吴，①吴以为大夫。

①【集解】徐广曰："伯嚭，州犁孙也。史记与吴越春秋同。嚭音披美反。"

三年，吴王阖庐与子胥、伯嚭将兵伐楚，拔舒，杀吴亡将二公子。光谋欲入郢，将军孙武曰："民劳，未可，待之。"①四年，伐楚，取六与灊。五年，伐越，败之。六年，楚使子常囊瓦伐吴。②迎而击之，大败楚军于豫章，取楚之居巢而还。③

①【索隐】左传此年有子胥对耳，无孙武事也。

②【正义】左传云"楚囊瓦为令尹"，杜预云"子囊之孙子常"。

③【索隐】左传定二年，当为七年。

九年，吴王阖庐请伍子胥、孙武曰："始子之言郢未可入，今果如何？"①二子对曰："楚将子常贪，而唐、蔡皆怨之。王必欲大伐，必得唐、蔡乃可。"阖庐从之，悉兴师，与唐、蔡西伐楚，至于汉水。楚亦发兵拒吴，夹水陈。②吴王阖庐弟夫槩③欲战，阖庐弗许。夫槩曰："王已属臣兵，兵以利为上，尚何待焉？"遂以其部五千人袭冒楚，楚兵大败，走。于是吴王遂纵兵追之。比至郢，④五战，楚五败。楚昭王亡出郢，奔郧。⑤郧公弟欲弑昭王，⑥昭王与郧公奔随。⑦而吴兵遂入郢。子胥、伯嚭鞭平王之尸⑧以报父雠。

①【索隐】言今欲果敢伐楚可否也。

②【正义】音阵。

③【正义】音古代反。

④【索隐】定四年"战于柏举,吴入郢"是也。

⑤【集解】服虔曰:"郧,楚县。"

⑥【正义】左传云郧公辛之弟怀也。

⑦【集解】服虔曰:"随,楚与国也。"

⑧【索隐】左氏无此事。

十年春,越闻吴王之在郢,国空,乃伐吴。吴使别兵击越。楚告急秦,秦遣兵救楚击吴,吴师败。阖庐弟夫槩见秦越交败吴,吴王留楚不去,夫槩亡归吴而自立为吴王。阖庐闻之,乃引兵归,攻夫槩。夫槩败奔楚。楚昭王乃得以九月复入郢,而封夫槩于堂谿,为堂谿氏。①十一年,吴王使太子夫差伐楚,取番。楚恐而去郢徙鄀。②

①【集解】司马彪曰:"汝南吴房有堂谿亭。" 【索隐】案地理志而知。【正义】括地志云:"豫州吴房县在州西北九十里。应劭云'吴王阖闾弟夫槩奔楚,封之于堂谿氏。本房子国,以封吴,故曰吴房'。"

②【集解】服虔曰:"鄀,楚邑。" 【索隐】定六年左传"四月己丑,吴太子终累败楚舟师"。杜预曰"阖庐子,夫差兄"。此以为夫差,当谓名异而一人耳。左传又曰"获潘子臣、小惟子及大夫七人,楚于是乎迁郢于鄀"。此言番,番音潘,楚邑名,子臣即其邑之大夫也。

十五年,孔子相鲁。①

①【索隐】定十年左传曰"夏,公会齐侯于祝其,实夹谷,孔丘相。犁弥言于齐侯曰'孔丘知礼而无勇'"是也。杜预以为"相会仪也",而史迁孔子系家云"摄行相事"。案:左氏"孔丘以公退,曰'士兵之',又使兹无还揖对",是摄国相也。

十九年夏，吴伐越，越王句践迎击之槜李。①越使死士挑战，②三行造吴师，呼，自刭。③吴师观之，越因伐吴，败之姑苏，④伤吴王阖庐指，军却七里。吴王病伤而死。⑤阖庐使立太子夫差，谓曰："尔而忘句践杀汝父乎？"对曰：⑥"不敢！"三年，乃报越。

①【集解】贾逵曰："槜李，越地。"杜预曰："吴郡嘉兴县南有槜李城也。"槜音醉。

②【集解】徐广曰："死，一作'亶'，越世家亦然，或者以为人名氏乎？"骃案：贾逵曰"死士，死罪人也"。郑众曰"死士，欲以死报恩者也"。杜预曰"敢死之士也"。【正义】挑音田鸟反。

③【集解】左传曰："使罪人三行，属剑于颈。"【正义】行，胡郎反。造，干到反。呼，火故反。颈，坚鼎反。

④【集解】越绝书曰："阖庐起姑苏台，三年聚材，五年乃成，高见三百里。"【索隐】姑苏，台名，在吴县西三十里。左传定十四年曰"越子大败之，灵姑浮以戈击阖庐，阖庐伤将指，还，卒于陉，去槜李七里"。杜预以为槜李在嘉兴县南。灵姑浮，越大夫也。

⑤【集解】越绝书曰："阖庐冢在吴县昌门外，名曰虎丘。下池广六十步，水深一丈五尺，桐棺三重，澒池六尺，玉凫之流扁诸之剑三千，方员之口三千，槃郢、鱼肠之剑在焉。卒十馀万人治之，取土临湖。葬之三日，白虎居其上，故号曰虎丘。"【索隐】澒，胡贡反。以水银为池。

⑥【索隐】此以为阖庐谓夫差，夫差对阖庐。若左氏传，则云"对曰"者，夫差对所使之人也。

王夫差元年，①以大夫伯嚭为太宰。②习战射，常以报越为志。二年，吴王悉精兵以伐越，败之夫椒，③报姑苏也。越王句践乃以甲兵五千人栖于会稽，④使大夫种⑤因吴太宰嚭而行成，⑥请委国为臣妾。吴王将许之，伍子胥谏曰："昔有过氏⑦杀斟灌以伐斟寻，[8]灭夏后帝相。[9]帝相之妃后缗方娠，[10]逃于有仍[11]而生少康。[12]少康为有仍牧正。[13]有过又欲杀少康，少康奔有虞。[14]有虞思夏德，于是妻之以二女而邑之于纶，[15]有田一成，有众一旅。[16]后遂收夏众，抚其官职。[17]使人诱之，[18]遂灭有过氏，复禹之绩，祀夏配天，[19]不失旧物。[20]今吴不如有过之强，而句践大于少康。今不因此而灭之，又将宽之，不亦难乎！且句践为人能辛苦，今不灭，后必悔之。"吴王不听，听太宰嚭，卒许越平，与盟而罢兵去。

①【集解】越绝书曰："太伯到夫差二十六代且千岁。"【索隐】史记太伯至寿梦十九代，诸樊已下六王，唯二十五代。

②【索隐】案：左传定四年伯嚭为太宰，当阖庐九年，非夫差代也。

③【集解】贾逵曰："夫椒，越地。"杜预曰："太湖中椒山也。"【索隐】贾逵云越地，盖近得之。然其地阙，不知所在。杜预以为太湖中椒山，非战所。夫椒与椒山不得为一。且夫差以报越为志，又伐越，当至越地，何乃不离吴境，近在太湖中？又案：越语云"败五湖也"。

④【集解】贾逵曰："会稽，山名。"【索隐】鸟所止宿曰栖。越为吴败，依托于山林，故以鸟栖为喻。左传作"保"，国语作"栖"。

⑤【索隐】大夫，官也；种，名也。吴越春秋以为种姓文。而刘氏云"姓大夫"，非也。

⑥【集解】服虔曰："行成，求成也。"【正义】国语云："越饰美女八人纳太宰嚭，曰：'子苟然，放越之罪。'"

⑦【集解】贾逵曰："过，国名也。"【索隐】过音戈。寒浞之子浇所封国也，猗姓国。晋地道记曰："东莱掖县有过乡，北有过城，古过国也。"

⑧【集解】斟灌，斟寻，夏同姓也。夏后相依斟灌而国，故曰杀夏后相也。【索隐】斟灌、斟寻夏同姓，贾氏据系本而知也。案：地理志北海寿光县，应劭曰"古斟灌亭是也"。平寿县，复云"古北斟寻，禹后，今斟城是也"。然"斟"与"斟"同。

⑨【集解】服虔曰："夏后相，启之孙。"

⑩【集解】贾逵曰："缗，有仍之姓也。"杜预曰："娠，怀身也。"

⑪【集解】贾逵曰："有仍，国名，后缗之家。"【索隐】未知其国所在。春秋经桓五年"天王使仍叔之子来聘"，穀梁经传并作"任叔"。仍任声相近，或是一地，犹甫吕、虢郭之类。案：地理志东平有任县，盖古仍国。

⑫【集解】服虔曰："后缗遗腹子。"

⑬【集解】王肃曰："牧正，牧官之长也。"

⑭【集解】贾逵曰："有虞，帝舜之后。"杜预曰："梁国虞县。"

⑮【集解】贾逵曰："纶，虞邑。"

⑯【集解】贾逵曰："方十里为成。五百人为旅。"

⑰【集解】服虔曰："因此基业，稍收取夏遗民馀众，抚修夏之故官宪典。"

⑱【索隐】左传云："使女艾谍浇，遂灭过、戈。"杜预曰："谍，候也。"

⑲【集解】服虔曰："以鲧配天也。"

⑳【集解】贾逵曰："物，职也。"杜预曰："物，事也。"

七年，吴王夫差闻齐景公死而大臣争宠，新君弱，乃兴师北伐齐。子胥谏曰："越王句践食不重味，衣不重采，吊死问疾，且欲有所用其众。此人不死，必为吴患。今越在腹心疾而王不先，而务齐，不亦谬乎！"吴王不听，遂北伐齐，败齐师于艾陵。①至缯，②召鲁哀公而征百牢。③季康子使子贡以周礼说太宰嚭，乃得止。因留略地于齐鲁之南。九年，为驺伐鲁，④至，与鲁盟乃去。十年，因伐齐而归。十一年，复北伐齐。⑤

①【集解】杜预曰："艾陵，齐地。"【索隐】七年，鲁哀公之六年也。左传此年无伐齐事，哀十一年败齐艾陵尔。

②【集解】杜预曰："琅邪缯县。"

③【集解】贾逵曰："周礼，王合诸侯享礼十有二牢，上公九牢，侯伯七牢，

子男五牢。”【索隐】事在哀七年。是年当夫差八年，不应上连七年。案：左传曰“子服景伯对，不听，乃与之”，非谓季康子使子贡说，得不用百牢。太宰嚭自别召康子，乃使子贡辞之耳。

④【索隐】左传“驺”作“邾”，声相近自乱耳。杜预注左传亦曰“邾，今鲁国驺县是也”。驺，宜音邾。

⑤【索隐】依左氏合作十一年、十二年也。

越王句践率其众以朝吴，厚献遗之，吴王喜。唯子胥惧，曰：“是弃吴也。”①谏曰：“越在腹心，今得志于齐，犹石田，无所用。②且盘庚之诰有颠越勿遗，③商之以兴。”④吴王不听，使子胥于齐，子胥属其子于齐鲍氏，⑤还报吴王。吴王闻之，大怒，赐子胥属镂⑥之剑以死。将死，曰：“树吾墓上以梓，⑦令可为器。抉吾眼置之吴东门，⑧以观越之灭吴也。”

①【索隐】左氏作“豢吴”。豢，养也。

②【集解】王肃曰：“石田不可耕。”

③【集解】服虔曰：“颠，陨也；越，坠也。颠越无道，则割绝无遗也。”【索隐】左传曰：“其颠越不共，则劓殄无遗育，无俾易种于兹邑，是商所以兴也，今君易之。”此则艾陵战时也。

④【集解】徐广曰：“一本作‘盘庚之诰有颠之越之，商之以兴’。子胥传‘诰曰有颠越商之兴’。”

⑤【集解】服虔曰：“鲍氏，齐大夫。”【索隐】左传直曰“使于齐”，杜预曰“私使人至齐属其子”。案：左传又曰“反役，王闻之”，明非子胥自使也。

⑥【集解】服虔曰：“属镂，剑名。赐使自刎。”【索隐】剑名，见越绝书。【正义】属音烛。镂音力于反。

⑦【索隐】左传云：“树吾墓槚，槚可材也，吴其亡乎！”梓槚相类，因变文也。

⑧【索隐】抉，乌穴反。此国语文，彼以“抉”为“辟”。又云“以手抉之。

王愠曰：'孤不使大夫得有见。'乃盛以鸱夷，投之江也"。【正义】吴俗传云"子胥亡后，越从松江北开渠至横山东北，筑城伐吴。子胥乃与越军梦，令从东南入破吴。越王即移向三江口岸立坛，杀白马祭子胥，杯动酒尽，越乃开渠。子胥作涛，荡罗城东，开入灭吴。至今犹号曰示浦，门曰鳝鲟"。是从东门入灭吴也。

齐鲍氏弑齐悼公。①吴王闻之，哭于军门外三日，②乃从海上攻齐。③齐人败吴，吴王乃引兵归。

①【索隐】公名阳生。左传哀十年曰"吴伐齐南鄙，齐人杀悼公"，不言鲍氏。又鲍牧以哀八年为悼公所杀，今言鲍氏，盖其宗党尔。且此伐在艾陵战之前年，今记于后，亦为颠倒错乱也。

②【集解】服虔曰："诸侯相临之礼。"

③【集解】徐广曰："上，一作'中'。"

十三年，吴召鲁、卫之君会于橐皋。①

①【集解】服虔曰："橐皋，地名也。"杜预曰："在淮南逡遒县东南。"【索隐】哀十二年左传曰："公会吴于橐皋。卫侯会吴于郧。"此并言会卫橐皋者，案左传"吴征会于卫。初，卫杀吴行人，惧，谋于子羽。子羽曰'不如止也'。子木曰'往也'"。以本不欲赴会，故鲁以夏会卫，及秋乃会。太史公以其本名于橐皋，故不言郧。郧，发阳也，广陵县东南有发繇口。橐音他各反。逡遒，上七巡反，下酒尤反。

十四年春，吴王北会诸侯于黄池，①欲霸中国以全周室。六月(戊)〔丙〕子，越王句践伐吴。乙酉，越五千人与吴战。丙戌，虏吴太子友。丁亥，入吴。吴人告败于王夫差，夫差恶其闻也。②或泄其语，吴王怒，斩七人于幕下。③七月辛丑，吴王与晋定公争长。吴王曰："于周室我为长。"④晋定公曰："于姬姓我为伯。"⑤赵鞅怒，将伐吴，乃长晋定公。⑥吴王已盟，与晋别，欲伐宋。太宰嚭曰："可胜而不能居也。”乃引兵归国。国亡太子，内空，王居外久，士皆罢敝，于是乃使厚币以与越平。

①【集解】杜预曰：“陈留封丘县南有黄亭，近济水。”

②【集解】贾逵曰：“恶其闻诸侯。”

③【集解】服虔曰：“以绝口。”

④【集解】杜预曰：“吴为太伯后，故为长。”

⑤【集解】杜预曰：“为侯伯。”

⑥【集解】徐广曰：“黄池之盟，吴先歃，晋次之，与外传同。”骃案：贾逵曰“外传曰‘吴先歃，晋亚之’。先叙晋，晋有信，又所以外吴”。【索隐】此依左传文。案：左传“赵鞅呼司马寅曰：‘建鼓整列，二臣死之，长幼必可知也。’是赵鞅怒。司马寅请姑视之，反曰：‘肉食者无墨，今吴王有墨，国其胜乎？’杜预曰：墨，气色下也，国为敌所胜。又曰：‘太子死乎？且夷德轻，不忍久，请少待之。’乃先晋人”，是也。徐、贾所云据国语，不与左传合，非也。左氏鲁襄公代晋、楚为会，先书晋，晋有信耳。外传即国语也，书有二名也。外吴者，吴夷，贱之，不许同中国，故言外也。

十五年，齐田常杀简公。

十八年，越益强。越王句践率兵(使)〔复〕伐败吴师于笠泽。楚灭陈。

二十年，越王句践复伐吴。①二十一年，遂围吴。二十三年十一月丁卯，越败吴。越王句践欲迁吴王夫差于甬东，②予百家居之。吴王曰：“孤老矣，不能事君王也。吾悔不用子胥之言，自令陷此。”遂自刭死。③越王灭吴，诛太宰嚭，以为不忠，而归。

①【索隐】哀十九年左传曰：“越人侵楚，以误吴也。”杜预曰：“误吴，使不为备也。”无伐吴事。

②【集解】贾逵曰："甬东，越东鄙，甬江东也。"韦昭曰："句章，东海口外州也。"【索隐】国语曰甬句东，越地，会稽句章县东海中州也。案：今鄮县是也。

③【集解】越绝书曰："夫差冢在犹亭西卑犹位，越王使干戈人一坳土以葬之。近太湖，去县五十七里。"【索隐】左传"乃缢，越人以归"也。犹亭，亭名。"卑犹位"三字共为地名，吴地记曰"徐枕山，一名卑犹山"是。坳音路禾反，小竹笼，以盛土。

太史公曰：孔子言"太伯可谓至德矣，三以天下让，民无得而称焉"。①余读春秋古文，乃知中国之虞与荆蛮句吴兄弟也。延陵季子之仁心，慕义无穷，见微而知清浊。呜呼，又何其闳览博物君子也！②

①【集解】王肃曰："太伯弟季历贤，又生圣子昌，昌必有天下，故太伯以天下三让于王季。其让隐，故无得而称言之者，所以为至德也。"

②【集解】皇览曰："延陵季子冢在毗陵县暨阳乡，至今吏民皆祀之。"

【索隐述赞】太伯作吴，高让雄图。周章受国，别封于虞。寿梦初霸，始用兵车。三子递立，延陵不居。光既篡位，是称阖闾。王僚见杀，贼由专诸。夫差轻越，取败姑苏。甬东之耻，空惭伍胥。

史记卷三十二

齐太公世家第二

【正义】括地志云："天齐池在青州临淄县东南十五里。封禅书云'齐之所以为齐者，以天齐也'。"

太公望吕尚者，东海上人。①其先祖尝为四岳，佐禹平水土甚有功。虞夏之际封于吕，②或封于申，③姓姜氏。夏商之时，申、吕或封枝庶子孙，或为庶人，尚其后苗裔也。本姓姜氏，从其封姓，故曰吕尚。

①【集解】吕氏春秋曰："东夷之土。" 【索隐】谯周曰："姓姜，名牙。炎帝之裔，伯夷之后，掌四岳有功，封之于吕，子孙从其封姓，尚其后也。"按：后文王得之渭滨，云"吾先君太公望子久矣"，故号太公望。盖牙是字，尚是其名，后武王号为师尚父也。

②【集解】徐广曰："吕在南阳宛县西。"

③【索隐】地理志申在南阳宛县，申伯国也。吕亦在宛县之西也。

吕尚盖尝穷困，年老矣，①以渔钓奸周西伯。②西伯将出猎，卜之，曰“所获非龙非彲，③非虎非罴；所获霸王之辅”。于是周西伯猎，果遇太公于渭之阳，与语大说，曰：“自吾先君太公曰‘当有圣人适周，周以兴’。子真是邪？吾太公望子久矣。”故号之曰“太公望”，载与俱归，立为师。

①【索隐】谯周曰：“吕望尝屠牛于朝歌，卖饮于孟津。”

②【正义】奸音干。括地志云：“兹泉水源出岐州岐山县西南凡谷。吕氏春秋云‘太公钓于兹泉，遇文王’。郦元云‘磻磎中有泉，谓之兹泉。泉水潭积，自成渊渚，即太公钓处，今人谓之凡谷。石壁深高，幽篁邃密，林泽秀阻，人迹罕及。东南隅有石室，盖太公所居也。水次有磻石可钓处，即太公垂钓之所。其投竿跪饵，两膝遗迹犹存，是有磻磎之称也。其水清泠神异，北流十二里注于渭’。说苑云‘吕望年七十钓于渭渚，三日三夜鱼无食者，望即忿，脱其衣冠。上有农人者，古之异人，谓望曰：“子姑复钓，必细其纶，芳其饵，徐徐而投，无令鱼骇。”望如其言，初下得鲋，次得鲤。刺鱼腹得书，书文曰“吕望封于齐”。望知其异’。”

③【集解】徐广曰：“敕知反。” 【索隐】徐广音敕知反，徐本亦作“螭”字。

或曰，太公博闻，尝事纣。纣无道，去之。游说诸侯，无所遇，而卒西归周西伯。或曰，吕尚处士，隐海滨。周西伯拘羑里，散宜生、闳夭素知而招吕尚。吕尚亦曰“吾闻西伯贤，又善养老，盍往焉”。三人者为西伯求美女奇物，献之于纣，以赎西伯。西伯得以出，反国。言吕尚所以事周虽异，然要之为文武师。

周西伯昌之脱羑里归，与吕尚阴谋修德以倾商政，其事多兵权与奇计，①故后世之言兵及周之阴权皆宗太公为本谋。周西伯政平，及断虞芮之讼，而诗人称西伯受命曰文王。伐崇、密须、②犬夷，大作丰邑。天下三分，其二归周者，太公之谋计居多。

①【正义】六韬云："武王问太公曰：'律之音声，可以知三军之消息乎？'太公曰：'深哉王之问也！夫律管十二，其要有五：宫、商、角、徵、羽，此其正声也，万代不易。五行之神，道之常也，可以知敌。金、木、水、火、土，各以其胜攻之。其法，以天清静无阴云风雨，夜半遣轻骑往，至敌人之垒九百步，偏持律管横耳大呼惊之，有声应管，其来甚微。角管声应，当以白虎；徵管声应，当以玄武；商管声应，当以句陈；五管尽不应，无有商声，当以青龙：此五行之府，佐胜之徵，(阴)〔成〕败之机也。'"

②【索隐】按：郡国志在东郡廪丘县北，今曰顾城。密须，姞姓，在河南密县东，故密城是也。与安定姬姓密国别也。

文王崩，武王即位。九年，欲修文王业，东伐以观诸侯集否。师行，师尚父①左杖黄钺，右把白旄以誓，曰："苍兕苍兕，②总尔众庶，与尔舟楫，后至者斩！"遂至盟津。诸侯不期而会者八百诸侯。诸侯皆曰："纣可伐也。"武王曰："未可。"还师，与太公作此太誓。

①【集解】刘向别录曰："师之，尚之，父之，故曰师尚父。父亦男子之美号也。"

②【索隐】亦有本作"苍雉"。按：马融曰"苍兕，主舟楫官名"。又王充曰"苍兕者，水兽，九头"。今誓众，令急济，故言苍兕以惧之。然此文上下并今文泰誓也。

居二年，纣杀王子比干，囚箕子。武王将伐纣，卜，龟兆不吉，风雨暴至。群公尽惧，唯太公强之劝武王，武王于是遂行。十一年①正月甲子，誓于牧野，伐商纣。纣师败绩。纣反走，登鹿台，遂追斩纣。明日，武王立于社，群公奉明水，②卫康叔封布采席，③师尚父牵牲，史佚策祝，以告神讨纣之罪。散鹿台之钱，发钜桥之粟，以振贫民。封比干墓，释箕子囚。迁九鼎，修周政，与天下更始。师尚父谋居多。

①【集解】徐广曰："一作'三年'。"

②【索隐】周本纪毛叔郑奉明水也。

③【索隐】周本纪卫康叔封布兹。兹是席，故此亦云采席也。

于是武王已平商而王天下，封师尚父于齐营丘。①东就国，道宿行迟。逆旅之人曰："吾闻时难得而易失。客寝甚安，殆非就国者也。"太公闻之，夜衣而行，犁明至国。②莱侯来伐，与之争营丘。营丘边莱。莱人，夷也，会纣之乱而周初定，未能集远方，是以与太公争国。

①【正义】括地志云："营丘在青州临淄北百步外城中。"

②【索隐】犁音里奚反。犁犹比也。一云犁犹迟也。

太公至国，修政，因其俗，简其礼，通商工之业，便鱼盐之利，而人民多归齐，齐为大国。及周成王少时，管蔡作乱，淮夷①畔周，乃使召康公②命太公曰："东至海，西至河，南至穆陵，北至无棣，③五侯九伯，实得征之。"④齐由此得征伐，为大国。都营丘。

①【正义】孔安国云："淮浦之夷，徐州之戎。"

②【集解】服虔曰召公奭。

③【集解】服虔曰："是皆太公始受封土地疆境所至也。" 【索隐】旧说穆陵在会稽，非也。按：今淮南有故穆陵门，是楚之境。无棣在辽西孤竹。服虔以为太公受封境界所至，不然也，盖言其征伐所至之域也。

④【集解】杜预曰："五等诸侯，九州之伯，皆得征讨其罪也。"

盖太公之卒百有馀年，①子丁公吕伋②立。丁公卒，子乙公得立。乙公卒，子癸公慈母③立。癸公卒，子哀公不辰④立。

①【集解】礼记曰："太公封于营丘，比及五世，皆反葬于周。"郑玄曰："太公受封，留为太师，死葬于周。五世之后乃葬齐。"皇览曰："吕尚冢在临菑县城南，去县十里。"

②【集解】徐广曰："一作'及'。" 【正义】谥法述义不克曰丁。

③【索隐】系本作"庿公慈母"。谯周亦曰"祭公慈母"也。

④【索隐】系本作"不臣"。谯周亦作"不辰"。宋忠曰："哀公荒淫田游，国史作还诗以刺之也。"

哀公时，纪侯谮之周，周烹哀公[①]而立其弟静，是为胡公。[②]胡公徙都薄姑，[③]而当周夷王之时。

①【集解】徐广曰周夷王。

②【正义】谥法弥年寿考曰胡。

③【正义】括地志云："薄姑城在青州博昌县东北六十里。"

哀公之同母少弟山怨胡公，乃与其党率营丘人袭攻杀胡公而自立，[①]是为献公。献公元年，尽逐胡公子，因徙薄姑都，治临菑。

①【索隐】宋忠曰："其党周马繻人将胡公于贝水杀之，而山自立也。"

九年，献公卒，子武公寿立。武公九年，周厉王出奔，居彘。[①]十年，王室乱，大 臣行政，号曰"共和"。二十四年，周宣王初立。

①【正义】直厉反。括地志云："晋州霍邑县也。"郑玄云："霍山在彘，本秦时霍伯国。"

二十六年，武公卒，子厉公无忌立。厉公暴虐，故胡公子复入齐，齐人欲立之，乃与攻杀厉公。胡公子亦战死。齐人乃立厉公子赤为君，是为文公，而诛杀厉公者七十人。

文公十二年卒，子成公脱[①]立。成公九年卒，子庄公购立。

①【索隐】系本及谯周皆作"说"。

庄公二十四年，犬戎杀幽王，周东徙雒。秦始列为诸侯。五十六年，晋弑其君昭侯。

六十四年，庄公卒，子釐公禄甫立。

釐公九年，鲁隐公初立。十九年，鲁桓公弑其兄隐公而自立为君。

二十五年，北戎伐齐。郑使太子忽来救齐，齐欲妻之。忽曰："郑小齐大，非我敌。"遂辞之。

三十二年，釐公同母弟夷仲年死。其子曰公孙无知，釐公爱之，令其秩服奉养比太子。

三十三年，釐公卒，太子诸兒立，是为襄公。

襄公元年，始为太子时，尝与无知斗，及立，绌无知秩服，无知怨。

四年，鲁桓公与夫人如齐。齐襄公故尝私通鲁夫人。鲁夫人者，襄公女弟也，自釐公时嫁为鲁桓公妇，及桓公来而襄公复通焉。鲁桓公知之，怒夫人，夫人以告齐襄公。齐襄公与鲁君饮，醉之，使力士彭生抱上鲁君车，因拉杀鲁桓公，①桓公下车则死矣。鲁人以为让，②而齐襄公杀彭生以谢鲁。

①【集解】公羊传曰："搚干而杀之。"何休曰："搚，折声也。" 【正义】拉音力合反。

②【索隐】让犹责也。

八年，伐纪，纪迁去其邑。①

①【集解】徐广曰："年表云去其都邑。" 【索隐】按：春秋庄四年"纪侯大去其国"，左传云"违齐难"是也。

十二年，初，襄公使连称、管至父戍葵丘，①瓜时而往，及瓜而代。②往戍一岁，卒瓜时而公弗为发代。或为请代，公弗许。故此二人怒，因公孙无知谋作乱。连称有从妹在公宫，无宠，③使之间襄公，④曰"事成以女为无知夫人"。冬十二月，襄公游姑棼，⑤遂猎沛丘。⑥见彘，从者曰"彭生"。⑦公怒，射之，彘人立而啼。公惧，坠车伤足，失屦。反而鞭主屦者茀⑧三百。茀出宫。而无知、连称、管至父等闻公伤，乃遂率其众袭宫。逢主屦茀，茀曰："且无入惊宫，惊宫未易入也。"无知弗信，茀示之创，⑨乃信之。待宫外，令茀先入。茀先入，即匿襄公户间。良久，无知等恐，遂入宫。茀反与宫中及公之幸臣攻无知等，不胜，皆死。无知入宫，求公不得。或见人足于户间，发视，乃襄公，遂弑之，而无知自立为齐君。

①【集解】贾逵曰："连称、管至父皆齐大夫。"杜预曰："临淄县西有地名葵丘。"【索隐】杜预曰"临淄西有地名葵丘"。又桓三十五年会诸侯于葵丘，当鲁僖公九年，杜预曰"陈留外黄县东有葵丘"。不同者，盖葵丘有两处，杜意以戍葵丘当不远出齐境，故引临淄县西之葵丘。若三十五年会诸侯于葵丘，杜氏又以不合在本国，故引外黄东葵丘为注，所以不同尔。

②【集解】服虔曰："瓜时，七月。及瓜谓后年瓜时。"

③【集解】服虔曰："为妾在宫也。"

④【集解】王肃曰："候公之间隙。"

⑤【集解】贾逵曰："齐地也。"【正义】音扶云反。

⑥【集解】杜预曰："乐安博昌县南有地名贝丘。"【索隐】左传作"贝丘"也。【正义】左传云"齐襄公田于贝丘，坠车伤足"，即此也。

⑦【集解】服虔曰："公见彘，从者乃见彭生，鬼改形为豕也。"

⑧【正义】非佛反，下同。茀，主履者也。

⑨【正义】音疮。

桓公元年春，齐君无知游于雍林。①雍林人尝有怨无知，及其往游，雍林人袭杀无知，告齐大夫曰："无知弑襄公自立，臣谨行诛。唯大夫更立公子之当立者，唯命是听。"

①【集解】贾逵曰："渠丘大夫也。" 【索隐】亦有本作"雍廪"。贾逵曰"渠丘大夫"。左传云"雍廪杀无知"，杜预曰"雍廪，齐大夫"。此云"游雍林，雍林人尝有怨无知，遂袭杀之"，盖以雍林为邑名，其地有人杀无知。贾言"渠丘大夫"者，渠丘邑名，雍林为渠丘大夫也。

初，襄公之醉杀鲁桓公，通其夫人，杀诛数不当，淫于妇人，数欺大臣，群弟恐祸及，故次弟纠奔鲁。其母鲁女也。管仲、召忽傅之。次弟小白奔莒，鲍叔傅之。小白母，卫女也，有宠于釐公。小白自少好善大夫高傒。①及雍林人杀无知，议立君，高、国先阴召小白于莒。鲁闻无知死，亦发兵送公子纠，而使管仲别将兵遮莒道，射中小白带钩。小白详死，管仲使人驰报鲁。鲁送纠者行益迟，六日至齐，则小白已入，高傒立之，是为桓公。

①【集解】贾逵曰："齐正卿高敬仲也。" 【正义】傒音奚。

桓公之中钩，详死以误管仲，已而载温车中驰行，亦有高、国内应，故得先入立，发兵距鲁。秋，与鲁战于乾时，①鲁兵败走，齐兵掩绝鲁归道。齐遗鲁书曰："子纠兄弟，弗忍诛，请鲁自杀之。召忽、管仲雠也，请得而甘心醢之。不然，将围鲁。"鲁人患之，遂杀子纠于笙渎。②召忽自杀，管仲请囚。桓公之立，发兵攻鲁，心欲杀管仲。鲍叔牙曰："臣幸得从君，君竟以立。君之尊，臣无以增君。君将治齐，即高傒与叔牙足也。君且欲霸王，非管夷吾不可。夷吾所居国国重，不可失也。"于是桓公从之。乃详为召管仲欲甘心，实欲用之。管仲知之，故请往。鲍叔牙迎受管仲，及堂阜而脱桎梏，③

斋祓而见桓公。桓公厚礼以为大夫,任政。

①【集解】杜预曰:"乾时,齐地也。时水在乐安界,岐流,旱则涸竭,故曰乾时。"

②【集解】贾逵曰:"鲁地句渎也。" 【索隐】贾逵云"鲁地句渎"。又按:邹诞生本作"莘渎",莘笙声相近。笙如字,渎音豆。论语作'沟渎',盖后代声转而字异,故诸文不同也。

③【集解】贾逵曰:"堂阜,鲁北境。"杜预曰:"堂阜,齐地。东莞蒙阴县西北有夷吾亭,或曰鲍叔解夷吾缚于此,因以为名也。"

桓公既得管仲,与鲍叔、隰朋、①高傒修齐国政,连五家之兵,②设轻重鱼盐之利,③以赡贫穷,禄贤能,齐人皆说。

①【集解】徐广曰:"或作'崩'也。"

②【集解】国语曰:"管子制国,五家为轨,十轨为里,四里为连,十连为乡,以为军令。"

③【索隐】按:管子有理人轻重之法七篇。轻重谓钱也。又有捕鱼、煮盐法也。

二年,伐灭郯,①郯子奔莒。初,桓公亡时,过郯,郯无礼,故伐之。

①【集解】徐广曰:"一作'谭'。" 【索隐】据春秋,鲁庄十年"齐师灭谭"是也。杜预曰"谭国在济南平陵县西南"。然此郯乃东海郯县,盖亦不当作"谭"字也。

五年,伐鲁,鲁将师败。鲁庄公请献遂邑以平,①桓公许,与鲁会柯而盟。②鲁将盟,曹沫以匕首劫桓公于坛上,③曰:"反鲁之侵地!"桓公许之。已而曹沫去匕首,北面就臣位。桓公后悔,欲无与鲁地而杀曹沫。管仲曰:"夫劫许之而倍信杀之,④愈一小快耳,而弃信于诸侯,失天下之援,不可。"于是遂与曹沫三败所亡地于鲁。诸侯闻之,皆信齐而欲附焉。七年,诸侯会桓公于甄,⑤而桓公于是始霸焉。

①【集解】杜预曰："遂在济北蛇丘县东北。"

②【集解】杜预曰："此柯今济北东阿，齐之阿邑，犹祝柯今为祝阿。"

③【集解】何休曰："土基三尺，阶三等，曰坛。会必有坛者，为升降揖让，称先君以相接也。"

④【集解】徐广曰："一云已许之而背信杀劫也。"

⑤【集解】杜预曰："甄，卫地，今东郡甄城也。"

十四年，陈厉公子完，①号敬仲，来奔齐。齐桓公欲以为卿，让；于是以为工正。②田成子常之祖也。

①【正义】音桓。

②【集解】贾逵曰："掌百工。"

二十三年，山戎伐燕，①燕告急于齐。齐桓公救燕，遂伐山戎，至于孤竹而还。燕庄公遂送桓公入齐境。桓公曰："非天子，诸侯相送不出境，吾不可以无礼于燕。"于是分沟割燕君所至与燕，命燕君复修召公之政，纳贡于周，如成康之时。诸侯闻之，皆从齐。

①【集解】服虔曰："山戎，北狄，盖今鲜卑也。"何休曰："山戎者，戎中之别名也。"

二十七年，鲁湣公母曰哀姜，桓公女弟也。哀姜淫于鲁公子庆父，庆父弑湣公，哀姜欲立庆父，鲁人更立釐公。①桓公召哀姜，杀之。

①【集解】徐广曰："史记'僖'字皆作'釐'。"

二十八年，卫文公有狄乱，告急于齐。齐率诸侯城楚丘①而立卫君。

①【集解】贾逵曰："卫地也。"【索隐】杜预曰："不言城卫，卫未迁。"楚丘在济阴城武县南，即今之卫南县。

二十九年，桓公与夫人蔡姬戏船中。蔡姬习水，荡公，①公惧，止之，不止，出船，怒，归蔡姬，弗绝。蔡亦怒，嫁其女。桓公闻而怒，兴师往伐。

①【集解】贾逵曰："荡，摇也。"

三十年春，齐桓公率诸侯伐蔡，蔡溃。①遂伐楚。楚成王兴师问曰："何故涉吾地？"管仲对曰："昔召康公命我先君太公曰：'五侯九伯，若实征之，以夹辅周室。'②赐我先君履，③东至海，西至河，南至穆陵，北至无棣。楚贡包茅不入，王祭不具，④是以来责。昭王南征不复，是以来问。"⑤楚王曰："贡之不入，有之，寡人罪也，敢不共乎！昭王之出不复，君其问之水滨。"⑥齐师进次于陉。⑦夏，楚王使屈完将兵扞齐，齐师退次召陵。⑧桓公矜屈完以其众。屈完曰："君以道则可；若不，则楚方城以为城，⑨江、汉以为沟，君安能进乎？"乃与屈完盟而去。过陈，陈袁涛涂诈齐，令出东方，觉。秋，齐伐陈。⑩是岁，晋杀太子申生。

①【集解】服虔曰："民逃其上曰溃也。"

②【集解】左传曰："周公、太公股肱周室，夹辅成王也。"

③【集解】杜预曰："所践履之界。"

④【集解】贾逵曰："包茅，菁茅包匦之也，以供祭祀。"杜预曰："尚书'包匦菁茅'，茅之为异未审。"

⑤【集解】服虔曰："周昭王南巡狩，涉汉未济，船解而溺昭王，王室讳之，不以赴，诸侯不知其故，故桓公以为辞责问楚也。"【索隐】宋衷云："昭王南伐楚，辛由靡为右，涉汉中流而陨，由靡逐王，遂卒不复，周乃侯其后于西翟。"

⑥【集解】杜预曰："昭王时汉非楚境，故不受罪。"

⑦【集解】杜预曰："陉，楚地，颍川召陵县南有陉亭。"左传曰："凡师一

宿为舍，再宿为信，过信为次。”

⑧【集解】杜预曰：“召陵，颍川县。”

⑨【集解】服虔曰：“方城山在汉南。”韦昭曰：“方城，楚北之厄塞。”杜预曰“方城山在南阳叶县南”是也。 【索隐】按：地理志叶县南有长城，号曰方城，则杜预、韦昭说为得，而服氏云在汉南，未知有何凭据。

⑩【集解】左传曰：“讨不忠也。”

三十五年夏，会诸侯于葵丘。①周襄王使宰孔赐桓公文武胙、彤弓矢、大路，②命无拜。桓公欲许之，管仲曰“不可”，乃下拜受赐。③秋，复会诸侯于葵丘，益有骄色。周使宰孔会。诸侯颇有叛者。④晋侯病，后，遇宰孔。宰孔曰：“齐侯骄矣，弟无行。”从之。是岁，晋献公卒，里克杀奚齐、卓子，⑤秦穆公以夫人入公子夷吾为晋君。桓公于是讨晋乱，至高梁，⑥使隰朋立晋君，还。

①【集解】杜预曰：“陈留外黄县东有葵丘也。”

②【集解】贾逵曰：“大路，诸侯朝服之车，谓之金路。”

③【集解】韦昭曰：“下堂拜赐也。”

④【集解】公羊传曰：“葵丘之会，桓公震而矜之，叛者九国。”

⑤【集解】徐广曰：“史记‘卓’多作‘悼’。” 【正义】卓，丑角反。

⑥【集解】服虔曰：“晋地也。”杜预曰：“在平阳县西南。”

是时周室微，唯齐、楚、秦、晋为强。晋初与会，①献公死，国内乱。秦穆公辟远，不与中国会盟。楚成王初收荆蛮有之，夷狄自置。唯独齐为中国会盟，而桓公能宣其德，故诸侯宾会。于是桓公称曰：“寡人南伐至召陵，望熊山；北伐山戎、离枝、孤竹；②西伐大夏，涉流沙；③束马悬车登太行，至卑耳山④而还。诸侯莫违寡人。寡人兵车之会三，⑤乘车之会六，⑥九合诸侯，一匡天下。⑦昔三代受命，有何以异于此乎？吾欲封泰山，禅梁父。”管仲固谏，不听；乃说桓公以远方珍怪物至乃得封，桓公乃止。

①【正义】与音预，下同。

②【集解】地理志曰令支县有孤竹城，疑离枝即令支也，令离声相近。应劭曰："令音铃。"铃离声亦相近。管子亦作"离"字。【索隐】离枝音零支，又音令秖，又如字。离枝，孤竹，皆古国名。秦以离枝为县，故地理志辽西令支县有孤竹城。尔雅曰"孤竹、北户、西王母、日下谓之四荒"也。

③【正义】大夏，并州晋阳是也。

④【正义】卑音壁。刘伯庄及韦昭并如字。

⑤【正义】左传云鲁庄十三年，会北杏以平宋乱；僖四年，侵蔡，遂伐楚；六年，伐郑，围新城也。

⑥【正义】左传云鲁庄十四年，会于鄄；十五年，又会鄄；十六年，同盟于幽；僖五年，会首止；八年，盟于洮；九年，会葵丘是也。

⑦【正义】匡，正也。一匡天下，谓定襄王为太子之位也。

三十八年，周襄王弟带与戎、翟合谋伐周，齐使管仲平戎于周。周欲以上卿礼管仲，管仲顿首曰："臣陪臣，安敢！"三让，乃受下卿礼以见。三十九年，周襄王弟带来奔齐。齐使仲孙请王，为带谢。襄王怒，弗听。

四十一年，秦穆公虏晋惠公，复归之。是岁，管仲、隰朋皆卒。①管仲病，桓公问曰："群臣谁可相者？"管仲曰："知臣莫如君。"公曰："易牙如何？"②对曰："杀子以适君，非人情，不可。"公曰："开方如何？"对曰："倍亲以适君，非人情，难近。"③公曰："竖刀如何？"④对曰："自宫以适君，非人情，难亲。"管仲死，而桓公不用管仲言，卒近用三子，三子专权。

①【正义】括地志云："管仲冢在青州临淄县南二十一里牛山上，与桓公

冢连。隰朋墓在青州临淄县东北七里也。"

②【正义】即雍巫也。贾逵云:"雍巫,雍人名巫,易牙也。"

③【集解】管仲曰:"卫公子开方去其千乘之太子而臣事君也。"

④【正义】刁,鸟条反。颜师古云:"竖刁、易牙皆齐桓公臣。管仲有病,桓公往问之,曰:'将何以教寡人?'管仲曰:'愿君远易牙、竖刁。'公曰:'易牙烹其子以快寡人,尚可疑邪?'对曰:'人之情非不爱其子也,其子之忍,又将何爱于君!'公曰:'竖刁自宫以近寡人,犹尚疑邪?'对曰:'人之情非不爱其身也,其身之忍,又将何有于君!'公曰:'诺。'管仲遂尽逐之,而公食不甘心不怡者三年。公曰:'仲父不已过乎?'于是皆即召反。明年,公有病,易牙、竖刁相与作乱,塞宫门,筑高墙,不通人。有一妇人逾垣入至公所。公曰:'我欲食。'妇人曰:'吾无所得。'公曰:'我欲饮。'妇人曰:'吾无所得。'公曰:'何故?'曰:'易牙、竖刁相与作乱,塞宫门,筑高墙,不通人,故无所得。'公慨然叹,涕出,曰:'嗟乎,圣人所见岂不远哉!若死者有知,我将何面目见仲父乎?'蒙衣袂而死乎寿宫。虫流于户,盖以杨门之扇,二月不葬也。"

四十二年,戎伐周,周告急于齐,齐令诸侯各发卒戍周。是岁,晋公子重耳来,桓公妻之。

四十三年。初,齐桓公之夫人三:曰王姬、徐姬、①蔡姬,皆无子。桓公好内,②多内宠,如夫人者六人,长卫姬,生无诡;③少卫姬,生惠公元;郑姬,生孝公昭;葛嬴,生昭公潘;密姬,生懿公商人;宋华子,④生公子雍。桓公与管仲属孝公于宋襄公,以为太子。雍巫⑤有宠于卫共姬,因宦者竖刁以厚献于桓公,亦有宠,桓公许之立无诡。⑥管仲卒,五公子皆求立。冬十月乙亥,齐桓公卒。易牙入,与竖刁因内宠杀群吏,⑦而立公子无诡为君。太子昭奔宋。

①【索隐】按：系本徐，嬴姓。礼，妇人称国及姓，今此言“徐姬”者，然姬是众妾之总称，故汉禄秩令云“姬妾数百”。妇人亦总称姬，姬亦未必尽是姓也。

②【集解】服虔曰：“内，妇官也。”

③【索隐】左传作“无亏”也。

④【集解】贾逵曰：“宋华氏之女，子姓。”

⑤【集解】贾逵曰：“雍巫，雍人，名巫，易牙字。” 【索隐】贾逵以雍巫为易牙，未知何据。按：管子有棠巫，恐与雍巫是一人也。

⑥【集解】杜预曰：“易牙既有宠于公，为长卫姬请立。”

⑦【集解】服虔曰：“内宠如夫人者六人。群吏，诸大夫也。”杜预曰：“内宠，内官之有权宠者。”

桓公病，五公子各树党争立。及桓公卒，遂相攻，以故宫中空，莫敢棺。①桓公尸在床上六十七日，尸虫出于户。十二月乙亥，无诡立，乃棺赴。辛巳夜，敛殡。②

①【正义】音古患反。

②【集解】徐广曰：“敛，一作‘临’也。”

桓公十有馀子，要其后立者五人：无诡立三月死，无谥；次孝公；次昭公；次懿公；次惠公。孝公元年三月，宋襄公率诸侯兵送齐太子昭而伐齐。齐人恐，杀其君无诡。齐人将立太子昭，四公子之徒攻太子，太子走宋，宋遂与齐人四公子战。五月，宋败齐四公子师而立太子昭，是为齐孝公。宋以桓公与管仲属之太子，故来征之。以乱故，八月乃葬齐桓公。①

①【集解】皇览曰：“桓公冢在临菑城南七里所菑水南。” 【正义】括地志云：“齐桓公墓在临菑县南二十一里牛山上，亦名鼎足山，一名牛首堈，一所二坟。晋永嘉末，人发之，初得版，次得水银池，有气不得入，

经数日，乃牵犬入中，得金蚕数十薄，珠襦、玉匣、缯采、军器不可胜数。又以人殉葬，骸骨狼藉也。”

六年春，齐伐宋，以其不同盟于齐也。[①]夏，宋襄公卒。七年，晋文公立。

①【集解】服虔曰：“鲁僖公十九年，诸侯盟于齐，以无忘桓公之德。宋襄公欲行霸道，不与盟，故伐之。”

十年，孝公卒，孝公弟潘因卫公子开方杀孝公子而立潘，是为昭公。昭公，桓公子也，其母曰葛嬴。

昭公元年，晋文公败楚于城濮，[①]而会诸侯践土，朝周，天子使晋称伯。[②]六年，翟侵齐。晋文公卒。秦兵败于殽。十二年，秦穆公卒。

①【正义】贾逵云：“卫地也。”

②【正义】音霸。

十九年五月，昭公卒，子舍立为齐君。舍之母无宠于昭公，国人莫畏。昭公之弟商人以桓公死争立而不得，阴交贤士，附爱百姓，百姓说。及昭公卒，子舍立，孤弱，即与众十月即墓上弑齐君舍，而商人自立，是为懿公。懿公，桓公子也，其母曰密姬。

懿公四年春，初，懿公为公子时，与丙戎[①]之父猎，争获不胜，及即位，断丙戎父足，[②]而使丙戎仆。[③]庸职之妻好，[④]公内之宫，使庸职骖乘。五月，懿公游于申池，[⑤]二人浴，戏。职曰：“断足子！”戎曰：“夺妻者！”二人俱病此言，乃怨。谋与公游竹中，二人弑懿公车上，弃竹中而亡去。

①【索隐】左传“丙”作“邴”，邴歜也。

②【正义】左传云“乃掘而刖之”，杜预云“断其尸足也”。

③【集解】贾逵曰："仆，御也。"

④【索隐】左传作"阎职"，此言"庸职"。不同者，传所云"阎"，姓；"职"，名也。此言"庸职"，庸非姓，盖谓受顾织之妻，史意不同，字则异耳。【正义】国语及左传作"阎职"。

⑤【集解】杜预曰："齐南城西门名申门。齐城无池，唯此门左右有池，疑此是也。"左思齐都赋注曰："申池，海滨齐薮也。"

懿公之立，骄，民不附。齐人废其子而迎公子元于卫，立之，是为惠公。惠公，桓公子也。其母卫女，曰少卫姬，避齐乱，故在卫。

惠公二年，长翟来，①王子城父攻杀之，②埋之于北门。晋赵穿弑其君灵公。

①【集解】穀梁传曰："身横九亩，断其首而载之，眉见于轼。"

②【集解】贾逵曰："王子城父，齐大夫。"

十年，惠公卒，子顷公无野立。①初，崔杼有宠于惠公，惠公卒，高、国畏其逼也，逐之，崔杼奔卫。

①【正义】顷音倾。

顷公元年，楚庄王强，伐陈；二年，围郑，郑伯降，已复国郑伯。

六年春，晋使郤克于齐，齐使夫人帷中而观之。郤克上，夫人笑之。郤克曰："不是报，不复涉河！"归，请伐齐，晋侯弗许。齐使至晋，郤克执齐使者四人河内，杀之。八年，晋伐齐，齐以公子强质晋，晋兵去。十年春，齐伐鲁、卫。鲁、卫大夫如晋请师，皆因郤克。①晋使郤克以车八百乘②为中军将，士燮将上军，栾书将下军，以救鲁、卫，伐齐。六月壬申，与齐侯兵合靡笄下。③癸酉，陈于鞌。④逄丑父⑤为齐顷公右。顷公曰："驰之，破晋军会食。"射伤郤克，流血至履。克欲还入壁，其御曰："我始入，再伤，不敢言疾，恐惧士卒，愿子忍之。”遂复战。战，齐急，丑父恐齐侯得，乃易处，顷公为右，车絓于木而止。[⑥]晋小将韩厥伏齐侯车前，曰“寡君使臣救鲁、卫”，戏之。丑父使顷公下取饮，[⑦]因得亡，脱去，入其军。晋郤克欲杀丑父。丑父曰：“代君死而见僇，后人臣无忠其君者矣。”克舍之，丑父遂得亡归齐。于是晋军追齐至马陵。[⑧]齐侯请以宝器谢，[⑨]不听；必得笑克者萧桐叔子，[⑩]令齐东亩。[⑪]对曰：“叔子，齐君母。齐君母亦犹晋君母，子安置之？且子以义伐而以暴为后，其可乎？”于是乃许，令反鲁、卫之侵地。[⑫]

①【索隐】成二年左传鲁臧宣叔、卫孙桓子如晋，皆主于郤克是。

②【集解】贾逵曰：“八百乘，六万人。”

③【集解】徐广曰：“靡，一作‘摩’。”贾逵曰：“靡笄，山名也。”【索隐】靡，如字。靡笄，山名，在济南，与代地磨笄山不同。

④【集解】服虔曰：“鞌，齐地名也。”

⑤【集解】贾逵曰：“齐大夫。”

⑥【正义】絓，胡卦反。止也，有所碍也。

⑦【正义】左传云“及华泉，骖絓于木而止。丑父使公下，如华泉取饮。郑周父御佐车，宛茷为右，载齐侯获免”也。

⑧【集解】徐广曰：“一作‘陉’。”骃案：贾逵曰“马陉，齐地也”。

⑨【集解】左传曰：“赂以纪甗、玉磬也。”

⑩【集解】杜预曰：“桐叔，萧君之字，齐侯外祖父。子，女也。难斥言其母，故远言之。”贾逵曰：“萧，附庸，子姓。”

⑪【集解】服虔曰：“欲令齐陇亩东行。”【索隐】垄亩东行，则晋车马东向齐行易也。

⑫【正义】左传云晋师及齐国，使齐人归我汶阳之田也。

十一年，晋初置六卿，赏鞌之功。齐顷公朝晋，欲尊王晋景公，①晋景公不敢受，乃归。归而顷公弛苑囿，薄赋敛，振孤问疾，虚积聚以救民，民亦大说。厚礼诸侯。竟顷公卒，百姓附，诸侯不犯。

①【索隐】王劭按：张衡曰"礼，诸侯朝天子执玉，既授而反之。若诸侯自相朝，则不授玉"。齐顷公战败朝晋而授玉，是欲尊晋侯为王，太史公探其旨而言。今按：此文不云"授玉"，王氏之说复何所依，聊记异耳。

十七年，顷公卒，①子灵公环立。

①【集解】皇览曰："顷公冢近吕尚冢。"

灵公九年，晋栾书弑其君厉公。十年，晋悼公伐齐，齐令公子光质晋。十九年，立子光为太子，高厚傅之，令会诸侯盟于锺离。①二十七年，晋使中行献子伐齐。②齐师败，灵公走入临菑。晏婴止灵公，灵公弗从。曰："君亦无勇矣！"晋兵遂围临菑，临菑城守不敢出，晋焚郭中而去。

①【正义】括地志云："锺离故城在沂州承县界。"

②【索隐】荀偃祖林父代为中行，后改姓为中行氏。献子名偃。

二十八年，初，灵公取鲁女，生子光，以为太子。仲姬，戎姬。戎姬嬖，仲姬生子牙，属之戎姬。戎姬请以为太子，公许之。仲姬曰："不可。光之立，列于诸侯矣，①今无故废之，君必悔之。"公曰："在我耳。"遂东太子光，②使高厚傅牙为太子。灵公疾，崔杼迎故太子光而立之，是为庄公。庄公杀戎姬。五月壬辰，灵公卒，庄公即位，执太子牙于句窦之丘，杀之。八月，崔杼杀高厚。晋闻齐乱，伐齐，至高唐。③

①【集解】服虔曰："数从诸侯征伐盟会。"

②【集解】贾逵曰："徙之东垂也。"

③【集解】杜预曰："高唐在祝阿县西北。"

庄公三年，晋大夫栾盈[①]奔齐，庄公厚客待之。晏婴、田文子谏，公弗听。四年，齐庄公使栾盈间入晋曲沃[②]为内应，以兵随之，上太行，入孟门。[③]栾盈败，齐兵还，取朝歌。[④]

①【集解】徐广曰："史记多作'逞'。"

②【集解】贾逵曰："栾盈之邑。"

③【集解】贾逵曰："孟门、太行皆晋山隘也。"【索隐】孟门山在朝歌东北。太行山在河内温县西。

④【集解】贾逵曰："晋邑。"

六年，初，棠公妻好，[①]棠公死，崔杼取之。庄公通之，数如崔氏，以崔杼之冠赐人。侍者曰："不可。"崔杼怒，因其伐晋，欲与晋合谋袭齐而不得閒。庄公尝笞宦者贾举，贾举复侍，为崔杼閒公[②]以报怨。五月，莒子朝齐，齐以甲戌飨之。崔杼称病不视事。乙亥，公问崔杼病，遂从崔杼妻。崔杼妻入室，与崔杼自闭户不出，公拥柱而歌。[③]宦者贾举遮公从官而入，闭门，崔杼之徒持兵从中起。公登台而请解，不许；请盟，不许；请自杀于庙，不许。皆曰："君之臣杼疾病，不能听命。[④]近于公宫。[⑤]陪臣争趣有淫者，[⑥]不知二命。"[⑦]公逾墙，射中公股，公反坠，遂弑之。晏婴立崔杼门外，[⑧]曰："君为社稷死则死之，为社稷亡则亡之。[⑨]若为己死己亡，非其私暱，谁敢任之！"[⑩]门开而入，枕公尸而哭，三踊而出。人谓崔杼："必杀之。"崔杼曰："民之望也，舍之得民。"[⑪]

①【集解】贾逵曰："棠公，齐棠邑大夫。"

②【集解】服虔曰："伺公閒隙。"【正义】閒音闲，又如字。

③【集解】服虔曰："公以为姜氏不知己在外，故歌以命之也。一曰公自知见欺，恐不得出，故歌以自悔。"

④【集解】服虔曰:“言不能亲听公命。”

⑤【集解】服虔曰:“崔杼之宫近公宫,淫者或诈称公。”

⑥【集解】徐广曰:“争,一作‘扞’。” 【索隐】左传作“扞趣”。此为“争趣”者,是太史公变左氏之文。言陪臣但争趣投有淫者耳,更不知他命也。

⑦【集解】杜预曰:“言得淫人,受崔子命讨之,不知他命也。”

⑧【集解】贾逵曰:“闻难而来。”

⑨【集解】服虔曰:“谓以公义为社稷死亡也。如是者,臣亦随之死亡。”

⑩【集解】服虔曰:“言君自以己之私欲取死亡之祸,则私近之臣所当任也。”杜预曰:“私暱,所亲爱也。非所亲爱,无为当其祸也。”

⑪【集解】服虔曰:“置之,所以得人心。”

丁丑,崔杼立庄公异母弟杵臼,[①]是为景公。景公母,鲁叔孙宣伯女也。景公立,以崔杼为右相,庆封为左相。二相恐乱起,乃与国人盟曰:“不与崔庆者死!”晏子仰天曰:“婴所不获,唯忠于君利社稷者是从!”不肯盟。庆封欲杀晏子,崔杼曰:“忠臣也,舍之。”齐太史书曰“崔杼弑庄公”,崔杼杀之。其弟复书,崔杼复杀之。少弟复书,崔杼乃舍之。

①【集解】徐广曰:“史记多作‘箸臼’。”

景公元年,初,崔杼生子成及彊,其母死,取东郭女,生明。东郭女使其前夫子无咎与其弟偃[①]相崔氏。成有罪,[②]二相急治之,立明为太子。成请老于崔(杼),崔杼许之,二相弗听,曰:“崔,宗邑,不可。”[③]成、彊怒,告庆封。[④]庆封与崔杼有郤,欲其败也。成、彊杀无咎、偃于崔杼家,家皆奔亡。崔杼怒,无人,使一宦者御,见庆封。庆封曰:“请为子诛之。”使崔杼仇卢蒲嫳[⑤]攻崔氏,杀成、彊,尽灭崔氏,崔杼妇自杀。崔杼毋归,[⑥]亦自杀。庆封为相国,专权。

①【正义】杜预云:"东郭偃,东郭姜之弟也。"

②【正义】左传云成有疾而废之。杜预云有恶疾也。

③【集解】杜预曰:"济南东朝阳县西北有崔氏城也。"

④【正义】左传云成彊告庆封曰:"夫子身亦子所知也,唯无咎与偃是从,父兄莫能进矣。恐害夫子,敢以告。"庆封曰:"苟利夫子,必去之,难吾助汝。"乃杀东郭偃、棠无咎于崔氏朝也。其妻及崔杼皆缢死,崔明奔鲁。

⑤【集解】贾逵曰:"嬖,齐大夫庆封之属。"

⑥【索隐】毋音无也。

三年十月,庆封出猎。初,庆封已杀崔杼,益骄,嗜酒好猎,不听政令。庆舍用政,①已有内郤。田文子谓桓子曰:"乱将作。"田、鲍、高、栾氏相与谋庆氏。庆舍发甲围庆封宫,四家徒共击破之。庆封还,不得入,奔鲁。齐人让鲁,封奔吴。吴与之朱方,聚其族而居之,富于在齐。其秋,齐人徙葬庄公,僇崔杼尸于市以说众。

①【集解】服虔曰:"舍,庆封之子也。生传其职政与子。"

九年,景公使晏婴之晋,与叔向私语曰:"齐政卒归田氏。田氏虽无大德,以公权私,有德于民,民爱之。"十二年,景公如晋,见平公,欲与伐燕。十八年,公复如晋,见昭公。二十六年,猎鲁郊,因入鲁,与晏婴俱问鲁礼。三十一年,鲁昭公辟季氏难,奔齐。齐欲以千社封之,①子家止昭公,昭公乃请齐伐鲁,取郓②以居昭公。

①【集解】贾逵曰:"二十五家为一社。千社,二万五千家也。"

②【正义】郓,郓城也。

三十二年,彗星见。景公坐柏寝,叹曰:'堂堂!谁有此乎?"①群臣皆泣,晏子笑,公怒。晏子曰:"臣笑群臣谀甚。"景公曰:"彗星出东北，当齐分野，寡人以为忧。”晏子曰：“君高台深池，赋敛如弗得，刑罚恐弗胜，茀星[②]将出，彗星[③]何惧乎？”公曰：“可禳否？”晏子曰：“使神可祝而来，[④]亦可禳而去也。百姓苦怨以万数，而君令一人禳之，安能胜众口乎？”是时景公好治宫室，聚狗马，奢侈，厚赋重刑，故晏子以此谏之。

①【集解】服虔曰：“景公自恐德薄不能久享齐国，故曰‘谁有此’也。”

②【正义】茀音佩。谓客星侵近边侧欲相害。

③【正义】彗，息岁反。若帚形，见，其境有乱也。

④【正义】祝音章受反。

四十二年，吴王阖闾伐楚，入郢。

四十七年，鲁阳虎攻其君，不胜，奔齐，请齐伐鲁。鲍子谏景公，乃囚阳虎。阳虎得亡，奔晋。

四十八年，与鲁定公好会夹谷。[①]犁钼[②]曰：“孔丘知礼而怯，请令莱人为乐，[③]因执鲁君，可得志。”景公害孔丘相鲁，惧其霸，故从犁钼之计。方会，进莱乐，孔子历阶上，使有司执莱人斩之，以礼让景公。景公惭，乃归鲁侵地以谢，而罢去。是岁，晏婴卒。

①【集解】服虔曰：“东海祝其县是也。”

②【索隐】且，即馀反。即犁弥也。

③【集解】杜预曰：“莱人，齐所灭莱夷。”

五十五年，范、中行反其君于晋，晋攻之急，来请粟。田乞欲为乱，树党于逆臣，说景公曰：“范、中行数有德于齐，不可不救。”乃使乞救而输之粟。

五十八年夏，景公夫人燕姬適子死。景公宠妾芮姬生子荼，[①]

荼少，其母贱，无行，诸大夫恐其为嗣，乃言愿择诸子长贤者为太子。景公老，恶言嗣事，又爱荼母，欲立之，惮发之口，乃谓诸大夫曰："为乐耳，国何患无君乎？"秋，景公病，命国惠子、高昭子②立少子荼为太子，逐群公子，迁之莱。③景公卒，④太子荼立，是为晏孺子。冬，未葬，而群公子畏诛，皆出亡。荼诸异母兄公子寿、⑤驹、黔⑥奔卫⑦，公子駔、⑧阳生奔鲁。⑨莱人歌之曰："景公死乎弗与埋，三军事乎弗与谋，⑩师乎师乎，胡党之乎？"⑪

①【索隐】左传曰"鬻姒之子荼嬖"，则荼母姓姒。此作"芮姬"，不同也。谯周依左氏作"鬻姒"，邹诞生本作"芮姁"。姁音五句反。

②【集解】杜预曰："惠子，国夏也。昭子，高张也。"

③【集解】服虔曰："莱，齐东鄙邑。"

④【集解】皇览曰："景公冢与桓公冢同处。

⑤【索隐】一作"嘉"。

⑥【正义】三公子。

⑦【集解】徐广曰："一云'寿、黔奔卫'。" 【索隐】三人奔卫。

⑧【索隐】左传作"钼"。

⑨【索隐】二人奔鲁，凡五公子也。

⑩【集解】服虔曰："莱人见五公子远迁鄙邑，不得与景公葬埋之事及国三军之谋，故愍而歌。"杜预曰："称谥，盖葬后而为此歌，哀群公子失所也。"

⑪【集解】服虔曰："师，众也。党，所也。言公子徒众何所适也。"

晏孺子元年春，田乞伪事高、国者，每朝，乞骖乘，言曰："子得君，大夫皆自危，欲谋作乱。"又谓诸大夫曰："高昭子可畏，及未发，先之。"大夫从之。六月，田乞、鲍牧乃与大夫以兵入公宫，攻高昭子。昭子闻之，与国惠子救公。公师败，田乞之徒追之，国惠子奔莒，遂反杀高昭子。晏圉奔鲁。[1]八月，齐秉意兹。[2]田乞败二相，乃使人之鲁召公子阳生。阳生至齐，私匿田乞家。十月戊子，田乞请诸大夫曰："常之母有鱼菽之祭，[3]幸来会饮。"会饮，田乞盛阳生橐中，置坐中央，发橐出阳生，曰："此乃齐君矣！"大夫皆伏谒。将与大夫盟而立之，鲍牧醉，乞诬大夫曰："吾与鲍牧谋共立阳生。"鲍牧怒曰："子忘景公之命乎？"诸大夫相视欲悔，阳生前，顿首曰："可则立之，否则已。"鲍牧恐祸起，乃复曰："皆景公子也，何为不可！"乃与盟，立阳生，是为悼公。悼公入宫，使人迁晏孺子于骀，[4]杀之幕下，而逐孺子母芮子。芮子故贱而孺子少，故无权，国人轻之。

①【集解】贾逵曰："圉，晏婴之子。"

②【集解】徐广曰："左传八月，齐邴意兹奔鲁。"

③【集解】何休曰："齐俗，妇人首祭事。言鱼豆者，示薄陋无所有也。"

④【集解】贾逵曰："齐邑。"

悼公元年，齐伐鲁，取讙、阐。[1]初，阳生亡在鲁，季康子以其妹妻之。及归即位，使迎之。季姬与季鲂侯通，[2]言其情，鲁弗敢与，故齐伐鲁，竟迎季姬。季姬嬖，齐复归鲁侵地。

①【集解】杜预曰："阐在东平刚县北。" 【索隐】二邑名。讙在今博城县西南。杜预曰："阐在东平刚县北。"

②【集解】杜预曰："鲂侯，康子叔父也。"

鲍子与悼公有郤，不善。四年，吴、鲁伐齐南方。鲍子弑悼公，赴于吴。吴王夫差哭于军门外三日，将从海入讨齐。齐人败之，吴师乃去。晋赵鞅伐齐，至赖而去。[1]齐人共立悼公子壬，是为简公。[2]

①【集解】服虔曰："赖，齐邑。"

②【集解】徐广曰："年表云简公壬者，景公之子也。"

简公四年春，初，简公与父阳生俱在鲁也，监止有宠焉。[①]及即位，使为政。田成子惮之，骤顾于朝。[②]御鞅[③]言简公曰："田、监不可并也，君其择焉。"[④]弗听。子我夕，[⑤]田逆杀人，逢之，[⑥]遂捕以入。[⑦]田氏方睦，[⑧]使囚病而遗守囚者酒，[⑨]醉而杀守者，得亡。子我盟诸田于陈宗。[⑩]初，田豹欲为子我臣，[⑪]使公孙言豹，[⑫]豹有丧而止。后卒以为臣，[⑬]幸于子我。子我谓曰："吾尽逐田氏而立女，可乎？"对曰："我远田氏矣。[⑭]且其违者不过数人，[⑮]何尽逐焉！"遂告田氏。子行曰："彼得君，弗先，必祸子。"[⑯]子行舍于公宫。[⑰]

①【集解】贾逵曰："阚止，子我也。"【索隐】监，左传作"阚"，音苦滥反。阚在东平须昌县东南也。

②【集解】杜预曰："心不安，故数顾也。"

③【集解】贾逵曰："鞅，齐大夫也。"【索隐】鞅，名也，为仆御之官，故曰御鞅，亦田氏之族。按：系本陈桓子无宇产子亹，亹产子献，献产鞅也。

④【集解】杜预曰："择用一人也。"

⑤【集解】服虔曰："夕省事。"

⑥【集解】服虔曰："子我将往夕省事于君，而逢逆之杀人也。"杜预曰："逆，子行。陈氏宗。"

⑦【集解】杜预曰："执逆入至于朝也。"

⑧【集解】服虔曰："陈常方欲谋有齐国，故和其宗族。"

⑨【集解】服虔曰："使陈逆诈病而遗也。"

⑩【集解】服虔曰："子我见陈逆得生出，而恐为陈氏所怨，故与盟而请和也。陈宗，宗长之家。"

⑪【集解】贾逵曰："豹，陈氏族也。"

⑫【集解】贾逵曰："公孙，齐大夫也。"杜预曰："言，介达之意。"

⑬【集解】杜预曰："终丧也。"

⑭【集解】服虔曰："言我与陈氏宗疏远也。"

⑮【集解】服虔曰："违者，不从子我者。"

⑯【集解】服虔曰："彼谓阚止也。子谓陈常也。"

⑰【集解】服虔曰："止于公宫，为陈氏作内间也。"

夏五月壬申，成子兄弟四乘如公。① 子我在幄，② 出迎之，遂入，闭门。③ 宦者御之，④ 子行杀宦者。⑤ 公与妇人饮酒于檀台，⑥ 成子迁诸寝。⑦ 公执戈将击之，⑧ 太史子馀⑨ 曰："非不利也，将除害也。"⑩ 成子出舍于库，⑪ 闻公犹怒，将出，⑫ 曰："何所无君！"子行拔剑曰："需，事之贼也。⑬ 谁非田宗？⑭ 所不杀子者有如田宗。"⑮ 乃止。子我归，属徒⑯ 攻闱与大门，⑰ 皆弗胜，乃出。田氏追之。丰丘人执子我以告，⑱ 杀之郭关。⑲ 成子将杀大陆子方，⑳ 田逆请而免之。以公命取车于道，㉑ 出雍门。㉒ 田豹与之车，弗受，曰："逆为余请，豹与余车，余有私焉。事子我而有私于其雠，何以见鲁、卫之士？"㉓

①【集解】服虔曰："成子兄弟八人，二人共一乘，故曰四乘。" 【索隐】服虔曰："成子兄弟八人，二人共乘一车，故四乘。"按系本，陈僖子乞产成子常、简子齿、宣子其夷、穆子安、廪丘子(尚)豎兹、芒子盈、惠子得，凡七人。杜预又取昭子庄以充八人之数。按系本，昭子是桓子之子，成子之叔父，又不名庄，强相证会，言四乘有八人耳。今按：田完系家云田常兄弟四人如公宫，与此事同。今此唯称四乘，不云人数，知四乘谓兄弟四人乘车而入，非二人共车也。然其昆弟三人不见者，盖时或不在，不同入公宫，不可强以四乘为八人，添叔父为兄弟之数。

服、杜殊失也。

②【集解】杜预曰："幄，帐也，听政之处也。"

③【集解】服虔曰："成子兄弟见子我出，遂突入，反闭门，子我不得复入。"

④【集解】服虔曰："阍竖以兵御陈氏。"

⑤【集解】服虔曰："舍于公宫，故得杀之。"

⑥【集解】服虔曰："当陈氏入时，饮酒于此台。"

⑦【集解】服虔曰："欲徙公令居寝也。"

⑧【集解】杜预曰："疑其作乱也。"

⑨【集解】服虔曰："齐大夫。"

⑩【集解】杜预曰："言将为公除害也。"

⑪【集解】杜预曰："以公怒故也。"

⑫【集解】服虔曰："出奔也。"

⑬【集解】杜预曰："言需疑则害事。"

⑭【集解】杜预曰："言陈氏宗族众多。"

⑮【集解】杜预曰："言子若欲出，我必杀子，明如陈宗。"

⑯【集解】服虔曰："会徒众。"

⑰【集解】宫中之门曰闱。大门，公门也。

⑱【集解】贾逵曰："丰丘，陈氏邑也。"

⑲【集解】服虔曰："齐关名。"

⑳【集解】服虔曰："子方，子我党，大夫东郭贾也。"

㉑【集解】杜预曰："子方取道中行人车。"

㉒【集解】杜预曰："齐城门。"

㉓【集解】服虔曰："子方将欲奔鲁、卫也。"左传曰："东郭贾奔卫。"

庚辰，田常执简公于徐州。①公曰："余蚤从御鞅言，不及此。"甲午，田常弑简公于徐州。田常乃立简公弟骜，②是为平公。平公即位，田常相之，专齐之政，割齐安平以东为田氏封邑。③

①【集解】春秋作“舒州”。贾逵曰:“陈氏邑也。”【索隐】徐音舒,其字从人。左氏作“舒”,舒,陈氏邑。说文作“郐”,郐在薛县。

②【索隐】系本及谯周皆作“敬”,盖误也。

③【集解】徐广曰:“年表云平公之时,齐自是称田氏。”【索隐】安平,齐邑。按:地理志涿郡有安平县也。

平公八年,越灭吴。二十五年卒,子宣公积立。

宣公五十一年卒,子康公贷立。田会反廪丘。①

①【索隐】田会,齐大夫。廪,邑名,东郡有廪丘县也。

康公二年,韩、魏、赵始列为诸侯。十九年,田常曾孙田和始为诸侯,迁康公海滨。

二十六年,康公卒,吕氏遂绝其祀。田氏卒有齐国,为齐威王,强于天下。

太史公曰:吾适齐,自泰山属之琅邪,北被于海,膏壤二千里,其民阔达多匿知,其天性也。以太公之圣,建国本,桓公之盛,修善政,以为诸侯会盟,称伯,不亦宜乎?洋洋哉,固大国之风也!

【索隐述赞】太公佐周,实秉阴谋。既表东海,乃居营丘。小白致霸,九合诸侯。及溺内宠,衅锺虫流。庄公失德,崔杼作仇。陈氏专政,厚货轻收。悼、简遘祸,田、阚非俦。沨沨馀烈,一变何由?

史记卷三十三

鲁周公世家第三

周公旦者，周武王弟也。①自文王在时，旦为子孝，②笃仁，异于群子。及武王即位，旦常辅翼武王，用事居多。武王九年，东伐至盟津，周公辅行。十一年，伐纣，至牧野，③周公佐武王，作牧誓。破殷，入商宫。已杀纣，周公把大钺，召公把小钺，以夹武王，衅社，告纣之罪于天，及殷民。释箕子之囚。封纣子武庚禄父，使管叔、蔡叔傅之，以续殷祀。偏封功臣同姓戚者。封周公旦于少昊之虚曲阜，④是为鲁公。周公不就封，留佐武王。

①【集解】谯周曰："以太王所居周地为其采邑，故谓周公。" 【索隐】周，地名，在岐山之阳，本太王所居，后以为周公之菜邑，故曰周公。即今之扶风雍东北故周城是也。谥曰周文公，见国语。

②【索隐】邹诞本"孝"作"敬"也。

③【正义】卫州即牧野之地，东北去朝歌七十三里。

④【正义】括地志云："兖州曲阜县外城即鲁公伯禽所筑也。"

武王克殷二年，天下未集，武王有疾，不豫，群臣惧，太公、召公乃缪卜。[①]周公曰："未可以戚我先王。"[②]周公于是乃自以为质，设三坛，周公北面立，戴璧秉圭，[③]告于太王、王季、文王。[④]史策祝曰：[⑤]"惟尔元孙王发，勤劳阻疾。[⑥]若尔三王是有负子之责于天，以旦代王发之身。[⑦]旦巧能，多材多蓺，能事鬼神。[⑧]乃王发不如旦多材多蓺，不能事鬼神。乃命于帝庭，敷佑四方，[⑨]用能定汝子孙于下地，四方之民罔不敬畏。[⑩]无坠天之降葆命，我先王亦永有所依归。[⑪]今我其即命于元龟，[⑫]尔之许我，我以其璧与圭归，以俟尔命。[⑬]尔不许我，我乃屏璧与圭。"[⑭]周公已令史策告太王、王季、文王，欲代武王发，于是乃即三王而卜。卜人皆曰吉，发书视之，信吉。[⑮]周公喜，开籥，乃见书遇吉。[⑯]周公入贺武王曰："王其无害。旦新受命三王，维长终是图。[⑰]兹道能念予一人。"[⑱]周公藏其策金縢匮中，[⑲]诫守者勿敢言。明日，武王有瘳。

①【集解】徐广曰："古书'穆'字多作'缪'。"

②【集解】孔安国曰："戚，近也。未可以死近先王也。"郑玄曰："二公欲就文王庙卜。戚，忧也。未可忧怖我先王也。"

③【集解】孔安国曰："璧以礼神，圭以为贽。"

④【集解】孔安国曰："告谓祝辞。"

⑤【集解】孔安国曰："史为策书祝(祠)〔词〕也。"郑玄曰："策，周公所作，谓简书也。祝者读此简书，以告三王。"

⑥【集解】徐广曰："阻，一作'淹'。"

⑦【集解】孔安国曰："大子之责，谓疾不可救也。不可救于天，则当以旦代之。死生有命，不可请代，圣人叙臣子之心以垂世教。"【索隐】尚书"负"为"丕"，今此为"负"者，谓三王负于上天之责，故我当代之。

郑玄亦曰“丕”读曰“负”。

⑧【集解】孔安国曰：“言可以代武王之意。”

⑨【集解】马融曰：“武王受命于天帝之庭，布其道以佑助四方。”

⑩【集解】孔安国曰：“言武王用受命帝庭之故，能定先人子孙于天下，四方之民无不敬畏也。”

⑪【集解】孔安国曰：“言不救，则坠天宝命也；救之，则先王长有所依归矣。”郑玄曰：“降，下也。宝犹神也。有所依归，为宗庙之主也。”【正义】坠，直类反。

⑫【集解】孔安国曰：“就受三王之命于元龟，卜知吉凶者也。”马融曰：“元龟，大龟也。”

⑬【集解】孔安国曰：“许谓疾瘳。待命，当以事神也。”马融曰：“待汝命。武王当愈，我当死也。”

⑭【集解】孔安国曰：“不许，不愈也。屏，藏。言不得事神。”

⑮【集解】孔安国曰：“占兆书也。”

⑯【集解】王肃曰：“籥，藏占兆书管也。”

⑰【集解】孔安国曰：“我新受三王命，武王维长终是谋周之道。”

⑱【集解】马融曰：“一人，天子也。”郑玄曰：“兹，此也。”

⑲【集解】孔安国曰：“藏之于匮，缄之以金，不欲人开也。”

其后武王既崩，成王少，在强葆之中。①周公恐天下闻武王崩而畔，周公乃践阼代成王摄行政当国。管叔及其群弟流言于国曰：“周公将不利于成王。”②周公乃告太公望、召公奭曰：“我之所以弗辟③而摄行政者，恐天下畔周，无以告我先王太王、王季、文王。三王之忧劳天下久矣，于今而后成。武王蚤终，成王少，将以成周，我所以为之若此。”于是卒相成王，而使其子伯禽代就封于鲁。周公戒伯禽曰：“我文王之子，武王之弟，成王之叔父，我于天下亦不贱矣。然我一沐三捉髮，一饭三吐哺，起以待士，犹恐失天下之贤人。子之鲁，慎无以国骄人。”

①【索隐】强葆即“襁褓”，古字少，假借用之。　【正义】强阔八寸，长八尺，用约小儿于背而负行。葆，小儿被也。

②【集解】孔安国曰：“放言于国，以诬周公，以惑成王也。”

③【正义】音避。

管、蔡、武庚等果率淮夷而反。周公乃奉成王命，兴师东伐，作大诰。遂诛管叔，杀武庚，放蔡叔。收殷馀民，以封康叔于卫，封微子于宋，以奉殷祀。宁淮夷东土，二年而毕定。诸侯咸服宗周。

天降祉福，唐叔得禾，异母同颖，[①]献之成王，成王命唐叔以馈周公于东土，作馈禾。周公既受命禾，嘉天子命，[②]作嘉禾。东土以集，周公归报成王，乃为诗贻王，命之曰鸱鸮。[③]王亦未敢训周公。[④]

①【集解】徐广曰：“一作‘穗’。颖即穗也。”　【索隐】尚书曰“异亩”，此“母”义并通。邹诞本同。

②【集解】徐广曰：“嘉，一作‘鲁’，今书序作‘旅’也。”　【索隐】徐广云一作“鲁”，“鲁”字误也。今书序作“旅”。史记嘉天子命，于文亦得，何须作“嘉旅”？

③【集解】毛诗序曰：“成王未知周公之志，公乃为诗以遗王，名之曰鸱鸮。”毛传曰：“鸱鸮，鸋鴂也。”

④【集解】徐广曰：“训，一作‘诮’。”　【索隐】按：尚书作“诮”。诮，让也。此作“训”，字误耳，义无所通。徐氏合定其本，何须云一作“诮”也！

成王七年二月乙未，王朝步自周，至丰，[①]使太保召公先之雒相土。[②]其三月，周公往营成周雒邑，[③]卜居焉，曰吉，遂国之。

①【集解】马融曰：“周，镐京也。丰，文王庙所在。朝者，举事上朝，将即

土中易都，大事，故告文王、武王庙。”郑玄曰：“步，行也，堂下谓之步。丰、镐异邑，而言步者，告武王庙即行，出庙入庙，不以为远，为父恭也。”【索隐】丰，文王所作邑。后武王都镐，于丰立文王庙。按：丰在鄠县东，临丰水，东去镐二十五里也。

②【集解】郑玄曰：“相，视也。”

③【集解】公羊传曰：“成周者何？东周也。”何休曰：“名为成周者，周道始成，王所都也。”

成王长，能听政。于是周公乃还政于成王，成王临朝。周公之代成王治，南面倍依以朝诸侯。①及七年后，还政成王，北面就臣位，匔匔如畏然。②

①【集解】礼记曰：“周公朝诸侯于明堂之位，天子负斧依，南向而立。”郑玄曰：“周公摄王位，以明堂之礼仪朝诸侯也。不于宗庙，避王也。天子，周公也。负之言倍也。斧依，为斧文屏风于户牖之间，周公于前立也。”

②【集解】徐广曰：“匔匔，谨敬貌也。见三苍，音穷穷。一本作‘夔夔’也。”

初，成王少时，病，周公乃自揃其蚤沈之河，以祝于神曰：“王少未有识，奸神命者乃旦也。”亦藏其策于府。成王病有瘳。及成王用事，人或谮周公，周公奔楚。①成王发府，见周公祷书，乃泣，反周公。

①【索隐】经典无文，其事或别有所出。而谯周云“秦既燔书，时人欲言金縢之事，失其本末，乃云‘成王少时病，周公祷河欲代王死，藏祝策于府。成王用事，人谗周公，周公奔楚。成王发府见策，乃迎周公’”，又与蒙恬传同，事或然也。

周公归，恐成王壮，治有所淫佚，乃作多士，作毋逸。毋逸称：

"为人父母,为业至长久,子孙骄奢忘之,以亡其家,为人子可不慎乎!故昔在殷王中宗,严恭敬畏天命,自度①治民,震惧不敢荒宁,②故中宗飨国七十五年。其在高宗,③久劳于外,为与小人,④作其即位,乃有亮闇,三年不言,⑤言乃欢,⑥不敢荒宁,密靖殷国,⑦至于小大无怨,⑧故高宗飨国五十五年。⑨其在祖甲,⑩不义惟王,久为小人⑪于外,知小人之依,能保施小民,不侮鳏寡,⑫故祖甲飨国三十三年。"⑬多士称曰:"自汤至于帝乙,无不率祀明德,帝无不配天者。⑭在今后嗣王纣,诞淫厥佚,不顾天及民之从也。⑮其民皆可诛。"(周多士)"文王日中昃不暇食,飨国五十年。"作此以诫成王。

①【集解】孔安国曰:"用法度也。"

②【集解】马融曰:"知民之劳苦,不敢荒废自安也。"

③【正义】武丁也。

④【集解】孔安国曰:"父小乙使之久居人间,劳是稼穑,与小人出入同事也。"马融曰:"武丁为太子时,其父小乙使行役,有所劳役于外,与小人从事,知小人艰难劳苦也。"郑玄曰:"为父小乙将师役于外也。"

⑤【集解】孔安国曰:"武丁起其即王位,则小乙死,乃有信嘿,三年不言,言孝行著也。"郑玄曰:"楣谓之梁,闇谓庐也。"

⑥【集解】郑玄曰:"欢,喜悦也。言乃喜悦,则臣民望其言久矣。"

⑦【集解】马融曰:"密,安也。"

⑧【集解】孔安国曰:"小大之政,民无怨者,言无非也。"

⑨【集解】尚书云五十九年。

⑩【集解】孔安国、王肃曰:"祖甲,汤孙太甲也。"马融、郑玄曰:"祖甲,武丁子帝甲也。"【索隐】孔安国以为汤孙太甲,马融、郑玄以为武丁子帝甲。按:纪年太甲唯得十二年,此云祖甲享国三十三年,知祖甲是帝甲明矣。

⑪【集解】孔安国曰:“为王不义,久为小人之行,伊尹放之桐宫。”马融曰:“祖甲有兄祖庚,而祖甲贤,武丁欲立之,祖甲以王废长立少不义,逃亡民间,故曰‘不义惟王,久为小人’也。武丁死,祖庚立。祖庚死,祖甲立。”

⑫【集解】孔安国曰:“小人之所依,依仁政也,故能安顺于众民,不敢侮慢茕独也。”

⑬【集解】王肃曰:“先中宗后祖甲,先盛德后有过也。”

⑭【集解】孔安国曰:“无敢失天道者,故无不配天也。”

⑮【集解】徐广曰:“一作‘敬之’也。”骃案:马融曰“纣大淫乐其逸,无所能顾念于天施显道于民而敬之也”。

成王在丰,天下已安,周之官政未次序,于是周公作周官,官别其宜。作立政,①以便百姓。百姓说。

①【集解】孔安国曰:“周公既致政成王,恐其怠忽,故以君臣立政为戒也。”

周公在丰,病,将没,曰:“必葬我成周,①以明吾不敢离成王。”周公既卒,成王亦让,葬周公于毕,②从文王,以明予小子不敢臣周公也。

①【集解】徐广曰:“卫世家云管叔欲袭成周,然则或说尚书者不以成周为洛阳乎?诸侯年表叙曰‘齐、晋、楚、秦,其在成周,微之甚也’。”

②【正义】括地志云:“周公墓在雍州咸阳北十三里毕原上。”

周公卒后,秋未获,暴风雷(雨),禾尽偃,大木尽拔。周国大恐。成王与大夫朝服以开金縢书,①王乃得周公所自以为功代武王之说。②二公及王乃问史百执事,③史百执事曰:“信有,昔周公命我勿敢言。”成王执书以泣,④曰:“自今后其无缪卜乎!⑤昔周公勤劳王家,惟予幼人弗及知。今天动威以彰周公之德,惟朕小子其迎,我国家礼亦宜之。”⑥王出郊,天乃雨,反风,禾尽起。⑦二公命国人，凡大木所偃，尽起而筑之。[8]岁则大孰。于是成王乃命鲁得郊[9]祭文王。[10]鲁有天子礼乐者，以褒周公之德也。

①【索隐】据尚书，武王崩后有此雷风之异。今此言周公卒后更有暴风之变，始开金縢之书，当不然也。盖由史迁不见古文尚书，故说乖误。

②【集解】徐广曰："一作'简'。"骃案：孔安国曰："所藏请命策书本也"。

③【集解】孔安国曰："二公倡王启之，故先见书也。史百执事皆从周公请命者。"郑玄曰："问者，问审然否也。"

④【集解】郑玄曰："泣者，伤周公忠孝如是而无知之者。"

⑤【集解】孔安国曰："本欲敬卜吉凶，今天意可知，故止。"

⑥【集解】王肃曰："亦宜褒有德也。" 【正义】孔安国云："周公以成王未寤，故留东未还。成王改过自新，遣使者逆之，亦国家礼有德之宜也。"王、孔二说非也。按：言成王以开金縢之书，知天风雷以彰周公之德，故成王亦设郊天之礼以迎，我国家先祖配食之礼亦当宜之，故成王出郊，天乃雨反风也。

⑦【集解】孔安国曰："郊，以玉币谢天也。天即反风起禾，明郊之是也。"马融曰："反风，风还反也。"

⑧【集解】徐广曰："筑，拾也。"骃案：马融曰"禾为木所偃者，起其木，拾其下禾，乃无所失亡也"。

⑨【集解】礼记曰："鲁君祀帝于郊，配以后稷，天子之礼。"

⑩【集解】礼记曰："诸侯不得祖天子。"郑玄曰："鲁以周公之故，立文王之庙也。"

周公卒，子伯禽固已前受封，是为鲁公。[1]鲁公伯禽之初受封之鲁，三年而后报政周公。周公曰："何迟也？"伯禽曰："变其俗，革其礼，丧三年然后除之，故迟。"太公亦封于齐，五月而报政周公。周公曰："何疾也？"曰："吾简其君臣礼，从其俗为也。"及后闻伯禽报政迟，乃叹曰："呜呼，鲁后世其北面事齐矣！夫政不简不易，民不有近；平易近民，民必归之。"②

①【索隐】周公元子就封于鲁，次子留相王室，代为周公。其馀食小国者六人，凡、蒋、邢、茅、胙、祭也。

②【集解】徐广曰："一本云'政不简不行，不行不乐，不乐则不平易；平易近民，民必归之'。又一本云'夫民不简不易；有近乎简易，民必归之'。"【索隐】言为政简易者，民必附近之。近谓亲近也。

伯禽即位之后，有管、蔡等反也，淮夷、徐戎亦并兴反。①于是伯禽率师伐之于肸，作肸誓，②曰："陈尔甲胄，无敢不善。无敢伤牿。③马牛其风，臣妾逋逃，④勿敢越逐，敬⑤复之。⑥无敢寇攘，逾墙垣。⑦鲁人三郊三隧，⑧峙尔刍茭、糗粮、桢干，⑨无敢不逮。我甲戌筑而征徐戎，⑩无敢不及，有大刑。"⑪作此肸誓，遂平徐戎，定鲁。

①【集解】孔安国曰："淮浦之夷，徐州之戎，并起为寇。"

②【集解】徐广曰："肸，一作'鲜'，一作'狝'。"骃案：尚书作"粊"。孔安国曰"鲁东郊之地名也"。【索隐】尚书作"费誓"。徐广云一作"鲜"，一作"狝"。按：尚书大传见作"鲜誓"，鲜誓即肸誓，古今字异，义亦变也。鲜，狝也。言于肸地誓众，因行狝田之礼，以取鲜兽而祭，故字或作"鲜"，或作"狝"。孔安国云"费，鲁东郊地名"，即鲁卿季氏之费邑地也。

③【正义】古毒反。牿，牛马牢也。令臣无伤其牢，恐牛马逸。

④【集解】郑玄曰："风，走逸。臣妾，厮役之属也。"

⑤【集解】徐广曰："一作'振'。"

⑥【集解】孔安国曰："勿敢弃越垒伍而求逐也。众人有得佚马牛，逃臣妾，皆敬还。"

⑦【集解】郑玄曰："寇，劫取也。因其失亡曰'攘'。"

⑧【集解】王肃曰："邑外曰郊，郊外曰隧。不言四者，东郊留守，故言三也。"

⑨【集解】孔安国曰："皆当储峙汝粮，使足食；多积刍茭，供军牛马。"马融曰："桢、干皆筑具，桢在前，干在两旁。"【正义】糗，去九反。桢音贞。

⑩【集解】孔安国曰："甲戌日当筑攻敌垒距堙之属。"

⑪【集解】马融曰："大刑，死刑。"

鲁公伯禽卒，①子考公酋立。②考公四年卒，立弟熙，③是谓炀公。炀公筑茅阙门。④六年卒，子幽公宰立。⑤幽公十四年，幽公弟溃杀幽公而自立，是为魏公。⑥魏公五十年卒，子厉公擢立。⑦厉公三十七年卒，鲁人立其弟具，是为献公。献公三十二年卒，⑧子真公濞立。⑨

①【集解】徐广曰："皇甫谧云伯禽以成王元年封，四十六年，康王十六年卒。"

②【索隐】系本作"就"，邹诞本作"遒"。

③【索隐】一作"怡"。考公弟。

④【集解】徐广曰："一作'第'，又作'夷'。世本曰'炀公徙鲁'，宋忠曰'今鲁国'。"

⑤【索隐】系本名圉。

⑥【集解】徐广曰："世本作'微公'。"【索隐】系本"溃"作"弗"，音沸。"魏"作"微"。且古书多用魏字作微，则太史公意亦不殊也。

⑦【索隐】系本作"翟"，音持角反。

⑧【集解】徐广曰："刘歆云五十年。皇甫谧云三十六年。"

⑨【索隐】真音慎，本亦多作"慎公"。按：卫亦有真侯，可通也。濞，系本作"挚"，或作"鼻"，音匹位反。邹诞本作"慎公嚊"。

真公十四年，周厉王无道，出奔彘，共和行政。二十九年，周宣王即位。

三十年，真公卒，弟敖立，是为武公。

武公九年春，武公与长子括，少子戏，[①]西朝周宣王。宣王爱戏，欲立戏为鲁太子。周之樊仲山父谏宣王曰："废长立少，不顺；不顺，必犯王命；犯王命，必诛之：故出令不可不顺也。令之不行，政之不立；[②]行而不顺，民将弃上。[③]夫下事上，少事长，所以为顺。今天子建诸侯，立其少，是教民逆也。[④]若鲁从之，诸侯效之，王命将有所壅；[⑤]若弗从而诛之，是自诛王命也。[⑥]诛之亦失，不诛亦失，[⑦]王其图之。"宣王弗听，卒立戏为鲁太子。夏，武公归而卒，[⑧]戏立，是为懿公。

①【正义】许义反，又音许宜反，后同。

②【集解】韦昭曰："令不行则政不立。"

③【集解】韦昭曰："使长事少，故民将弃上。"

④【集解】唐固曰："言不教之顺而教之逆。"

⑤【集解】韦昭曰："言先王立长之命将壅塞不行也。"

⑥【集解】韦昭曰："先王之命立长，今鲁亦立长，若诛之，是自诛王命。"

⑦【集解】韦昭曰："诛之，诛王命；不诛，则王命废。"

⑧【集解】徐广曰："刘歆云立二年。"

懿公九年，懿公兄括之子伯御[①]与鲁人攻弑懿公，而立伯御为君。伯御即位十一年，周宣王伐鲁，杀其君伯御，而问鲁公子能道顺诸侯者，[②]以为鲁后。樊穆仲曰：[③]"鲁懿公弟称，[④]肃恭明神，敬事耆老；赋事行刑，必问于遗训而咨于固实；[⑤]不干所问，不犯所(知)〔咨〕。"宣王曰："然，能训治其民矣。"乃立称于夷宫，[⑥]是为孝公。自是后，诸侯多畔王命。

①【正义】御，我嫁反，下同。

②【集解】徐广曰："顺，一作'训'。"【正义】道音导。顺音训。

③【集解】韦昭曰："穆仲，仲山父之谥也。犹鲁叔孙穆子谓之穆叔也。"

④【正义】尺证反。

⑤【集解】徐广曰："固，一作'故'。"韦昭曰："故实，故事之是者。"

⑥【集解】韦昭曰："夷宫者，宣王祖父夷王之庙。古者爵命必于祖庙。"

孝公二十五年，诸侯畔周，犬戎杀幽王。秦始列为诸侯。二十七年，孝公卒，子弗湟立，①是为惠公。

①【集解】徐广曰："表云弗生也。"【索隐】系本作"弗皇"。年表作"弗生"。

惠公三十年，晋人弑其君昭侯。四十五年，晋人又弑其君孝侯。

四十六年，惠公卒，长庶子息①摄当国，行君事，是为隐公。初，惠公適夫人无子，②公贱妾声子生子息。息长，为娶于宋。宋女至而好，惠公夺而自妻之。③生子允。④登宋女为夫人，以允为太子。及惠公卒，为允少故，鲁人共令息摄政，不言即位。

①【索隐】隐公也。系本隐公名息姑。

②【正义】適音的。

③【索隐】左传宋武公生仲子，仲子手中有"为鲁夫人"文，故归鲁，生桓公。今此云惠公夺息妇而自妻。又经传不言惠公无道，左传文见分明，不知太史公何据而为此说。谯周亦深不信然。

④【集解】徐广曰："一作'轨'。"【索隐】系本亦作"轨"也。

隐公五年，观渔于棠。①八年，与郑易天子之太山之邑祊及许田，君子讥之。②

①【集解】贾逵曰："棠，鲁地。陈渔而观之。"杜预曰："高平方与县北有武棠亭，鲁侯观渔台也。"

②【集解】穀梁传曰："祊者，郑伯之所受命于天子而祭泰山之邑也。许田乃鲁之朝宿之邑。天子在上，诸侯不得以地相与。

十一年冬，公子挥谄谓隐公曰："百姓便君，君其遂立。吾请为君杀子允，君以我为相。"①隐公曰："有先君命。吾为允少，故摄代。今允长矣，吾方营菟裘之地而老焉，②以授子允政。"挥惧子允闻而反诛之，乃反谮隐公于子允曰："隐公欲遂立，去子，子其图之。请为子杀隐公。"子允许诺。十一月，隐公祭锺巫，③齐于社圃，④馆于芳氏。⑤挥使人弑隐公于芳氏，而立子允为君，是为桓公。

①【集解】左传曰："羽父请杀桓公，将以求太宰也。"

②【集解】服虔曰："菟裘，鲁邑也。营菟裘以作宫室，欲居之以终老也。"杜预曰："菟裘在泰山梁父县南。"

③【集解】贾逵曰："锺巫，祭名也。"

④【集解】杜预曰："社圃，园名。"

⑤【集解】服虔曰："馆，舍也。芳氏，鲁大夫。"

桓公元年，郑以璧易天子之许田。①二年，以宋之赂鼎入于太庙，君子讥之。②

①【集解】麋信曰："郑以祊不足当许田，故复加璧。"

②【集解】穀梁传曰："桓公内杀其君，外成人之乱，受赂而退，以事其祖，非礼也。"公羊传曰："周公庙曰太庙。"

三年，使挥迎妇于齐为夫人。六年，夫人生子，与桓公同日，故名曰同。同长，为太子。

十六年，会于曹，伐郑，入厉公。

十八年春，公将有行，①遂与夫人如齐。申繻谏止，②公不听，遂如齐。齐襄公通桓公夫人。公怒夫人，夫人以告齐侯。夏四月丙子，齐襄公飨公，③公醉，使公子彭生抱鲁桓公，因命彭生摺其胁，公死于车。鲁人告于齐曰："寡君畏君之威，不敢宁居，来修好礼。礼成而不反，无所归咎，请得彭生以除丑于诸侯。"齐人杀彭生以说鲁。立太子同，是为庄公。庄公母夫人因留齐，不敢归鲁。

①【集解】杜预曰："始议行事也。"

②【集解】贾逵曰："申繻，鲁大夫。"

③【集解】服虔曰："为公设享谦之礼。"

庄公五年冬，伐卫，内卫惠公。

八年，齐公子纠来奔。九年，鲁欲内子纠于齐，后桓公，桓公发兵击鲁，鲁急，杀子纠。召忽死。齐告鲁生致管仲。鲁人施伯曰：①"齐欲得管仲，非杀之也，将用之，用之则为鲁患。不如杀，以其尸②与之。"庄公不听，遂囚管仲与齐。齐人相管仲。

①【正义】世本云："施伯，鲁惠公孙。"

②【索隐】本亦作"死"字也。

十三年，鲁庄公与曹沫会齐桓公于柯，曹沫劫齐桓公，求鲁侵地，已盟而释桓公。桓公欲背约，管仲谏，卒归鲁侵地。十五年，齐桓公始霸。二十三年，庄公如齐观社。①

①【集解】韦昭曰："齐因祀社，搜军实以示军容，公往观之。"

三十二年，初，庄公筑台临党氏，①见孟女，②说而爱之，许立为夫人，割臂以盟。③孟女生子斑。斑长，说梁氏女，④往观。圉人荦自墙外与梁氏女戏。⑤斑怒，鞭荦。庄公闻之，曰："荦有力焉，遂杀之，是未可鞭而置也。”斑未得杀。会庄公有疾。庄公有三弟，长曰庆父，次曰叔牙，次曰季友。庄公取齐女为夫人曰哀姜。哀姜无子。哀姜娣⑥曰叔姜，生子开。庄公无適嗣，爱孟女，欲立其子斑。庄公病，而问嗣于弟叔牙。叔牙曰：“一继一及，鲁之常也。⑦庆父在，可为嗣，君何忧？”庄公患叔牙欲立庆父，退而问季友。季友曰：“请以死立斑也。”庄公曰：“曩者叔牙欲立庆父，柰何？”季友以庄公命命牙待于鍼巫氏，⑧使鍼季劫饮叔牙以鸩，⑨曰：“饮此则有后奉祀；不然，死且无后。”牙遂饮鸩而死，鲁立其子为叔孙氏。⑩八月癸亥，庄公卒，季友竟立子斑为君，如庄公命。侍丧，舍于党氏。⑪

①【集解】贾逵曰：“党氏，鲁大夫，任姓。”

②【集解】贾逵曰：“党氏之女。” 【索隐】即左传云孟任。党氏二女。孟，长也；任，字也，非姓耳。

③【集解】服虔曰：“割其臂以与公盟。”

④【集解】杜预曰：“梁氏，鲁大夫也。”

⑤【集解】服虔曰：“圉人，掌养马者，荦其名也。” 【正义】荦，力角反。

⑥【正义】田戾反。

⑦【集解】何休曰：“父死子继，兄死弟及。”

⑧【集解】杜预曰：“鍼巫氏，鲁大夫也。”

⑨【集解】服虔曰：“鸩鸟，一曰运日鸟。”

⑩【集解】杜预曰：“不以罪诛，故得立后，世继其禄也。”

⑪【正义】未至公宫，止于舅氏。

先时庆父与哀姜私通，欲立哀姜娣子开。及庄公卒而季友立斑，十月己未，庆父使圉人荦杀鲁公子斑于党氏。季友奔陈。①庆父竟立庄公子开，是为湣公。②

①【集解】服虔曰：“季友内知庆父之情，力不能诛，故避其难出奔。”

②【索隐】系本名启，今此作“开”，避汉景帝讳耳。春秋作“闵公”也。

湣公二年，庆父与哀姜通益甚。哀姜与庆父谋杀湣公而立庆父。庆父使卜齮袭杀湣公于武闱。①季友闻之，自陈与湣公弟申如邾，请鲁求内之。鲁人欲诛庆父。庆父恐，奔莒。于是季友奉子申入，立之，是为釐公。②釐公亦庄公少子。哀姜恐，奔邾。季友以赂如莒求庆父，庆父归，使人杀庆父，庆父请奔，弗听，乃使大夫奚斯行哭而往。庆父闻奚斯音，乃自杀。齐桓公闻哀姜与庆父乱以危鲁，乃召之邾而杀之，以其尸归，戮之鲁。鲁釐公请而葬之。

①【集解】贾逵曰：“卜齮，鲁大夫也。宫中之门谓之闱。”【正义】齮，鱼绮反。闱音韦。

②【索隐】湣公弟名申，成季相之，鲁国以理，于是鲁人为僖公作鲁颂。

季友母陈女，故亡在陈，陈故佐送季友及子申。季友之将生也，父鲁桓公使人卜之，曰：“男也，其名曰‘友’，间于两社，为公室辅。①季友亡，则鲁不昌。”及生，有文在掌曰“友”，遂以名之，号为成季。其后为季氏，庆父后为孟氏也。

①【集解】贾逵曰：“两社，周社、亳社也。两社之间，朝廷执政之臣所在。”

釐公元年，以汶阳鄪封季友。①季友为相。

①【集解】贾逵曰：“汶阳，鄪，鲁二邑。”杜预曰：“汶阳，汶水北地也。汶水出泰山莱芜县。”【索隐】“鄪”或作“费”，同音秘。按：费在汶水之北，则“汶阳”非邑。贾言二邑，非也。地理志东海费县，班固云“鲁季氏邑”。盖尚书费誓即其地。

九年，晋里克杀其君奚齐、卓子。①齐桓公率釐公讨晋乱，至高梁[2]而还，立晋惠公。十七年，齐桓公卒。二十四年，晋文公即位。

①【集解】徐广曰："卓，一作'悼'。"

②【索隐】晋地，在平阳县西北。

三十三年，釐公卒，子兴立，是为文公。

文公元年，楚太子商臣弑其父成王，代立。三年，文公朝晋襄公。

十一年十月甲午，鲁败翟于鹹，[1]获长翟乔如，富父终甥舂其喉，以戈杀之，[2]埋其首于子驹之门，[3]以命宣伯。[4]

①【集解】服虔曰："鲁地也。"

②【集解】服虔曰："富父终甥，鲁大夫也。舂犹衝。"

③【集解】贾逵曰："子驹，鲁郭门名。"

④【集解】服虔曰："宣伯，叔孙得臣子乔如也。得臣获乔如以名其子，使后世旌识其功。"

初，宋武公之世，鄋瞒伐宋，[1]司徒皇父帅师御之，以败翟于长丘，[2]获长翟缘斯。[3]晋之灭路，[4]获乔如弟棼如。齐惠公二年，鄋瞒伐齐，齐王子城父获其弟荣如，埋其首于北门。[5]卫人获其季弟简如。[6]鄋瞒由是遂亡。[7]

①【集解】服虔曰："武公，周平王时，在春秋前二十五年。鄋瞒，长翟国名。"【正义】鄋作"廋"音，所刘反。瞒，莫寒反。

②【集解】杜预曰："宋地名。"

③【集解】贾逵曰："乔如之祖。"

④【集解】在鲁宣公十五年。

⑤【集解】按年表，齐惠公二年，鲁宣公之二年。

⑥【集解】服虔曰："获与乔如同时。"

⑦【集解】杜预曰："长翟之种绝。"

十五年，季文子使于晋。

十八年二月，文公卒。文公有二妃：长妃齐女为哀姜，①生子恶及视；次妃敬嬴，嬖爱，生子俀。②俀私事襄仲，③襄仲欲立之，叔仲曰不可。④襄仲请齐惠公，惠公新立，欲亲鲁，许之。冬十月，襄仲杀子恶及视而立俀，是为宣公。哀姜归齐，哭而过市，曰："天乎！襄仲为不道，杀适⑤立庶！"市人皆哭，鲁人谓之"哀姜"。鲁由此公室卑，三桓强。⑥

①【索隐】此"哀"非谥，盖以哭而过市，国人哀之，谓之"哀姜"，故生称"哀"，与上桓夫人别也。

②【集解】徐广曰："一作'倭'。" 【索隐】倭音人唯反，一作"俀"，音同。

③【集解】服虔曰："襄仲，公子遂。"

④【集解】服虔曰："叔仲惠伯。"

⑤【正义】音的。

⑥【集解】服虔曰："三桓，鲁桓公之族仲孙、叔孙、季孙。"

宣公俀十二年，楚庄王强，围郑。郑伯降，复国之。

十八年，宣公卒，子成公黑肱立，①是为成公。季文子曰："使我杀适立庶失大援者，襄仲。"②襄仲立宣公，公孙归父有宠。③宣公欲去三桓，与晋谋伐三桓。会宣公卒，季文子怨之，归父奔齐。

①【集解】徐广曰："肱，一作'股'。"

②【集解】服虔曰："援，助也。仲杀适立庶，国政无常，邻国非之，是失大援助也。"杜预曰："襄仲立宣公，南通于楚既不固，又不能坚事齐、晋，故云失大援。"

③【集解】服虔曰："归父，襄仲之子。"

成公二年春，齐伐取我隆。[①]夏，公与晋郤克败齐顷公于鞌，齐复归我侵地。四年，成公如晋，晋景公不敬鲁。鲁欲背晋合于楚，或谏，乃不。十年，成公如晋。晋景公卒，因留成公送葬，鲁讳之。[②]十五年，始与吴王寿梦会锺离。[③]

①【集解】左传作"龙"。杜预曰："鲁邑，在泰山博县西南。"

②【索隐】经不书其葬，唯言"公如晋"，是讳之。

③【正义】括地志云："锺离国故城在濠州锺离县东五里。"

十六年，宣伯告晋，欲诛季文子。[①]文子有义，晋人弗许。

①【集解】服虔曰："宣伯，叔孙乔如。"

十八年，成公卒，子午立，是为襄公。是时襄公三岁也。

襄公元年，晋立悼公。往年冬，晋栾书弑其君厉公。四年，襄公朝晋。

五年，季文子卒。家无衣帛之妾，厩无食粟之马，府无金玉，以相三君。[①]君子曰："季文子廉忠矣。"

①【索隐】宣公，成公，襄公。

九年，与晋伐郑。晋悼公冠襄公于卫，[①]季武子从，相行礼。

①【集解】左传曰："冠于成公之庙，假钟磬焉，礼也。"

十一年，三桓氏分为三军。[①]

①【集解】韦昭曰："周礼，天子六军，诸侯大国三军。鲁，伯禽之封，旧有三军，其后削弱，二军而已。季武子欲专公室，故益中军，以为三军，三家各征其一。"【索隐】征谓起徒役也。武子为三军，故一卿主一军之征赋也。

十二年，朝晋。十六年，晋平公即位。二十一年，朝晋平公。

二十二年，孔丘生。①

①【正义】生在周灵王二十一年，鲁襄二十二年，晋平七年，吴诸樊十年。

二十五年，齐崔杼弑其君庄公，立其弟景公。

二十九年，吴延陵季子使鲁，问周乐，尽知其意，鲁人敬焉。

三十一年六月，襄公卒。其九月，太子卒。①鲁人立齐归之子裯为君，②是为昭公。

①【集解】左传曰："毁也。" 【索隐】左传云胡女敬归之子子野立，三月卒。

②【集解】徐广曰："裯，一作'袑'。"服虔曰："胡，归姓之国也。齐，谥也。" 【索隐】系本作"稠"。又徐广云一作"袑"，音绍也。

昭公年十九，犹有童心。①穆叔不欲立，②曰："太子死，有母弟可立，不即立长。③年钧择贤，义钧则卜之。④今裯非適嗣，且又居丧意不在戚而有喜色，若果立，必为季氏忧。"季武子弗听，卒立之。比及葬，三易衰。⑤君子曰："是不终也。"

①【集解】服虔曰："言无成人之志，而有童子之心。"

②【索隐】鲁大夫叔孙豹也，宣伯乔如之弟。

③【集解】服虔曰："无母弟，则立庶子之长。"

④【集解】杜预曰："先人事，后卜筮。义钧谓贤等。"

⑤【集解】杜预曰："言其嬉戏无度。"

昭公三年，朝晋至河，晋平公谢还之，鲁耻焉。四年，楚灵王会诸侯于申，昭公称病不往。七年，季武子卒。八年，楚灵王就章华台，召昭公。昭公往贺，①赐昭公宝器；已而悔，复诈取之。②十二年，朝晋至河，晋平公谢还之。十三年，楚公子弃疾弑其君灵王，代立。十五年，朝晋，晋留之葬晋昭公，鲁耻之。二十年，齐景公与晏子狩竟，因入鲁问礼。③二十一年，朝晋至河，晋谢还之。

①【集解】春秋云："七年三月，公如楚。"

②【集解】左传曰："好以大屈。"服虔曰："大屈，宝金，可以为剑。一曰大屈，弓名。鲁连书曰'楚子享鲁侯于章华，与之大曲之弓，既而悔之'。大屈，殆所谓大曲之弓。"

③【索隐】齐系家亦然。左传无其事。

二十五年春，鸜鹆来巢。①师己曰："文成之世童谣曰②'鸜鹆来巢，公在乾侯。鸜鹆入处，公在外野'。"

①【集解】周礼曰："鸜鹆不逾济。"公羊传曰："非中国之禽也，宜穴而巢。"穀梁传曰："来者，来中国也。"

②【集解】贾逵曰："师己，鲁大夫也。文成，鲁文公、成公。"

季氏与郈氏①斗鸡，②季氏芥鸡羽，③郈氏金距。④季平子怒而侵郈氏，⑤郈昭伯亦怒平子。⑥臧昭伯之弟会⑦伪谗臧氏，匿季氏，臧昭伯囚季氏人。季平子怒，囚臧氏老。⑧臧、郈氏以难告昭公。昭公九月戊戌伐季氏，遂入。平子登台请曰："君以谗不察臣罪，诛之，请迁沂上。"弗许。⑨请囚于鄪，弗许。⑩请以五乘亡，弗许。⑪子家驹⑫曰："君其许之。政自季氏久矣，为徒者众，众将合谋。"弗听。郈氏曰："必杀之。"叔孙氏之臣戾⑬谓其众曰："无季氏与有，孰利？"皆曰："无季氏是无叔孙氏。"戾曰："然，救季氏！"遂败公师。孟懿子⑭闻叔孙氏胜，亦杀郈昭伯。郈昭伯为公使，故孟氏得之。三家共伐公，公遂奔。己亥，公至于齐。齐景公曰："请致千社待君。"子家曰："弃周公之业而臣于齐，可乎？"乃止。子家曰："齐景公无信，不如早之晋。”弗从。叔孙见公还，见平子，平子顿首。初欲迎昭公，孟孙、季孙后悔，乃止。

①【集解】徐广曰：“郈，一本作‘厚’。世本亦然。”

②【集解】杜预曰：“季平子、郈昭伯二家相近，故斗鸡。”

③【集解】服虔曰：“擣芥子播其鸡羽，可以坌郈氏鸡目。”杜预曰：“或云以胶沙播之为介鸡。”

④【集解】服虔曰：“以金鍇距。”

⑤【集解】服虔曰：“怒其不下己也，侵郈氏之宫地以自益。”

⑥【索隐】按系本，昭伯名恶，鲁孝公之后，称厚氏也。

⑦【集解】贾逵曰：“昭伯，臧孙赐也。” 【索隐】系本臧会，臧顷伯也，宣叔许之孙，与昭伯赐为从父昆弟也。

⑧【集解】服虔曰：“老，臧氏家之大臣。”

⑨【集解】杜预曰：“鲁城南自有沂水，平子欲出城待罪也。大沂水出盖县，南入泗水。”

⑩【集解】服虔曰：“鄪，季氏邑。”

⑪【集解】服虔曰：“言五乘，自省约以出。”

⑫【索隐】鲁大夫仲孙氏之族，名驹，谥懿伯也。

⑬【集解】左传曰鬷戾。

⑭【集解】贾逵曰：“懿子，仲孙何忌。”

二十六年春，齐伐鲁，取郓①而居昭公焉。夏，齐景公将内公，令无受鲁赂。申丰、汝贾②许齐臣高龁、子将③粟五千庾。④子将言于齐侯曰：“群臣不能事鲁君，有异焉。⑤宋元公为鲁如晋，求内之，道卒。⑥叔孙昭子⑦求内其君，无病而死。不知天弃鲁乎？抑鲁君有罪于鬼神也？愿君且待。”齐景公从之。

①【集解】贾逵曰：“鲁邑。”

②【集解】贾逵曰："申丰、汝贾，鲁大夫。"

③【索隐】一本"子将"上有"货"字。子将即梁丘据也。戠音纥，子将家臣也。左传"子将"作"子犹"。

④【集解】贾逵曰："十六斗为庾。五千庾，八万斗。"

⑤【集解】服虔曰："异犹怪也。"

⑥【集解】春秋曰："宋公佐卒于曲棘。"

⑦【索隐】名婼，即穆叔子。

二十八年，昭公如晋，求入。季平子私于晋六卿，六卿受季氏赂，谏晋君，晋君乃止，居昭公乾侯。①二十九年，昭公如郓。齐景公使人赐昭公书，自谓"主君"。②昭公耻之，怒而去乾侯。三十一年，晋欲内昭公，召季平子。平子布衣跣行，③因六卿谢罪。六卿为言曰："晋欲内昭公，众不从。"晋人止。三十二年，昭公卒于乾侯。鲁人共立昭公弟宋为君，是为定公。

①【集解】杜预曰："乾侯在魏郡斥丘县，晋竟内邑。"

②【集解】服虔曰："大夫称'主'。比公于大夫，故称'主君'。"

③【集解】王肃曰："示忧戚。"

定公立，赵简子问史墨①曰："季氏亡乎？"史墨对曰："不亡。季友有大功于鲁，受鄪为上卿，至于文子、武子，世增其业。鲁文公卒，东门遂②杀適立庶，鲁君于是失国政。政在季氏，于今四君矣。民不知君，何以得国！是以为君慎器与名，不可以假人。"③

①【集解】服虔曰："史墨，晋史蔡墨。"

②【集解】服虔曰："东门遂，襄仲也。居东门，故称东门遂。"【索隐】系本作"述"，邹诞本作"秫"。又系本遂产子家归父及昭子子婴也。

③【集解】杜预曰："器，车服；名，爵号。"

定公五年，季平子卒。阳虎私怒，囚季桓子，与盟，乃舍之。七年，齐伐我，取郓，以为鲁阳虎邑以从政。八年，阳虎欲尽杀三桓适，而更立其所善庶子以代之；载季桓子将杀之，桓子诈而得脱。三桓共攻阳虎，阳虎居阳关。①九年，鲁伐阳虎，阳虎奔齐，已而奔晋赵氏。②

①【集解】服虔曰："阳关，鲁邑。"

②【正义】左传云仲尼曰："赵氏其世有乱乎？"杜预云："受乱人故。"

十年，定公与齐景公会于夹谷，孔子行相事。齐欲袭鲁君，孔子以礼历阶，诛齐淫乐，齐侯惧，乃止，归鲁侵地而谢过。十二年，使仲由毁三桓城，①收其甲兵。孟氏不肯堕城，②伐之，不克而止。季桓子受齐女乐，孔子去。③

①【集解】服虔曰："仲由，子路。"

②【集解】杜预曰："堕，毁。"

③【集解】孔安国曰："桓子使定公受齐女乐，君臣相与观之，废朝礼三日。"

十五年，定公卒，子将立，是为哀公。①

①【索隐】系本"将"作"蒋"也。

哀公五年，齐景公卒。六年，齐田乞弑其君孺子。

七年，吴王夫差强，伐齐，至缯，征百牢于鲁。季康子使子贡说吴王及太宰嚭，以礼诎之。吴王曰："我文身，不足责礼。"乃止。

八年，吴为邹伐鲁，至城下，盟而去。齐伐我，取三邑。十年，伐齐南边。十一年，齐伐鲁。季氏用冉有有功，思孔子，孔子自卫归鲁。

十四年，齐田常弑其君简公于徐州。孔子请伐之，哀公不听。

十五年，使子服景伯、子贡为介，适齐，齐归我侵地。田常初相，欲亲诸侯。

十六年，孔子卒。

二十二年，越王句践灭吴王夫差。

二十七年春，季康子卒。夏，哀公患三桓，将欲因诸侯以劫之，三桓亦患公作难，故君臣多间。①公游于陵阪，②遇孟武伯于街，③曰："请问余及死乎？"④对曰："不知也。"公欲以越伐三桓。八月，哀公如陉氏。⑤三桓攻公，公奔于卫，去如邹，遂如越。国人迎哀公复归，卒于有山氏。⑥子宁立，是为悼公。

①【集解】贾逵曰："间，隙也。"

②【集解】服虔曰："陵阪，地名。"

③【索隐】有本作"卫"者，非也。左传"于孟氏之衢"。

④【集解】杜预曰："问己可得以寿死不？"

⑤【集解】杜预曰："陉氏即有山氏。"

⑥【集解】徐广曰："皇甫谧云哀公元甲辰，终庚午。"

悼公之时，三桓胜，鲁如小侯，卑于三桓之家。

十三年，三晋灭智伯，分其地有之。

三十七年，悼公卒，①子嘉立，是为元公。元公二十一年卒，②子显立，是为穆公。③穆公三十三年卒，④子奋立，是为共公。共公二十二年卒，⑤子屯立，是为康公。⑥康公九年卒，⑦子匽立，是为景公。⑧景公二十九年卒，⑨子叔立，是为平公。⑩是时六国皆称王。

①【集解】徐广曰："一本云悼公即位三十年，乃于秦惠王卒，楚怀王死年合。又自悼公以下尽与刘歆历谱合，而反违年表，未详何故。皇甫谧云悼公四十年，元辛未，终庚戌。"

②【集解】徐广曰："皇甫谧云元辛亥，终辛未。"

③【索隐】系本"显"作"不衍"。

④【集解】徐广曰："皇甫谧云元壬申，终甲辰。"

⑤【集解】徐广曰："皇甫谧云元乙巳，终丙寅。"

⑥【索隐】屯音竹伦反。

⑦【集解】徐广曰："皇甫谧云元丁卯，终乙亥。"

⑧【索隐】匽音偃。

⑨【集解】徐广曰："皇甫谧云元丙子，终甲辰。"

⑩【索隐】系本"叔"作"旅"。

平公十二年，秦惠王卒。二十(二)年，平公卒，①子贾立，是为文公。②文公(七)〔元〕年，楚怀王死于秦。二十三年，文公卒，③子雠立，是为顷公。

①【集解】徐广曰："皇甫谧云元乙巳，终甲子。"

②【索隐】系本作"湣公"。邹诞本亦同，仍云"系家或作'文公'"。

③【集解】徐广曰："皇甫谧云元乙丑，终丁亥。"

顷公二年，秦拔楚之郢，①楚顷王东徙于陈。十九年，楚伐我，取徐州。②二十四年，楚考烈王伐灭鲁。顷公亡，迁于下邑，③为家人，鲁绝祀。顷公卒于柯。④

①【集解】徐广曰："年表云文公十八年，秦拔郢，楚走陈。"

②【集解】徐广曰："徐州在鲁东，今薛县。"【索隐】按：说文"郐，邾之下邑，在鲁东"。又郡国志曰"鲁国薛县，六国时曰徐州"。又纪年云"梁惠王三十一年，下邳迁于薛，故名曰徐州"。则"徐"与"郐"并音舒也。

③【集解】徐广曰："下，一作'卞'。"【索隐】下邑谓国外之小邑。或有本作"卞邑"，然鲁有卞邑，所以惑也。

④【集解】徐广曰："皇甫谧云元戊子，终辛亥。"【索隐】按：春秋"齐伐鲁柯而盟"，杜预云"柯，齐邑，今济北东阿也"。

鲁起周公至顷公，凡三十四世。

太史公曰：余闻孔子称曰"甚矣鲁道之衰也！洙泗之间龂龂如也"。①观庆父及叔牙闵公之际，何其乱也？隐桓之事；襄仲杀適立庶；三家北面为臣，亲攻昭公，昭公以奔。至其揖让之礼则从矣，而行事何其戾也？

①【集解】徐广曰："汉书地理志云'鲁滨洙泗之间，其民涉渡，幼者扶老者而代其任。俗既薄，长者不自安，与幼者相让，故曰龂龂如也'。龂，鱼斤反，东州语也。盖幼者患苦长者，长者忿愧自守，故龂龂争辞，所以为道衰也。"【索隐】龂音鱼斤反，读如论语"訚訚如也"。言鲁道虽微，而洙泗之间尚訚訚如也。郑诞生亦音银。又作"断断"，如尚书读，则断断是专一之义。徐广又引地理志音五艰反，云龂龂是斗争之貌。故繁钦遂行赋云"涉洙泗而饮马兮，耻少长之龂龂"是也。今按：下文云"至于揖让之礼则从矣"，鲁尚有揖让之风，如论语音訚为得之也。

【索隐述赞】武王既没，成王幼孤。周公摄政，负扆据图。及还臣列，北面匔如。元子封鲁，少昊之墟。夹辅王室，系职不渝。降及孝公，穆仲致誉。隐能让国，春秋之初。丘明执简，褒贬备书。

史记卷三十四

燕召公世家第四

召公奭与周同姓，姓姬氏。①周武王之灭纣，封召公于北燕。②

①【集解】谯周曰："周之支族，食邑于召，谓之召公。" 【索隐】召者，畿内菜地。奭始食于召，故曰召公。或说者以为文王受命，取岐周故墟周、召地分爵二公，故诗有周召二南，言皆在岐山之阳，故言南也。后武王封之北燕，在今幽州蓟县故城是也。亦以元子就封，而次子留周室代为召公。至宣王时，召穆公虎其后也。

②【集解】世本曰："居北燕。"宋忠曰："有南燕，故云北燕。"

其在成王时，召公为三公：自陕以西，召公主之；自陕以东，周公主之。①成王既幼，周公摄政，当国践祚，召公疑之，作君奭。②君奭不说周公。③周公乃称"汤时有伊尹，假于皇天；④在太戊时，则有若伊陟、臣扈，假于上帝，巫咸治王家；⑤在祖乙时，则有若巫贤；⑥在武丁时，则有若甘般：⑦率维兹有陈，保乂有殷"。⑧于是召公乃说。

①【集解】何休曰:“陕者,盖今弘农陕县是也。”

②【集解】孔安国曰:“尊之曰君,陈古以告之,故以名篇。”

③【集解】马融曰:“召公以周公既摄政致太平,功配文、武,不宜复列在臣位,故不说,以为周公苟贪宠也。”

④【集解】孔安国曰:“伊挚佐汤,功至大天,谓致太平也。”郑玄曰:“皇天,北极天帝也。”

⑤【集解】孔安国曰:“伊陟、臣扈率伊尹之职,使其君不陨祖业,故至天之功不陨。巫咸治王家,言其不及二臣。”马融曰:“道至于上帝,谓奉天时也。”郑玄曰:“上帝,太微中其所统也。”

⑥【集解】孔安国曰:“时贤臣有如此巫贤也。贤,咸子;巫,氏也。”

⑦【集解】孔安国曰:“高宗即位,甘般佐之。后有傅说。”

⑧【集解】徐广曰:“一无此九字。”骃案:王肃曰“循此数臣,有陈列之功,安治有般也”。

召公之治西方,甚得兆民和。召公巡行乡邑,有棠树,①决狱政事其下,自侯伯至庶人各得其所,无失职者。召公卒,而民人思召公之政,怀棠树不敢伐,哥咏之,作甘棠之诗。

①【正义】今之棠梨树也。括地志云:“召伯庙在洛州寿安县西北五里。召伯听讼甘棠之下,周人思之,不伐其树,后人怀其德,因立庙,有棠在九曲城东阜上。”

自召公已下九世至惠侯。①燕惠侯当周厉王奔彘,共和之时。

①【索隐】并国史先失也。又自惠侯已下皆无名,亦不言属,惟昭王父子有名,盖在战国时旁见他说耳。燕四十二代有二惠侯,二釐侯,二宣侯,三桓侯,二文侯,盖国史微失本谥,故重耳。

惠侯卒，子釐侯立。[①]是岁，周宣王初即位。釐侯二十一年，郑桓公初封于郑。三十六年，釐侯卒，子顷侯立。

①【正义】釐音僖。

顷侯二十年，周幽王淫乱，为犬戎所弑。秦始列为诸侯。

二十四年，顷侯卒，子哀侯立。哀侯二年卒，子郑侯立。[①]郑侯三十六年卒，子缪侯立。

①【索隐】按：谥法无郑，郑或是名。

缪侯七年，而鲁隐公元年也。十八年卒，子宣侯立。[①]宣侯十三年卒，子桓侯立。[②]桓侯七年卒，[③]子庄公立。

①【索隐】谯周曰："系本谓燕自宣侯已上皆父子相传无及，故系家桓侯已下并不言属，以其难明故也。"按：今系本无燕代系，宋忠依太史公书以补其阙，寻徐广作音尚引系本，盖近代始散佚耳。

②【集解】徐广曰："古史考曰世家自宣侯已下不说其属，以其难明故也。"

③【集解】世本曰："桓侯徙临易。"宋忠曰："今河间易县是也。"

庄公十二年，齐桓公始霸。十六年，与宋、卫共伐周惠王，惠王出奔温，立惠王弟穨为周王。[①]十七年，郑执燕仲父而内惠王于周。二十七年，山戎来侵我，齐桓公救燕，遂北伐山戎而还。燕君送齐桓公出境，桓公因割燕所至地予燕，[②]使燕共贡天子，如成周时职；使燕复修召公之法。三十三年卒，子襄公立。

①【集解】谯周曰："按春秋传，燕与子穨逐周惠王者，乃南燕姞姓也。世家以为北燕，失之。"【索隐】谯周云据左氏燕与卫伐周惠王乃是南燕姞姓，而系家以为北燕伯，故著史考云"此燕是姞姓"。今检左氏庄十九年"卫师、燕师伐周"，二十年传云"执燕仲父"，三十年"齐伐山

戎”，传曰“谋山戎，以其病燕故也”。据传文及此记，元是北燕不疑。杜君妄说仲父是南燕伯，为伐周故。且燕、卫俱是姬姓，故有伐周纳王之事；若是姞燕与卫伐周，则郑何以独伐燕而不伐卫乎？

②【正义】予音与。括地志云：“燕留故城在沧州长芦县东北十七里，即齐桓公分沟割燕君所至地与燕，因筑此城，故名燕留。”

襄公二十六年，晋文公为践土之会，称伯。三十一年，秦师败于殽。三十七年，秦穆公卒。四十年，襄公卒，桓公立。

桓公十六年卒，①宣公立。宣公十五年卒，昭公立。昭公十三年卒，武公立。是岁晋灭三郤大夫。

①【索隐】谯周云系家襄伯生宣伯，无桓公。今检史记，并有“桓公立十六年”，又宋忠据此史补系家亦有桓公，是允南所见本异，则是燕有三桓公也。

武公十九年卒，文公立。文公六年卒，懿公立。懿公元年，齐崔杼弑其君庄公。四年卒，子惠公立。

惠公元年，齐高止来奔。六年，惠公多宠姬，公欲去诸大夫而立宠姬宋，大夫共诛姬宋，①惠公惧，奔齐。四年，齐高偃如晋，请共伐燕，入其君。晋平公许，与齐伐燕，入惠公。惠公至燕而死。②燕立悼公。

①【索隐】宋，其名也，或作“宗”。刘氏云“其父兄为执政，故诸大夫共灭之”。

②【索隐】春秋昭三年“北燕伯款奔齐”，至六年，又云“齐伐北燕”，一与此文合。左传无纳款之文，而云“将纳简公，晏子曰‘燕君不入矣’，齐遂受赂而还”。事与此乖，而又以款为简公。简公去惠公已五代，则与春秋经传不相协，未可强言也。

悼公七年卒，共公立。共公五年卒，平公立。晋公室卑，六卿始强大。平公十八年，吴王阖闾破楚入郢。十七年卒，简公立。简公十二年卒，献公立。①晋赵鞅围范、中行于朝歌。献公十二年，齐田常弑其君简公。十四年，孔子卒。二十八年，献公卒，孝公立。

①【索隐】王劭按纪年，简公后次孝公无献公。然纪年之书多是伪谬，聊记异耳。

孝公十二年，韩、魏、赵灭知伯，分其地，①三晋强。

①【索隐】按纪年，智伯灭在成公二年也。

十五年，孝公卒，成公立。成公十六年卒，①湣公立。湣公三十一年卒，釐公立。②是岁，三晋列为诸侯。③

①【索隐】按纪年，成公名载。

②【索隐】年表作"釐侯庄"。徐广云一无"庄"字。按：燕失年纪及其君名，表言"庄"者，衍字也。

③【索隐】按纪年作"文公二十四年卒，简公立，十三年而三晋命邑为诸侯"，与此不同。

釐公三十年，伐败齐于林营。①釐公卒，②桓公立。桓公十一年卒，文公立。③是岁，秦献公卒。秦益强。

①【索隐】林营，地名。一云林，地名，于林地立营，故曰林营也。

②【索隐】纪年作"简公四十五年卒"，妄也。按：上简公生献公，则此当是釐，但纪年又误耳。

③【索隐】系本已上文公为闵公，则"湣"与"闵"同，而上懿公之父谥文公。

文公十九年，齐威王卒。二十八年，苏秦始来见，说文公。文公予车马金帛以至赵，赵肃侯用之。因约六国，为从长。①秦惠王以其女为燕太子妇。

①【正义】从,足从反。长,丁丈反。

二十九年,文公卒,太子立,是为易王。

易王初立,齐宣王因燕丧伐我,取十城;苏秦说齐,使复归燕十城。十年,燕君为王。①苏秦与燕文公夫人私通,惧诛,乃说王使齐为反间,欲以乱齐。②易王立十二年卒,子燕哙立。

①【索隐】君即易王也。言君初以十年即称王也。上言易王者,易,谥也,后追书谥耳。

②【集解】孙子兵法曰:"反间者,因敌间而用之者也。凡军之所欲击,城之所欲攻,人之所欲杀,必先知其守将、左右谒者、门者、舍人之姓名,令吾间必索敌间之来间我者,因而利导舍之,故反间可得用也。"【正义】使音所吏反。间音纪苋反。

燕哙既立,齐人杀苏秦。苏秦之在燕,与其相子之为婚,而苏代与子之交。及苏秦死,而齐宣王复用苏代。燕哙三年,与楚、三晋攻秦,不胜而还。子之相燕,贵重,主断。苏代为齐使于燕,①燕王问曰:"齐王奚如?"对曰:"必不霸。"燕王曰:"何也?"对曰:"不信其臣。"苏代欲以激燕王以尊子之也。于是燕王大信子之。子之因遗苏代百金,②而听其所使。

①【索隐】按:战国策曰"子之用苏代侍质子于齐,齐使代报燕"是也。

②【正义】瓒云:"秦以一溢为一金。"孟康云:"二十四两曰溢。"

鹿毛寿①谓燕王:"不如以国让相子之。人之谓尧贤者,以其让天下于许由,许由不受,有让天下之名而实不失天下。今王以国让于子之,子之必不敢受,是王与尧同行也。"燕王因属国于子之,子之大重。②或曰:"禹荐益,已③而以启人为吏。④及老,而以启人为不足任乎天下，传之于益。已而启与交党攻益，夺之。天下谓禹名传天下于益，已而实令启自取之。今王言属国于子之，而吏无非太子人者，[⑤]是名属子之而实太子用事也。”王因收印自三百石吏已上而效之子之。[⑥]子之南面行王事，而哙老不听政，顾为臣，[⑦]国事皆决于子之。

①【集解】徐广曰："一作'厝毛'。"又曰："甘陵县本名厝。" 【索隐】春秋后语亦作"厝毛寿"，又韩子作"潘寿"。

②【索隐】大重谓尊贵也。

③【索隐】按：以"已"配"益"，则"益已"是伯益，而经传无其文，未知所由。或曰已，语终辞。

④【索隐】人犹臣也。谓以启臣为益吏。

⑤【索隐】此"人"亦训臣也。

⑥【索隐】郑玄云："效，呈也。以印呈与子之。"

⑦【索隐】顾犹反也。言哙反为子之臣也。有本作"愿"者，非。

三年，国大乱，百姓恫恐。[①]将军市被[②]与太子平谋，将攻子之。诸将谓齐湣王曰："因而赴之，破燕必矣。"齐王因令人谓燕太子平曰："寡人闻太子之义，将废私而立公，饬君臣之义，[③]明父子之位。寡人之国小，不足以为先后。[④]虽然，则唯太子所以令之。"太子因要党聚众，将军市被围公宫，攻子之，不克。将军市被及百姓反攻太子平，将军市被死，以徇。因搆难数月，死者数万，众人恫恐，百姓离志。孟轲谓齐王曰："今伐燕，此文、武之时，不可失也。"[⑤]王因令章子[⑥]将五都之兵，[⑦]以因北地之众以伐燕。[⑧]士卒不战，城门不闭，燕君哙死，齐大胜。燕子之亡[⑨]二年，而燕人共立太子平，是为燕昭王。[⑩]

①【索隐】恫音通，痛也。恐，惧也。

②【正义】人姓名。

③【正义】饬音敕。

④【正义】先后并去声。

⑤【索隐】谓如武王成文王之业伐纣之时,然此语与孟子不同也。

⑥【集解】章子,齐人,见孟子。 【索隐】按:孟子云"章子,齐人"。

⑦【索隐】五都即齐也。按:临淄是五都之一也。

⑧【索隐】北地即齐之北边也。

⑨【集解】徐广曰:"年表云君哙及太子相子之皆死。"骃案:汲冢纪年曰"齐人禽子之而醢其身也"。

⑩【集解】徐广曰:"哙立七年而死,其九年燕人共立太子平。" 【索隐】按:上文太子平谋攻子之,而年表又云君哙及太子相子之皆死,纪年又云子之杀公子平,今此文云"立太子平,是为燕昭王",则年表、纪年为谬也。而赵系家云武灵王闻燕乱,召公子职于韩,立以为燕王,使乐池送之,裴骃亦以此系家无赵送公子职之事,当是遥立职而送之,事竟不就,则昭王名平,非职明矣。进退参详,是年表既误,而纪年因之而妄说耳。

燕昭王于破燕之后即位,卑身厚币以招贤者。谓郭隗曰:"齐因孤之国乱而袭破燕,孤极知燕小力少,不足以报。然诚得贤士以共国,以雪先王之耻,孤之愿也。先生视可者,得身事之。"郭隗曰:"王必欲致士,先从隗始。况贤于隗者,岂远千里哉!"于是昭王为隗改筑宫而师事之。乐毅自魏往,邹衍自齐往,剧辛自赵往,士争趋燕。燕王吊死问孤,与百姓同甘苦。

二十八年,燕国殷富,士卒乐轶轻战,于是遂以乐毅为上将军,与秦、楚、三晋合谋以伐齐。齐兵败,湣王出亡于外。燕兵独追北,入至临淄,尽取齐宝,烧其宫室宗庙。齐城之不下者,独唯聊、莒、即墨，[①]其馀皆属燕，六岁。

①【索隐】按：馀篇及战国策并无"聊"字。

昭王三十三年卒，子惠王立。

惠王为太子时，与乐毅有隙；及即位，疑毅，使骑劫代将。乐毅亡走赵。齐田单以即墨击败燕军，骑劫死，燕兵引归，齐悉复得其故城。湣王死于莒，乃立其子为襄王。

惠王七年卒。[①]韩、魏、楚共伐燕。燕武成王立。

①【索隐】按：赵系家惠文王二十八年，燕相成安君公孙操弑其王，乐资以为即惠王也。徐广按年表，是年燕武成王元年，武成即惠王子，则惠王为成安君弑明矣。此不言者，燕远，讳不告，或太史公之说疏也。

武成王七年，齐田单伐我，拔中阳。十三年，秦败赵于长平四十馀万。十四年，武成王卒，子孝王立。

孝王元年，秦围邯郸者解去。三年卒，子今王喜立。[①]

①【索隐】今王犹今上也，有作"令"者，非也，按谥法无令也。

今王喜四年，秦昭王卒。燕王命相栗腹约欢赵，以五百金为赵王酒。还报燕王曰："赵王壮者皆死长平，其孤未壮，可伐也。"王召昌国君乐閒问之。对曰："赵四战之国，[①]其民习兵，不可伐。"王曰："吾以五而伐一。"[②]对曰："不可。"燕王怒，群臣皆以为可。卒起二军，车二千乘，栗腹将而攻鄗，[③]卿秦攻代。[④]唯独大夫将渠[⑤]谓燕王曰："与人通关约交，以五百金饮人之王，使者报而反攻之，不祥，兵无成功。"燕王不听，自将偏军随之。将渠引燕王绶止之曰："王必无自往，往无成功。"王蹴之以足。将渠泣曰："臣非以自为，为王也！"燕军至宋子，[⑥]赵使廉颇将，击破栗腹于鄗。〔乐乘〕破卿秦(乐乘)于代。乐閒奔赵。廉颇逐之五百馀里，围其国。燕人请和，赵人不许，必令将渠处和。燕相将渠以处和。[7]赵听将渠，解燕围。

①【正义】赵东邻燕，西接秦境，南错韩、魏，北连胡、貊，故言"四战"。

②【索隐】谓以五人而伐一人。

③【集解】徐广曰："在常山，今曰高邑。" 【索隐】邹氏音火各反，一音昊。

④【索隐】战国策曰"廉颇以二十万遇栗腹于鄗，乐乘以五万遇爰秦于代，燕人大败"，不同也。 【正义】今代州也。战国策云"廉颇以二十万遇栗腹于鄗，乐乘以五万遇庆秦于代，燕人大败"，与此不同也。

⑤【索隐】人名姓也。一云上"卿秦"及此"将渠"者：卿，将，皆官也；秦，渠，名也。国史变文而书，遂失姓也。战国策云"爰秦"，爰是姓也，卿是其官耳。

⑥【集解】徐广曰："属钜鹿。"

⑦【集解】以将渠为相。 【索隐】谓欲令将渠处之使和也。

六年，秦灭东(西)周，置三川郡。七年，秦拔赵榆次三十七城，秦置大原郡。九年，秦王政初即位。十年，赵使廉颇将攻繁阳，[1]拔之。赵孝成王卒，悼襄王立。使乐乘代廉颇，廉颇不听，攻乐乘，乐乘走，廉颇奔大梁。十二年，赵使李牧攻燕，拔武遂、[2]方城。[3]剧辛故居赵，与庞煖善，[4]已而亡走燕。燕见赵数困于秦，而廉颇去，令庞煖将也，欲因赵獘攻之。问剧辛，辛曰："庞煖易与耳。"燕使剧辛将击赵，赵使庞煖击之，取燕军二万，杀剧辛。秦拔魏二十城，置东郡。十九年，秦拔赵之邺[5]九城。赵悼襄王卒。二十三年，太子丹质于秦，亡归燕。二十五年，秦虏灭韩王安，置颍川郡。二十七年，秦虏赵王迁，灭赵。赵公子嘉自立为代王。

①【集解】徐广曰："属魏郡。"

②【集解】徐广曰："属河间。"

③【集解】徐广曰："属涿，有督亢亭。"

④【索隐】媛音况远反。

⑤【正义】即相州邺县也。

燕见秦且灭六国，秦兵临易水，[1]祸且至燕。太子丹阴养壮士二十人，使荆轲献督亢地图于秦，[2]因袭刺秦王。秦王觉，杀轲，使将军王翦击燕。二十九年，秦攻拔我蓟，燕王亡，徙居辽东，斩丹以献秦。三十年，秦灭魏。

①【集解】徐广曰："出涿郡故安也。"

②【索隐】徐广云："涿有督亢亭。"地理志属广阳。然督亢之田在燕东，甚良沃，欲献秦，故画其图而献焉。

三十三年，秦拔辽东，虏燕王喜，卒灭燕。是岁，秦将王贲[1]亦虏代王嘉。

①【正义】贲音奔，王翦子。

太史公曰：召公奭可谓仁矣！甘棠且思之，况其人乎？燕(北)〔外〕迫蛮貉，内措齐、晋，[1]崎岖强国之间，最为弱小，几灭者数矣。然社稷血食者八九百岁，于姬姓独后亡，岂非召公之烈邪！

①【索隐】措，交杂也。又作"错"，刘氏云争陌反。

【索隐述赞】召伯作相，分陕而治。人惠其德，甘棠是思。庄送霸主，惠罗宠姬。文公从赵，苏秦骋辞。易王初立，齐宣我欺。燕哙无道，禅位子之。昭王待士，思报临菑。督亢不就，卒见芟夷。

史记卷三十五

管蔡世家第五

管叔鲜、①蔡叔度者，周文王子而武王弟也。武王同母兄弟十人。母曰太姒，②文王正妃也。其长子曰伯邑考，次曰武王发，次曰管叔鲜，次曰周公旦，次曰蔡叔度，次曰曹叔振铎，次曰成叔武，③次曰霍叔处，④次曰康叔封，⑤次曰冄季载。⑥冄季载最少。同母昆弟十人，⑦唯发、旦贤，左右辅文王，⑧故文王舍伯邑考而以发为太子。及文王崩而发立，是为武王。伯邑考既已前卒矣。

①【正义】音仙。括地志云："郑州管城县，今州外城即管国城也，是叔鲜所封国也。"

②【正义】国语云："杞、缯二国，姒姓，夏禹之后，太姒之家。太姒，文王之妃，武王之母。"列女传云："太姒者，武王之母，禹后姒氏之女也。在郃之阳，在渭之涘。仁而明道，文王嘉之，亲迎于渭，造舟为梁。及入，太姒思媚太姜、太任，旦夕勤劳，以进妇道。太姒号曰文母。文王理外，文母治内。太姒生十男，教诲自少及长，未尝见邪僻之事，言常

以正道持之也。”

③【正义】括地志云：“在濮州雷泽县东南九十一里，汉郕阳县。古郕伯，姬姓之国，其后迁于成之阳。”

④【正义】处，昌汝反。括地志云：“晋州霍邑县本汉彘县也。郑玄注周礼云霍山在彘，本春秋时霍伯国地。”

⑤【索隐】孔安国曰：“康，畿内国名，地阙。叔，字也。封，叔名。”

⑥【索隐】冄，国也。载，名也。季，字也。冄，或作“那”。按：国语曰冄由郑姬。贾逵曰“文王子聃季之国”也。庄十八年“楚武王克权，迁于那处”。杜预云“那处，楚地。南郡编县有那口城”。聃与那皆音奴甘反。【正义】冄音奴甘反。或作“那”，音同。冄，国名也。季载，人名也。伯邑考最长，所以加“伯”。诸中子咸言“叔”，以载最少，故言季载。

⑦【集解】徐广曰：“文王之子为侯者十有六国。”

⑧【正义】左右并去声。

武王已克殷纣，平天下，封功臣昆弟。于是封叔鲜于管，①封叔度于蔡：②二人相纣子武庚禄父，治殷遗民。封叔旦于鲁而相周，为周公。封叔振铎于曹，封叔武于成，③封叔处于霍。④康叔封、冄季载皆少，未得封。

①【集解】杜预曰：“管在荥阳京县东北。”

②【集解】世本曰：“居上蔡。”

③【索隐】按：春秋隐五年“卫师入郕”。杜预曰“‘东平刚父县有郕乡”。后汉郡国志以为成本国。又地理志廪丘县南有成故城。应劭云“武王封弟季载于成”，是古之成邑，应仲远误云季载封耳。

④【索隐】春秋闵元年晋灭霍。地理志河东彘县，霍太山在东北，是霍叔之所封。

武王既崩，成王少，周公旦专王室。管叔、蔡叔疑周公之为不利于成王，乃挟武庚以作乱。周公旦承成王命伐诛武庚，杀管叔，而放蔡叔，迁之，与车十乘，徒七十人从。而分殷馀民为二：其一封微子启于宋，以续殷祀；其一封康叔为卫君，是为卫康叔。封季载于冄。冄季、康叔皆有驯行，[①]于是周公举康叔为周司寇，冄季为周司空，[②]以佐成王治，皆有令名于天下。

①【索隐】如字，音巡。驯，善也。

②【索隐】事见定四年左传。

蔡叔度既迁而死。其子曰胡，胡乃改行，率德驯善。周公闻之，而举胡以为鲁卿士，[①]鲁国治。于是周公言于成王，复封胡于蔡，[②]以奉蔡叔之祀，是为蔡仲。馀五叔皆就国，[③]无为天子吏者。

①【索隐】按：尚书云蔡仲克庸祗德，周公以为卿士，叔卒，乃命诸王，封之蔡，元无仕鲁之文。又伯禽居鲁乃是七年致政之后，此言乃说居摄政之初，未知史迁何凭而有斯言也。

②【集解】宋忠曰："胡徙居新蔡。"

③【索隐】管叔、蔡叔、成叔、曹叔、霍叔。

蔡仲卒，子蔡伯荒立。蔡伯荒卒，子宫侯立。宫侯卒，子厉侯立。厉侯卒，子武侯立。武侯之时，周厉王失国，奔彘，共和行政，诸侯多叛周。

武侯卒，子夷侯立。夷侯十一年，周宣王即位。二十八年，夷侯卒，子釐侯所事立。

釐侯三十九年，周幽王为犬戎所杀，周室卑而东徙。秦始得列为诸侯。[①]

①【正义】周幽王为犬戎所杀，平王东徙洛邑，秦襄公以兵救，因送平王

至洛，故平王封襄公。

四十八年，釐侯卒，子共侯兴立。共侯二年卒，子戴侯立。戴侯十年卒，子宣侯措父立。

宣侯二十八年，鲁隐公初立。三十五年，宣侯卒，子桓侯封人立。桓侯三年，鲁弑其君隐公。二十年，桓侯卒，弟哀侯献舞立。

哀侯十一年，初，哀侯娶陈，息侯亦娶陈。①息夫人将归，过蔡，蔡侯不敬。息侯怒，请楚文王："来伐我，我求救于蔡，蔡必来，楚因击之，可以有功。"楚文王从之，虏蔡哀侯以归。哀侯留九岁，死于楚。凡立二十年卒。蔡人立其子肸，是为缪侯。

①【集解】杜预曰："息国，汝南新息县。"

缪侯以其女弟为齐桓公夫人。十八年，齐桓公与蔡女戏船中，夫人荡舟，桓公止之，不止，公怒，归蔡女而不绝也。蔡侯怒，嫁其弟。①齐桓公怒，伐蔡；蔡溃，遂虏缪侯，南至楚邵陵。已而诸侯为蔡谢齐，齐侯归蔡侯。二十九年，缪侯卒，子庄侯甲午立。

①【索隐】弟，女弟，即荡舟之姬。

庄侯三年，齐桓公卒。十四年，晋文公败楚于城濮。二十年，楚太子商臣弑其父成王代立。二十五年，秦穆公卒。三十三年，楚庄王即位。三十四年，庄侯卒，子文侯申立。

文侯十四年，楚庄王伐陈，杀夏徵舒。十五年，楚围郑，郑降楚，楚复醳之。①二十年，文侯卒，子景侯固立。

①【正义】醳音释。

景侯元年，楚庄王卒。四十九年，景侯为太子般娶妇于楚，而景侯通焉。太子弑景侯而自立,是为灵侯。

灵侯二年,楚公子围弑其王郏敖而自立,为灵王。[①]九年,陈司徒招[②]弑其君哀公。楚使公子弃疾灭陈而有之。十二年,楚灵王以灵侯弑其父,诱蔡灵侯于申,[③]伏甲饮之,醉而杀之,刑其士卒七十人。令公子弃疾围蔡。十一月,灭蔡,使弃疾为蔡公。[④]

①【正义】郏,纪洽反。敖,五高反。

②【索隐】或作"昭",或作"韶",并时遥反。

③【正义】故申城在邓州。

④【正义】蔡之大夫也。

楚灭蔡三岁,楚公子弃疾弑其君灵王代立,为平王。平王乃求蔡景侯少子庐,立之,是为平侯。[①]是年,楚亦复立陈。楚平王初立,欲亲诸侯,故复立陈、蔡后。[②]

①【集解】宋忠曰:"平侯徙下蔡。" 【索隐】今系本无者,近脱耳。

②【集解】世本曰:"平侯者,灵侯般之孙,太子友之子。"

平侯九年卒,灵侯般之孙东国攻平侯子而自立,是为悼侯。悼侯父曰隐太子友。隐太子友者,灵侯之太子,平侯立而杀隐太子,故平侯卒而隐太子之子东国攻平侯子而代立,是为悼侯。悼侯三年卒,弟昭侯申立。

昭侯十年,朝楚昭王,持美裘二,献其一于昭王而自衣其一。楚相子常欲之,不与。子常谗蔡侯,留之楚三年。蔡侯知之,乃献其裘于子常;子常受之,乃言归蔡侯。蔡侯归而之晋,请与晋伐楚。

十三年春,与卫灵公会邵陵。蔡侯私于周苌弘以求长于卫;[①]卫使史鳍言康叔之功德,乃长卫。夏,为晋灭沈,[②]楚怒,攻蔡。蔡昭侯使其子为质于吴,[③]以共伐楚。冬,与吴王阖闾遂破楚入郢。

蔡怨子常，子常恐，奔郑。十四年，吴去而楚昭王复国。十六年，楚令尹为其民泣以谋蔡，蔡昭侯惧。二十六年，孔子如蔡。楚昭王伐蔡，蔡恐，告急于吴。吴为蔡远，约迁以自近，易以相救；昭侯私许，不与大夫计。吴人来救蔡，因迁蔡于州来。④二十八年，昭侯将朝于吴，大夫恐其复迁，乃令贼利杀昭侯；⑤已而诛贼利以解过，而立昭侯子朔，是为成侯。⑥

①【集解】服虔曰："载书使蔡在卫上。"

②【集解】杜预曰："汝南平舆县北有郘亭。"

③【正义】质音致。

④【索隐】州来在淮南下蔡县。

⑤【索隐】案：利，贼名也。

⑥【集解】徐广曰："或作'景'。"

成侯四年，宋灭曹。十年，齐田常弑其君简公。十三年，楚灭陈。十九年，成侯卒，子声侯产立。声侯十五年卒，子元侯立。元侯六年卒，子侯齐立。

侯齐四年，楚惠王灭蔡，蔡侯齐亡，蔡遂绝祀。后陈灭三十三年。①

①【索隐】鲁哀十七年楚灭陈，其楚灭蔡绝其祀，又在灭陈之后三十三年，即在春秋后二十三年。

伯邑考，其后不知所封。武王发，其后为周，有本纪言。管叔鲜作乱诛死，无后。周公旦，其后为鲁，有世家言。蔡叔度，其后为蔡，有世家言。曹叔振铎，其后为曹，有世家言。成叔武，其后世无所见。霍叔处，其后晋献公时灭霍。康叔封，其后为卫，有世家言。冄季载，其后世无所见。

太史公曰：管蔡作乱，无足载者。然周武王崩，成王少，天下既疑，赖同母之弟成叔、冄季之属十人为辅拂，是以诸侯卒宗周，故附之世家言。

曹叔振铎者，① 周武王弟也。武王已克殷纣，封叔振铎于曹。②

①【索隐】按：上文"叔振铎，其后为曹，有系家言"，则曹亦合题系家，今附管蔡之末而不出题者，盖以曹微小而少事迹，因附管蔡之末，不别题篇尔。且又管叔虽无后，仍是蔡、曹之兄，故题管、蔡而略曹也。

②【集解】宋忠曰济阴定陶县。

叔振铎卒，子太伯脾立。太伯卒，子仲君平立。仲君平卒，子宫伯侯立。宫伯侯卒，子孝伯云立。孝伯云卒，子夷伯喜立。

夷伯二十三年，周厉王奔于彘。

三十年卒，弟幽伯强立。幽伯九年，弟苏杀幽伯代立，是为戴伯。戴伯元年，周宣王已立三岁。三十年，戴伯卒，子惠伯兕立。①

①【集解】孙检曰："兕音徐子反。曹惠伯或名雉，或名弟，或复名弟兕也。"【索隐】按：年表作"惠公伯雉"，注引孙检，未详何代，或云齐人，亦恐其人不注史记。今以王俭七志、阮孝绪七录并无，又不知是裴骃所录否？

惠伯二十五年，周幽王为犬戎所杀，因东徙，益卑，诸侯畔之。秦始列为诸侯。

三十六年，惠伯卒，子石甫立，其弟武杀之代立，是为缪公。缪公三年卒，子桓公终生立。①

①【集解】孙检云："一作'终湦'。湦音生。"

桓公三十五年，鲁隐公立。四十五年，鲁弑其君隐公。四十六年，宋华父督弑其君殇公，及孔父。五十五年，桓公卒，子庄公夕姑[①]立。

①【索隐】上音亦。即射姑也，同音亦。

庄公二十三年，齐桓公始霸。

三十一年，庄公卒，子釐公夷立。釐公九年卒，子昭公班立。昭公六年，齐桓公败蔡，遂至楚召陵。九年，昭公卒，子共公襄立。

共公十六年，初，晋公子重耳其亡过曹，曹君无礼，欲观其骈胁。[①]釐负羁[②]谏，不听，私善于重耳。二十一年，晋文公重耳伐曹，虏共公以归，令军毋入釐负羁之宗族间。或说晋文公曰："昔齐桓公会诸侯，复异姓；今君囚曹君，灭同姓，何以令于诸侯？"晋乃复归共公。

①【集解】韦昭曰："骈者，并干也。" 【正义】骈，白边反。胁，许业反。

②【正义】釐音僖，曹大夫。

二十五年，晋文公卒。三十五年，共公卒，子文公寿立。文公二十三年卒，子宣公彊立。[①]宣公十七年卒，弟成公负刍立。

①【索隐】按左传，宣公名庐。

成公三年，晋厉公伐曹，虏成公以归，已复释之。[①]五年，晋栾书、中行偃使程滑弑其君厉公。二十三年，成公卒，子武公胜立。武公二十六年，楚公子弃疾弑其君灵王代立。二十七年，武公卒，子平公(顷)〔须〕立。平公四年卒，子悼公午立。是岁，宋、卫、陈、郑皆火。

①【索隐】按:左传成十五年,晋厉公执负刍,归于京师。晋立宣公弟子臧,子臧曰"圣达节,次守节,下失节。为君非吾节也"。遂逃奔宋。曹人请于晋。晋人谓子臧"反国,吾归而君"。子臧反,晋于是归负刍。

悼公八年,宋景公立。九年,悼公朝于宋,宋囚之;曹立其弟野,是为声公。悼公死于宋,归葬。

声公五年,平公弟通弑声公代立,是为隐公。①隐公四年,声公弟露弑隐公代立,是为靖公。靖公四年卒,子伯阳立。

①【索隐】按:谯周云春秋无其事。今检系本及春秋,悼伯卒,弟露立,谥靖公,实无声公、隐公,盖是彼文自疏也。

伯阳三年,国人有梦众君子立于社宫,①谋欲亡曹;曹叔振铎止之,请待公孙彊,许之。旦,求之曹,无此人。梦者戒其子曰:"我亡,尔闻公孙彊为政,必去曹,无离曹祸。"②及伯阳即位,好田弋之事。六年,曹野人公孙彊亦好田弋,获白雁而献之,且言田弋之说,因访政事。伯阳大说之,有宠,使为司城以听政。梦者之子乃亡去。

①【集解】贾逵曰:"社宫,社也。"郑众曰:"社宫,中有室屋者。"

②【索隐】离即罹。罹,被也。

公孙彊言霸说于曹伯。十四年,曹伯从之,乃背晋干宋。①宋景公伐之,晋人不救。十五年,宋灭曹,执曹伯阳及公孙彊以归而杀之。曹遂绝其祀。

①【集解】贾逵曰:"以小加大。" 【索隐】干谓犯也。言曹因弃晋而犯宋,遂致灭也。裴氏引贾逵注云"以小加大"者,加,陵也,小即曹也,大谓晋及宋也。

太史公曰：①余寻曹共公之不用僖负羁，乃乘轩者三百人，②知唯德之不建。及振铎之梦，岂不欲引曹之祀者哉？如公孙彊不修厥政，叔铎之祀忽诸。③

①【索隐】检诸本或无此论。

②【正义】晋世家云："晋师入曹，数之，以其不用僖负羁言，而美女乘轩三百人也。"

③【正义】至如公孙彊不修霸道之政，而伯阳之子立，叔铎犹尚飨祭祀，岂合忽绝之哉。

【索隐述赞】武王之弟，管、蔡及霍。周公居相，流言是作。狼跋致艰，鸱鸮讨恶。胡能改行，克复其爵。献舞执楚，遇息礼薄。穆侯虏齐，荡舟乖谑。曹共轻晋，负羁先觉。伯阳梦社，祚倾振铎。

史记卷三十六

陈杞世家第六

陈胡公满者,虞帝舜之后也。昔舜为庶人时,尧妻之二女,居于妫汭,其后因为氏姓,姓妫氏。舜已崩,传禹天下,而舜子商均为封国。①夏后之时,或失或续。②至于周武王克殷纣,乃复求舜后,③得妫满,封之于陈,④以奉帝舜祀,是为胡公。

①【索隐】按:商均所封虞,即今之梁国虞城是也。

②【索隐】按:夏代犹封虞思、虞遂是也。

③【索隐】遏父为周陶正。遏父,遂之后。陶正,官名。生满。

④【索隐】左传曰:"武王以元女太姬配虞胡公而封之陈,以备三恪。"

胡公卒,子申公犀侯立。申公卒,弟相公皋羊立。相公卒,立申公子突,是为孝公。孝公卒,子慎公圉戎立。慎公当周厉王时。慎公卒,子幽公宁立。

幽公十二年,周厉王奔于彘。

二十三年，幽公卒，子釐公孝立。釐公六年，周宣王即位。三十六年，釐公卒，子武公灵立。武公十五年卒，子夷公说立。是岁，周幽王即位。夷公三年卒，弟平公燮立。[①]平公七年，周幽王为犬戎所杀，周东徙。秦始列为诸侯。

①【正义】燮，先牒反。

二十三年，平公卒，子文公圉立。

文公元年，取蔡女，生子佗。[①]十年，文公卒，长子桓公鲍立。

①【正义】徒何反。

桓公二十三年，鲁隐公初立。二十六年，卫杀其君州吁。三十三年，鲁弑其君隐公。

三十八年正月甲戌己丑，桓公鲍卒。[①]桓公弟佗，其母蔡女，故蔡人为佗杀五父及桓公太子免而立佗，[②]是为厉公。桓公病而乱作，国人分散，故再赴。[③]

①【索隐】陈乱，故再赴其日。　【正义】甲戌、己丑凡十六日。

②【集解】谯周曰："春秋传谓佗即五父，世家与传违。"　【索隐】谯周曰"春秋传谓他即五父，与此违"者，此以他为厉公，太子免弟跃为利公，而左传以厉公名跃。他立未逾年，无谥，故"蔡人杀陈他"。又庄二十二年传云"陈厉公，蔡出也，故蔡人杀五父而立之"。则他与五父俱为蔡人所杀，其事不异，是一人明矣。史记既以他为厉公，遂以跃为利公。寻厉利声相近，遂误以他为厉公，五父为别人，是太史公错耳。班固又以厉公跃为桓公弟，又误。

③【集解】徐广曰："班氏云厉公跃者，桓公之弟也。"

厉公二年，生子敬仲完。周太史过陈，陈厉公使以周易筮之，卦得观之否：[①]"是为观国之光，利用宾于王。[②]此其代陈有国乎？

不在此，其在异国？[③]非此其身，在其子孙。[④]若在异国，必姜姓。[⑤]姜姓，太岳之后。[⑥]物莫能两大，陈衰，此其昌乎？”[⑦]

①【集解】贾逵曰：“坤下巽上观，坤下乾上否，观爻在六四，变而之否。”

②【集解】杜预曰：“此周易观卦六四爻辞也。易之为书，六爻皆有变象，又有互体，圣人随其义而论之。”

③【正义】六四变，内卦为中国，外卦为异国。

④【正义】内卦为身，外卦为子孙。变在外，故知在子孙也。

⑤【正义】六四变，此爻是辛未，观上体巽，未为羊，巽为女，女乘羊，故为姜。姜，齐姓，故知在齐。

⑥【集解】杜预曰：“姜姓之先为尧四岳。”

⑦【正义】周敬王四十一年，楚惠王杀陈湣公。齐简公，周敬王三十九年被田常杀之。

厉公取蔡女，蔡女与蔡人乱，厉公数如蔡淫。七年，厉公所杀桓公太子免之三弟，长曰跃，中曰林，少曰杵臼，共令蔡人诱厉公以好女，与蔡人共杀厉公[①]而立跃，是为利公。利公者，桓公子也。利公立五月卒，立中弟林，是为庄公。庄公七年卒，少弟杵臼立，是为宣公。

①【集解】公羊传曰：“淫于蔡，蔡人杀之。”

宣公三年，楚武王卒，楚始强。十七年，周惠王娶陈女为后。

二十一年，宣公后有嬖姬生子款，欲立之，乃杀其太子御寇。御寇素爱厉公子完，完惧祸及己，乃奔齐。齐桓公欲使陈完为卿，完曰：“羁旅之臣，[①]幸得免负檐，君之惠也，不敢当高位。”桓公使为工正。[②]齐懿仲欲妻陈敬仲，卜之，占曰：“是谓凤皇于飞，和鸣锵锵。[③]有妫之后，将育于姜。[④]五世其昌，并于正卿。[⑤]八世之后，莫之与京。”[⑥]

①【集解】贾逵曰:“羁,寄;旅,客也。”

②【正义】周礼云冬官为考工,主作器械。

③【集解】杜预曰:“雄曰凤,雌曰皇。雄雌俱飞,相和而鸣,锵锵然也。犹敬仲夫妻有声誉。”

④【集解】杜预曰:“妫,陈姓。姜,齐姓。”

⑤【集解】服虔曰:“言完后五世与卿并列。”

⑥【集解】贾逵曰:“京,大也。”【正义】按:陈敬仲八代孙,田常之子襄子磐也。而杜以常为八代者,以桓子无宇生武子开,与釐子乞皆相继事齐,故以常为八代。

三十七年,齐桓公伐蔡,蔡败;南侵楚,至召陵,还过陈。陈大夫辕涛涂恶其过陈,诈齐令出东道。东道恶,桓公怒,执陈辕涛涂。是岁,晋献公杀其太子申生。

四十五年,宣公卒,子款立,是为穆公。穆公五年,齐桓公卒。十六年,晋文公败楚师于城濮。是岁,穆公卒,子共公朔立。共公六年,楚太子商臣弑其父成王代立,是为穆王。十一年,秦穆公卒。十八年,共公卒,子灵公平国立。

灵公元年,[①]楚庄王即位。六年,楚伐陈。十年,陈及楚平。

①【正义】谥法云“乱而不损曰灵”。

十四年,灵公与其大夫孔宁、仪行父皆通于夏姬,[①]衷其衣以戏于朝。[②]泄冶谏曰:“君臣淫乱,民何效焉?”灵公以告二子,二子请杀泄冶,公弗禁,遂杀泄冶。[③]十五年,灵公与二子饮于夏氏。公戏二子曰:“徵舒似汝。”二子曰:“亦似公。”[④]徵舒怒。灵公罢酒出,徵舒伏弩厩门射杀灵公。[⑤]孔宁、仪行父皆奔楚,灵公太子午奔晋。徵舒自立为陈侯。徵舒,故陈大夫也。夏姬,御叔之妻,舒之母也。

①【正义】列女传云:"陈女夏姬者,陈大夫夏徵舒之母,御叔之妻也,三为王后,七为夫人,公侯争之,莫不迷惑失意。"杜预云:"夏姬,郑穆公女,陈大夫御叔之妻。"左传云:"杀御叔,弑灵侯,戮夏南,出孔、仪,丧陈国。"

②【集解】左传曰:"衷其衵服。"穀梁传曰:"或衣其衣,或中其襦。"

③【集解】春秋曰:"陈杀其大夫泄冶。"

④【集解】杜预曰:"灵公即位十五年,徵舒已为卿,年大,无嫌是公子也。盖以夏姬淫放,故谓其子多似以为戏也。"

⑤【集解】左传曰:"公出自其厩。"

成公元年冬,楚庄王为夏徵舒杀灵公,率诸侯伐陈。谓陈曰:"无惊,吾诛徵舒而已。"已诛徵舒,因县陈而有之,群臣毕贺。申叔时使于齐来还,独不贺。①庄王问其故,对曰:"鄙语有之,牵牛径人田,田主夺之牛。径则有罪矣,夺之牛,不亦甚乎?今王以徵舒为贼弑君,故征兵诸侯,以义伐之,已而取之,以利其地,则后何以令于天下!是以不贺。"庄王曰:"善。"乃迎陈灵公太子午于晋而立之,复君陈如故,是为成公。孔子读史记至楚复陈,曰:"贤哉楚庄王!轻千乘之国而重一言。"②

①【集解】贾逵曰:"叔时,楚大夫。"

②【索隐】谓申叔时之语。【正义】家语云:"孔子读史记至楚复陈,喟然曰:'贤哉楚庄王!轻千乘之国而重一言之信。非申叔时之忠,弗能建其义;非楚庄王之贤,不能受其训也。'"

(二十)八年,楚庄王卒。二十九年,陈倍楚盟。三十年,楚共王伐陈。是岁,成公卒,子哀公弱立。楚以陈丧,罢兵去。

哀公三年,楚围陈,复释之。二十八年,楚公子围弑其君郏敖自立,为灵王。

三十四年,初,哀公娶郑,长姬生悼太子师,少姬生偃。①二嬖妾，长妾生留，少妾生胜。留有宠哀公，哀公属之其弟司徒招。哀公病，三月，招杀悼太子，立留为太子。哀公怒，欲诛招，招发兵围守哀公，哀公自经杀。②招卒立留为陈君。四月，陈使使赴楚。楚灵王闻陈乱，乃杀陈使者，③使公子弃疾发兵伐陈，陈君留奔郑。九月，楚围陈。十一月，灭陈。使弃疾为陈公。

①【索隐】按：昭八年经云"陈侯之弟招杀陈世子偃师"。左传"陈哀公元妃郑姬生悼太子偃师"。今此云两姬，又分偃师为二人，亦恐此非。

②【集解】徐广曰："三十五年时。"

③【索隐】即司徒招也。一作"苕"也。

招之杀悼太子也，太子之子名吴，出奔晋。晋平公问太史赵曰："陈遂亡乎？"对曰："陈，颛顼之族。①陈氏得政于齐，乃卒亡。②自幕至于瞽瞍，无违命。③舜重之以明德。至于遂，④世世守之。及胡公，周赐之姓，⑤使祀虞帝。且盛德之后，必百世祀。虞之世未也，其在齐乎？"

①【集解】服虔曰："陈祖虞舜，舜出颛顼，故为颛顼之族。"

②【集解】贾逵曰："物莫能两盛。"

③【集解】贾逵曰："幕，舜后虞思也。至于瞽瞍，无闻违天命以废绝者。"郑众曰："幕，舜之先也。"骃案国语，贾义为长。【索隐】按：贾逵以幕为虞思，非也。左传言自幕至瞽瞍，知幕在瞽瞍之前，必非虞思明矣。

④【集解】杜预曰："遂，舜后。盖殷之兴，存舜之后而封遂，言舜德乃至于遂也。"【索隐】重音持用反。按：杜预以为舜有明德，乃至遂有国，义亦然也。且文云"自幕至瞽瞍，无违命，舜重之以明德"，是言舜有明德为天子也。乃云殷封遂，代守之，亦舜德也。按：系本云"陈，舜后"。宋忠云"虞思之后，箕伯、直柄中衰，殷汤封遂于陈以祀舜"。

⑤【集解】杜预曰："胡公满，遂之后也。事周武王，赐姓曰妫，封之陈。"

楚灵王灭陈五岁，楚公子弃疾弑灵王代立，是为平王。平王初立，欲得和诸侯，乃求故陈悼太子师之子吴，立为陈侯，是为惠公。惠公立，探续哀公卒时年而为元，空籍五岁矣。①

①【索隐】惠公探取哀公死楚，陈灭之后年为元年，故今空籍五岁矣。一云籍，借也，谓借失国之后年为五年。

十年，陈火。十五年，吴王僚使公子光伐陈，取胡、沈而去。①二十八年，吴王阖闾与子胥败楚入郢。是年，惠公卒，子怀公柳立。

①【索隐】系本云"胡，归姓；沈，姬姓"。沈国在汝南平舆，胡亦在汝南。

怀公元年，吴破楚，在郢，召陈侯。陈侯欲往，大夫曰："吴新得意；楚王虽亡，与陈有故，不可倍。"怀公乃以疾谢吴。四年，吴复召怀公。怀公恐，如吴。吴怒其前不往，留之，因卒吴。陈乃立怀公之子越，是为湣公。①

①【索隐】按左传，湣公名周，是史官记不同。

湣公六年，孔子适陈。吴王夫差伐陈，取三邑而去。十三年，吴复来伐陈，陈告急楚，楚昭王来救，军于城父，吴师去。是年，楚昭王卒于城父。时孔子在陈。①十五年，宋灭曹。十六年，吴王夫差伐齐，败之艾陵，使人召陈侯。陈侯恐，如吴。楚伐陈。二十一年，齐田常弑其君简公。二十三年，楚之白公胜杀令尹子西、子綦，袭惠王。叶公攻败白公，白公自杀。

①【索隐】按：孔子以鲁定公十四年适陈，当陈湣公之六年，上文说是。此十三年，孔子仍在陈，凡经八年，何其久也？

二十四年，楚惠王复国，以兵北伐，杀陈湣公，遂灭陈而有之。是岁，孔子卒。

杞东楼公者，夏后禹之后苗裔也。①殷时或封或绝。周武王克殷纣，求禹之后，得东楼公，封之于杞，②以奉夏后氏祀。

①【索隐】杞，国名也，东楼公号谥也。不名者，史先失耳。宋忠曰“杞，今陈留雍丘县”。故地理志云雍丘县，故杞国，周武王封禹后为东楼公是也。盖周封杞而居雍丘，至春秋时杞已迁东国，故左氏隐四年传云“莒人伐杞，取牟娄”。牟娄，曹东邑也。僖十四年传云“杞迁缘陵”。地理志北海有营陵，淳于公之县。臣瓒云“即春秋缘陵，淳于公所都之邑”。又州，国名，杞后改国曰州而称淳于公，故春秋桓五年经云“州公如曹”，传曰“淳于公如曹”是也。然杞后代又称子者，以微小又僻居东夷，故襄二十九年经称“杞子来盟”，传曰“书曰子，贱之”是也。

②【集解】宋忠曰：“杞，今陈留雍丘县也。”

东楼公生西楼公，西楼公生题公，题公生谋①娶公。②谋娶公当周厉王时。谋娶公生武公。武公立四十七年卒，子靖公立。靖公二十三年卒，子共公立。共公八年卒，子德公立。③德公十八年卒，弟桓公姑容立。④桓公十七年卒，子孝公匄⑤立。孝公十七年卒，弟文公益姑立。文公十四年卒，弟平公鬱⑥立。平公十八年卒，子悼公成立。悼公十二年卒，子隐公乞立。七月，隐公弟遂弑隐公自立，是为釐公。釐公十九年卒，子湣公维立。湣公十五年，楚惠王灭陈。十六年，湣公弟阏路弑湣公代立，是为哀公。⑦哀公立十年卒，湣公子敕立，⑧是为出公。出公十二年卒，子简公春立。立一年，楚惠王之四十四年，灭杞。杞后陈亡三十四年。

①【集解】徐广曰：“谋，一作‘谟’。”【索隐】注一作“谍”，音牒。

②【索隐】娶音子臾反。

③【集解】徐广曰：“世本曰惠公。”【索隐】系本及谯周并作“惠公”，又云惠公生成公及桓公，是此系家脱成公一代，故云“弟桓公姑容立”，

非也。且成公又见春秋经传，故左传庄二十五年云杞成公娶鲁女，有婚姻之好。至僖二十二年卒，始赴而书，左传云成公也，未同盟，故不书名。是杞有成公，必当如谯周所说。

④【集解】徐广曰："世本曰惠公立十八年，生成公及桓公；成公立十八年；桓公立十七年。"

⑤【索隐】音盖。匄，名。

⑥【索隐】一作"郁釐"，谯周云名郁来，盖"鬱""郁""釐""来"并声相近，遂不同耳。

⑦【索隐】阏音遏。哀公杀兄湣公而立，谥哀。谯周云谥懿也。

⑧【集解】徐广曰："敕，一作'遬'。"

杞小微，其事不足称述。

舜之后，周武王封之陈，至楚惠王灭之，有世家言。禹之后，周武王封之杞，楚惠王灭之，有世家言。契之后为殷，殷有本纪言。殷破，周封其后于宋，齐湣王灭之，有世家言。后稷之后为周，秦昭王灭之，有本纪言。皋陶之后，或封英、六，[①]楚穆王灭之，无谱。伯夷之后，至周武王复封于齐，曰太公望，陈氏灭之，有世家言。伯翳之后，至周平王时封为秦，项羽灭之，有本纪言。[②]垂、益、夔、龙，其后不知所封，不见也。右十一人者，皆唐虞之际名有功德臣也；其五人之后皆至帝王，[③]馀乃为显诸侯。滕、薛、驺，夏、殷、周之间封也，小，不足齿列，弗论也。[④]

①【索隐】蓼、六，本或作英、六，皆通。然蓼、六皆咎繇之后也。据系本，二国皆偃姓，故春秋文五年左传云楚人灭六，臧文仲闻六与蓼灭，曰"皋陶、庭坚不祀忽诸"。杜预曰"蓼与六皆咎繇后"。地理志云六，故国，皋陶后，偃姓，为楚所灭。又僖十七年"齐人徐人伐英氏"。杜预又曰"英、

六皆皋陶后，国名”。是有英、蓼，实未能详。或者英后改号曰蓼也。

②【索隐】秦祖伯翳，解者以翳益，则一人，今言十一人，叙伯翳而又别言垂、益，则是二人也。且按舜本纪叙十人，无翳而有彭祖，彭祖亦坟典不载，未知太史公意如何，恐多是误。然据秦本纪叙翳之功，云“佐舜驯调鸟兽”，与舜典“命益作虞，若予上下草木鸟兽”文同，则为一人必矣，今未详其所由也。

③【索隐】舜、禹身为帝王，其稷、契及翳则后代皆为帝王也。

④【索隐】滕不知本封，盖轩辕氏子有滕姓，是其祖也。后周封文王子错叔绣于滕，故宋忠云“今沛国公丘是滕国也”。薛，奚仲之后，任姓，盖夏、殷所封，故春秋有滕侯、薛侯。邾，曹姓之国，陆终氏之子会人之后。邾国，今鲁国驺县是也。然三国微小，春秋时亦预会盟，盖史缺无可叙列也。

周武王时，侯伯尚千馀人。及幽、厉之后，诸侯力攻相并。江、黄、①胡、沈之属，不可胜数，故弗采著于传(上)〔云〕。

①【索隐】按系本，江、黄二国并嬴姓。又地理志江国在汝南安阳县。

太史公曰：舜之德可谓至矣！禅位于夏，而后世血食者历三代。及楚灭陈，而田常得政于齐，卒为建国，百世不绝，苗裔兹兹，有土者不乏焉。至禹，于周则杞，微甚，不足数也。楚惠王灭杞，其后越王句践兴。

【索隐述赞】盛德之祀，必及百世。舜、禹馀烈，陈、杞是继。妫满受封，东楼纂系。阏路篡逆，夏姬淫嬖。二国衰微，或兴或替。前并后虏，皆亡楚惠。句践勃兴，田和吞噬。蝉联血食，岂其苗裔？

史记卷三十七

卫康叔世家第七

卫康叔①名封，周武王同母少弟也。其次尚有冉季，冉季最少。

①【索隐】康，畿内国名。宋忠曰："康叔从康徙封卫，卫即殷墟定昌之地。畿内之康，不知所在。"

武王已克殷纣，复以殷馀民封纣子武庚禄父，比诸侯，以奉其先祀勿绝。为武庚未集，①恐其有贼心，武王乃令其弟管叔、蔡叔傅相武庚禄父，以和其民。武王既崩，成王少。周公旦代成王治，当国。管叔、蔡叔疑周公，乃与武庚禄父作乱，欲攻成周。②周公旦以成王命兴师伐殷，杀武庚禄父、管叔，放蔡叔，以武庚殷馀民封康叔为卫君，居河、淇间故商墟。③

①【索隐】集犹和也。

②【索隐】成周，洛阳。其时周公相成王，营洛邑，犹居西周镐京。管、蔡欲构难，先攻成周，于是周公东居洛邑，伐管、蔡。

③【索隐】宋忠曰:“今定昌也。”

周公旦惧康叔齿少,乃申告康叔曰:“必求殷之贤人君子长者,问其先殷所以兴,所以亡,而务爱民。”告以纣所以亡者以淫于酒,酒之失,妇人是用,故纣之乱自此始。为梓材,①示君子可法则。故谓之康诰、酒诰、梓材以命之。康叔之国,既以此命,能和集其民,民大说。

①【正义】若梓人为材,君子观为法则也。梓,匠人也。

成王长,用事,举康叔为周司寇,赐卫宝祭器,①以章有德。

①【集解】左传曰:“分康叔以大路、大旂、少帛、绪茷、旃旌、大吕。”贾逵曰:“大路,全路也。少帛,杂帛也。绪茷,大赤也。通帛为旃,析羽为旌。大吕,锺名。”郑众曰:“绪茷,旆名也。”

康叔卒,子康伯代立。①康伯卒,子考伯立。考伯卒,子嗣伯立。嗣伯卒,子疌②伯立。③疌伯卒,子靖伯立。靖伯卒,子贞伯立。④贞伯卒,子顷侯立。

①【索隐】系本康伯名髡。宋忠曰:“即王孙牟也,事周康王为大夫。”按:左传所称王孙牟父是也。牟髡声相近,故不同耳。谯周古史考无康伯,而云子牟伯立,盖以不宜父子俱谥康,故因其名云牟伯也。

②【集解】史记音隐曰:“音捷。”

③【索隐】系本作“挚伯”。

④【索隐】系本作“箕伯”。

顷侯厚赂周夷王,夷王命卫为侯。①顷侯立十二年卒,子釐侯立。

①【索隐】按:康诰称命尔侯于东土,又云“孟侯,朕其弟,小子封”,则康

叔初封已为侯也。比子康伯即称伯者，谓方伯之伯耳，非至子即降爵为伯也。故孔安国曰“孟，长也。五侯之长，谓方伯”。方伯，州牧也，故五代孙祖恒为方伯耳。至顷侯德衰，不监诸侯，乃从本爵而称侯，非是至子即削爵，及顷侯赂夷王而称侯也。

釐侯十三年，周厉王出奔于彘，共和行政焉。二十八年，周宣王立。

四十二年，釐侯卒，太子共伯馀立为君。共伯弟和有宠于釐侯，多予之赂；和以其赂赂士，以袭攻共伯于墓上，共伯入釐侯羡①自杀。卫人因葬之釐侯旁，谥曰共伯，而立和为卫侯，是为武公。②

①【索隐】音延。延，墓道。又音以战反。恭伯名馀也。

②【索隐】和杀恭伯代立，此说盖非也。按：季札美康叔、武公之德。又国语称武公年九十五矣，犹箴诫于国，恭恪于朝，倚几有诵，至于没身，谓之睿圣。又诗著卫世子恭伯蚤卒，不云被杀。若武公杀兄而立，岂可以为训而形之于国史乎？盖太史公采杂说而为此记耳。

武公即位，修康叔之政，百姓和集。四十二年，犬戎杀周幽王，武公将兵往佐周平戎，甚有功，周平王命武公为公。五十五年，卒，子庄公扬立。

庄公五年，取齐女为夫人，好而无子。又取陈女为夫人，生子，蚤死。陈女女弟亦幸于庄公，而生子完。①完母死，庄公令夫人齐女子之，②立为太子。庄公有宠妾，生子州吁。十八年，州吁长，好兵，庄公使将。石碏谏庄公曰：③“庶子好兵，使将，乱自此起。”不听。二十三年，庄公卒，太子完立，是为桓公。

①【索隐】女弟，戴妫也。子桓公完为州吁所杀，戴妫归陈，诗燕燕于飞之篇是。

②【索隐】子之，谓养之为子也。齐女即庄姜也。诗硕人篇美之是也。

③【集解】贾逵曰："石碏，卫上卿。"

桓公二年，弟州吁骄奢，桓公绌之，州吁出奔。十三年，郑伯弟段攻其兄，不胜，亡，而州吁求与之友。十六年，州吁收聚卫亡人以袭杀桓公，州吁自立为卫君。为郑伯弟段欲伐郑，请宋、陈、蔡与俱，三国皆许州吁。州吁新立，好兵，弑桓公，卫人皆不爱。石碏乃因桓公母家于陈，详为善州吁。至郑郊，石碏与陈侯共谋，使右宰醜进食，因杀州吁于濮，①而迎桓公弟晋于邢而立之，②是为宣公。

①【集解】服虔曰："右宰醜，卫大夫。濮，陈地。" 【索隐】贾逵曰："濮，陈地。"按：濮水首受河，又受汴，汴亦受河，东北至离狐分为二，俱东北至钜野入济。则濮在曹卫之间，贾言陈地，非也。若据地理志陈留封丘县濮水受泲，当言陈留水也。

②【集解】贾逵曰："邢，周公之胤，姬姓国。"

宣公七年，鲁弑其君隐公。九年，宋督弑其君殇公，及孔父。十年，晋曲沃庄伯弑其君哀侯。

十八年，初，宣公爱夫人夷姜，夷姜生子伋，以为太子，而令右公子傅之。右公子为太子取齐女，未入室，而宣公见所欲为太子妇者好，说而自取之，更为太子取他女。宣公得齐女，生子寿、子朔，令左公子傅之。①太子伋母死，宣公正夫人与朔共谗恶太子伋。宣公自以其夺太子妻也，心恶太子，欲废之。及闻其恶，大怒，乃使太子伋于齐而令盗遮界上杀之，②与太子白旄，而告界盗见持白旄者杀之。且行，子朔之兄寿，太子异母弟也，知朔之恶太子而君欲杀之，乃谓太子曰："界盗见太子白旄，即杀太子，太子可毋行。"太子曰："逆父命求生，不可。"遂行。寿见太子不止，乃盗其白旄而先驰至界。界盗见其验，即杀之。寿已死，而太子伋又至，谓盗曰：

"所当杀乃我也。"盗并杀太子伋,以报宣公。宣公乃以子朔为太子。十九年,宣公卒,太子朔立,是为惠公。

①【集解】杜预曰:"左右媵之子,因以为号。"

②【正义】左传云卫宣公使太子伋之齐,"使盗待诸莘,将杀之"。杜预云"莘,卫地"。

左右公子不平朔之立也,惠公四年,左右公子怨惠公之谗杀前太子伋而代立,乃作乱,攻惠公,立太子伋之弟黔牟为君,惠公奔齐。

卫君黔牟立八年,齐襄公率诸侯奉王命共伐卫,纳卫惠公,诛左右公子。卫君黔牟奔于周,惠公复立。惠公立三年出亡,亡八年复入,与前通年凡十三年矣。

二十五年,惠公怨周之容舍黔牟,与燕伐周。周惠王奔温,卫、燕立惠王弟穨为王。二十九年,郑复纳惠王。三十一年,惠公卒,子懿公赤立。

懿公即位,好鹤,①淫乐奢侈。九年,翟伐卫,卫懿公欲发兵,兵或畔。大臣言曰:"君好鹤,鹤可令击翟。"翟于是遂入,杀懿公。

①【正义】括地志云:"故鹤城在滑州匡城县西南十五里。左传云'卫懿公好鹤,〔鹤〕有乘轩者。狄伐卫,公欲战,国人受甲者皆曰"使鹤,鹤实有禄位,余焉能战"!'俗传懿公养鹤于此城,因名也。"

懿公之立也,百姓大臣皆不服。自懿公父惠公朔之谗杀太子伋代立至于懿公,常欲败之,卒灭惠公之后而更立黔牟之弟昭伯顽之子申为君,是为戴公。

戴公申元年卒。齐桓公以卫数乱,乃率诸侯伐翟,为卫筑楚丘,①立戴公弟燬为卫君,②是为文公。文公以乱故奔齐,齐人入之。

①【正义】括地志云："城武县有楚丘亭。"

②【集解】贾谊书曰："卫侯朝于周，周行人问其名，答曰卫侯辟疆，周行人还之，曰启疆辟疆，天子之号，诸侯弗得用。卫侯更其名曰燬，然后受之。" 【正义】燬音毁。

初，翟杀懿公也，卫人怜之，思复立宣公前死太子伋之后，伋子又死，而代伋死者子寿又无子。太子伋同母弟二人：其一曰黔牟，黔牟尝代惠公为君，八年复去；其二曰昭伯。昭伯、黔牟皆已前死，故立昭伯子申为戴公。戴公卒，复立其弟燬为文公。

文公初立，轻赋平罪，[1]身自劳，与百姓同苦，以收卫民。

①【索隐】轻赋税，平断刑也。平，或作"卒"。卒谓士卒也。罪字连下读，盖亦一家之义耳。

十六年，晋公子重耳过，无礼。十七年，齐桓公卒。二十五年，文公卒，子成公郑立。

成公三年，晋欲假道于卫救宋，成公不许。晋更从南河度，[1]救宋。征师于卫，卫大夫欲许，成公不肯。大夫元咺攻成公，成公出奔。[2]晋文公重耳伐卫，分其地予宋，讨前过无礼及不救宋患也。卫成公遂出奔陈。[3]二岁，如周求入，与晋文公会。晋使人鸩卫成公，成公私于周主鸩，令薄，得不死。[4]已而周为请晋文公，卒入之卫，而诛元咺，卫君瑕出奔。[5]七年，晋文公卒。十二年，成公朝晋襄公。十四年，秦穆公卒。二十六年，齐邴歜弑其君懿公。[6]三十五年，成公卒，[7]子穆公遬立。[8]

①【集解】服虔曰："南河，济南之东南流河也。"杜预曰："从汲郡南度，出卫南。"

②【索隐】奔楚。　【正义】咺，况远反。

③【索隐】按：左传“卫侯闻楚师败，惧，出奔楚，遂适陈”是。

④【索隐】按：私谓赂之也。

⑤【索隐】是元咺所立者，成公入而杀之，故僖三十年经云“卫杀其大夫元咺及公子瑕”。此言“奔”，非也。

⑥【索隐】邴歜与左氏同，而齐系家作“邴戎”者，盖邴歜掌御戎车，故号邴戎。邴音丙。歜亦作“鄍”。

⑦【集解】世本曰：“成公徙濮阳。”宋忠曰：“濮阳，帝丘，地名。”

⑧【正义】遬音速。

穆公二年，楚庄王伐陈，杀夏徵舒。三年，楚庄王围郑，郑降，复释之。十一年，孙良夫救鲁伐齐，复得侵地。穆公卒，子定公臧立。定公十二年卒，子献公衎立。

献公十三年，公令师曹教宫妾鼓琴，①妾不善，曹笞之。妾以幸恶曹于公，公亦笞曹三百。十八年，献公戒孙文子、甯惠子食，皆往。日旰不召，②而去射鸿于囿。二子从之，③公不释射服与之言。④二子怒，如宿。⑤孙文子子数侍公饮，⑥使师曹歌巧言之卒章。⑦师曹又怒公之尝笞三百，乃歌之，欲以怒孙文子，报卫献公。文子语蘧伯玉，伯玉曰：“臣不知也。”⑧遂攻出献公。献公奔齐，齐置卫献公于聚邑。孙文子、宁惠子共立定公弟秋⑨为卫君，是为殇公。

①【集解】贾逵曰：“师曹，乐人。”

②【集解】服虔曰：“孙文子，林父也。宁惠子，宁殖也。敕戒二子，欲共晏食，皆服朝衣待命。旰，晏也。”

③【集解】服虔曰：“从公于囿。”

④【集解】左传曰：“不释皮冠。”

⑤【集解】服虔曰："孙文子邑也。" 【索隐】左传作"戚"，此亦音戚也。

⑥【集解】左传曰文子子即孙蒯也。

⑦【集解】杜预曰："巧言，诗小雅也。其卒章曰：'彼何人斯？居河之麋。无拳无勇，职为乱阶。'公欲以譬文子居河上而为乱。"

⑧【集解】贾逵曰："伯玉，卫大夫。"

⑨【集解】徐广曰："班氏云献公弟焱。" 【索隐】左传作"剽"，古今人表作"焱"，盖音相乱，字易改耳。音方遥反，又匹妙反。

殇公秋立，封孙文子林父于宿。十二年，宁喜与孙林父争宠相恶，殇公使宁喜攻孙林父。林父奔晋，复求入故卫献公。献公在齐，齐景公闻之，与卫献公如晋求入。晋为伐卫，诱与盟。卫殇公会晋平公，平公执殇公与宁喜而复入卫献公。献公亡在外十二年而入。

献公后元年，诛宁喜。

三年，吴延陵季子使过卫，见蘧伯玉、史鳍，曰："卫多君子，其国无故。"过宿，孙林父为击磬，曰："不乐，音大悲，使卫乱乃此矣。"是年，献公卒，子襄公恶立。

襄公六年，楚灵王会诸侯，襄公称病不往。

九年，襄公卒。初，襄公有贱妾，幸之，有身，梦有人谓曰："我康叔也，令若子必有卫，名而子曰'元'。"妾怪之，问孔成子。①成子曰："康叔者，卫祖也。"及生子，男也，以告襄公。襄公曰："天所置也。"名之曰元。襄公夫人无子，于是乃立元为嗣，是为灵公。

①【集解】服虔曰："卫卿孔烝鉏。"

灵公五年，朝晋昭公。六年，楚公子弃疾弑灵王自立，为平王。十一年，火。

三十八年，孔子来，禄之如鲁。后有隙，孔子去。后复来。

三十九年，太子蒯聩与灵公夫人南子有恶，①欲杀南子。蒯聩与其徒戏阳遬谋，朝，使杀夫人。②戏阳后悔，不果。蒯聩数目之，夫人觉之，惧，呼曰：③“太子欲杀我！”灵公怒，太子蒯聩奔宋，已而之晋赵氏。

①【集解】贾逵曰：“南子，宋女。”

②【集解】贾逵曰：“戏阳遬，太子家臣。” 【正义】戏音羲。

③【正义】呼，火故反。

四十二年春，灵公游于郊，令子郢仆。①郢，灵公少子也，字子南。灵公怨太子出奔，谓郢曰：“我将立若为后。”郢对曰：“郢不足以辱社稷，君更图之。”②夏，灵公卒，夫人命子郢为太子，曰：“此灵公命也。”郢曰：“亡人太子蒯聩之子辄在也，不敢当。”于是卫乃以辄为君，是为出公。

①【集解】贾逵曰：“仆，御也。”

②【集解】服虔曰：“郢自谓己无德，不足立，以污辱社稷。”

六月乙酉，赵简子欲入蒯聩，乃令阳虎诈命卫十馀人衰绖归，①简子送蒯聩。卫人闻之，发兵击蒯聩。蒯聩不得入，入宿而保，卫人亦罢兵。

①【集解】服虔曰：“衰绖，为若从卫来迎太子也。”

出公辄四年，齐田乞弑其君孺子。八年，齐鲍子弑其君悼公。

孔子自陈入卫。九年，孔文子问兵于仲尼，仲尼不对。其后鲁迎仲尼，仲尼反鲁。

十二年，初，孔圉文子取太子蒯聩之姊，生悝。孔氏之竖浑良夫美好，孔文子卒，良夫通于悝母。太子在宿，悝母使良夫于太子。太子与良夫言曰：“苟能入我国，报子以乘轩，免子三死，毋所与。”①与之盟，许以悝母为妻。闰月，良夫与太子入，舍孔氏之外圃。②昏，二人蒙衣而乘，③宦者罗御，如孔氏。孔氏之老栾宁问之，④称姻妾以告。⑤遂入，适伯姬氏。⑥既食，悝母杖戈而先，⑦太子与五人介，舆猳从之。⑧伯姬劫悝于厕，强盟之，遂劫以登台。⑨栾宁将饮酒，炙未熟，闻乱，使告仲由。⑩召护驾乘车，⑪行爵食炙，⑫奉出公辄奔鲁。⑬

①【集解】杜预曰：“轩，大夫车也。三死，死罪三。”【正义】杜预云：三罪，紫衣、袒裘、带剑也。紫衣，君服也。热，故偏袒，不敬也。卫侯求令名者与之食焉，太子请使良夫，良夫紫衣狐裘，不释剑而食，太子使牵退，数之罪而杀之。

②【集解】服虔曰：“圃，园。”

③【集解】服虔曰：“二人谓良夫、太子。蒙衣，为妇人之服，以巾蒙其头而共乘也。”

④【集解】服虔曰：“家臣称老。问其姓名。”

⑤【集解】贾逵曰：“婚姻家妾也。”

⑥【集解】服虔曰：“入孔氏家，适伯姬所居。”

⑦【集解】服虔曰：“先至孔悝所。”

⑧【集解】贾逵曰：“介，被甲也。舆猳豚，欲以盟故也。”

⑨【集解】服虔曰：“于卫台上召卫群臣。”

⑩【集解】服虔曰：“季路为孔氏邑宰，故告之。”

⑪【集解】服虔曰：“召护，卫大夫。驾乘车，不驾兵车也，言无距父之意。”

⑫【集解】服虔曰：“栾宁使召季路，乃行爵食炙。”

⑬【集解】服虔曰：“召护奉卫侯。”

仲由将入，遇子羔将出，①曰："门已闭矣。"子路曰："吾姑至矣。"②子羔曰："不及，莫践其难。"③子路曰："食焉不辟其难。"④子羔遂出。子路入，及门，公孙敢阖门，曰："毋入为也！"⑤子路曰："是公孙也？求利而逃其难。由不然，利其禄，必救其患。"有使者出，子路乃得入。曰："太子焉用孔悝？虽杀之，必或继之。"⑥且曰："太子无勇。若燔台，必舍孔叔。"太子闻之，惧，下石乞、盂黡敌子路，⑦以戈击之，割缨。子路曰："君子死，冠不免。"⑧结缨而死。⑨孔子闻卫乱，曰："嗟乎！柴也其来乎？由也其死矣。"孔悝竟立太子蒯聩，是为庄公。

①【集解】贾逵曰："子羔，卫大夫高柴，孔子弟子也。将出，奔。"

②【集解】杜预曰："且欲至门。"

③【集解】贾逵曰："言家臣忧不及国，不得践履其难。"郑众曰："是时辄已出，不及事，不当践其难。子羔言不及，以为季路欲死国也。"

④【集解】服虔曰："言食悝之禄，欲救悝之难，此明其不死国也。"

⑤【集解】服虔曰："公孙敢，卫大夫。言辄已出，无为复入。"

⑥【集解】王肃曰："必有继续其后攻太子。"

⑦【集解】服虔曰："二子，蒯聩之臣。敌，当也。" 【正义】燔音烦。舍音捨。黡音乙减反。

⑧【集解】服虔曰："不使冠在地。"

⑨【正义】缨，冠绫也。

庄公蒯聩者，出公父也，居外，怨大夫莫迎立。元年即位，欲尽诛大臣，曰："寡人居外久矣，子亦尝闻之乎？"群臣欲作乱，乃止。

二年，鲁孔丘卒。

三年，庄公上城，见戎州。①曰："戎虏何为是？"戎州病之。十月，戎州告赵简子，简子围卫。十一月，庄公出奔，②卫人立公子斑师为卫君。③齐伐卫，虏斑师，更立公子起为卫君。④

①【集解】贾逵曰："戎州，戎人之邑。" 【索隐】左传曰"戎州人攻之"是也。隐二年"公会戎于潜"，杜预云"陈留济阳县东南有戎城"。济阳与卫相近，故庄公登台望见戎州。又七年云"戎伐凡伯于楚丘"，是戎近卫。

②【索隐】按：左传，庄公本由晋赵氏纳之，立而背晋，晋伐卫，卫人出庄公，立公子般师。晋师退，庄公复入，般师出奔。初，公登城见戎州己氏之妻发美，髡之以为夫人髢。又欲翦戎州，兼逐石圃，故石圃攻庄公。庄公惧，逾北墙折股，入己氏，己氏杀之。今系家不言庄公复入及死己氏，直云出奔，亦其疏也。又左传云卫复立般师，齐伐卫，立公子起，执般师。明年，卫石圃逐其君起，起奔齐，出公辄复归。是左氏详而系家略也。

③【集解】左传曰："斑师，襄公之孙。"

④【集解】服虔曰："起，灵公子。"

卫君起元年，卫石曼尃逐其君起，①起奔齐。卫出公辄自齐复归立。初，出公立十二年亡，亡在外四年复入。出公后元年，赏从亡者。立二十一年卒，②出公季父黔攻出公子而自立，是为悼公。

①【索隐】左传作"石圃"，此作"塼"，音圃，又音徒和反。塼，或作"尃"。诸本或无"曼"字。

②【索隐】按：出公初立十二年，亡在外四年，复入九年卒，是立二十一年。自即位至卒，凡经二十五年而卒于越。

悼公五年卒，①子敬公弗立。②敬公十九年卒，子昭公纠立。③是时三晋强，卫如小侯，属之。④

①【索隐】按：纪年云"四年卒于越"。系本名虔。

②【集解】世本云敬公费也。　【索隐】系本"弗"作"费"。

③【索隐】系本云敬公生梚公舟，非也。

④【正义】属赵也。

昭公六年，公子亹[①]弑之代立，是为怀公。怀公十一年，公子穨弑怀公而代立，是为慎公。慎公父，公子適；[②]適父，敬公也。慎公四十二年卒，子声公训立。[③]声公十一年卒，子成侯遬[④]立。

①【正义】音尾。

②【索隐】音的。按：系本"適"作"虔"。虔，悼公也。

③【索隐】训亦作"驯"，同休运反。系本作"圣公驰"。

④【索隐】音速。系本作"不逝"。按：上穆公已名遬，不可成侯更名则系本是。

成侯十一年，公孙鞅入秦。[①]十六年，卫更贬号曰侯。

①【索隐】按：秦本纪云孝公元年鞅入秦，又按年表，成侯与秦孝公同年，然则"十一年"当为"元年"，字误耳。

二十九年，成侯卒，子平侯立。平侯八年卒，子嗣君立。[①]

①【索隐】按：乐资据纪年，以嗣君即孝襄侯也。

嗣君五年，更贬号曰君，独有濮阳。

四十二年卒，子怀君立。怀君三十一年，朝魏，魏囚杀怀君。魏更立嗣君弟，是为元君。元君为魏婿，故魏立之。[①]元君十四年，秦拔魏东地，[②]秦初置东郡，更徙卫野王县，[③]而并濮阳为东郡。二十五年，元君卒，子君角立。[④]

①【集解】徐广曰："班氏云元君者，怀君之弟。"

②【索隐】魏都大梁，濮阳、黎阳并是魏之东地，故立郡名东郡也。

③【索隐】按年表，元君十一年秦置东郡，十三年卫徙野王，与此不同也。

④【集解】年表云元君十一年秦置东郡，十二年徙野王，二十三年卒。

君角九年，秦并天下，立为始皇帝。二十一年，二世废君角为庶人，卫绝祀。

太史公曰：余读世家言，至于宣公之太子以妇见诛，弟寿争死以相让，此与晋太子申生不敢明骊姬之过同，俱恶伤父之志。然卒死亡，何其悲也！或父子相杀，兄弟相灭，亦独何哉？

【索隐述赞】司寇受封，梓材有作。成锡厥器，夷加其爵。暨武能修，从文始约。诗美归燕，传矜石碏。皮冠射鸿，乘轩使鹤。宣纵淫嬖，衅生伋、朔。蒯聩得罪，出公行恶。卫祚日衰，失于君角。